TANTOS A FAVOR
vs.
TANTOS EN CONTRA

TANTOS A FAVOR
vs.
TANTOS EN CONTRA

TF	DE F-1 A F-43	USA	1	2	1	4
TC	DE C-1 A C-62	CUB	0	0	1	1

JACOBICH MILETO
ALEXANDROPOULOS ZAITSEV

TANTOS A FAVOR VS. TANTOS EN CONTRA

Puede hacer pedidos de libros de iUniverse en librerías o poniéndose en contacto con:

iUniverse
1663 Liberty Drive
Bloomington, IN 47403
www.iuniverse.com
1-800-Authors (1-800-288-4677)

ISBN: 978-1-5320-5590-4 (tapa blanda)
ISBN: 978-1-5320-5591-1 (libro electrónico)

Información sobre impresión disponible en la última página.

Fecha de revisión de iUniverse: 08/17/2018

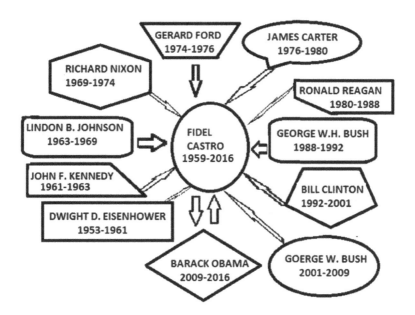

CONTENTS

TANTOS A FAVOR

TANTOS EN CONTRA

NOTA A LA PRIMERA EDICIÓN

Este libro se empezó a escribir tan pronto como concluyó la Histórica Visita del Presidente Barack Obama a Cuba en marzo del 2016.

Era propósito que estuviera publicado durante ese año, porque parte de la información que contenía era relativa a ese evento y otros temas conexos y su publicación era propia para ese momento.

Otro asunto que apremiaba lo fue que el principal actor de este envejecía aceleradamente y era propósito que el libro estuviera en la calle estando él en vida, no era válido escribir un documento y que al menos el principal encartado no estuviera impuesto de que se dice sobre su persona, no hacerlo así implicaba un acto de infinita cobardía; con independencia de que lo leyera o no.

Ya después del Séptimo Congreso del PCC en abril de ese año se vio que era casi imposible que Fidel Castro Ruz (FCR) llegara al menos a los 93 o 95 años y eso producía un sentimiento de frustración inmenso porque aunque nunca él se tomara el trabajo de leer un libelo como este, sí se tenía la esperanza de que al menos alguien allegado le dijera cómo se piensa de la persona que ha llevado a la isla, la nación, la patria a tan calamitosa situación en unas 6 décadas y esa era su completa irresponsabilidad, pero se fue sin que pudiera ni tan siquiera tener noticias de este, uno más de los que tanto se han escrito impugnando su desandar por la isla suya, de él.

Toda esa esperanza de publicar en la fecha esperada se vino abajo al no contar con los recursos financieros para llevar a cabo la edición del libro.

Queda la otra esperanza, sin 'teque' político, que los que quieran conocer algunos puntos de vistas acerca de cómo se ha llevado a cabo el subdesarrollo del país bajo la certera dirección del co. FCR, que lean y discrepen de lo que aquí se propone, pero sobre todo os pido, ¡que piensen e investiguen con fuentes que no sean las que ofrece el oficialismo!, estas siempre pondrán el juego a su favor, con trampas, con engaños, con mentiras, con subterfugios para seguirnos robando la capacidad de pensar con mente propia y hacer valoraciones que no sean impuestas por otros para beneficio de unos pocos. La discrepancia es admitida con toda la razón del mundo.

Ojalá al menos para eso sirva.

Muchas gracias,

Jacobich Mileto Alexandropoulos Zaitsev (Jamaz)

INTRODUCCIÓN

Al intentar abordar una personalidad tan complicada como la que se propone, hay que ser muy cuidadoso con la OBJETIVIDAD con la que se tratan las diferentes facetas de la misma, sin dejar de decir aquellas cosas que a criterio del redactor siendo verdades, pueden ser controversiales y eso es FCR, una de las personalidades más controvertidas de las últimas 5 o 6 décadas, querido por millones en varios países, pero no aceptado, incluso odiado por decenas de miles de cubanos que lo repelen, que no sienten las simpatías de afabilidad que él despertó en aquel discurso del 8 de ene. del '59 y que será tomado entre otros para reflejar parte de su trayectoria política, de aquel compromiso entre pueblo y dirigente algo que se estrenaba con las primeras horas de la Revolución en el poder.

Algunas personas cuando se van a referir a la permanencia de la Rev. en el poder y la relación de sus dirigentes con el pueblo, los resultados positivos que se hayan podido obtener en beneficio de la población, en muchas ocasiones deforman las realidades que en la isla tuvieron lugar y desconocen los avances en lo social, en la salud, en la educación y en otras esferas de la vida de los cubanos.

Se obvia la mística creada por FCR, como principal dirigente de aquel proceso y las masas, cosa nunca antes vista, por lo menos en este hemisferio; más aún, fue el protagonista del derrocamiento de una dictadura sanguinaria que acababa con parte de los hijos de la población con métodos nada ortodoxos, cuerpos mutilados en placeres, o agujereados en las calles, ojos y dentaduras sacadas con rasgos evidentes de violencia, no hablamos del robo en las altas esferas y otros muchos desmanes.

El régimen de Fulgencio Batista Zaldívar (FBZ), representaba un fardo muy pesado con el que la burguesía ya no quería lidiar; no olvidarse que su asunción al poder lo fue a través de un golpetazo de estado, que si al principio preocupó a la burguesía, con el tiempo lo fue reconociendo por su parecido con gobiernos de períodos anteriores; y entonces en este mar de males, no océano sino mar de males, aparece quien te quita todos estos pesares, todos estos males y te promete cosas nuevas que se veían que eran tangibles, ¿qué se supone que hagas?, ¿vas a retrotraerte, le vas a decir que no lo amas?

Se puede decir, extrapolando la situación a un pasaje normal de la vida de los seres humanos, que la llegada de FCR y la Rev., fue para el pueblo como el hombre esperado por una mujer con 56 años, que no había conocido el amor y este llega fornido, vital, de 7 u 8 pies de altura, la seduce con palabras nunca antes escuchadas, ella se enamora de él, él de ella, hay toda una mística, un embrujo connivente, cómplice, una especie de atracción no totalmente fatal al principio, aunque después se tornó algo fatal, letal.

Después de algún tiempo ella, la joven de 56 años, empieza a notar algunos olores que no le son agradables, pero se dice: "los que yo había percibido anteriormente eran mil veces más desagradables que estos", ¿entonces qué? y esa es aproximadamente la relación de FCR, con la población, la cual le agradece muchas cosas buenas que hizo y no sabe cómo romper el embrujo, la seducción; él le hizo creer con el pasar de los primeros meses que emergerían de la pobreza conocida hasta aquellos momentos.

La población está hasta cierto punto comprometida con él, fue él quien la trajo hasta aquí, un lugar que ya no es deseable, pero lo fue, ¡y los tiempos vividos de antaño!, ¿se debieran olvidar?, recuérdese las dotes de prestidigitador del protagonista del film que ya no tiene como engañar a alguien, pero en su momento tuvo sus encantos para millones (la población).

Esa relación-vínculo-engaste resulta difícil de disolver y sería muy doloroso hacerlo por la vía violenta, porque los de adentro han usado diferentes formas de acceder a la figura y esta no haya motivos para dejar el plato del que come, le cerró las puertas a la democracia y creó otro ente nuevo: la **democastria** que no es lo mismo, ni se escribe igual, ni tampoco tiene significado semejante.

Este continente es uno de los que más tiranos ha tenido, en Paraguay, Brasil, Haití, Argentina, Chile, Bolivia, Perú, Cuba, y nuestra hermana República Dominicana en donde hace cerca de 11 lustros (desde los 30s. hasta los 60s.) hubo un TIRANO, auténtico, genuino, sin barniz, crudo, inmasticable e indigerible, era el Dios de su tierra, hacía lo que se le diera la real gana con los compatriotas de su país, carente de ética alguna.

Figura entre los 10 gobernantes más excéntricos del mundo, no hacía culto a la personalidad, ¡no que bah!, baste decir que el jenízaro, el energúmeno, el inculto, el bestia cambió el nombre a la capital de su país y le puso el suyo estando él en vida, las calles, las instituciones del lugar llevaban nombres de sus familiares, todos en vida, nombró a uno de sus hijos coronel a los 5 años, estos cargos con salario y todo incluido, con su atuendo militar y todas las gangarrias que correspondían a la usanza, a los 9 añitos lo hizo general y a los 23 general en jefe de todas las fuerzas militares; a su hija la nombra reina en 1955 a los 16 años.

Era el dueño de más del 60% de las industrias, de las mejores tierras y cuando le gustaba una hacienda que pertenecía a otra persona, él le proponía comprársela o cambiársela por otra menos productiva, o le ofrecía una mísera suma, algunos se las regalaron y años después él los premiaba con alguna migaja.

Este presidente de marras se buscó las sanciones de la OEA, porque fue confeso en la organización de un atentado a muerte a otro presidente, al parecer porque la víctima, que tuvo suerte de no fallecer, había hecho algunas declaraciones en contra de su gobierno, digo, perdón, en contra de su dictaduraza.

Entre su palmarés está la muerte de aproximadamente entre 25 000 y 30 000 ciudadanos del vecino país con el que comparte fronteras porque estos no veían lugar mejor en el mundo para migrar que no fuera su país, los mandó a matar a machete para no gastar proyectiles.

Asesinó a escritores, a periodistas que dijeran algo que le fuera desfavorable, por supuesto estos no estaban en su país, pero no importa su mano larga los traía secuestrados desde donde estos estuvieren y él los asesinaba y desaparecía su cadáver, así asesinó a unas cuantas personas que se habían ido del país, así son los tiranodictadores-saurios.

Murió más que ajusticiado, era la única forma de salir de los desmanes a los que había llegado conjuntamente con su familia que ya se había erigido en una dinastía sucesora.

Mujeriego sin límites ni barreras, la mujer que le gustara a este don juan empedernido falto de todo, tenía que estar con él, no importa si era casada o la esposa de uno de sus súbditos, pues con el conocimiento de los esposos él las visitaba, en horario en que el esposo burlado no debía ir a la casa y después en las reuniones él le decía delante de todo el mundo: en tal fecha me acosté con tu esposa, ante los ojos de to'el mundo.

Las que se resistían a estar con el casi septuagenario, que además tenía problemas de goteo urinario por lo que se le mojaba la bragueta o portañuela de sus impecables trajes militares o de civil, esas dignas que resistieron a pie firme fueron asesinadas y lanzadas por un barranco para que pareciera accidente, así mató a tres dignísimas hermanas que deben estar en la Gloria si es verdad que esta existe, ellas o una de ellas desobedeció la solicitud hecha por el patán y pagaron su osadía con sus vidas atribuyéndoles que hacían actividad subversiva en contra del Dios del país.

Fíjese si la autoestima de esta población había sido puesta en lo más bajo de los sentimientos e instintos de padres y familiares, que hubo padres que le reservaban sus hijas y las daban en ofrenda para que el dino-peripatus, mal hiciera el papel de macho cabrío, quebrando el himen de las jóvenes, según se ha conocido, de forma brutal con los dedos ante la imposibilidad de tener una erección que le fuera válida para al menos hacer el amor con la infortunada como Dios manda.

Era el clásico elefante destrozando el templo de imaginación y belleza de aquellas jóvenes que quedaron traumada para casi toda su vida, hasta ahí descendió quien al parecer ha sido el más aberrante energúmeno tirano-dictador de la historia de estas tierras del nuevo mundo, pródigas para que se dé como la verdolaga esta especie de algún diabólico eslabón de la involución perdido en el pasado.

Y lo que más duele y lacera, lo que dice hasta dónde clavó sus garras este mercenario sin patria pero con dinero, este bípedo sin plumas con figura de ser humanoide, es que desgarró las entrañas y los sentimientos más puro de ese pueblo que lo veneró ciegamente; basta que sea 1 o 15 las personas que vean algo bueno en este ser emisario del diablo, que hizo rotular en las iglesia "Dios en el cielo y Trujillo en la tierra", algo que debió enunciarse como como "Lucifer en el infierno y Trujillo en la tierra, demeritando a Lucifer".

Un ser que denominó o hizo denominar el fatídico período en que le tocó gobernar como la "Era Trujillo" porque desde 1930 hasta 1961 en que lo ajustician, no lo asesinaron, él fue ajusticiado por un grupo de espartanos patriotas que ya no aguantaban más aquel des-estado de cosas y aquella gran locura, fueron 7, deben estar también en la Gloria por haber librado a su pueblo de semejante alimaña.

Ellos son héroes, y quizás muchos no los tengan en el lugar en que deben estar estos gigantes que se echaron a sus espaldas tamaña responsabilidad de su país; fueron ellos los que le proporcionaron el golpe al bribón que estaba acabando con las vidas de todos los hijos del país, no solo de los mejores, sino de todos aquellos que nunca se le sometieron y que pagaron con sus vidas la osadía.

Pero lo más tristísimo del caso es la pérdida de la visión de muchos nacionales, era tan enorme la ceguera de ellos, estaba tan perdido el sentimiento de autoestima de los nacionales que, a la muerte y funeral de este individuo, muchos ciudadanos lo lloraban a gritos, la plañidera era mucho más fuerte, sentida y profunda que si hubiera muerto un familiar cercano y no este infernal ser viviente.

Lo sabe, si no el mundo entero, muchas personas de Las Américas, al extremo que un presidente estadounidense que coincidió en el período de sus gobiernos con el aludido dio a uno de sus secretarios la siguiente respuesta en alusión a un comentario hecho por el secretario al presidente, sobre los miles de personas que había mandado a matar a machete limpio, el presidente estadounidense dijo: "sí pero es nuestro hijo de putas", esa expresión era referida al presidente Trujillo.

Esta es una valoración de alguien que no era tampoco nada adorable. RLTM, tu alma no debe estar en los cielos a donde van las almas buenas y nobles, tu alma debe estar perennemente en capilla ardiente en el infierno, de donde el diablo asustado de tu ejecutoria en la tierra te dejaría como dueño absoluto del infierno. ¡Permanece en el infierno, es demasiado incómodo irse a la eternidad con un ser como tú de acompañante! ¡Qué toda la paz del mundo nunca esté contigo!

Ahora bien ¿se puede comparar la gestión de FBZ, con la de este generalísimo?, a pesar de los pesares, hay que decir que no, Batista no le llegaba ni a las rodillas a esta alimaña, esa es la triste realidad, y ya se ve como los cubanos de los 50s. lo combatieron con ahínco tesonero, hasta que lo bajaron del trono, compárese la trayectoria de Batista y la de este ... y los puntos de contacto no son suficiente como para validarlo a su paridad.

No en balde cuando Batista fue derrocado el único lugar que le pareció bueno para ir fue el país de este otro tirano, de donde tuvo que salir tan pronto como Prontinio, rey de la prontitud, porque su amigo lo iba a desplumar en su país, lo iba a esquilmar.

Lectores RLTM, era un dicta-tirano-saurio; no comparable con ninguno de los engendros de su marca; él es digno de que se le otorguen tantos doctorados, en crímenes, en alevosía, como ningún otro de este hemisferio; señores, Trujillo nació siendo un sátrapa, de los otros que se conocen, con la excepción de unos caníbales y desquiciados que hay en África, es este el Jefe de la Cátedra de los tiranos.

¿Se puede comparar la gestión de FCR con la de cualquiera de estos dos tiranos? Llórese todo lo que se quiera, protéstese aún más, pero la irremediable respuesta es NO, FCR, no es ni con mucho nada semejante a las especies a las que se hizo referencia, pero de lo que no hay dudas es su condición de dictador, si no ¿cómo se explica que ostente o casi tenga el record del mandatario con más intentos de asesinato? Eso representa tremenda pena, si usted de verdad es bueno de sepa no recibe ese baldón, eso no es un mérito, esa es una vergüenza no fácilmente explicable para quien la sufre. Búsquese en hombres como Mandela, Gandhi, Ho Chi Min, Mao Zedong, Lenin, Margaret Thatcher, Angela Merkel, Barack Obama, y tantos otros líderes mundiales para que se note que nunca sufrieron semejante número de intentos de asesinato; a lo sumo uno.

Hagamos un resumen de los diferentes aspectos de la vida del país, sus dirigentes y balanceemos, ¿a qué costo los cubanos han sobrevivido?, ponderaremos con equidad la situación cubana. Analicemos los hechos, señalemos con una F los hechos de incidencia en el país que son o fueron **favorables** en algún momento del sistema fidelista, o incluso si aún lo son; marquemos con C aquellas que resulten claramente **contrarios** por lo irracional que pueda parecer o por el número de personas que hayan sido afectadas.

Durante años los cubanos han tenido que vivir reprimidos desde el punto de vista de no poder expresar lo que piensan sobre la dicta-blanda-dura que han vivido; en el presente documento se acabó ese grupo de restricciones; con respeto, con mesura y prudencia, se dirá lo que parece mal así se esté equivocado y se hará haciendo uso de un arma que el régimen fidelista nos quiere quitar, un arma que no le gusta se use, se hará empleando algo que ha permitido sobrevivir estos tiempos dictatoriales, es el uso de la SÁTIRA.

Nos reiremos de todas las mentiras, exabruptos, deformaciones de la realidad, de los malos cálculos numéricos hechos a boca de jarro para llamar la atención, de todo eso y más nos reiremos, ¡tenga cuidado el amigo lector a la hora de leer!, si no entiende bien una frase vuelva sobre ella porque a lo mejor a Ud. le parece que se está haciendo una defensa muy seria de algún punto de vista que no merece tal defensa y lo que puede ocurrir es que la burla sea tan profunda que Ud. no alcance a verla a primera vista, ¡sea cuidadoso en ese sentido!

Abordaremos los aspectos más serios, los más tristes, los más lúgubres, pero lo embadurnaremos con el sentido picaresco cubano, siempre crítico porque eso fue lo que nos enseñó el Cmdte. en Jefe y esa crítica que él nunca permitió le hicieran por su nefasto endiosamiento y creerse superior, por ser intocable en la posición en la que se encaramó y de la que nunca ha querido bajar, esa le va a llegar a través de estos argumentos para decirle de sus insuficiencias y sus mentiras a granel. Lástima que se nos vaya, hace falta que dure al menos, sino no llegase a los 120, por lo menos hasta los 93 o 95 años, de forma que si no lee este "libelo" que alguien le cuente lo que algunos pensamos de su azarosa gestión.

El uso del vocabulario corre a la imaginación del escritor teniendo en cuenta el punto expresivo del cubano, hay palabras que se crearon para la ocasión, son estrenos únicos por no encontrar la que mejor se acomodara, me he tomado una licencia para poder dar la medida exacta de lo que se intentaba expresar; su significado se dará en un glosario para los que no son cubanos y para aquellos que siéndolo llevan tiempo alejados del terruño, pero el lector podrá inferir del contexto en que se las encuentre un significado intuitivo que le ayudará a entender la oración y en general el asunto del cual se trate.

El buen decir es algo muy elegante en cualquier tipo de literatura, esta no es de alto revuelo, es de mucha necesidad y a veces la indignación ante lo que se trate o se dice merece, necesita de alguna palabra perteneciente a la artillería ligera de las palabras obscenas, no tienen el objetivo, ni de ofender al lector ni tampoco a quien se critica, es simplemente ponerla porque su necesidad era imperiosa en la línea o párrafo en que las encuentre, algunas fueron usadas y por ellas se piden disculpas.

Finalmente se podrá apreciarse que en la portada aparece una tabla con la que se representa el estado del juego del pasatiempo nacional, el béisbol. En esa tabla está reflejado el resultado final del histórico juego entre Cuba y los Estados Unidos de América cuando el Presidente Barack Obama visitó Cuba en el 2016, pero además se contempla en su parte inicial el resultado final de los tantos a favor y de los tantos en contra al proceso fidelista en estos casi 60 años; todo esto como parte de una relación que poco a poco cambia con el enemigo y cambia para bien; pero además con esa tabla se pone de manifiesto las cosas que nos unen y que nos acercan.

Tantos a favor de la Revolución, Tantos en contra de la Revolución, ese es el dilema.

TANTOS A FAVOR

F-1: Líder nato del pueblo, con un poder de atracción de las masas muy grande, capaz de atraer a personas humildes de diferentes tendencias: religiosos, militares, académicos, intelectuales, los seduce con gran habilidad por la fuerza de su discurso, por su dominio de la escena, por su gestualidad, por su locuacidad con la que enternece a su auditorio y después cual ofidio cauteloso y calculador, cuando los tiene absortos, los envuelve y los engulle.

F-2: Inteligencia de talla extra-extra, por encima de los que lo rodeaban; de mucha visión, era un gran previsor sobre todo en la esfera político-militar; capaz de adelantarse a grandes acontecimientos políticos, sin llegar a ser un Nustradamus, visionario que permitía quitarse del camino a los que le podían estorbar, entorpecer o quitarle brillo su ruta. Su Cociente de Inteligencia debe ser alto, aunque no obligatoriamente lo necesita para adormecer a las masas.

F-3: En sus relaciones con el pueblo estableció un nuevo tipo de creencia-adoración-veneración: la gente pobre, sobre todo, creía en su palabra, se movilizaban a su voz, a sus peticiones, hacían lo que él les pidiera, sin muchos miramientos, tuvieron una fe ciega, sin reparos hasta que poco a poco el razonamiento y los años de su permanencia en el poder les fueron haciendo despertar del encantamiento. Aún hay algunos que mantienen esa fe ciega y una muestra de ello son los que salen a caerle a golpes a las Damas de Blanco cuando ellas hacen su peregrinar por las calles de la isla.

F-4: No cedió ante la presión del Gobierno Norteamericano encabezado por Darwin Eisenhower al no atender a sus peticiones de ayuda para Cuba y tuvo que entenderse con los soviéticos para ayuda económica y armas en feb. de 1960.

En su lucha contra los poderes de los EUA, no fue derrocado y con él no pudo hacerse lo que la CIA, la UFC y el Gobierno Americano de turno hicieron en Guatemala con Juan Jacobo Arbenz Guzmán.

FCR dignificó a fuerza de coraje, de inteligencia, de voluntad, el respeto para los pueblos de Las Américas, él estableció ese respeto que nunca antes hubo a un gobierno en este continente desde Adak en Alaska hasta las tierras del Cabo de Hornos en Chile.

En estas tierras el más fuerte tenía que entrar por el aro que le ponían los gobiernos de los Estados Unidos de América, eso cambió a partir de ene. de 1959, aunque le duela a mucha gente que tuvo que sufrir exilio y la pérdida de todas sus propiedades; dada a su presencia en la escena política mundial, sobre todo en este continente hubo un antes de FCR y un después.

Cuán grande no sería la voluntad de FCR en la defensa de la dignidad nacional que su locura le dio por meter 42 cohetes nucleares a menos de 100 millas de los enemigos de los gobiernos de este continente, a partir de él los gobiernos norteamericanos sabían que era un hombre de armas tomar, sin miedo, con un alto nivel decisión de hacer lo que fuera necesario hacer.

FCR era y es un loco de cuidado. En este continente, gobierno que no le gustara a los EUA, tenía sus días contados (es mejor: las horas) y dejaba de existir de una forma o de la otra, o por acción de la CIA, o por la UFC, o porque te mando a mis marines y eso es cuestión de horas tomarte el país y decirle al presidente: arrivederci, o sayonara, o simplemente adiós, o mejor aún: goodbye baby, se acabó, tienes que irte porque no nos gustas; a partir de FCR, ese obrar aquí en Las Américas se acabó, ¡que sí que sí, se acabó, vino Fidel y cumplió lo que prometió Martí; al César lo que es del César.

F-5: Como dijera FCR en su primera visita a los EUA, en abr. de 1959, él no fue a los EUA a pedir nada; dando un solo de dignidad, de reivindicación para los Presidentes de los países del continente, en primerísimo lugar al defenestrado expresidente de Guatemala depuesto por componenda del

Gobierno, la CIA y sobre todo de la UFC, el pulpo bananero, que hacía y deshacía en el continente poniendo de rodillas a los gobiernos del área, humillando a sus autoridades.

F-6: Se ganó el respeto y admiración de muchos pueblos de mundo porque por primera vez se tuvo en la nación independencia, decoro, soberanía y dignidad nacional, entre otras cosas; ya no habría Enmienda Platt lastrando la constitución de la República que había nacido atada; tampoco habrían Maines explotando en el puerto habanero, no habrían más marines norteamericanos subiéndose en la estatua del Héroe Nacional José Martí, mientras estaban de visita en La Habana y borrachos más que una cuba; esos infractores solo estuvieron retenidos unas horas, pero por poco el presidente Carlos Prío Socarras les pide perdón por los puñetazos que gente con dignidad les propinaron, y en ese incidente bochornoso estuvo documentándose FCR. Fue más de decencia política y dignidad para que todos aprendieran.

F-7: En su primera visita a Estados Unidos, el Presidente Eisenhower se niega a recibirlo y lo recibe el vice-presidente Richard Nixon; John F. Kennedy lamentaría este acto diciendo:

> *"Fidel Castro forma parte del legado de Bolívar. Debíamos haber dado al fogoso y joven rebelde una más calurosa bienvenida en su hora de triunfo."*

No olvidar que fue el presidente Eisenhower, quien ordena a la CIA, el asesinato del líder congolés Patricio Lumumba en el año 1961.

F-8: Excelente, excelso, locuaz, seductor comunicador que ejerce gran impacto en las masas, virtud que fue usada el mismo 8 de ene. del '59 en su discurso de entrada a la capital, creando una simbiosis entre la población y el respaldo a las propuestas revolucionarias que esperaba la población, que por vez primera fue tomada en cuenta por un político con alcance nacional.

F-9: Se ha señalado en distintas ocasiones sus condiciones de mago, llamándosele el Mago de Oz, condición que estrenó el 8 de ene. del '59 con la famosa paloma que vino directico a su hombro, algo embrujador,

3

místico, alucinante, increíble para todos los que incluso siendo niños vieron aquel acto. La población le atribuye desde este acto poderes sobrenaturales; empezaba una leyenda que crecería hasta nuestros días.

F-10: Méritos de alto valor fue el derrocamiento de la tiranía, déspota, sanguinaria de Fulgencio Batista Zaldívar, ya esto era más que relevante para hacerlo pasar a la historia como toda una personalidad capaz en la esfera política-militar, aunque dolorosamente no en la económica.

F-11: FCR representó un freno para los intereses americanos en estas tierras, revindicó a muchos países de este continente y se dejó de decir "yes sir"; enseñó a algunos al menos a pensar en decir "no sir", eso le granjeó el odio de las dictaduras y seudodemocracias del continente donde los EUA eran dueños de las decisiones de los gobernantes de esos países; expulsaron a su país del ministerio de colonias conocido como la OEA y tuvo que establecer nuevas relaciones para su país creando lazos de amistad con otros países fuera del continente; por establecer relaciones con otro país fuera del continente, es que se ordena la muerte del joven líder congolés Patricio Lumumba, al establecer lazos de amistad con la URSS.

F-12: En mar. del '60, el sabotaje por la CIA del barco francés *La Coubre* cargado de armas en el puerto de La Habana ocasiona más de cien muertos. Fidel había estado en el barco unos minutos antes a ver el arribo de la embarcación con las primeras armas para defender a la Rev. En su discurso de homenaje a las víctimas, Fidel Castra lanza la consigna de "Patria o Muerte"; habiendo estado en la embarcación él salió ileso de ese desastre, lo que provoca más asombro, más mística sobre su persona al extremo de atribuirle poderes sobrenaturales y de un gran visionario, etc., etc. Crece la leyenda a favor de su persona.

F-13: Gran creador de discursos, con verdades de los pueblos de esta área, y del suyo propio; ama tener a las personas esclavizadas oyendo sus arengas; en los primeros años algunos cubanos identificados con él y la Revolución ponían a sus niños pequeños a imitar como hablarle al pueblo, tal como lo hacía FCR. Por sus largas arengas la población de esos primeros años creó la expresión "**ablandando al pueblo**", la cual encerraba un doble sentido que era de hablar mucho-demasiado y la perenne labor de persuasión, de ablandamiento a las masas populares. Pronunció discursos extensísimos que lo han marcado como un orador de reconocida fuerza en el uso de la palabra. En Cuba pronunció uno de 12 horas por los '60 y otro de 8:20 durante la repartición de electrodomésticos en mar. del 2005; en la ONU el más extenso de ese organismo de 4:29 horas, tal vez algo descortés, porque el plenario se mantuvo oyendo aquella perorata por todo ese tiempo. Se molestó mucho cuando la publicación de humor político, Zig Zag, en el año 59, publicó en su portada: "**Hace 15 minutos que Fidel no habla**"; la cerró, la clausuró por esa "tremendísima falta de respeto contra su persona".

F-14: Era impresionante la fe de Fidel en su pueblo, de su pueblo y de los soviéticos, y de algunos otros pueblos del mundo en él. Fidel es, sin discusión alguna, uno de los genios políticos más polémico y controvertido de estos años desde que irrumpió como líder de la Rev. que lideró. Donde quiera que llegó fue admirado por los pueblos de los países que visitó, eso le granjeaba mayor admiración en su propio país.

F-15: Estratega exitoso, con méritos en el terreno militar que le son indiscutible, se dice que él, Fidel Castro, dirigió desde La Habana la batalla de Cuito Cuanavale en Angola, aunque algunos dicen que la participación y toma de decisiones del fenecido Arnaldo Ochoa, fue de consideración; pero su genio y ejemplo como estratega militar son incuestionables, él fue el cerebro de la decisiva Batalla de Guisa luchando contra una fuerza 25 veces superiores a las que él comandaba y los venció, pero unos meses después de la victoria revolucionaria él estaba allí en el ataque enemigo luchando contra el invasor dando órdenes, dando el ejemplo, y también lo hizo así con cierta regularidad cuando la lucha contra las bandas enemigas alzadas en los macizos montañosos. Nadie se muere en la víspera.

F-16: Uno de sus primeros pecados capitales fue pensar en los pobres, para los que creó leyes que los favorecieron en lo social, en la cultura, en la educación, en la salud, en el trabajo, en la propiedad de la tierra, en la vivienda, así como en algunos otros renglones que estaban abandonados por los anteriores regímenes. Era tanto el desamparo de la población que cualquier cosa que se hiciera era una obra monumental ante tanta desidia, abandono y petulancia de las autoridades en el poder por casi 56 años de república mediatizada.

F-17: Los parias campesinos por primera vez fueron considerados y no recibieron más plan de machete, ni desalojos por la policía rural; ellos fueron beneficiados por dos leyes de reforma agraria, salud, educación, para ellos y sus familias; a partir de la Rev. empezaron a desaparecer aquellos niños campesinos que tenían sus abdómenes llenos de todos los parásitos existentes en la fauna nacional.

Lo más serio de todas estas medidas sociales que beneficiaban a los pobres del campo, fue nacionalizarle las tierras a la "mamita yunai fruit company", la UFC, ese pulpo que desequilibraba gobiernos, los tumbaba y después desnudaban en el aeropuerto al depuesto presidente en su camino al exilio.

La UFC fue la causante de miles de muertes de obreros agrícolas y campesinos al obligar a que los gobernantes de los países donde ella ejercía sus draconianos dominios, a que reprimieran sin piedad alguna a los que solicitaban un trato justo para sus cosechas, o simplemente reclamaban un pedazo de tierra para sostener a sus familias; esa era la temida "mamita yunai fruit company". Y se acabó, en Cuba se acabó y no pudo ni tener desquite.

A pesar de lo que se diga en contra de la Rev. y su líder, hay que reconocer que el sector campesino salió de la oscuridad en la que vivió durante todos esos años de república y vio por primera vez un gobierno que los atendió y se ocupó de sus principales problemas.

F-18: Si algún país en el mundo, no solo en el hemisferio, es seguro para la población que lo habita, para los turistas que lo visiten, ese país es Cuba, esta afirmación, sin chovinismo de bajo costo, es completamente auténtica y la primera razón que lo justica es la ausencia de armas en manos de la población, incluso buena parte de los militares cuando abandonan sus unidades o puestos de trabajo tienen que dejar las armas en sus lugares de trabajo lo que evita que se la roben en sus casas, o se extravíen o que en una discusión alguien las pueda utilizar.

Por otra parte la violencia doméstica, la intrafamiliar no está a la altura de lo que ocurre en otros países de América Latina en que todos los días se reciben noticias que dejan a los escuchas asombrados, lerdos, con la escala de violencia, que se engorda cada día con crímenes espeluznantes producidos con armas de fuego o con armas blancas, o con piedras o cualquier instrumento que convierten en arma agresiva entre los sectores más pobres y desahuciados de la población; las torturas a las que someten a las mujeres quitan el sueño al más despreocupado; sin mencionar países en particular, pero en el istmo centroamericano, con la excepción de Panamá, Costa Rica y tal vez otro país más, el nivel de violencia que se vive no ha sido imaginado aun para la gran pantalla.

En Cuba no hay esa violencia a la que nos tienen acostumbrados los medios todos los días; realmente no la hay; un problema entre dos personas de acuerdo al sexo se puede resolver con más menos agresividad en que nadie o difícilmente haya alguien que tenga que ir o ser hospitalizado, esa es la verdad.

Lo que realmente es triste que habiendo dado la Rev. tanta cultura y educación aún persisten arranques de este tipo en el país que más ha hecho por la cultura y la educación del ser humano.

En los EUA sus autoridades están altamente preocupadas por los niveles de violencia, es epidémico, crónico y sin un control previsible, da pena que en el país más desarrollado de la tierra cualquiera tiene un arma y la usa a su antojo, lo último que se conoce para fortalecer una de las enmiendas de la constitución es que el estado tejano ha admitido que los dueños de armas las usen como se usa el cinto, los zapatos, incluso por fuera de la ropa para que todo el mundo las vea; es 1000‰ seguro que están equivocados y que sí saben lo que hacen.

El presidente estadounidense del período 2009-2016 ha hecho varias gestiones infructuosas para de alguna forma limitar la venta indiscriminada de armas, pero sin resultados; son muchos los intereses que se mueven alrededor de la Asociación Nacional del Rifle.

F-19: El deporte fue otra de las esferas de la vida del país que recibió un tremendo soporte como nunca antes, con apoyo oficial desde los primeros meses de la llegada de la Rev. al poder; se eliminó sin excusas ni pretexto la participación de los deportistas en eventos profesionales.

Se creó un sistema de escuelas para desarrollar las habilidades de los deportistas con la ayuda y asesoramiento de instructores, entrenadores, programas de entrenamiento con objetivos a lograr en distintas fases y un sistema de competencias entre estas escuelas que empezaba desde la base y terminaba en un evento anual donde las provincias en una competencia nacional exhibían sus logros en el desarrollo en las distintas disciplinas deportivas.

Aún se mantiene en nuestros días estas escuelas y todo esto trajo como resultado el descubrimiento de talentos que sin la ayuda del estado tal vez no hubieran sido descubiertos o alcanzado los logros que obtuvieron.

Los resultados deportivos se empezaron a ver de forma arrolladora en los eventos de relevancia dentro del continente y a nivel mundial; en varias de estas competencias el único país que nos aventajaba era el de los enemigos, entonces los deportistas eran inyectados mentalmente que no podían perder con nadie, pero mucho menos con los yanquis, eran ellos los únicos con los que no se admitía una derrota.

El deporte fue dividido en dos categorías por los conceptos nuevos introducidos por Jefe de la Rev., este era: deporte revolucionario del pueblo, por el pueblo y para el pueblo y deporte rentado, deporte esclavo al que se sometían los que no querían a su patria, a su país, a la nación.

Vea como se politiza todo, cultura, deporte, todo, ciencia. Un bailarín de ballet, excepcional por sus condiciones histriónicas únicas, capaz de asombrar a conocedores de este arte a nivel mundial, pero si era "negrito" ya era un hándicap para estar en el ballet nacional.

¡Ahahah, pero si ese bailarín se iba a la Culta Europa! donde este arte es más conocido y no servía a su nación, aunque sea amarrando las zapatillas de los demás bailarines, y por suerte, y por destreza, y por inteligencia este era vitoreado por los lauros obtenido allá, entonces dicen refiriéndose a esta luminaria que *"el arte no tiene patria, pero el artista sí"*, ¡ven pa'ca negrito y vamos a ver en qué te ponemos aquí! Aún lo andan buscando.

Y esto pasa con el deportista bajo la perspectiva de politizarlo todo, hasta el sudor, las h... El deporte devino en embajada política de la Rev. para demostrar "las supuestas ventajas del 'fidelismo' como sistema sobre el sistema capitalista.

La cultura no corrió igual suerte que el deporte, al menos no en todas a sus ramas, en parte porque esta era más selecta, llegaba a menos personas, no llenaba estadios y por supuesto no daba las medallas que unos Panamericanos u Olimpiadas.

La actuación de Cuba en el deporte fue sorprendente a partir del triunfo revolucionario. Después de haberse celebrado los Panamericanos de Toronto, se ve que Cuba ha perdido terreno porque otros países con más millones de habitantes pujan por desplazarla del segundo lugar histórico que tiene y que fue logrado después del triunfo de la Revolución.

En Toronto Cuba fue a parar al 4to. lugar del certamen, después de EUA, Canadá y Brasil seguida muy de cerca de Colombia y México; de manera que Cuba en la historia de los Panamericanos tiene un 2do. lugar que debe mantener por algunos años más, incluso con la fuga de sus deportistas más relevantes a otras latitudes.

Su acumulado en las citas continentales es como sigue: EUA (1964-1460-1014 = 4438), Cuba (875-593-558=2026), en el 3er. lugar histórico está Canadá (456-656-801=1913).

En Olimpiadas Cuba empezó un camino ascendente a partir de 1972 en Munich y aunque en las de Beijing y Londres ha visto bastante afectada su producción de medallas de oro, esta no mejoró a los niveles esperados por la población y las autoridades deportivas en los Juegos Olímpicos de Brasil.

Después de la olimpiada de Río ocupa en el medallero mundial histórico el lugar 16 (77-69-74=220) por encima de países que tienen muchos más millones de personas que Cuba, pero además es el 2do. país en el acumulado general en Las Américas solo superada por los EUA, el otro país del continente que sigue a Cuba está en la posición 18, es Canadá con (63-102-136=301); es el deporte cubano una gran carta de presentación y de dominio caprichoso por parte del líder histórico de la Rev. Este 16to. lugar se mantenido incluso con el número de países que aumentó después de la desintegración de la URSS que ella sola dio paso a 15 naciones más, ya no aparecen en las relaciones de países del COI naciones inexistentes como la URSS, o la RDA, Yugoslavia u otros países que se desintegraron y aumentaron el número de naciones.

F-20: La educación recibió un apoyo colosal; las masas se vieron tremendamente respaldadas, fue algo hecho en poco tiempo y que los pobres agradecieron mucho: la creación de aulas para más de 10 000 maestros que no tenían aulas sin embargo había miles de niños, adolescentes sin escuela. En 1961 se inició la Campaña de Alfabetización, que durante un año le dio la luz del saber a cerca de un millón de cubanos que nunca habían hecho una letra. El único país del mundo que hasta aquel momento había hecho algo así; eso es voluntad política materializada en el terreno, por eso el apoyo que recibió y aún recibe la Rev. y con el cual mucha gente está sencillamente comprometida. Fue la Campaña de Alfabetización un hecho sin precedente en la historia de las naciones pobres del planeta, incluso de aquellas con más recursos; este hecho le ganó a la Rev. muchos simpatizantes sobre todo de las capas más explotadas y desposeídas.

La educación es una de las Grandes Banderas del fidelismo, es uno de los derechos humanos con los que el LHR impresionaba a los visitantes, la educación, donde Cuba es, al igual que en la salud UNA POTENCIA MUNDIAL.

Para el inicio de cada año escolar faltan maestros y profesores porque estos se van a otros oficios de mejor remuneración en correspondencia con lo que hacen; así los maestros se pueden encontrar en cualquier posición de trabajo, desde dirigente partidista, ministro de relaciones exteriores, dirigente administrativo, trabajador de una Cadeca, babala'o y delegado del Poder Popular, estibador en el puerto, mecánico de "almendrones", cocinero de hoteles que atiende turismo internacional, linieros de la empresa eléctrica, albañil, repostero de una dulcería por cuenta propia, chofer de taxi, operario en la empresa de telecomunicaciones, (etc.)$^{n(n+1)}$ $\to\infty$ (quiere decir que no se acaban las profesiones en las que se puede encontrar a un maestro graduado que no están ejerciendo su profesión, infinitas posiciones de trabajo, menos la de maestro en una clase).

Todos los años en Cuba hay necesidades de maestros, algo que no debiera ser así si se tiene en cuenta los miles y miles de maestros que ha graduado la Rev.

Este DH está logrado, a pesar de que no todos consideran lo mismo, pero es una realidad que la educación es gratis hasta la universitaria; el problema de los estudios en los niveles medio superior es que después que se sale egresado de una carrera tienes que servir al país, no puedes salir del país sin un permiso dado por el gobierno, tienes que trabajar para el gobierno y donde este te ubique como parte del llamado servicio social, al menos por dos años.

F-21: Otro aspecto de la vida social que desde los inicios de la Rev. recibió un respaldo muy fuerte tal como el deporte, en cuanto a infraestructura, lo fue la cultura.

Con algunas dificultades se fundó la ENA (Escuela Nacional de Arte), pero ya a partir de 1976 se crea el ministerio del ramo y en los años subsiguientes se hicieron escuelas donde se estudiaban las diferentes manifestaciones artísticas, los jóvenes salían graduados de nivel medio en arte y fueron bautizados como "médicos del alma" por el Jefe de la Rev. quien le asignó las más diversas tareas, muchas de las cuales no tenían que ver nada con lo que ellos habían estudiado.

F-22: Las condiciones materiales creadas en los primeros años de Rev. dieron paso a un crecimiento muy rápido de la población en la década de los 60s., fue el boom de nacimientos en la primera mitad de los 60s. dado por varias razones, entre ellas la seguridad para el nacimiento de los niños y la vida de las madres, porque en la población rural de Cuba las mujeres campesinas eran atendidas por "las parteras", lo que elevaba la mortalidad materna e infantil.

Por las ventajas sociales de los primeros años se entienden los servicios de educación gratuita, el sistema de salud reforzado con vacunación contra la poliomielitis y otras enfermedades en los inicios de la Rev., lo que evitaba la muerte temprana de niños, se aumenta en los primeros años la seguridad para la familia, se aseguraba fuente de trabajo para los padres de familia y se crearon algunos puestos de trabajo para las mujeres como el de taxistas y otros muchos, también dentro de esas puede considerarse el acto de facilitar una vivienda a miles de familias que no poseían donde vivir; todo esto, más un ambiente general muy favorable todo lo cual incidió en el crecimiento de la familia.

F-23: Salud para todos, no ha sido una consigna revolucionaria a lo largo de estas casi 6 décadas, sino que ha sido una tarea perenne, aun cuando el país este enfrentando su etapa más incierta en este sector: se mantiene la vacunación para toda población y se mantienen eliminadas más de 13 enfermedades que no se acercan a la población.

Una población en la que el SIDA apenas si es un suceso por la atención dada a los que están infectados y por las facilidades dadas por las autoridades. Cuba tiene el más bajo de los índices de mortalidad infantil de este hemisferio; ha brindado ayuda a muchos países a lo largo y amplio de todos los continentes; es la salud otra de las Grandes Banderas de la Rev.

Es un derecho que aun con dificultades ha alcanzado a todos los sectores de la población, este renglón como derecho humano es indiscutible; ese logro aunque este afectado por algunas escaseces de medicamentos, algunas demoras en los hospitales, y otros males como es la pérdida de los medicamentos de hospitales y farmacias para ser vendidos en bolsa negra en la calle, la desaparición de la ropa de cama, la multitudinaria pululación de insectos hexápodos que se empeñan en saludar a los que llegan al mundo en los hospitales, al extremo que a veces ellas les tiran trompetillas a los líquidos de fumigación y a quienes los diseminan para matarlas, pero aun así es una realidad que se extiende a toda la población en forma gratuita.

Pero sin lugar a dudas, la campaña contra los vectores es algo permanente que ya quisieran muchos países del mundo y del área centroamericana exhibir esos estándares; baste señalar el ejército de los que durante años luchan contra la proliferación del mosquito Aedes Aegyptis y otros vectores causantes de enfermedades que son evitables con un adecuado control epidemiológico.

F-24: El cuidado de la niñez, así como sus actividades ha sido desde siempre una prioridad de la Rev. en todos los renglones de la vida de los infantes: educación, salud, seguridad, empezando por la preservación de la vida de los niños desde que nacen; esto aparte de los problemas que con la alimentación de los niños se pueda tener, por los mismos errores y situaciones en el terreno de la alimentación a la que ha sido expuesto el país.

F-25: FCR nunca se auto-reconoció como presidente de la República de Cuba, él decía que era el Presidente de los Consejos de Estados y de Ministros, que para él era distinto a ser nombrado presidente del país el cual debía ser votado por la población y no por 614 diputados de lo que es el "parlamento", como se hace en el país.

Este parlamento, quizás sea uno de los más disciplinados a nivel mundial, está muy lejos de ver en él a los parlamentarios liándose a bofetadas y trompones como se ha visto en otros parlamentos latinoamericanos y hasta en la Culta Europa.

¡Cuán culto y disciplinado es este parlamento!; eso lo da el hecho de que en 40 años de vida ha votado "NO" una sola diputada, en una sola ocasión por una propuesta hecha al código laboral, ella en solitario, contra la aprobación de los otros 613 diputados, ella es Mariela Castro Espín; por primera vez no fue la acostumbrada votación unánime a que nos tiene habituado el parlamento, es decir, una fracción de $\frac{1}{614}$ dijo "no" ¿qué les parece?, ¿dónde encontrar un parlamento más obediente que este, más monolítico que este?, no, en el mundo no lo hay.

F-26: FCR, líder de la Rev. Cubana, sobrevivió a los 638 intentos de atentados para matarlo, o arrancarle un pelo de la barba, o hacerlo un impotente sexual, de todo intentaron contra él y milagrosamente, sobrevivió; de seguro que es un record Guinness o debe estar próximo a serlo, ningún jefe de estado o gobierno de ningún país ha tenido semejante suerte, nadie se muere la víspera. ¿Cuántos presidentes o jefes de gobiernos no han muerto al 2do. o 3er. intento? ¿En cuántos intentos fueron abatidos Samora Machel, Maurice Bishop, Gral. Omar Torrijos, Salvador Allende, Agostinho Neto, Indira Gandhi, Mahatma Gandhi, Benazir Bhutto y tantos otros?

F-27: Quizás sea Cuba uno de los países más solidarios del mundo, y tal vez con ella no han sido así en los momentos más acuciantes que ha vivido el país.

No se trata de pedir retribución por ayuda o servicios gustosamente dados o regalados por el CJ, pero Cuba ha enviado ayuda ante catástrofes naturales y epidemias a todos los continentes o en ocasiones han traído a los necesitados para que sean atendidos en el país, ahí están los niños de Chernóbil; pero Pakistán, Vietnam, Chile, Perú, África en numerosos países, Venezuela, Nicaragua, Timor-Leste, ni sabe cuántos países, fueron ayudados, en África, Centro y Sur América, Europa, en todas partes del mundo, con lo que fuere, con azúcar, con arroz, con petróleo sin ser productores, con médicos y medicamentos, con maestros, con otros técnicos de nivel universitario.

Es asombroso que un país pobre, pequeño, que fue perdiendo parte de la riqueza material que había al principio del triunfo revolucionario y haya sido capaz de ofertar tal ayuda desinteresadamente desde el punto de vista material pero interesadamente en lo político, incluso Cuba brindó y creó una brigada para socorrer a personas necesitadas y damnificadas por el huracán Katrina que azotó el medio y el sureste de los EUA, y recibió un rotundo no del presidente de aquel país a la sazón, George W. Bush, El Torpe.

Mención especial la ayuda dada en el terreno militar lo que le valió el calificativo de exportadora de revoluciones y subversión en todo el mundo, aquí en Las Américas desde los primeros momentos, antes del año ya estaba enrolada de a lleno en la conspiración contra Trujillo que bien lo merecía, pero que no era nuestra incumbencia; pero cuántos más no alentó o ayudó en el continente, Jamaica, Venezuela, Bolivia, Nicaragua, Chile, Argentina, Uruguay, ni se sabe, El Salvador, Guatemala, Honduras y todo eso tenía un lado negativo para el país por las reacciones de las autoridades de esos países.

En dic. del 89 cuando se llevó a cabo la Operación Tributo, consistente en el regreso al país de los 2289 cubanos que habían fallecido en otras tierras en misiones civiles o militares, se pudo tener una idea más exacta de cómo había sido la injerencia del Gobierno-Partido Cubanos en la política interna de otros países, por una parte era positivo para los pueblos que sufrían desgobiernos despóticos como el dominicano, pero por otra afecta el prestigio y la credibilidad del país como ocurrió en una de las Cumbres Iberoamericanas en las que el presidente del El Salvador en aquel momento le emplazó en plena reunión las armas a FCR y a este se le vio con dificultades para defender lo que era indefendible y en la atmósfera de aquella reunión se veía, se olía la apatía a la persona del líder cubano, quien en reuniones posteriores levantó el pie y empezó a enviar a otro funcionario de alto rango.

Cuba fue, en síntesis, un país amplio para dar lo que tenía y lo que no tenía en aras de otros pueblos y justo es decirlo y en honor a la verdad, algunos de esos pueblos que se liberaron con el concurso y la ayuda de Cuba y que tienen recursos petroleros y de otro tipo, no le han brindado al necesitado pueblo de Cuba, que dio por ellos la vida de varios de sus hijos, ni un agamé de agua, hay que decirlo aunque nunca se brindó ayuda pensando en ulteriores beneficios, eso sería mezquino, soez, bajo; pero si yo te ayudo hoy y mañana tú ves que mi país se está tragando una espada afilada, la ayuda del amigo para el otro amigo no hay que solicitarla.

Algunos de esos países le han pasado a Cuba en el desarrollo y le llevan una ventaja de años luz, el ejemplo más tremebundo lo es la "hermana República de Angola". Vietnam al que estábamos dispuesto a darle "hasta nuestra propia sangre", nos dio en una ocasión, en que un huracán se llevó los clavos de las paredes y más, un barco con 10 mil toneladas de arroz, y… pa' que seguir hablando, eso de dar lo que se tiene y lo que no se tiene fue impuesto dolorosamente por el ICJ=FCR=MLR, al que se le podría decir algo musical como que "nadie quiere a nadie, se acabó el querer" o "Juan José si tú das lo que tienes con que 'va a comer lo' muchacho"; por supuesto estaría por averiguar si esas restricciones también las sufrió el ICJ=LHR=ADR.

Eduardo R. Chibás Ribas, en intento de suicidio se disparó el 5 y murió el 16 de ago. de 1951, después que dijo la frase "a Cuba no hay quien la componga, voy a dar mi último aldabonazo" y se pegó un tiro; pero de todas formas no se ha compuesto aún la Cuba que él dejó, porque los cubanos somos así, o nos pasamos, o no llegamos.

F-28: Algo que era bochornoso en la república mediatizada por la Enmienda Platt, la Seguridad Social, casi siempre sin dinero para pagar a los que se retiraban, ese era uno de los tantos males que asolaban a la isla, eso cambió desde que la Rev. tomó el poder porque a los retirados se les garantizaba el dinero que cada mes debían recibir por su condición de retirados, es cierto que es poco, pero estaba en correspondencia con lo que en el país se pagaba a los trabajadores activos; en la época de la república mediatizada los fondos dedicados a los retirados eran robados entre otras cantidades de dinero por los personeros del gobierno en turno, sin escrúpulos.

F-29: Cuando se quiera saber qué es Rev., según definición brindada por el Jefe de la Rev., es necesario leer lo que pronunció FCR el 1ero. de Mayo del 2000, él dijo:

"Revolución es sentido del momento histórico; es cambiar todo lo que debe ser cambiado; es igualdad y libertad plenas; es ser tratado y tratar a los demás como seres humanos; es emanciparnos por nosotros mismos y con nuestros propios esfuerzos; es desafiar poderosas fuerzas dominantes dentro y fuera del ámbito social y nacional; es defender valores en los que se cree al precio de cualquier sacrificio; es modestia, desinterés, altruismo, solidaridad y heroísmo; es luchar con audacia, inteligencia y realismo; es no mentir jamás ni violar principios éticos; es convicción profunda de que no existe fuerza en el mundo capaz de aplastar la fuerza de la verdad y las ideas. Revolución es unidad, es independencia, es luchar por nuestros sueños de justicia para Cuba y para el mundo, que es la base de nuestro patriotismo, nuestro socialismo y nuestro internacionalismo."

Bella definición, quién que sea un humano simple desposeído de riquezas no va a abrazar una definición como esa, pero en la realidad se ha distanciado bastante de la cotidianeidad de los cubanos de a pie y ya cientos de miles no creen en ella, pero además tiene muchas contradicciones enmarcándola con la realidad que el país vive.

F-30: Aludiendo a FCR, su poder de imaginación y creatividad estaban muy avanzados, muy por encima de todos los que colaboraban con él, podía ver allí donde los otros con espejuelos y todo veían nada; era asombroso, para muchos cubanos él era un vidente (persona que ve más que los humanos normales, ellos ven fantasmas donde no los hay, ¡qué clase de visión e inteligencia!), solo por citar algunos de esos hechos y en correspondencia con su espíritu de no ser uno más se pueden citar los siguientes aportes: se creyó e hizo creer a los cubanos que eran una Potencia Política, que era una Potencia Médica Mundial, el país con más médicos per cápita del mundo, se crearon las mesas redondas, que fueron fuentes de cultura y conocimiento de los problemas de los demás y total ignorancia y agnosia sobre los de la nación, somos el país con más maestros y profesores per cápita del mundo en los niveles de primaria y secundaria, el país con más profesores de Educación Física per cápita del mundo, el país con más instructores de Arte per cápita a nivel mundial, también conocidos como "los médicos del alma", como los bautizara el ICJ=ADR=FCR.

Se preveía ser el país con más computadoras per cápita a nivel mundial en la segunda década del presente siglo, para oír y ver los discursos que él pronunciara, pero se enfermó y ya no fue posible, eso sí, sin el venenoso poder informativo de la internet donde la juventud se embrutece viendo violencia y sexo, según nos ha advertido el Cmdte. en Jefe.

Una vez el hombre inteligencia pensó e introdujo las tres invulnerabilidades, ellas son: la política, lograda y consumada ya, según su genio político, por la existencia de uno y solo un partido; la militar, a medio completar y la que tal vez resulte más difícil y nunca se lleve a vías de hecho, la **¡eh!konomíatuya**, pero que de seguro él la logrará antes de marcharse en el 2046, después de su 120 cumpleaños.

Lastimosamente estos tres proyectos no fueron continuados por su hermano al asumir poder; otro de los grandes e inconmensurable descubrimientos y aportes que hizo el CJ, ya después de retirado, lo fue sin dudas la introducción de dos arbustos que iban a revolucionar y suplir todas las viandas que no se producían en el país y que estaban en fase de extinción, tales como eran el plátano, la banana, la malanga, el boniato, la yuca seca, los frijoles, la papa, que ya no ayuda mucho si se tiene en cuenta que la lb en la capital de la isla está a $ 1.00 CUC, no es cara, pero…, eso es la papa; la calabaza, el ajo, la cebolla, el quimbombó, etc., etc., etc. y tantos otros que no se indican para no hacer la lista interminable.

Los cubanos que se mantienen en la isla han tenido la gran oportunidad de asistir al lanzamiento de lo que será la gran solución alimentaria solo para cubanos, una vez más dando muestras de sus grandes méritos y dotes al sintetizar en dos arbustos todos esos cultivos anteriormente señaladas y otros más; por supuesto que estas dos plantas de las que febrilmente se habla y que serían la salvación de la hambruna que ahora mismo padece la población son nada menos y nada más que la *moringa oleífera y la morera*.

Ellas dos solitas eran capaces de encerrar en sí mismas a todas aquellas otras que tal vez un día como los habitantes del país lo han hecho, decidieron emigrar y dejar a los habitantes de la isla solos; estas dos no, estas serían incapaces de semejante acto, nunca dejarían solo al Jefe de la Rev., incluso después de su desaparición física.

Lástima que este proyecto tiene lugar incluso cuando ya él directamente, por su estado de salud había informado impositivamente, no vamos a decir que solicitado, porque no es verdad, pero sí había informado en una carta-decreto-mandato-no-me-da-la-gana, que no iba a seguir al frente de la dirección del país por las razones obvias y que "*les comunico que no aspiraré, ni aceptaré — repito — no aspiraré, ni aceptaré, el cargo de Presidente del Consejo de Estado y Comandante en Jefe.*"

Incluso la implementación de estas ideas sobre las históricas moringa oleífera y morera, tiene lugar ya una vez FCR había "renunciado gentilmente y con mucha cortesía y educación ausentes" a sus cargos al frente de Cuba y le llegó la hora de retirarse y al parecer no había compañeros disponibles para llevar a cabo esta genial idea del CJ.

La materialización de esta idea le hubiera ahorrado al país ni se sabe cuántas molestias y escasez y la ayuda que hubiera representado el proyecto moringa oleífera-morera hubiera sido de un valor incalculable, ahora mismo que en la capital del país la malanga, que no está cara, solo está a $PC15.00 la lb.

Ese es el valor de las ideas, por eso la importancia de tenerlo ahí, aunque ya no sirva mucho, pero aporta ideas y reprime los cambios. No deben olvidarse los cubanos, como otro ejemplo de su larga visión, de su condición de vidente, el hecho de que cuando nadie encontraba un litro de leche ni para los niños, él, FCR, los veía a menos de 1¢ de dólar, cosa que los normales no alcanzaban a ver, ni encontrar y mucho menos tocar, pero él sí.

Ahora de una cosa se puede estar seguro, si durante unas semanas nuestro pueblo luchó el regreso de Eliancito con marchas revolucionarias muy, muy, muy, económicas, pues así nuestro pueblo marchará en pos de la instauración de la era de la moringa oleífera y la morera, con sus consignas y todo tal como esta: "queremos la moringa pa' que la gente no se vaya pa' la … Yuma"; "qué viva la morera que da tremenda dormidera" y así por el estilo.

F-31: No ha sido en Cuba un problema serio el de matrimonios al gusto de los contrayentes; el derecho a tener un matrimonio libre, legítimo y no por previo acuerdo está más que garantizado en la isla y no constituye un problema; la cultura cubana y la idiosincrasia de los cubanos no admite acuerdo previo, ni ningún tipo de arreglo, esto aunque directamente no es un triunfo de las ideas revolucionarias comandadas por el Jefe de la Rev. pero es algo que se ha mantenido dentro de la Rev. a lo largo del tiempo.

F-32: La LGBTQ es la organización en la que se agrupan las lesbianas, los homosexuales, los bisexuales y los transgéneros, es algo que avanza en el país, algo insólito algunos años atrás, partiendo que la sociedad cubana es altamente machista, pero la mujer que tiene este sector poblacional o este grupo a su cargo tiene poder y decisión de marchar hacia delante con el proyecto y ciertamente a pesar de las limitaciones, el derecho de identidad de género a inscribirse ante la ley con el nombre y sexo que cada cual elija, es algo que marcha positivamente en la isla, esto hubiera sido impensable en la década de los 60s, cuando las UMAP se cebaban con los que no eran iguales.

F-33: No es un problema que hoy día los cubanos tengan el derecho a recibir tratamiento médico para adecuarse al sexo de la preferencia de cada cual, esto es algo que se ha ido logrando bajo la dirección del centro encargado de la actividad. Los servicios médicos están garantizados en la nación y es posible que una operación de ese tipo requiera de algún costo monetario, pero es que en todo el mundo estas operaciones son costosas al extremo de hacerse inalcanzable para la mayoría de las personas que las solicitan y la requieren.

F-34: Otro de los derechos que andan bien y progresan en el país lo es el derecho a elegir la forma de vida que cada cual desee sin que esta sea impuesta por alguien o algo, es algo que merece un respeto y respaldo del pueblo algo que se ha ido logrando bajo la organización de la LGBTQ; la sociedad ha ido reconociendo el respeto y los derechos de los que desean optar por un sexo diferente al que puedan representar, el sentimiento homofóbico ha ido declinando para bien de toda la sociedad.

F-35: Se benefició a la población con un conjunto de leyes de reforma urbana de doble efecto: bueno para los que recibieron sus viviendas y pésimo, funesto para los que las perdieron de la noche a la mañana con el propósito de ser indemnizados por el gobierno al precio del inmueble.

Desde los primeros momentos la Rev. se preocupó porque los cubanos tuvieran una vivienda digna, ese es uno de los DH, que en el país no tiene grandes dificultades; como en todo, se da que las viviendas pueden tener problemas en la forma de atribuírselas a los que las necesitan, como fue el hecho de arrebatarles las casas a los dueños originarios y darlas por obra y gracias de espíritu fidelista.

Otra dificultad lo fue que las casas solo eran propiedad mientras el "dueño" las vivía, no podían venderla, si el dueño era sorprendido haciendo un negocio con ella en la que hubiera dinero de por medio posiblemente la perdía, cositas chiquiticas como esa; ¡ah! que los modelos construidos por la Rev. son unos modelos únicos en el mundo, tan horriblemente feos, antiarquitectónicos que el mismísimo FCR se vio obligado a reconocerlo en un discurso en que dijo que él no sabía que esos modelos se estaban haciendo en el país; no, no, no, no y los criticó y todo; ahora, ¿se podría saber dónde estaba la pupila insomne del CJ, que no había visto aquellas obras de arte dantescas?

A lo mejor estaba planeando construir la fábrica de helados Coppelia en el sur de Angola para que las tropas cubanas que allí fueron a combatir "lo tuvieran todo, lo que había y lo que no había en el país", son esas ideas del LHR que lo hacen único.

Otra de las desgracias que presentan las casas en la isla es su continuo deterioro y la no solución a ese problema ya que los moradores no tienen recursos para enfrentar la reparación a lo que se adiciona los altos precios que exigen los trabajadores que por su cuenta se dedican a este menester; el estado que es el máximo controlador de todo lo que se mueve y se hace en le país no tiene una agencia o un grupo de trabajadores que se dedique a esta tan imperiosa necesidad.

F-36: El derecho a crear una familia, no es uno de los más afectados en el fidelismo, porque la "constitución revolucionaria" de 1976 la describe como la célula fundamental de la sociedad, entonces si la familia está en concordancia con la Rev., no hay mayores dificultades, es un DH en correspondencia con lo que se demanda de los ciudadanos en la isla.

F-37: La industrialización iniciada en la época del Che como Ministro de Industrias no tuvo un desarrollo consecuente y se detuvo sin alcanzar lo que era esperado por la población, por las autoridades y lo que necesitaba el país, dado por las expectativas que se habían creado, tuvo su momento cúspide con la creación de varias industrias, pero no se fue consecuente con tal desarrollo y se prefirió en muchos renglones traer los productos de la antigua amiga y sus aliados porque ya ellos tenían esas industrias montadas mientras que en Cuba había que empezar por montarlas y llevar a cabo una producción limitada.

Si se recuerda entre los 70s. y los primeros años de los 80s. la población cubana no sobrepasó nunca los 10 millones ni de personas, ni de …, ni de ton de azúcar. La industrialización requería de la localización de las áreas de donde se extraería la materia prima y después la comercialización de la producción que de seguro no sería consumida totalmente en la isla.

F-38: La mecanización de la agricultura algo que se necesitaba para alcanzar altos producciones y rendimientos, preveía el efecto de compactación de las tierras por lo pesado de la maquinaria agrícola, este hecho fue algo que afectó algunas tierras de buenos rendimientos.

Hubo algunos avances en la mecanización en aquellos tiempos en las décadas de los 60s., pero estos no fueron suficientes, sobre todo porque la forma de propiedad sobre los medios: la tierra y la maquinaria, en ambos casos era social, pertenecía al estado y se priorizaba la mecanización para su uso en los grandes planes estatales; nunca se priorizó la propiedad de los llamados anapistas por encima de la propiedad estatal.

F-39: Uno de los grandes méritos que atesora el CJ es su enorme capacidad de soñar; es increíble y lo más asombroso es como los que lo rodean se impregnan de esa magia de soñar con él, cosas que uno se dice son posibles de alcanzar solo bajo su hado, así nos imbuyó de ese maravilloso espíritu de soñar que solo una mente como la de él podía generar y albergar, véanse algunas de esas maravillosas aspiraciones:

-*"En 1970 la Isla habrá de tener 5 mil expertos en la industria ganadera y alrededor de 8 millones de vacas y terneras productoras de leche. Habrá tanta leche que se podrá llenar la Bahía de La Habana con leche"* (FCR, 1966),

-"*Y si ellos en la Florida han podido desarrollar una gran industria de cítricos en una tierra peor que la nuestra, no hay la menor duda de que nosotros vamos a tener una industria de cítricos superior a la industria de cítricos de la Florida. De eso no hay duda*" (FCR, 1968),

-"*El azúcar es nuestro principal cultivo y quien quiera cualquier variedad de nuestras mejores variedades de azúcar que la venga a buscar a Cuba. Nuestra ganadería se desarrolla y no tenemos dudas de que será en el curso de pocos años una de las mejores ganaderías del mundo, porque nosotros no tememos competencia de ninguna clase, pero, además, seremos productores importantes de carne para los mercados del mundo, en cantidad y en calidad, y seremos productores importantes de cultivos tropicales, y entre los cítricos nos colocaremos entre los primeros países del mundo, y lo mismo ocurrirá con el café y con el plátano fruta y con la piña*" (FCR, 1968),

-"*Seremos el país con más computadoras per cápita del mundo*" (FCR, 2005).

-"*Cuba, en un breve tiempo se convertirá en un país exportador de petróleo*" (FCR, 2006).

Estas predicciones y otras muchas que pueden ser leídas a lo largo de esta obra, así como otras muchas ideas que ni se comentan; estas son solo algunas de las ideas por las que pueblo lo siguió en ese largo, arrevesado y tortuoso camino de sueños.

Pero algunos, los más inteligentes, acusados de traidores, se fueron despertando en el camino y se dijeron que no permanecerían en ese tranvía llamado "locura fidelista" y se fueron lanzando de cabeza, de manos, como se pudiera, porque ese tranvía no hacía paradas en su curso hacia el desarrollo fidelista de la nación, que es inversamente proporcional al desarrollo del resto de los países del globo.

F-40: Otra de sus grandes luces lo es sin dudas sus dotes de mago, de ilusionista sobrenatural, de un performance muy elevado, lo que le ha ganado el sobrenombre de **Mago de Oz**, es asombroso, no hay en el mundo otro dirigente político que sea tan versado y avezado como el CJ, es algo de rompecorazones, de rompe-esperanzas, de rompedientes, de rompehuesos, es inimaginable lo que es capaz de hacer; se han visto magos que hacen milagros al simular una caminata por encima de la Gran Muralla China, eso no es nada comparado con las destrezas y habilidades exhibidas por el respetable CJ.

Otros magos que introducen a una persona en un ataúd y se serrucha, separándolo en dos y después lo regresan a la normalidad, y muchos otros ardides y trucos que podrían clasificarse de escenas inalcanzables; pero nuestro mago deja atrás a todos esos aprendices de magia, que sin quitarles sus méritos no son capaces de cubrir lo que nuestro mago hace; no la palomita en el hombro, eso es un truco muy pequeño, que ya se sabe se practicó decenas de veces, sino actos que han ido ascendiendo, tales como coger la esfera productivo-industrial de un país y desparecerla y no volverla a su forma anterior jamás.

Otro acto de magia impar lo es el de coger entre sus manos la producción agrícola de una isla que producía café, azúcar, tabaco, granos, viandas y otros renglones y desaparecer todo eso en un acto de unos meses y no devolverlos nunca más a la realidad, eso no hay mago, ni maga en el mundo que lo haga, por eso nuestro ilusionista es único.

¿No convencido, se necesita más evidencia?, mírese este otro acto irrepetible: coger a una nación en desarrollo, con su transporte, sus ferrocarriles, sus medios de comunicación, también con su miseria en los campos, su desempleo en las ciudades, su tiempo muerto en los campos, sus asesinatos, etc.; pues bien, este gran ilusionista cogió todo ese arsenal y lo desapareció y tal como estaba no volvió a existir nunca más; la regresó, pero algunos, varios, muchos espectadores, piensan que la regresó en peores condiciones que como estaba, ahí se lo dejo para que usted, amigo lector dé su veredicto.

F-41: Las palabras *revolucionario y Revolución;* con los conceptos con que surgieron y fueron traídos al arribo del Ejército Rebelde al poder, eran demasiado simple, no había una diferencia sustancial entre una y otra; se conoció que *Revolución* era un cambio profundo y *revolucionario* todo el que tomaba parte y estaba de acuerdo con ese cambio profundo; los que eran fidelistas eran revolucionarios y estaban de acuerdo con todos los cambios que él hacía y haría porque se vislumbraba que era en bien de los pobres y nada más; pero después ambos conceptos fueron ampliando, profundizando el rango del cual se pueden obtener otras variaciones.

Otra manera de definir la palabra *revolucionario:* es toda aquella persona que aprueba todo lo que se hace dentro de la Rev.; al principio de creada no se admitía personas con una orientación sexual que no fuera la clásica, los religiosos no eran bien vistos aunque hubo señuelos para demostrar la amplitud del concepto, ya después se hizo necesario ampliar algo más el concepto y estas personas podían o no ser honesta, se podía tener una doble moral, siempre y cuando se vociferara que se era revolucionario, se podía ser un descarado a tiempo completo, pero si te decías revolucionario, no había problemas, se podía ser una persona oportunista, revanchista, un mentiroso profesional o amateur, la catadura moral de la persona no era lo importante, sino llamarse revolucionario, había que sumar a toda costa y no había tiempo para escoger.

Todo el que quisiera por conveniencia o por convicción, lo era, el número creció y creció y por eso se hablaba de un pueblo 100% revolucionario; incierto, no real, porque a la hora de irse del país dejábamos el cartelito colgado en cualquier lugar, esto enfurecía mucho a los revolucionarios de pura cepa y en primerísimo lugar al CJ, que veía a este tipo de persona como seudo-revolucionario o traidorzuelo.

Si usted llegaba como vecino a un barrio y decía: 'soy revolucionario' eso era un pase al portador; ser revolucionario se convirtió en algo grande, para definirse en contra de la burguesía, a favor de los que amaban al proceso fidelista y de los que amaban a FCR, hiciera las barbaridades que hiciera.

Fíjese si ser revolucionario era importante que el jefe de la Rev. en uno de los millonarios discurso dijo: *"primero dejar de ser que dejar de ser revolucionario"*; eh ahí algo que descomunalmente define lo que es y se quiere de un revolucionario dígase revolucionario y se acabó el mundo; de ahí en adelante, no hay nada que sea más importante.

Es un concepto amplio en que caben muchos tipos de personalidades, excepto aquellas personas que son contrarrevolucionarios. Con el ánimo de especificar y precisar la definición del concepto, el CJ, dio en el presente siglo una definición de Rev. porque el concepto se había estirado tanto que ya en el mismo cabían muchas especies de personas, lo habían deformado con la entrada de cualquiera, que a la primera falta que cometía decía "sí, pero yo soy revolucionario" y era creído que con eso ya solucionaba cualquier problema; podía ser que la persona robara algo de su centro de trabajo y lo cogieran, pero si esta persona se decía revolucionaria, entonces la falta ya cambiaba de matiz, así al calor de los **balores** revolucionarios o fidelistas se fue creando un nuevo tipo de truhan que interactuaba con las personas que sin ser revolucionarias daban una disertación de decencia ciudadana.

F-42: Desde ene. de 1959, los cubanos nos creemos libres gracias al triunfo de la Rev. Nos creemos libres. Nos enseñaron que fue un derecho que se rescató del olvido y ostracismo en que lo tenían encerrado.

¿Qué es LIBERTAD?, me dices mientras pega tu cara a la mía y clavas tu mirada allá lejos en el horizonte donde pensamos que hay mayores posibilidades de libertad; a donde te irás en esa lancha que no se cuán segura es para llevarte allende los mares, ¿qué es LIBERTAD?, me repites, ¿y tú me lo me preguntas?; y me apresto a abrir el diccionario para ayudándome de él y mis conceptos e ideas 'revolucionarias' darte una definición de lo que es LIBERTAD; aquí va mi respuesta:

Libertad según el Diccionario de la lengua española es la facultad natural que tiene el hombre de obrar de una manera o de otra, y de no obrar, por lo que es responsable de sus actos; es no ser esclavo de alguien o de algo; es la falta de sujeción y subordinación a alguien al que se supone hay que rendirle cuentas de nuestros actos.

En los sistemas democráticos: derecho de valor superior que asegura la posibilidad de determinación de las personas; es el estado o condición de quien no es esclavo, ni está preso, ni física, ni mentalmente; es poder pensar y actuar razonablemente expresando con respeto lo que se piensa de cualquier tema que tenga lugar en la sociedad y el mundo en que se vive, es actuar sin ser coartado o conminado a expresarse en términos del sistema político en que se vive, -hasta aquí el diccionario-, es el pájaro que vuela sin rumbo predeterminado, sin ataduras en sus alas, es volar sin seguir un rumbo fijo, es prerrogativa, es elección, es hacer la voluntad de cada cual sin que se afecten los que están en derredor, ni violar las normas que socialmente son aceptadas.

Libertad, es no decir que sí a todo, es poder tener la opción de decir al menos en una ocasión no estoy contigo Fidel, es no estar sujeto a la decisión de un hombre que se erige en más que padre de la sociedad, se cree su dueño; es no responder a partido político alguno de forma inobjetable, perenne, sin que la opinión del encartado sea tomada en cuenta al menos en una sola ocasión; es afiliar nuestra preferencia sexual a lo que mejor nos convenga, sin ataduras, sin temor al qué dirán, libertad …, libertad son tantas cosas bellas que…, en Cuba no se conocen y por eso no la hay.

F-43: Para ser justo hay que reconocer todo lo bueno, si es que se aspira a ser creído por las mentas más lúcidas y no fundamentalistas, este es el preámbulo para un tema candente que no se conoce o del que no se habla mucho entre la población como un mérito indiscutido de Fidel A. Castro Ruz; el hecho era el vínculo entre las autoridades con la mafia que en la década de los 50s. se fomentaba y se asentaba en La Habana.

Después del golpe del 10 de marzo de 1952, empezó a tener un auge inusitado ese engendro vestido de blanco que hoy asola a varios países del continente y del mundo. La mafia se desbordaba de su ambiente donde había sido prospera y estaba siendo azocada por las autoridades norteamericanas y buscaba nuevos lares y mercados; La Habana se antojaba caprichosamente como la mejor opción.

El además de asesino, presidente de la República, Fulgencio Batista y Zaldívar se aliaba y se fundía en este tipo de negocio espurio en el que él recibía tremendas ganancias provenientes de los clubes de juego, de la prostitución y de todo lo que olía a podredumbre en la capital de la isla; ese era el ¿honorable? bandolero presidente de la isla.

Se sabe que las ganancias de tal indecencia eran llevadas en horas de la madrugada a la finca de descanso donde el sátrapa tenía quien se encargara de recoger los frutos de tan lucrativo negocio; ese era el pago que los mafiosos hacían a quien había permitido que tal cáncer se fuera adueñando de la industria del entretenimiento en la capital, como si no hubiera sido suficiente los males que tenía el país como resultado de la inconformidad que se vivía en la isla.

La mafia había dejado ya una base de operaciones considerable como lo era el flamante y lujoso Hotel Riviera, el Club Montmartre, cabarets como Tropicana y el Sans Souci, el Club 21, casinos de juegos en diferentes hoteles como los famosos Hotel Nacional, el Sevilla, el Comodoro, el Deauville y otras instalaciones donde la mafia hacía florecer sus lucrativos negocios.

Afortunadamente no había llegado la época en que los mafiosos se batieran a tiros en las calles de la capital cubana como había ocurrido en otras ciudades norteamericana, realmente no habían tenido tiempo para esa otra faceta de su accionar, pero si algo así se hubiera producido esta acción se hubiera sumado a las acciones violentas que tenían lugar entre las fuerzas que luchaban por el poder y las ya instauradas con Batista al frente; es decir que a un país en guerra se hubiera adicionado la que podía devenir de la beligerancia entre los grupos mafiosos, cosa que gracias a la buena marcha de los negocios nunca ocurrió.

Y al almidonado presidente de la República enfundado en su traje de dril 100 blanco impecable, ¿qué carago le importaba si la gente se despedazaba o no?, si él estaba ganando un dinerito modesto por su contribución y servicios a la mafia norteamericana devenida ahora en cubana; era un sacrificio más que hacía el tirano por su amada isla, a la que tanto quiso, a la que tanto defendió y a la que tanto le dio, sin que él cogiera, o robara, o extorsionara, o malversara, o se apropiara de un solo centavito, al contrario él lo daba todo por su isla a cambio de nada, él era sacrificio puro, él era desvelo por los acuciantes problemas que galopaban en la isla y que si no hubiera sido por el intruso de FCR él los hubiera resuelto en dos o tres siglos más de haber tenido vida.

La desfachatez de Batista se hizo inconmensurable cuando regresó al poder para dar la asonada del 10 de marzo del '52, en ese discurso de presentación el torpe dijo: "… **a donde he tenido que volver obligado por las circunstancias**" de que llevaba mucho tiempo fuera de la isla sin poder ROBAR y DELINQUIR como lo voy a hacer ahora. Ahora sí ustedes van a saber quién es FBZ, el asesino, el ladrón, el delincuente, el que hace negocios con la mafia desde las posiciones del estado, el que se rodea de la más perversa crápula para que lo defiendan.

Y así hay que oír a uno de los hijos referirse al padre ejemplar, al padre defensor de la patria, al esposo loable, al conspicuo ladrón y asesino; no hay nada más difícil que ser hijo de un dictador y que los hijos quieran hacer comemierdas a las personas a las que se dirigen; cuando este hombre habló de su padre algunos se dijeron: "no es que solo se hayan acabado los guapos en Yateras, es que ya no hay asesinos en el mundo después de escuchar al hijo de Batista enhestar a su padre."

Así andaba aquel garito de juego, de prostitución, de corrupción, de asesinatos, de amplias oportunidades para un buchito de canallas y de una estrechez anal para los millones de desposeído y por eso llegó la Revolución pa' acabar con todos aquellos desmanes e instaurar otros menos lesivos; esa es la verdad.

A los ricos de la época no les gusta que estas cosas se digan y hablan de una Cuba floreciente, en parte, en parte, solo en parte, porque millones de niños estaban llenos de parásitos con abdómenes más grandes que cualquiera de los tres macizos montañosos de la isla y es que los ricos cuando empiezan a embriagarse en sus riquezas y ostentaciones no piensan en nada pa' los que están abajo cagándose en la hora en que nacieron para que ellos, los ricos inescrupulosos y mafiosos como Batista y su cuadrilla de asesinos se dieran la gran vida.

Por eso, aunque se haya extralimitado en lo que realmente necesitaba el país, por eso mismitico llegó el comandante y mandó a parar toda aquella cosa loca, todo aquel gran burdel de orgías sexuales que tenían lugar en La Habana; Fidel llegó para ponerle fin, no solo a los días de Batista en el poder, sino para decirle a los mafiosos que les había llegado la hora de regresarse al punto de donde habían venido.

Una vez más al César lo que de este es: si no hubiera sido por la intervención de la Revolución, las ciudades donde crecieron los más grandes mafiosos de América Latina, esas se hubieran quedado pequeñitas, 'chirriqiticas' al lado de la gran urbe que se proyectaba fuera La Habana, que además era un trampolín envidiable para que la droga llegara a su destino final en los EUA; pero todo eso lo detuvo Fidel y la Revolución y aunque nos duela reconocerlo ese es un mérito indiscutible de Castro, el inteligente, del que se dice que recibió dinero de la mafia, pues esta aunque nunca creyó que los muerdi-huyes derrocarían a un gobierno corrupto con un ejército de postalitas, pusilánime, optó por estar bien con el diablo en el poder y con el diablito que se preparaba para intentar quitar del poder al diablo viejo y adinerado.

El Cantor de la Revolución, Carlos Puebla, en uno de sus temas hacía alusión a la situación de resquebrajamiento que se daba en la isla, que desde el punto de vista social iba cuesta abajo sin que hubiera cañada que la atajara, si bien en lo económico se exhibían estándares muy positivos que ubicaban a la nación como una de las mejores del continente, por encima de países que contaban con recursos que Cuba ni soñarlo.

En una de sus canciones en apoyo a la Revolución, el Cantor expresa en su letra realidades dolorosas que se vivían en la isla. El título de la canción "Y en eso llegó Fidel"

"...*echar el pueblo a sufrir y seguir de modo cruel contra el pueblo conspirando para seguirlo explotando ... / ...tragando y tragando tierra... / ... la costumbre del delito, hacer de Cuba un garito ... / ...jugando a la democracia y el pueblo que en su desgracia se acabara de morir... / ...sin cuidarse ni la forma con el robo como norma y en eso llegó Fidel*".

Esa es la verdad para dolor de los que no quieren reconocerla; ¡cuánto se siente!; entonces a partir de ene. del 1959 se le podía poner a la mafia y a sus propiedades una lápida con tres letrecitas: EPD.

TANTOS EN CONTRA

C-1: En agosto de 1961 se lleva a cabo el canje de dinero porque la burguesía estaba llevándose su dinero al extranjero en cantidades con las que se amenazaba desestabilizar la maltrecha economía de la isla. De más está decir que la operación de canje fue sorpresiva y con un tiempo más que limitado, dos días, para llevarla a cabo.

El Gobierno Revolucionario se había quedado con todas las riquezas que la burguesía tenía en su poder y con el canje se estipulaba dar a esta una cantidad fija en cada mes para limitarla tanto como quería el líder de la Revolución, todo esto tenía lugar mientras que desde inicios del triunfo se había iniciado el éxodo de la clase rica al exterior del país.

Era propósito del Gob. Rev. hacer una economía sin dinero, basada en el trabajo voluntario y una paga ínfima como salario, esa fue la premisa del sistema fidelista de producción, no dinero, sino producir por conciencia revolucionaria; esta eliminación de la participación monetaria en el proceso de producción y en la vida económica del país era algo enfermizo, al extremo de encarcelar a personas por infligir la ley que impedía portar divisas, esto ocurrió cuando en los avatares de una economía que no crecía, fue necesario admitir o crear la doble circulación monetaria.

Era una meta urgente cambiar la llamada forma de distribución socialista por la fórmula comunista; en esta última no habría participación del dinero en las relaciones mercantiles, lo que no estaba muy claro es cómo se establecerían las relaciones con el mundo exterior, si en todo el mundo las relaciones de compra de mercancías y la venta de las producciones se hacían en divisa.

Sin lugar a dudas esta fue una de las grandes **hideas** del sr. FCR, era su presunción eliminar las históricas relaciones monetario-mercantiles. Esta fase, que duró hasta la llamada ofensiva revolucionaria, fue llamada fase demencial, de ceguera y fundamentalista, por creer que semejante maquinación podría dar resultados. Menos mal que tal locura nunca se materializó. En sí se ha embarcado a un pueblo y **ahora no se sabe cómo salir del HOYO**, de manera que la economía cubana empezó durante el proceso revolucionario sentada en un sillón de ruedas, inválida.

A partir de estos aportes tan trascendentales de FCR, es que se mata a la economía y empieza a nacer algo nuevo, nunca antes visto con estas características esbozadas de no dinero en la circulación mercantil, del trabajo voluntario como piedra angular y sobre todo la solidaridad expresada en regalar lo poco que se producía en el país; con esa características es que básicamente nace la ciencia fidelista llamada **¡eh!konomíatuya**, que regirá el sentido de dirección de lo que antes fue la economía cubana, EPD.

Su creador lo fue el co. Fidel Castro Ruz, así como de todo lo que no funciona en el país. Todo lo que hiede a heces ha sido creado por él, también creó algunas cosas muy buenas pero que han devenido en eso, en mierda.

C-2: Si en algún renglón la Rev. ha mostrado sus temores al extremo de no cejar, de no admitir un ápice en las aspiraciones de los enemigos del proceso, es en el terreno de la información, en el cual ha mantenido una intransigencia muy fuerte, no ha cejado un mm, ni una micra, ni con los enemigos internos y mucho menos con los externos.

La Rev. no ha dado oportunidad alguna ni a la TV, ni a la radio Martí, cerito transmisiones desde el exterior hacia la isla si estas transmisiones tienen el propósito de "envenenar las mentes del pueblo", de alterar a las ovejas del rebaño, que son como conejillos de India, y es lógico que cualquier estado defienda su espacio radiofónico de cualquier intruso que quiera transmitir en él sin un previo acuerdo con las autoridades del país; lo que pasa es que por esa vía la población se enteraría de muchas cosas que el Partido-Estado-Gobierno, no quieren que ocupen las mentes de la población.

Los cubanos de adentro solo tienen que atenerse a lo que otrora decía FCR, y lo que ahora esporádicamente dicen sus autoridades, toda esta actitud de auto-aislamiento informativo desde el exterior y hacia la isla es para evitar que la población entre en contacto con lo que de Cuba se dice, véase lo planteado en su discurso de presentación de cartas credenciales, 8 de ene. del '59, allí refiriéndose a la información dijo:

> *"¿ahora que no hay censura, y que la prensa es enteramente libre, más libre de lo que ha sido nunca, y tiene además la seguridad de que lo seguirá siendo para siempre, sin que vuelva a haber censura aquí?" "Y por eso yo quiero empezar —o, mejor dicho, seguir— con el mismo sistema: el de decirle siempre al pueblo la verdad."*

¿Es que acaso no ha sido lo de la libertad de prensa una de las mentiras de la Rev. y sobre todo de su LHR=FCR?

En Cuba no hay libertad de prensa, en el país se publica solo lo que es del agrado y simpatía de las autoridades, y una de las razones que exponen para justificar ese cierre es no darle información al enemigo, eso ha sido un total y mendaz ardid, y por otra parte el cierre, el bloqueo a la información que proviene del exterior prohíbe que la población pueda tener juicio de lo que fuera de las fronteras ocurre, para que no se conozcan las mentiras y las verdades que sobre Cuba dicen.

El Partido y Gobierno, se han hecho dueños absolutos de las artes de informar a medias o simplemente mentir cuando lo requiere la ocasión, pero además como lo expresara FCR hace algunos años a la periodista norteamericana Barbara Walters, todos los medios de comunicación los tiene el Partido-Gobierno-Estado en sus manos y la oposición, o no la oposición, sino el que piense distinto no podría NUNCA publicarlo por medio alguno.

No olvidarse que con relación a esta tan cacareada libertad de prensa que preconizara FCR desde los inicios de la Rev., se le cortaron las alas sin apenas intentar levantar el vuelo; uno de los primeros medios cerrados lo fue el Diario de la Marina, del cual Fidel tenía muchas quejas e inquietudes; ni qué decir del semanario Zig Zag que fue mandado a cerrar en el mismo 1959.

El asunto, el truco es muy sencillo, el caso está en que la población no desconfíe, no se entere de las verdades que puedan haber desde adentro o fuera de la isla, no dar pie a la duda, a la incertidumbre de si será o no verdad y de esta manera hay una sola verdad; a toda costa se espantan, se alejan las otras realidades que no le son favorables a los gobernantes de la isla.

La llamada prensa libre, la que no quiere estar a los servicios del sistema castrista ha sido ferozmente maniatada, despiadadamente vilipendiada, desacreditada como para que no pueda cumplir con los propósitos que ella se ha propuesto, que es decir las cosas desde una mira diferente al punto de vista paternalista, justificador y edulcorador del oficialismo, por eso algunos de sus miembros han sido llevados a la cárcel, han recibido palizas del "aparente pueblo" que está en desacuerdo con esta prensa no oficialista, por tratar de decir la verdad hacia los medios de prensa del exterior para que conozcan la realidad cubana y para de ser posible, la divulguen y que así incidentalmente algunos cubanos puedan enterarse.

Dentro de la cofradía espuria no hay un medio en que estos periodistas calificados con las peores denominaciones puedan ejercer la profesión de informar desde una posición diferente a la del Gobierno-Partido; y muchos cubanos que han podido salir o que a lo largo de los años se les han encendido las luces de la curiosidad y la sospecha se preguntan: ¿es eso libertad de prensa, cuando la prensa escrita, los noticieros de radio y televisión, el cine, las imprentas son de la propiedad del Partido-Gobierno?, ¿es así como se concebía la libertad de prensa de que habló FCR el 8 de ene. del '59?

Una libertad de prensa para la cual la música no puede fluir libremente; se determina qué música es proclive a penetrar ideológicamente a las masas y esa se saca de los medios, no importa si es doméstica o foránea, grupos tales como los Beatles, los Rolling Stones y otros de ese género no podían ser oídos en Cuba.

Hubo cantantes cubanos que se habían ido al exterior después que asumió la Rev. el poder que no podían escucharse en la radio, sin embargo aquellos que se habían ido años antes se podían oír, de esta manera es que el aparato político encargado de la parte ideológica, politiza todas las fases de la vida de los cubanos, las polariza y lo que se busca es la confrontación entre los que están conmigo, léase a favor de la Rev. y los que están en contra mía, dígase los que piensan distinto, tildados de mil maneras y formas, ninguna agradable, todas encargadas de denigrar a los comunicadores que no se sometieron al laconismo informático y voluntariedades del sistema.

A los periodistas que no se plegaron a la política enclaustradora de la Rev. se les trata de desprestigiar tratándolos como enemigos quinta columna, al servicio del imperialismo, se les cuestiona su competencia como profesionales, incluso formados dentro del proceso revolucionario, solo porque se percataron antes que muchos otros se percataran del monopolio de la información, allí en los medios de prensa solo es admitido y considerado como bueno los que alaban, los que elogian, los que encumbran el castrismo, los que todo lo ven bien.

Las faltas solo pueden ser "criticadas" por la máxima figura del proceso, cuando él lo considere necesario; ningún otro funcionario se arriesgaba a decir esto está mal sin el permiso del "mariscal de campo", ninguno de los que lo hicieron por la libre sobrevivió para contarlo, es decir fueron despedidos, depuesto de los cargos que tenían, desaparecieron de la vida pública; ¿tiene alguien idea de lo que significa ver en la música un fantasma que puede denotar la forma política en que el oficialismo quiere que la juventud y en sí las masas piensen y actúen?

No creerse ilusiones falsas, cuando en algún lugar / momento, los personeros del castrismo, en una época Carlos Lage Dávila, y a lo largo de todos estos años el sr. de las malas noticias, el de los planes que no se cumplían, el sr. de pedir un esfuerzo decisivo más, el de los ajustes económicos, el sr. que cuando se anunciaba que haría el discurso clausura de los actos por la "fiesta nacional" del 26 de jul. se sabía que era para dar noticias más malas que lo que estaba aconteciendo en el país, esa persona responde al nombre de Machado Ventura; cuando alguna de estas personas daban las malas noticias es porque ya se habían estudiado el libreto que se había elaborado de antemano, ahí no había nada improvisado.

Si se hace una retrospectiva, se verá que José Ramón Machado Ventura, tenía el triste cargo de dar las malas noticias, y el contenido de ese puesto de ave negra aumentó después que FCR se vio obligado a salir del poder y gobernar desde afuera, porque en sí, en la vida real es ilusorio pensar que FCR no es el gobernante de la isla, por lo menos hasta el 2016.

Él, FCR, solía arrostrar esas informaciones negativas y entonces Machado Ventura era el que le "cortaba la cabeza" a los cuadros de la nomenclatura que habían cometido errores; ahora en el mandato raulista, esporádicamente Raúl ha dado una noticia mala, esa no es su función, esas son funciones del co. "Machadito", RCR estaba para decir las nuevas buenas y como nunca las había pues por eso no hablaba casi nunca, ¿qué iba a decir, si nada era nuevo, todo es viejo?

Es demasiado, es demencial y todo esto porque el sistema fidelista no admite críticas sin la autorización de las autoridades, es decir para hacer una crítica en un medio de prensa esta debía ser analizada por la esfera del Partido que atiende la actividad de información para ver si políticamente era o no correcto se publicara, dígame, su señoría, ¿es eso libertad de prensa, es eso libertad de expresión?

¡Ah pero de las varias entrevistas ofrecidas a la norteamericana Barbara Walters, él, FCR, lo decía!:

> *"Barbara, nosotros no tenemos las mismas concepciones, nosotros no tenemos el concepto de libertad de prensa que tienen ustedes; desde luego, se lo digo con toda honestidad, no tengo que ocultar absolutamente nada. Si nos preguntan que si aquí pueda aparecer un periódico hablando contra el socialismo, diremos francamente que no, no puede aparecer, no lo permitirá ni el partido, ni el gobierno, ni el pueblo; en ese sentido no poseemos la libertad de prensa que poseen uds."*

Esa es la libertad de prensa de FCR, ya, se acabó, interprétense estas palabras en el mismo sentido con que fueron pronunciadas y nos percataremos que la libertad de expresión tiene otro significado, una cosa era antes que FCR tomara posesión del país y otra cosa es después, en su mandato.

Según los criterios de FCR, estamos todos en el mismo carro del cual no podemos bajarnos y mucho menos modificar su marcha, él piensa que por decapitar la dictadura sanguinaria y odiada de FBZ, por haber traído la "¡¿libertad?!", que por dar educación, salud, seguridad social y otras ventajas atribuidas a la presencia del fidelismo en el poder, que ya con eso las masas tienen que conformarse y no argumentar la necesidad de cambios.

Después del 59 han pasado en el mundo miles de acontecimientos que los cubanos ni a derecha saben, porque al fidelismo no le conviene se conozcan; el fidelismo es como aquellas familias que tuvieron problemas y cometieron horrores y errores de diferentes tipos tales como incesto, discriminación, preferencias con unos y no con otros y entonces les ocultan esas realidades a los descendientes; estos no pueden saber nada del pasado ominoso de la familia, así es el fidelismo, solo sabrás lo que yo quiero que sepas y no hay preguntas.

Son muchas las cosas que se han ocultado por el fidelismo, que lo ha enturbiado, que lo ha hecho dictatorial, tales como el exceso de ajusticiamientos con juicios de dudosa probidad, el envío a campos de trabajos forzados para aquellos que no eran iguales, léase las UMAP, el trato injusto y de castigo que se daba a las personas que querían abandonar el país, confinándolos a campos de trabajos forzados.

Ni que decir de las muertes en circunstancias de extrema sospecha de personas que estorbaban dentro del régimen o que podían dar una nota discordante, que desafinara, personas que no eran desafectos pero tenían o tuvieron un cierto liderazgo dentro del régimen y debían desaparecer en un momento determinado, ejemplos: Camilo Cienfuegos Gorriarán, una "desaparición olímpica" llena de contradicciones como son las mentiras que no se pueden ocultar, además de otras muertes que hubo alrededor de la de Camilo para mantener la mentira.

De suicidios no hablemos, no viene al caso, mírese el de Osvaldo Dorticós Torrado, suicidio, ¡¿suicidio, oyeee?!, ¿y por qué?, no tiene sentido, ya no saben que van a inventar para hacerlo pasar a uno por bobo, esa muerte es difícil de creer.

La muerte en prisión por un infarto del Gral. de División José Abrahantes Fernández; era alguien que había que ajusticiar según la incomodidad del Jefe, algo que se dejó ver en el juicio de la Causa #1, pero no se le podía dar paredón a otro general de división tan rápido, sino la gente iba a descubrir que esos dirigentes encabezados por FCR, son unos asesinos de pacotilla, el infarto es una burda, cochina y desconsiderada mentira, aunque el pueblo no pueda decir lo que piensa y sabe o imagina; debieron ser un poquito más respetuoso con el nivel de inteligencia de ese pueblo que por supuesto la gente lo sabe y lo dice en la calle, eso no fue un infarto, sino un ajusticiamiento extrajudicial, ¡oigan la gente de la isla no es tan boba como quiere la alta jerarquía política que sea!

La muerte de los dos hijos de la Heroína del Moncada, un par de muchachos Celia y Abel Hart Santamaría hijos de revolucionarios, pero sobre todo la muchacha muy contestaria contra las cosas del sistema que no parecían buenas; mueren los dos en un "extraño accidente de tránsito" contra un árbol en un lugar donde el vehículo no iba a una velocidad excesiva como para que murieran en ese extraño y fatídico accidente que ocurrió en el 2008.

La muerte de Manuel Piñeiro Losada, apodado Barbarroja, muy cercano colaborador de FCR, un colaborador inteligente y que tenía responsabilidades muy serias con la política de exportar revoluciones en Las Américas y hacia otros continentes también, fallece en otro "extraño accidente de tránsito" al chocar contra otro árbol, un hombre que no era de hacer locuras mientras manejaba y se impacta a una velocidad en extremo moderada; llevamos dos accidentes contra "árboles asesinos".

El Gral. de División Pedro Mendiondo Gómez tuvo otro "extraño accidente de tránsito" y falleció, lo curioso de este caso es que el jefe de la Defensa Antiaérea y la Aviación de Combate tiene el accidente unos días después que estalla una situación de un barco norcoreano que llevaba armamento cubano oculto hacia Corea del Norte para ser "reparado"; en este caso cambiaron el modus informativo, además con él murieron los dos suegros, a la única que dejaron con vida y mal herida fue la viuda, no dieron a la prensa el lugar del accidente, para que nadie pueda investigar; en este caso buscando ser más auténticos no incluyeron árboles como elementos de la tragedia, pero ni aun así, ¡qué poca creatividad exhibida desde que desaparecieron a Camilo!

¡Oigan los suicidios de los familiares más allegados al fallecido Presidente constitucional de Chile, Salvador Allende Gossens!, las autoridades cubanas, es decir FCR se creerá que todos los cubanos son bobos, son tarados mentales, son comemierdas, bueno él sí lo cree porque ha trabajado para eso; dos familiares de Allende por suicidio y una de ellas se suicidó DOS VECES, en un hotel y después en su casa; ¡le ronca el merequetén!

De los enemigos de la Rev. una muerte en extremo también sospechosa, la de Oswaldo Payá Sardiñas, un bocado difícil para la casta gobernante, este sr. fue uno de los pilares del llamado Proyecto Varela, era un luchador incansable por la democracia, buscó todas las vías para establecerla en Cuba y había que sacarlo de la escena política para que no mortificara más y entonces en otro accidentico automovilístico — con árbol y todo según las autoridades, árbol que no sufrió daños en comparación al destrozo del vehículo siniestrado — en la provincia de Granma; ¡qué manera de estar malo el parque automovilístico en Cuba!, ¡mira que ocurren accidentes extraños en que mueren personas que impugnan al sistema!, ¡y eso que los vehículos en que ocurren los accidentes no son los "almendrones" sino carros mucho más modernos!; ¡no chico, no que bah, eso es casualidad, cómo alguien puede pensar que todos estos casos y otros fueron dejados morir o era un ajuste de cuentas al estilo de las mejores mafias!

Aun en el caso de Payá, falleció una persona más y dejaron vivo a Ángel Carromero que estaba al volante el día del accidente para que sirviera como testigo; este en su declaración inicial dio una versión del accidente y después se contradijo diciendo que lo habían hecho declarar bajo intimidación, ¡no, no, no, no, que bah, el pensamiento es libre, el lector no tiene que afiliarse a la forma de pensar que inculpa a las autoridades en el poder.

Más aún Aideé Santamaría Cuadrado se suicida el 26 de jul. del 80, ¡qué clase de fecha para suicidarse!, ¡caramba qué raro!, y más si quien había sido su esposo en la despedida del duelo justifica que las heridas y el horror del Moncada, ocurrido 27 años atrás aún no habían sanado, no habían cerrado y esa fue la razón del suicidio, ¡qué raro, 27 años después!, esas heridas psicológicas eran insuperables, no admitían sutura sicológica, ¡oiga, 27 años después! ¡hay que oír cada cosas!

Esta otra muerte de una persona que estaba enferma pero… ¿era de muerte?, Juan Almeida Bosque, muy sospechosa esa muerte en el momento puntual en que se produjo después que él hace declaraciones sobre uno de sus hijos que estaba formando un escándalo público porque el régimen no lo dejaba salir del país; al padre — que al parecer no tenía muy buenos vínculos con el hijo — lo entrevistan sobre lo que pensaba de la actitud de su hijo y la respuesta de Almeida no fue contundente en contra de la posición del hijo, tal y como le hubiera gustado a la ADR=PCC=CDR=FMC=FEU=UES=ANAP=CTC=FCR, él fue evasivo al decir que él "era un hombre enfermo" y no fue más lejos que eso, no lo criticó, no lo atacó públicamente como tal vez se esperaba, después de esa respuesta no pasaron muchos días en que cambiara su estatus de enfermo por el de fallecido a causa de ataque cardíaco.

Los honores fueron de altos quilates, en La Habana en la Plaza de la Rev., por las calles de Santiago de Cuba hasta el Tercer Frente donde descansan sus restos en un nicho, ¿había derecho a una autopsia familiar? ...; no se olvide que la Rev.=FCR, mata, asesina, "desaparece" a miembros de su nomenclatura y después los asciende militarmente y los hace héroes, ejemplos como los de Camilo Cienfuegos Gorriarán y el Capitán Cristino Naranjo Vázquez (póstumamente ascendido a comandante) son una muestra de lo que aquí se plantea.

Hay otra muerte preocupante y que parece inverosímil que las autoridades hayan tenido que ver algo en ella, pero no está de más al menos relatar algunos elementos: es la del afamado periodista-locutor deportivo fallecido en un accidente de tránsito al ser impactado por un ómnibus, es bien difícil admitir esa realidad, pero de todas formas vaya la información; sobre un período de tiempo que este periodista trabajó con el JR=FCR al parecer por la forma poco amigable, despótica, falta de educación con la que el CJ se dirigía a Antonio 'Eddy' Martin Sánchez, incluso en ceremonia pública, había algo que decía a las claras que existía un resentimiento que se expresaba en la brusquedad exhibida por FCR, lo que no era así con otro locutor deportivo que generalmente trabajaba de compañero con Martin.

En este caso es muy difícil hacer imputaciones, pero ¿habrá existido la posibilidad de hacer autopsia?; porque lo que sí está claro es que en FCR no se puede confiar "ni un tantico así de pequeño"; a decir verdad, después que se ha conocido y estudiado varias aristas de la vida del JR=LHR=MLR=FCR, es preferible ser desconfiado porque su actuar en muchos otros casos ha sembrado dudas.

Toda esa información, la verdadera, no la que dice el oficialismo, es difícil de descubrir y está saliendo a la luz por algunos miembros de los servicios secretos que se van y tienen el coraje de decir estas verdades ocultas, de lo contrario nunca conoceríamos algo y por supuesto estas personas "enemigas" del fidelismo y su líder, son unos patrañeros, son enemigos de la Rev. al servicio del enemigo que les paga y por eso nunca dicen la verdad.

Y así varias otras aristas informativas que según los personeros más acérrimos del régimen son ellos los únicos que tienen la verdad sobre todos estos temas enarbolando la infame mentira de que ellos JAMÁS han dicho una mentira a la población, eso lo ha dicho FCR decenas de veces, con una inaudita certeza; serán pasteles las mentiras que él dice y la mano de promesas de bahías llenas de leche y otras tantas cosas sin sentido dichas con el ánimo de mantener viva la llama de la esperanza de la población en ese fenómeno llamado Revolución.

Mentiras que se dicen a sabiendas de que nunca podrían hacerse realidades, ni por la condición de mago, porque ahí está uno de los hechos, La Habana se destruye como parte de la inacción del régimen y no ha podido ser restaurada ni con todo el poder de prestidigitador de Castro(f). Esto es lo que se llama una dictadura, por demás fidelista o castrista, da lo mismo.

C-3: Dentro de las cosas que se recogía en la doctrina marxista-leninista está como un aspecto destacado la lucha contra los revisionistas, la interpretación de esa corriente en Cuba plantea que los comunistas no pueden mirar hacia atrás con ojo revisor de las cosas que fueron hechas en cada momento de la historia y que anteceda a la generación que este en el poder en un momento determinado, es decir, lo que hicieron las generaciones que antecedieron a la generación actual en un momento concreto de la historia debe ser admitido sin cuestionamiento, ese era el quid de la corriente contra el revisionismo que tenía lugar en la Cuba de los 60s., los 70s.

Si un revisionista perteneciente a las nuevas generaciones que existen, que interactúan ahora en el siglo XXI, este no podría cuestionar la trayectoria y ejecutoria de los revolucionarios en décadas pasadas, lo hecho debe ser admitido sin cuestionamiento, sin miramientos, de manera que si hubo errores, esos no deben ser analizados ahora y eso evidentemente le tiende un manto, una cortina de humo a cosas incorrectas hechas por los dirigentes políticos de anteriores épocas con lo que se inmunizaba a los que en tiempos pasados cometieron errores, es proteger a los culpables de posibles errores cometidos y justificárselos, dejándolos quietos, es como santificarlos con la clásica expresión cubana de "échale tierra y dale pisón", deja eso quieto, de eso no se habla, ¡qué repose en paz!

Durante la formación de la única organización política del país la trayectoria que se siguió fue bastante dura, con sanciones, con acusaciones de microfracción, porque de lo que se trataba era de absorber todas las demás organizaciones políticas que estaban en el escenario político y que dio al traste con la dictadura batistiana, llevarlas a una sola organización bajo la batuta del eterno director FCR.

Que esa única organización estuviera bajo la égida absoluta del sr. FCR inquietaba a unos y se resistían, mientras que otros entendían la inevitable absorción y simplemente se plegaban y permitían en paz que se consumara el hecho.

Analizar el monopartidismo en el momento actual sabe a revisionismo, según el fundamento de esa teoría de la Cuba post '59, y eso no es del agrado de la dirigencia política cubana porque se puede poner en el tapete lo bueno, pero nunca las cosas negativas que se hicieron en años anteriores, esas no se deben analizar, no admiten crítica, no solo porque sabe a revisionismo, sino que huele también a dictadura.

Nunca tendrá la aprobación de las actuales autoridades en el poder el análisis de la existencia de un solo partido porque es poner en juego su estabilidad; para la dirigencia política en la Cuba del siglo XXI, todo lo que se ha hecho ha sido en correspondencia por preservar dentro del socialismo (fidelismo o castrismo) al país y fuera de eso no hay ninguna otra cosa que sea importante y ese propósito solo puede ser llevado a cabo por los fundadores de la Rev. y contra ellos no puede haber nada que se les oponga, nada que se le pueda impugnar.

FCR siempre quiso que todo el poder político o de cualquier otro tipo estuviera bajo un mando único, y si era bajo el suyo mucho mejor, desde los primeros momentos él trabajó y creó las condiciones para obtener lo que quería, no se apresuró cuando formó un gobierno explosivo, de tendencias irreconciliables y al cual fue llamado para formar parte después de la explosión de aquella mezcla explosiva e irreconciliable.

Cuando el proceso de microfracción en que deportó a personas para limpiar el camino, él estaba asegurando el mando único, mírese lo que en fecha tan temprana como el 8 de ene. del 59 en su discurso de presentación él dijo:

"Sí a mí me preguntaran qué tropa prefiero mandar, yo diría: prefiero mandar al pueblo" (Véase cómo el ansia por el poder es latente, mírese esta otra).

"Creo que todos debimos estar desde el primer momento en una sola organización revolucionaria: la nuestra o la de otro, el 26, el 27 o el 50, en la que fuese, porque, si al fin y al cabo éramos los mismos los que luchábamos en la Sierra Maestra que los que luchábamos en el Escambray, o en Pinar del Río, y hombres jóvenes, y hombres con los mismos ideales, ¿por qué tenía que haber media docena de organizaciones revolucionarias? (APLAUSOS.)

La nuestra, simplemente fue la primera; la nuestra, simplemente fue la que libró la primera batalla en el Moncada, la que desembarcó en el "Granma" el 2 de diciembre".

Todo esto demuestra su ilimitado apego al poder, el desmedido amor al poder, aun cuando no haya sido exitoso, sobre todo en el aspecto económico que ha sido un verdadero desastre y no por el bloqueo externo solamente, sino por el bloqueo implantado hacia el interior del país y del cual no se dice una palabra; no conviene. ¿Por qué no se permite que otros intenten en la realización de una tarea en la cual no se ha tenido un éxito tangible? Demasiado tiempo en el poder por el que se ha hecho de todo, lo ético y lo anti-ético y los resultados dan grimas.

El absolutismo de que no se pueda discrepar de lo que FCR dice o hace, al extremo de que cuando había una opinión contraria a la suya, él decía que era la mano del enemigo la que estaba detrás de lo que se decía o hacía como desacuerdo a lo que planteara FCR; hacerle un señalamiento como los que se hicieron durante el proceso de la microfracción, era estar en contra del proceso revolucionario y de su persona; todo para protegerse en el poder donde se enquistó y del cual nunca quiso bajar, ni compartir, ese es el FCR que todos conocemos.

El calamar en su huida ante el peligro escapa formando una nube de agua de manera que el atacante no ve nada hasta que la nube se desvanece, pero ya él no está en la escena; hace falta que los humanos de vez en cuando apliquen el estilo del calamar para que otros puedan vivir sin tener delante una nube de mentiras y de promesas falsas incumplidas.

C-4: Otro hecho muy preocupante que se ha dado en otros procesos revolucionarios son las deserciones, en el caso de Cuba muchos de estos desertores no eran políticos, eran guerrilleros devenidos en militares, y en la mayoría de los casos su deserción se produce no porque hayan vendido secretos militares a los enemigos de la Rev., sino porque disentían de los caminos que estaban tomando los hilos conductores del proceso, el cual no era de la simpatía de los que lo abandonaban y por supuesto que trataron de destruir ese proceso por la vía militar; los hubo, y no pocos que ni lucharon en contra del proceso, solo manifestaron su desacuerdo con el mismo y eso fue suficiente para que los apartaran como no confiables en el mejor de los casos.

Las deserciones eran más políticas que militares, y ahí es donde está una de las peculiaridades del proceso cubano, en el cual se funden la política y lo militar; estos hombres castigados por el proceso, no querían sustituir a una dictadura por otra, esa no fue la razón de su lucha, al menos de la inmensa mayoría de ellos, porque para eso se habrían aliado a la dictadura que ellos ayudaron a derrocar.

Analícese la relación de los ajusticiados, o los llevados a prisión para que se vea cuántos comandantes de prestigio se vieron obligados a renunciar por el camino que tomó la Rev. y con el cual ellos no estaban de acuerdo, hélos aquí: Hubert Matos por querer apartarse del proceso del que solicitó su formal renuncia y a cambio FCR lo tildó de traidor y tuvo que cumplir 20 años en prisión; Jesús Carreras Zayas; William Alexander Morgan, fusilados por traición en mar. del 61; Eloy Gutiérrez Menoyo cumplió 22 años por subversión en contra del régimen, falleció en Cuba en oct. 2012; Faure Chamón Mediavilla, fue relegado dentro del proceso, presidía el DR-13-M, años después fue readmitido; Humberto Sorí Marín fusilado en abr. de 1961; Pedro Luis Díaz Lam, muere en jun. del 2008 a los 81 años en Miami, se llevó un avión en su fuga a los EUA; Plinio Prieto Ruiz, fusilado en oct. del '70; Rolando Cubelas Secades, preso por 13 años de los 25 que debía cumplir por intento de asesinato a FCR, a este preso Fidel lo visitaba en cárcel y le llevaba libros; Miguel Beatón, fusilado en jul. 1960; Raúl Chibás Rivas, escapó del país en 1960; Raúl Díaz Naranjo, fusilado 15 de ago. de 1964; Raúl Díaz Torres, exiliado; Aníbal Escalante, acusado de sedicioso, FCR lo deportó a la URSS; Roberto Verdaguer, piloto privado de Fidel Castro, huye a Estados Unidos en 1961 en una avioneta junto a su hermano gemelo Guillermo; Aldo Vera Serafín, después de 1959 conspiró contra FCR junto a Humberto Sorí Marín, tras el fusilamiento de éste se asila en Estados Unidos, fue asesinado el 25 de oct. de 1976 en Puerto Rico, según una de las versiones, posiblemente por los Servicios de Inteligencia de Cuba, otros comandantes que fueron fusilados Sinesio Worsh, Porfirio Ramírez, sin contar el bochornoso caso de la "desaparición" de Camilo Cienfuegos Gorriarán y otros tantos fusilados, muertos o "¡¡suicidados!!" en condiciones increíbles que generan un altísimo nivel de dudas. Esta es la revolución del suicidio según escribió en un artículo en oct. del 2016 Carlos Ferrera Torres.

De todos estos casos, el más sonado lo fue el llevado a cabo contra el prestigioso comandante Hubert Matos, recientemente fallecido en 2014, que dio un soporte decisivo con la transportación de armas que sirvieron en la ofensiva final de la Rev. y FCR por diversas razones no quiso aceptar la renuncia y lo tildó de traidor y estuvo a punto de darle paredón, pero los más sensatos se opusieron y por eso tuvo que cumplir 20 añitos a la sombra.

Cualquiera de estos encartados que haya intentado mostrar su verdad delante de un tribunal era descalificado, porque la única verdad tenida en cuenta era la de FCR.

Otros pudieron escapar, como el Gral. Rafael del Pino, algo sin precedente por el rango militar, llevándose consigo a su familia, escape que puso de manifiesto porque había adquirido notoriedad desde el '61 por su habilidad y por el número de vuelos que sin apenas descanso se vio obligado a hacer cuando la invasión a Girón.

Otro que resultó sumamente espectacular, fue el realizado por el Mayor Orestes Lorenzo Pérez, que se llevó un avión MIG-23 y llegó a Florida y le pidió a las autoridades cubanas que por favor dejaran salir a su familia, y los Castros les dijeron que no, y personalmente el Gral. de Ejército Raúl Castro lo retó a que si tenía **corajón** que fuera por ella y dijo exactamente:

>"*Dile a Lorenzo que si él tuvo los* (órganos genitales masculinos, son dos y en el organismo de los varones están colgando generalmente, como los del toro, por citar un ejemplo) *para llevarse un avión que los tenga también para venir por su familia*".

El joven se sintió retado en su amor propio y eso hizo, con mucho de aquello que dijo Raúl, cogió una Cesna, como en la que aparentemente desaparecieron, perdieron a Camilo Cienfuegos Gorriarán, "el Señor de la Vanguardia", él fue por su familia en la Cesna y se tiró en una carretera al norte de Matanzas y protagonizó el espectacular rescate, recogió a su familia, dos hijos y su esposa y viró para La Florida y está de lo más bien.

Lo que no se sabe si en este caso alguno de los dos hermanos parafraseó la famosa frase en este contexto: 'salió de allá, llegó aquí, entró por los suyos y los recogió, no se quedó, sino que salió en un regreso victorioso y llegó otra vez allá'. Este joven formado dentro de la Rev. le dio doble ración de bofetadas a los cabezas de la dictadura, parece que es un muy buen piloto: lo mismo en un MIG que en una Cesna.

Este hecho tiene que haberles dado un dolor de genitales a los dos hermanitos, digno de compadecer; aún duele a ambos el tremendo bofetón, a RCR más que a FCR.

Estas y otras salidas, sin contar la cantidad de "suicidios", algo realmente sospechoso y bochornoso; por supuesto a ninguno de los que se suicidaban se les podía hacer una autopsia verdadera solicitada por la familia porque primero no la autorizarían y después eso sería una desconfianza hacia la Rev. algo "intolerable".

Todo este descalabro que le produjo el Mayor Lorenzo, solo le ocurre a los dictadores, porque ellos no quisieron acceder a que la familia fuera a reunirse con el desertor, la quisieron tomar como rehén incluso cuando el joven audazmente dio su palabra de que, si se le dejaban salir a la familia, él se sometía a la justica cubana, los Castros no quisieron e hicieron uno de los ridículos más grandes que se recuerde, pero sssssssss, silencio, de eso no se habla, caquita.

Pero lo más importante es ver cómo ha crecido la deserción de los cubanos hacia cualquier lugar, huyendo de las rígidas reglas impuestas por los dueños del país. Entonces no son tan buenos na' cuando sus nacionales buscan hacer sus vidas en otros países, decenas de miles abandonan la isla por lo imposible de vivir en ella.

Este joven golpeó algo muy sagrado en Cuba, su seguridad aérea, pero más importante que eso, pegó a puño cerrado en la cara de los dictadores, pegó contra el odio visceral, contra la prepotencia, contra la arrogancia, contra la inmundicia humana que corroe a los Castros, de esos desvalores de los que no hablan los que le hacen películas o libros a FCR, de las cosas negativas no dicen ni una palabra, de las muertes que han producido, de los niveles de vida que han descendido en la población, de eso no hay ni un comentario; por eso en muchos casos no vale la pena leer lo que escriben o publican en el celuloide los autores de libros y películas sobre el tirano mayor, porque sería consumir "más de lo mismo" y no va.

Los niños y la esposa de este excelente aviador no eran culpables de lo que su padre había hecho, y tal vez hubiera sido mejor correr el riesgo de aceptar la propuesta que el ex Mayor hizo de someterse a juicio, algo difícil de creer, pero bueno, antes de que su familia fuera tomada como rehén y miren qué clase de San Juan alumbrado les salió a los Castros.

Por supuesto la libertad de prensa en Cuba dijo nada sobre el caso del **corajón** vuelo, la gente en Cuba se enteró, los que se enteraron, por radio "bemba", de boca en boca, así es la libertad de prensa del sr. FCR, ni una sola palabra del escape.

Una cosa más, al parecer los órganos sexuales de este intrépido son bien buenos. ¡¡¡Qué pena ante el mundo porque en Cuba los noticieros de la "libertad de prensa no dieron la noticia, pero en el mundo, que gracias a Dios no es Cuba, la noticia fue el pan caliente que se arrebataba al vendedor"!!! ¡¡¡¡Qué penaza tan bochornosa!!!! y para ellos la vida siguió aparentemente normal, ¡simuladores!

Si hubo demociones por tal desliz en la sagrada defensa de la patria socialista, bla, bla, bla, bla, bla, no se sabe porque si lo más simple que era dar la noticia al pueblo, nunca se hizo, ni pensar que harían pública una degradación por tal hecho que para las autoridades pasó, pero que no pasó y en todo caso al primero que había que "tronar" era al Gral. de Ejército y Ministro de las FAR, pero nada, él es el hermanito protegido.

Y del caso del Héroe Nacional de la República de Cuba, Gral. Rafael del Pino que realizó también la hazaña de salirse del país con la familia en un Cesna 402, lo que concitó las palabras del Jefe de la Rev. ante las cámaras de su televisión haciendo los descargos que él entendía, libremente, sin la presencia, por supuesto, del encartado, por lo que el CJ en su televisión, propiedad suya de él y cual persona herida por el cónyuge que la abandona, se despachó sin que alguien se le opusiera; dijo todo lo que le dio su real gana-cubana, incluyendo cosas personales que nunca se habían tocado al hablar de un compañero "tronado", que dejan muy mal parada a la persona que expone cosas de esa naturaleza; eso delataba la ira y el dolor de que un héroe que había prestigiado la nación se le fuera de esa manera sin que él pudiera tomar una medida contra ellos, sin que le pudiera poner un dedo encima, como hizo contra Hubert Matos, o contra Rolando Cubelas o contra Eloy Gutiérrez Menoyo y otros que disintieron de los hilos conductores del ICJ; así de fuerte fue el dolor que FCR sintió cuando se le fue Del Pino, ¡ay qué dolor tan grande! Ocurre también que Del Pino y Fidel se conocían desde mediados de la década de los 50s. cuando este entró en el Movimiento 26 de Julio.

Esta reliquia histórica, con excelente hoja de servicios a la patria que había llenado de gloria a la isla por su participación en la referida batalla, decide abandonar el país e irse a las tierras del enemigo en 1987. ¡Cuánto dolor!, lo que por sus colmillos acanalados destilaba el CJ=FCR sobrepasaba lo inimaginable, estaba profundamente herido con la fuga de Del Pino, se comportaba como fiera herida y arremetía contra este en ausencia con toda su fuerza.

Así vituperó en otros momentos de varias personas, con Luis Orlando Domínguez, quien fuera secretario de la UJC, y con otros jóvenes que se "equivocaron" y había que desmovilizarlos de su puesto; pero era muy bueno despacharse cobardemente de los demás sin tener a alguien que le contradijera en lo más mínimo.

Se tiene la idea de que FCR es un hombre valiente, tal vez hay dudas por su actuar en Playa Girón y en otros escenarios como el Moncada o la operación de Cayo Confites, pero actuar en la forma que lo hace de descargar faltas de personas que le fueron fiel pero que se cansaron de su dinastía no da mucho margen a creer en ese coraje y lo otro es que cuando él expone sus descargos se está obligado a creerlos.

Al parecer nunca más quiso correr el riesgo de tener un intruso en el estudio como le ocurrió con el Embajador Español en 1960, aquello se le puso feo y no se vio muy resuelto ante aquel émulo de la defensa de su país y que no admitía mentiras sin que estas fueran defendidas in situ. A Fidel se le vio en aquella ocasión pusilánime, se le vio apencado, más bien apendejado frente al imponente y resuelto Embajador Español. Por eso le dijo que en 24 horas tenía que írsele de su isla suya, y el corajudo Embajador se fue.

C-5: Al triunfo de la Rev. la euforia de las grandes masas era enorme, no se excluyen algunas representaciones de la clase dominante porque ya para muchos de esta clase era insoportable la presencia de la dictadura-tiranía batistiana, por sus crímenes, los desmanes, el dolor de madres y familiares por los asesinados, por el creciente vínculo de la dictadura con la mafia que empezaba a asentarse en el país.

La dictadura zahería el pundonor nacional, fuere de la tendencia de que se tratare a la cual perteneciere la persona; la Rev. representaba un hálito de esperanzas para salir de toda aquella podredumbre, de toda aquella fetidez, la Rev. hizo justicia contra los miembros de los cuerpos armados y en este caso se cuestionó en el plano internacional ese actuar que no fue visto con buenos ojos porque sin lugar a dudas más que un acto de justicia fue una venganza soez, hubo exceso y abuso en la pésima administración de una justicia justiciera y no revanchista y oportunista, tal como ocurrió.

Había además algo que contrastaba con los planteamientos hechos por el líder revolucionario en su discurso del 8 de ene. del '59, véanse algunos de estos criterios y se verá cómo desde los mismos inicios FCR empieza a mentir, a distorsionar, a disfrazar lo que sentía y haría en el futuro, véanse estos fragmentos:

> *"Mi gran preocupación es que en el extranjero, donde esta Revolución es la admiración del mundo entero, no tenga que decirse dentro de tres semanas, o cuatro semanas, o un mes, o una semana, que aquí se volvió a derramar sangre cubana para consolidar esta Revolución, porque entonces no sería ejemplo esta Revolución".*
>
> *"Hoy yo quiero advertir al pueblo, y yo quiero advertir a las madres cubanas, que yo haré siempre cuanto esté a nuestro alcance por resolver todos los problemas sin derramar una gota de sangre".*

Estas palabras hacían pensar a algunas personas dentro de la isla, que la mayoría de los culpables de crímenes serían llevados a prisión y no ajusticiados en las cantidades en que se hizo y que preocupaban al mundo que conocía de estos ajusticiamientos, pero además al estilo que pudimos ver años más tarde, juicios y ajusticiamientos rápidos, nada de tenerlos un tiempo en prisión, salían de los tribunales para el paredón, con mucha urgencia y las sanciones no se hacían esperar, se cumplían con una celeridad abismal, como si no se le quisiera dar la oportunidad a una revisión. **¿Dónde están los esfuerzos por evitar los derramamientos de sangre que vos os prometisteis a las madres cubanas?** ¡Ah, se le olvidaron al líder de la Rev. los cacareados "esfuerzos"!

Nuremberg es una ciudad alemana que se hizo famosa entre nov. 20 del 1945 y oct. 1 del 1946, durante 315 días en ella se llevó a cabo uno de los juicios más renombrados y ejemplarizantes de que se tengan noticias; allí se juzgaron a los principales responsables y ejecutores de órdenes que causaron la muerte a millones de personas en el mundo; fue ejemplarizante porque se llevó a cabo contra los más connotados criminales de la Segunda Guerra Mundial, algunos de ellos se vanagloriaban en pleno juicio de los crímenes que habían cometido, aquellos seres monstruosos que no hubieran pagado con mil veces sus vidas, todas las vidas que ellos segaron, cercenaron, por órdenes o por ejecuciones personales.

Fueron juzgado por el Tribunal Internacional formado por representantes de las cuatro naciones que vencieron en la guerra al nazi-fascismo hitleriano alemán (URSS-EUA-Reino Unido-Francia), y tardaron 11 meses para dictar sentencias a 24 criminales que eran la flor y nata de la barbarie y que no se habían suicidado o escapado, porque se dice que Hitler y otros de los más connotados se suicidaron.

Estos monstruos fueron defendidos por los abogados que ellos mismos decidieron y seleccionaron, abogados defensores **de verdad**, no abogaditos de oficio, de mentiritas como se hace en Cuba, y al final de esos juicios que sí contaban con todas las garantías procesales, vaya, lo que se dice juicios verdaderos y no montajes escénicos como hace FCR, pues al final solo fueron dictadas 12 penas de muertes contra asesinos confesos, en juicios donde se mostraron una serie de documentación testimonial, con films, documentos firmados, testigos, un cúmulo de pruebas abrumador e irrebatible y solamente 12 fueron al patíbulo.

Otro proceso semejante con la denominación de Juicio de los Doctores fue llevado a cabo contra 23 de estos engendros dedicados a trabajar en experimentos grotescos con los cuerpos de personas vivas y muertas, así como otras atrocidades. De estos otros 23 monstruos solo 7 fueron sentenciados a la pena capital, con juicios justos bien documentados con todas las garantías procesales y en una serie de juicio que corrió desde dic. 9 del 46 hasta ago. 20 del 47; también en la ciudad de Nuremberg, así como el llamado Juicio de los Jueces en la misma ciudad llevado a cabo contra 16 connotados miembros del sistema judicial nazi entre mar. 4 y dic. 5 del 47, pero ninguno de ellos fue sentenciado a pena capital.

En cifras bastante reales se puede determinar que la guerra que empezó la Alemania Nazi le costó al mundo 70 millones de vidas, por la irresponsabilidad de estos personeros de la muerte, y sumando los condenados a muerte de los tres Procesos de Nuremberg, solo hubo 19 penas de muerte en conjunto. Hubo otros 10 juicios a distintos sectores del aparato nazi en que NO se dictaron penas de muerte. Compárese. Averígüese. La historia verdadera está al alcance de la mano, en libros y en otros medios incluidos la internet que le está vedada a los cubanos, para que no se infarten y se caigan de nalgas diciendo que ellos no creen las cosas que en ella se publican, que esas son "patrañas" de los enemigos de la Rev. y del CJ.

El Nuremberg cubano fue un verdadero bochorno, no hubo juicios con todas las garantías procesales, mejor aún, con ninguna garantía, los abogados de la defensa, a veces **de oficio** y otras de **por gusto**, hicieron una defensa que rajaba corazones por lo débil e inconsistente de la misma, en sí el proceso fue muy penoso y falto de garantías y de todo lo que normalmente se debe tener en cuenta en un juicio, que sea de verdad y no una falsa a favor de un proceso político, tal como fueron los juicios en los EUA a Ferdinando Nicolo **Sacco** y Bartolomeo **Vanzetti** condenados a morir en la silla eléctrica en 1927 acusados de dos asesinatos que nunca cometieron y por ser anarquistas; o la falsa de juicio llevado a cabo contra los **Esposos Rosenberg** (Ethel and Julius), electrocutados en 1953 bajo el influjo de la guerra fría y la necesidad de encontrar un chivo expiatorio que pagara por el secreto del arma nuclear supuestamente dado a los enemigos de los EUA.

Los juicios llevados a cabo contra los que habían cometido crímenes devinieron en recordatorios del tristemente célebre circo romano y con ello se cumplían a simple vista dos propósitos: es verdad que se castigaban a los criminales que debían pagar por sus crímenes y por otra parte se iba sembrando una cuota de terror en la población, diciéndoles implícitamente que el paredón = pena de muerte estaba ahí para los que no fueran seguidores acérrimos de la Rev., así de sencillo.

Una importante familiar del dictador FCR dijo que se daba paredón por cualquier cosa, que si alguien decía fulano me hizo tal día una vejación o una acción ominosa, sin mucho miramiento se le daba paredón sin que mediara investigación, ni cualquier otra consideración, y ya; el 16 de feb. del 1959, en su toma de posesión como PM, FCR, dijo: *"Que hay más de 300 criminales de guerra fusilados y que unos cuantos más caerán...."* ¿Justicia o revancha, o terrorismo enmascarado en una falsa justicia?

De manera que los 2771 cubanos que murieron durante los años de la tiranía batistiana originarían que más de 839 personas fueran procesadas y llevadas al paredón a la carrera, sin tiempo de apelar a nada, esto durante **los primeros seis meses del mismo año 59**; como para que no hubiera tiempo de rectificar cualquier error que se hubiera cometido, toda esta barbarie "revolucionaria" en solo **seis mesecitos**, ¿qué les parece?; ¿hay comparación racional que se pueda establecer?, ¿es esta la Rev. más justa del mundo, de que habló FCR en una entrevista a un periodista norteamericano?

Juzgue el lector medianamente ilustrado la proporción, cierto es que en Europa no se podía llevar a juicio a todos los culpables porque hubo soldados que mataron y cometieron crímenes inducidos por estos monstruos y no fueron procesados, porque si no las ejecuciones hubieran sido milenarias.

FCR, el Che, RCR, debieron tener conocimiento de los Procesos de Nuremberg y aun así se excedieron; solo compárese, allí hubo criminales que causaron la muerte a 5 millones de personas, otro que había ejecutado en crematorios a 90 mil, otro que había ordenado la muerte a 2 millones judíos, otro que ejecutó cerca de un millón de gitanos y otro que ..., ni sabe, el acabóse.

Ningún asesino cubano pudo haber asesinado a 200 personas, y por supuesto había que dar pena de muerte, pero había que poner en cárcel también y eso era lo que Fidel el asesino no quería, él como hombre extremo quería juicios ejemplarizantes, qué aterraran, qué cundieran el pánico **entre los que quedábamos vivos,** y lo logró, por eso los cubanos son conscientes de que los desacuerdos respecto al sistema político no son materia de conversación callejera, por el miedo al régimen.

Por eso el mundo se alarmó y se viró contra los ajusticiamientos en Cuba. Solo lea y averigüe. No crea ciegamente. En Cuba hubo un libro muy ilustrativo que se titulaba Nuremberg (tal vez El Proceso de Nuremberg), este le ayudara a comprender lo que es justo y lo que es un exabrupto, exagerado, desmesurado.

En la siguiente tabla se expondrán las cifras de los ajusticiamientos ocurridos en dos eventos de guerra: la II Guerra Mundial y la Revolución Cubana del 1959.

Tipo de guerra. Locación.	Población muerta por efectos de la guerra	Número de penas de muertes a asesinos por los crímenes cometidos	Tasa de ajusticiados por población muerta
II Guerra Mundial. Europa.	70 000 000	19	1 ajusticiado por cada 3 684 211 muertos
Guerra de Liberación. Cuba	2771	839 (estimado conservador para el 1er. año 1959)	1 ajusticiado por cada 3.303 ≈ 3 muertos.

Si se hallara la relación entre la población muerta en la II Guerra Mundial y las muertes que precedieron al triunfo de la Revolución (entre el 10 de mar. del '52 y el 1$^{ero.}$ de ene. del '59), se verá con más nitidez porqué el mundo se quejó ante los ajusticiamientos que tenían lugar en Cuba; tomando como base las 2771 muertes de ese período en Cuba y los millones de muertes provocadas por la II G M, se puede ver la desproporción: 70 000 000 ÷ 2771 = 25 261.6, este número expresa cuantas veces murieron más persona en Europa, que las que murieron en Cuba; decir, 25 261 europeos muertos por cada cubano fallecido a causa de la guerra.

Si se establece la relación entre los números de ajusticiados en la II G M, tomando como base los ajusticiados en ese evento y los ajusticiados por la Revolución Cubana se verá que la cifra es en extremo preocupante, 839 ÷ 19 = 44.16 lo que representa que en Cuba hubo 44.16 veces más muertos que los que se sancionaron en Nuremberg como consecuencia de los 70 millones de muertos que hubo en la II G M, en otras palabras, en Cuba se ajusticiaron 44 personas por cada criminal nazi.

Este porciento representa que la Revolución Cubana teniendo muchos menos muertos durante la contienda, que lo registrado en Europa durante la II G M ajustició 44.16 veces más personas que los que se sancionaron en los Procesos de Nuremberg, que representaban más de 70 millones de muertos contra los 2771 fallecidos en Cuba durante siete años de dictadura. Así de sencillo. Entonces que los tres Mariscales de la Muerte (FCR, el Che y RCR) de aquellos años no se ofendan cuando les digan ASESINOS.

Desde los inicios de la Rev. se fue creando un terror solapado dentro de la población que se expresaba en la fórmula: "si estás con la Rev. nada te pasará, ella te protege, sino tendrás que asumir las consecuencias de no estar con ella." Es un terror introducido con inteligencia, diciéndole a la población lo que le ocurre a los desafectos a la Rev.; es por eso que en Cuba cuando alguien que no quiere meterse en líos con el sistema CDR=FMC=PCC=ADR=FCR=ANAP, etc, si ese alguien va a hacer algún comentario real, verídico, pero que es en desfavor de la Rev., antes de hablar mira para todos los lados y entonces después empieza el susurro, que casi ni se oye; porque los cubanos de adentro, aparte del supuesto agradecimiento que le tienen a la Rev. por las "¡¿conquistas revolucionarias?¡", la gente, el pueblo, tiene MIEDO de expresar lo que siente y piensa del sistema; tal vez no miedo a la muerte, pero sí miedo a la prisión, a que lo señalen y se convierta en un "apestado" y entonces tenga que morir en vida todos los días un poquito; es un castigo; todo esto gracias al pedagogo mayor, Dr. FCR=ADR.

¿Será que Cuba es más importante que toda la Europa?

Ahora mírese una vez más el discurso de toma de posición de FCR como Primer Ministro el 16 de feb. del '59 como él manipula magistralmente a la población y la usa como la justificación, como la causa para los ajusticiamientos desmedidos de aquellos fatídicos días, es decir, se estaba asesinando no por la esencia criminal exhibida por FCR en México y durante la lucha en la Sierra Maestra, sino porque el pueblo enardecido lo exigía; mírese la cantidad de muertes llevadas a cabo y las que aún faltaban, y lo irrelevante que era para el sr. PM las vidas que se cercenaban, contrario a lo que había dicho a las madres el día 8 de ene. al llegar a La Habana; ahora se había cambiado de ropa y en este momento, 38 días después FCR decía:

> *"Y el pueblo está severo, vigilante, exigente. Lo han provocado tanto que está intransigente. Y nosotros somos los que podemos pedirle al pueblo, y lo que le podemos pedir es que ya la hora de los fusilamientos no es el problema fundamental de Cuba: ¡qué ha llegado la hora de la Revolución! Que hay más de 300 criminales de guerra fusilados y que unos cuantos más caerán, y que los demás tendrán que ir a hacer trabajo forzado, tendrán que ir a la Ciénaga de Zapata a desecar la Ciénaga de Zapata o a otros lugares, porque es el castigo si quieren... Yo estoy seguro de que ese castigo es peor que el fusilamiento."*

Sin comentarios sobre ese planteamiento, es como si fuera una fiera rabiosa, sedienta de sangre y de venganza.

Lector, no se pierda la alta dosis de revancha, de desquite, en esas palabras finales: ***"Yo estoy seguro de que ese castigo es peor que el fusilamiento."***, ausencia de clemencia, de condescendencia, ausencia de todo; y claro está, en Cuba no se habla de estas cosas que fueron altamente represivas, abusadoras, injustificadas en algunos casos, incluso se dice que hasta asesinatos-ajusticiamientos injustificados hubo por la premura con la que estos se hicieron.

El alma criminal de FCR ha estado presente desde su época de estudiante universitario donde se le acusa de haber cometido actos de violencia, pero lo siguió esa alma criminal a la preparación de los expedicionarios del Granma en México cuando quiso quitarle la vida a uno de sus compañeros, futuro expedicionario porque este había faltado a unos entrenamientos y la solución que daba FCR para que cundiera el pánico y el nerviosismo, cuando los subordinados lo vieran, fue de quitarle la vida al joven de unos 28 años en aquel momento, pero esa alma de asesino que llevaba dentro bien despierta, lo siguió a la Sierra Maestra donde aprobó fusilamientos por razones baladíes y después decía que ninguna revolución en el mundo había sido más generosa con los enemigos que su Revolución, y se olvidaba de los asesinatos con tiros a la cabeza.

¡Qué se puede esperar de FCR, que en la Sierra Maestra mandó a ajusticiar, es decir, a asesinar a un hombre porque este había estado rascabuchando!, y según Fidel, el desgraciado se hacía pasar por el Che, esa graciecita le costó la vida y explica el jefe de los barbudos que no había otra cosa que se pudiera hacer que no fuera el paredón; ¿se tiene idea de lo que significa quitarle la vida a un ser humano, no por violar a una persona en el sentido más exacto de la palabra, sino solo por fisgonear, por mirarla lujuriosamente? Esa es la disciplina fidelista, el extremismo inmisericorde, el creerse dueño de los destinos de los demás y manejarlos a cómo a él le dé su distorsionada y aviesa voluntad.

Así manipula, manda a matar, envía tropas a que se arriesguen y pierdan la vida en otros lugares allende los mares para él sacar el beneficio personal de erigirse como un portento de los pobres de cualquier lugar del mundo, es parte de su insípida manía de grandeza y que caiga quien caiga mientras él gana lauros de fama, de abnegado, de sacrificado, de altruista, de defensor de las causas de los desposeídos, pero en el fondo con unos sentimientos asesinos que son inconmensurables; ni los locos piden al jefe de una potencia atómica, por las razones que fueren, la siguiente petición:

> *"Los Estados Unidos podrían iniciar un ataque en cuestión de horas y que en caso de que se produjera la Unión Soviética debería contraatacar inmediatamente con un ataque ANIQUILADOR."*

Este fue el mensaje enviado durante la Crisis de los Misiles o de Octubre de 1962 por el PM=FCR=Secretario del PURSC (Partido Unido de la Rev. Socialista de Cuba) a su homólogo soviético Nikita Krushov; menos mal que el soviético tenía mejor y mayor sentido de sus responsabilidades con la humanidad y la respuesta que le dio fue diplomática pero totalmente opuesta y aniquiladora, respuesta que FCR nunca le ha perdonado.

Esta esencia de exterminador de la vida de los demás lo ha acompañado hasta nuestros días y se ha visto reflejada en la ligereza con que dispone de la vida de los demás en todos estos años en el poder, además de la cobardía de cuando ha eliminado a alguien que él ha considerado de peligro, no le entrega el cadáver a los familiares, sino que lo entierra en una tumba sin nombre; varios son los ejemplos como los de Pedro Luis

Boitel Abrahantes, Comandante William Morgan, Gral. Arnaldo Ochoa Sánchez, Gral. José Abrahantes Fernández, los tres jóvenes que intentaron llevarse la embarcación "Baraguá", y así otros casos cuyos nombres escapan ligeramente a la memoria, pero que los familiares de las víctimas siempre los tendrán presentes.

FCR siempre ha tenido una justificación irrebatible para quitarle la vida a una persona que ha disentido de sus trastornados designios; pobres de los que tengan que esperar clemencia de un ciclóstomo como FCR, con él no hay medias tintas, con él es como en el viejo oeste: "oh me das la bolsa o pierdes la vida".

No fueron bien visto por el mundo en los inicios de la Rev. los por lo menos 839 ajusticiados en juicios en la que los acusados tenían todas las de perder sin verdaderas defensas, como fue en los juicios de las causas #1 y #2 de 1989 y otros que se hicieron antes y después, con abogados que su defensa era bien débil, cuestionable, realmente no había una garantía en estos casos, como tampoco las hubo en casos posteriores. No pasar por alto el espíritu revanchista del flamante PM ante los que estaban ya vencidos, no hay piedad, no hay condescendencia, ni clemencia; es todo rudeza, crudeza, crueldad que se han mantenido durante todos estos años y esa actitud va transmitiendo un mensaje al resto de la población.

Cierto es que había que ajusticiar a los asesinos que segaron vidas jóvenes en forma salvaje, pero garantizando todos los requerimientos procesales de los encartados y que el hecho de llevarlos a juicio no fuera un acto asegurado de que iban a ser fusilados. Había un fuerte viso de venganza fidelista, de esa que puso en extremo en la Sierra Maestra y a lo largo de toda su gestión al frente de la isla.

Con el deliberado propósito de justificar los crímenes que se cometerían después del triunfo revolucionario, la dirección del M-26-7, pactó con los medios más importantes de información que el número de muertos durante la tiranía era de 20 mil cubanos, esa fue la cifra dada por un medio tan influyente como BOHEMIA; tiempo después los directivos se lamentarían de haber informado esa falacia.

Esa fue la cifra que informó Camilo Cienfuegos, dos días antes de que lo asesinaran y desaparecieran en su último discurso del 26 de oct. del '59, pero era la cifra que se seguía dando cuando se quería hacer ver ¡cuán mala había sido la dictadura batistiana!

Tal vez el plan era que dando esa cifra de muertes causadas por la tiranía y no los 2771 que realmente habían sido asesinados o caídos durante la lucha clandestina, el margen para aplicar la "justicia revolucionaria" sería más amplio; es decir nunca fueron 20 000 los mártires como quisieron hacer ver Fidel y su M-26-7, sino 2771.

Por lo menos hasta el 2008 se calculan en **5732 asesinados o ajusticiados por la Revolución**, esto dice la estirpe asesina de los principales dirigentes de la isla; porque hay que decirlo y denunciarlo muchas veces, las decisiones de pena de muerte no son en la inmensa mayoría de los casos tomadas por tribunales, estos son el antifaz de la verdadera puesta en escena que corre a cargo de FCR=LHR; en Cuba no hay separación de poderes en ejecutivo, judicial y el legislativo como sí tienen la inmensa mayoría de las democracias mundiales, en Cuba, por existir una democastria existe un solo poder, que en realidad es el de Fidel Castro Ruz, ¡y ya!, lo demás es ilusión y mentiras de los que quieren hacer creer esa falacia; en Cuba hay uno solo fuerte, el poder omnipresente, omnipotente del JR=PSPCC=PCEM.

En nombre de la justicia para los oprimidos de siempre se fue de un extremo a otro y se cometieron crímenes injusticados, ¿es eso democracia o salvajismo fidelista?, pero vea el tremendo contraste contra lo planteado por el Jefe de la Rev. y lo ejecutado en la práctica, lo cual puede asumirse como **una mentira al pueblo** por no decir que una burla, y no es que muchos de los ajusticiados no merecieran la pena de muerte por sus horrendos crímenes, varios de ellos sí la merecían, pero no todos.

La euforia de aquellas jornadas volvió a la población partícipe de estos juicios-shows y muchos mostraban su alegría al saber que algunos de estos asesinos iban a ser enviados al paredón, eso puso de moda una frase que enarbolaba el populacho: "Sacude la mata Fidel y déjale un gajo a Raúl", del origen, dónde se hizo, de cómo realmente surge la frase, se sabe poco, puede haberse originado en la población o quizás de las mismas fuentes del oficialismo para expresar la gratitud del pueblo con lo que acontecía.

Según se vio en años ulteriores, cada vez que la Rev. innovaba algo, generalmente había "un apoyo musical" que respaldaba esa acción, y aunque no sea trascendente, esta musicalidad intentaba mostrar el supuesto apoyo a todo lo que hacía la Rev.; así fue con las llamadas ORI, con los 10 millones y otros hechos, sobre todo en la década de los 60s., la cual cerró con aquel doloroso y eterno revés que aún están tratando de convertir en nefasta victoria, porque los 10 millones fueron un trauma para el pueblo, aunque la ADR lo disimule.

No se puede determinar si estas coplas musicales se debían al espontáneo ingenio del pueblo o el oficialismo fraudulentamente las creó y las lanzó a la calle para hacer creer que el respaldo del "pueblo a su Rev. era total y absoluto"; también cabe la posibilidad que las pocas publicaciones cómicas de la época dieran un pie y el otro lo pusiera el pueblo y su idiosincrasia musical, muy menguada en los últimos 20 o 25 años producto de las vicisitudes y avatares de la tensa vida, solo para sobrevivir.

C-6: La mentira nunca estuvo lejana de los argumentos y planteamientos de los dirigentes de la Rev., desde decir que fueron 20 000 los mártires que habían caído por la liberación de la patria, solo desde que se reinició la lucha después del golpe militar del 10 de mar., hasta decir que no habría derramamiento de sangre después del triunfo, o cuando en la toma de posición como Primer Ministro dijo de su respeto a la jerarquía, de su ausencia de ambiciones personales y de su firme y profunda vocación demócrata (él quiso decir democastrista(f), pero aún no era la hora).

FCR, dijo en ese discurso que él no era un aspirante a la presidencia de la República, — tal vez quería ser nombrado emperador —, estas falsedades fueron dichas para iniciarse como PM, ya empezaba diciendo una buena salta de mentiras, eso quizás para no poner nervioso al presidente al cual él, FCR, haría saltar del poder unos meses más adelante, después que él mismo lo había elegido como presidente en ene. de ese año 1959, tras arrolladora elección de su poderoso dedo índice.

FCR, juró en un discurso en los EUA que, *"we are not communist"* (nosotros no somos comunistas) y por el camino se olvidó y terminó siéndolo, él dijo que en Cuba habría una democracia representativa y terminó en algo totalmente nuevo, el fidelismo como sistema con una base democastrista(f); dijo en el '60 que habría elecciones libres y después se contradijo diciendo: *"¡elecciones!, ¿elecciones para qué?"*

Eso hacen los tiranos-aurios, cuando se sienten dueños absolutos; mentir, decir cosas que son totalmente inverosímiles porque ellos saben que nadie se las va a refutar; en el juicio seguido en la Causa #1, FCR dijo que:

*"Este había sido uno de los más limpios del mundo, en
el cual no se ejerció ninguna presión sobre el tribunal ni el
fiscal, sobre el cual sí podía intercambiar deliberadamente
porque este es el defensor del pueblo."*

Él dijo que se reunía con los jueces del tribunal cada vez que terminaba cada sesión, pero que él, FCR, no ejerció presión alguna; ¡no qué bah, caquita; claro que eso él sí lo hace, no presión, sino supra-presión de varios cientos de mega-kilotones, cómo no!. ¿Seremos bobos los cubanos o tarados mentales?

Cuando Fidel terminó estas monstruosas declaraciones y salió de las oficinas del Consejo de Estado se encontró con Pinocho en uno de los corredores, Pinocho estaba furioso, muy enojado, molesto, ofuscado, iracundo, muy irritado con el CJ porque acababa de perder el Guinness de la nariz más larga del mundo.

Pero la mayor parte de los desaciertos de FCR no fueron mentiras deliberadas como las anteriormente señaladas, sino las que se debieron a deseos, propósitos, aspiraciones que se frustraron con el decursar de los años, se desvanecieron, algunas de ellas eran sobrepasar el nivel de vida de EUA y Rusia, (en el documento se recoge que Fidel dijo Rusia en lugar de decir URSS) o convertir a la isla en exportador de petróleo, (en el discurso que pronunció esta idea no se sabe si estaba totalmente sobrio o era producto de la demencia senil que afloraba en jun. del 2008).

Otro de sus delirios era el litro de leche a menos de 1¢ de dólar que nunca se vio pero él solía hablar de esto en los discursos de una forma hipotético-realista, como si ud. pudiera salir y comprarlo; nos tenía embobecido con el dichoso litro como si este de verdad existiera y lo cierto es que después que el hermanito asumió dijo que tenía que llegar el día en que si un cubano quería tomarse un vaso de leche que lo pudiera hacer, y todos los cubanos de adentro y de afuera estamos ansiosos de que llegue ese día, tal vez ellos se retiren o se mueran y nos dejen con las ganas como lo ha hecho el mayor mentiroso con el litro de leche a menos de 1¢ de dólar.

Él, FCR, tenía una afición delirante por los millones, con esta hipótesis cabe la duda de si sabía la diferencia entre miles y millones, o a lo mejor más turbado con la particularidad del sistema numérico inglés que a partir de los millones hace cambios en la denominación de las cantidades, quizás no se percataba de los errores que cometía en cuanto a cantidades. Ejemplos hay varios, pero los más notorios son el de los 8 millones de vacas y terneras, los 10 millones van, la millonaria cifra para hipotéticamente llenar la Bahía de La Habana de leche, e implícitamente se asume (aunque nunca él dijo cifra) los millones de toneladas de cítricos que se cosecharían en una Ciénaga de Zapata después de disecada, así como los millones de huevos que se necesitarían para exportar a Europa y otros tantos renglones, todo a nivel de millones; no ahí con él no había miseria, sobre todo si era para para exportar o mucho mejor si era para regalar a los amigos.

A Fidel le encantaba, él adoraba el cálculo numérico mental en sus discursos lo que hacía a sus fanes decir cosas como: "viste cómo está la mente de ese gallo" o "¿quién sabe más Matemáticas que 'patilla'?" o "¡es asombrosa la mente que tiene el jefe!"; una cantidad dicha por FCR en un discurso, no se cuestionaba ni se corregía así fuera un garrafal error; todo bajo el precepto de que: "el jefe no se equivoca nunca".

Así con esas ideas tan revolucionarias y adulonas hacia su persona, el jefe, en el discurso ante el Consejo de Estado, para cerrar la causa en la que había que asesinar al Gral. Arnaldo Ochoa y otros tres implicados, uno de los errores que cometió fue decir delante de las cámaras que la URSS (22 402 200 km^2) era solo 28 veces mayor que Cuba (110 860 km^2); error o manía de grandeza insatisfecha, y por supuesto eso jamás fue rectificado ni en el momento, ni en la publicación de la prensa plana.

Su manía de grandeza lo llevaba a proponerse metas que él en su sano juicio no podía creérselas, tal como aquella en la que planteaba que superaríamos la producción citrícola de La Florida — vea el lector como el patrón de comparación del sr. es de los más largos —, él no comparaba con los países latinos que tenían un desarrollo medio, él buscaba el punto más alto del desarrollo y total para nada, solo para crearnos la expectativa a los ilusos que creímos en él alguna vez.

Dentro de esa fase de decir o escribir cosas desatinadas, sin que hubiera alguien que las corrigiera, hubo dos de ellas que no se sabe cómo no se las rectificaron antes que el desaguisado viera la luz pública y fueron dadas a conocer en el artículo "***El hermano Obama***" de fecha 28 de mar. del 2016, publicado pocos días después de la visita que el Presidente norteño hiciera a Cuba.

Lo que es sorprendente es que alguien no le rectificara los escritos que el MLR=FCR publicaba, tal vez porque él se diría '¿quién me puede corregir un artículo que yo produzca?, no hay alguien capacitado para hacerlo y por **prinsipio** revolucionario yo no lo permitiré'; lo cierto es que en un mismo párrafo cometió un par de errores o tal vez no errores, sino intensiones frustradas, no se sabe; he aquí el párrafo:

> *"En 1961, apenas un año y tres meses después del Triunfo de la Revolución, una fuerza mercenaria con cañones e infantería blindada, equipada con aviones, fue entrenada y acompañada por buques de guerra y portaviones de Estados Unidos..."*.

Falso o mejor, un error; 1ero·, si la Rev. triunfa en 1959 y el evento de Bahía de Cochinos o Playa Girón ocurre en abr. del '61, en ese lapso de tiempo no va un año y tres meses, sino dos años y tres meses; nada serio pero deformante de la realidad; 2do·, siempre se había dicho que las embarcaciones que tomaron parte habían sido el Houston que quedó encallado en las arenas cubanas y el Rio Escondido que sí fue hundido y ahora de repente después de casi 55 años el CI=LHR=ADR=FCR, el dueño del país nos habla de *p o r t a v i o n e s*; todo eso es nuevo para las nuevas generaciones y también para las viejas, ¿*p o r t a v i o n e s*?, de dónde sacó El Invicto esa arma que nunca antes se había mencionado, si precisamente el gobierno americano no quiso que la aviación de su país participara y fue esa una de las quejas-reproches de los invasores hacia la administración americana.

Tal vez estos dos desaguisados fueron motivados por lo molesto que se quedó el CJ=FCR al no ser tomado en cuenta por el Presidente Obama, quien lo ignoró por completo; eso a Fidel no le gustó y menos ser ignorado en su propio país de él.

Nos sacrificamos por varias de esas ideas inviables por seguir a un soñador surrealista y arrastró al país a la zafra de los 10 millones de ton de azúcar para la que por poco no deja centro de trabajo abierto por las movilizaciones masivas, o el plan Cordón de La Habana con el que seríamos el país mayor productor de café del mundo, ¡y qué pasó!, ah no se sabe pregúntesele a FCR, ¡no!, para qué más, era un peligroso soñador y embullador de las masas, un estratega de la **¡eh!konomíatuya** del país, la cual producía infartos.

Y sobrevino un infarto cuando estudiando la lista de sus discursos de los 60s. para descubrir mejor la personalidad de este hacedor ¿exitoso? de **¡eh!konomíatuya** él informaba en 1965, ante las cámaras de su tv que Cuba **¡¡¡exportaba carne de res hacia Europa y además huevos de aves!!!** ¡¿Qué les parece, cubanos?!; todo esto dos años después de la instauración de la libreta de racionamiento en julio de 1963.

Los cubanos hemos sufrido de libreta de racionamiento durante más de 53 años, donde hemos carecido de carne, de arroz, de huevos, de productos marinos, de azúcar, de todo, de todo, de papel sanitario, de jabón, de pasta dental, de toallas, de blúmeres, de calzoncillos, **de todo, de todo.** ¿Se imagina alguien lo que significa que un país no sea capaz de garantizar el papel sanitario a sus ciudadanos?, entonces, ¿qué es lo que queda, qué es lo que falta?

Sin lugar a dudas se pude afirmar que hemos pasado hambre porque 5 lb de arroz para un mes por persona no es suficiente para nadie y entonces recordar estas anomalías dichas con un fetichismo insólito y que muchos cubanos a lo mejor ni recuerdan y los más nuevos lo más seguro es que ni lo sepan.

Estos hechos deben comentarse con mucha cautela para evitar los paros al miocardio, por lo insólito y absurdo, así que con hambre y necesidades voy a exportar lo que a la población le hacía falta para mitigar esas carestías.

Todas estas noticias eran motivo de embullo para el MLR=FCR, pero de tristeza, de sufrimiento para el pueblo; así ni se sabe cuántas promesas locas tuvieron su final en el baúl de los recuerdos y la frustración del pueblo necesitado.

FCR, planeaba en la agricultura un gran desarrollo de la caña de azúcar, del plátano, de los cítricos, de la piña, el café, renglones en los que se aspiraba a estar entre los primeros países del mundo, pero además se ufanaba de que la leche que consumía el país era producida por los planes del gobierno y que los pequeños agricultores solo aportaban un mínimo de la misma, con lo que ridiculizaba a los anapistas mientras engrandecía la labor de las cooperativas estatales, lo que fue una mentira probada a lo largo de los años donde se puso de manifiesto la ineficiencia de la gran empresa agrícola estatal.

Fueron tantas las promesas incumplidas que el desencanto de la población fue haciendo agua en las mentes y aspiraciones de los cubanos de llegar a una mejor vida, lo que nunca sería posible en el fidelismo y es que el hombre no puede vivir de promesas que son quimeras y por eso se desencantan los cubanos y se van, aun teniendo salud, educación, seguridad social, ausencia de violencia social al no existir el gansterismo o la tenencia de gran número de armas en manos de la población, como ocurre en otros países del área incluyendo a los EUA.

Los cubanos orgullosos del deporte que prestigia a la isla y de la cual son cada vez más los que se van, ya no hay cómo mantenerlos en ella; de una cultura general integral que excluye al que no está con la Rev., o al menos simule estarlo, sea cantante que con mucha inteligencia pide que le den la ballesta al hijo para que también pruebe suerte, o sea un escritor famoso que vive fuera de la isla, porque dentro de ella no puede publicar sus obras, o sea un deportista que perdió la ilusión de vivir un poco mejor de lo que es capaz de ofrecer el sistema, o sea cualquier cubano sencillo, sin grandes pretensiones y que ha visto que después de varias décadas no se avanza, ¿qué hacer ante tal situación?, ¿otra Revolución?, ¡o no por Dios, no más revoluciones! Prefieren decirle adiós a la isla y a sus dueños.

Tienen los cubanos una seguridad y tranquilidad ciudadana con cederistas y todo incluido que ya quisieran muchos; un país donde la droga no es problema, no genera muertes, ni violencia asociada a la misma; pero con todo eso a su favor los cubanos se van agobiados, hastiados de no poder llevar una vida sin lujos, sino simplemente normal y con unas perspectivas muy pobres, sin futuro.

Estúdiense los casos de países que son "socialistas" y otros que no lo son, que obtuvieron su independencia después de la de Cuba, u otros que la obtuvieron algunos años antes que la de Cuba; mírense los casos de China, Vietnam, Angola, y compárese su desarrollo económico y de bienestar en general con el de Cuba y se arribará a la conclusión de que las disposiciones "positivas" que desde el punto de vista social vinieron con la Rev. y que beneficiaban a los sectores más pobres hicieron, influyeron decisivamente en que la base material que estaba creada y que debía mantenerse o aumentar, se destruyera casi completamente.

Lo no visto, solo por citar una ciudad, la capital de la República, no se parece a la de inicios del siglo XX después de haberse terminado la guerra de independencia, está peor ahora, ha retrocedido no se sabe cuántos años hacia la miseria, la suciedad, el abandono, eso en la capital de la República, salvando la encomiable labor del Historiador de la Ciudad; si te vas a las provincias..., bueno ni se sabe porque la antilógica se ha vestido de largo con el fidelismo, y es que a los dirigentes del proceso se les olvidó la parte del Marxismo en que se dice que el hombre antes de hacer política, religión y filosofía, ¡ah y fidelismo o castrismo(f)!, tenía que comer, vestir y calzar, son necesidades impostergables e insoslayables de los humanos.

Y con este ramillete de necesidades, se adicionaban otras; a FCR le encantan los problemas, los retos por los que él directamente no tiene que pagar. ¿Qué hacía el CJ buscando más problemas para la isla? ¿Se recuerdan los cubanos cuando al LHR=ADR=CJ=FCR se le metió en la cabeza hacer una olimpiada en Cuba?; ¿con qué se contaba para ese empeño, cubanos?, ¿con qué gallina va a chapear cantero?, ¿qué masitas tiene la rana para sentarse?; para después que se acabara la Olimpiada Austera, el resto del mundo tenga que decir, ¿oigan y en qué parte del globo terráqueo está Cuba ahora?; se sabe que antes de la Olimpiada Austera de Fidel ellos estaban en el Caribe, pero después que se acabó el safari, o se mudaron o aquello fue declarado tierra arrasada.

Solo téngase por referencia dos eventos deportivos que nunca se pudieran considerar como una cita olímpica y lo que un evento de esa magnitud requiere desde todos los puntos de vista; quien quiera saber lo "exitoso" de organizar un evento deportivo internacional en la isla de FCR, que se remita a los Juegos Centroamericanos de La Habana de 1982, los deportistas fueron alojados en escuelas, pero antes los estudiantes de esas escuela anduvieron La Habana para que esa escuela que hoy se destruye y que fuera insignia de la educación en Cuba, fuera tomada como villa de todos los deportistas que compitieron en La Habana; el otro ejemplo lo constituye la organización de los Juegos Panamericanos Habana-91; para terminar el estadio olímpico de 35 mil personas por poco hay que cerrar todos los centros de trabajo para movilizar a los trabajadores para terminar esa y otras obras como el velódromo; por poco algunos cubanos que trabajaron allí se convierten en constructores de por vida.

Bastaron esas dos experiencias para que al CJ=FCR=LHR=AD se le calentara la cabeza y se lanzara a la caza de una Olimpiada Austera, hubiera sido la única, así como le gusta a él ser único hasta en las cosas más negativas.

Esta idea fidelo-revolucionaria comenzó cuando se pensaba otorgar la sede de los Juegos Olímpicos del 2004, que aunque se sabía que Atenas obtendría la seda, la estrategia cubana fue ir dando muestras de interés por unos Juegos Olímpicos desde los primeros años del presente siglo, pero lo cierto es que en ninguna de las reuniones del Comité Olímpico Internacional, La Habana llegó a satisfacer las expectativas para ser nominada a optar por una sede, otras ciudades de países con mejores estándares económicos presentaron sus candidaturas y fueron acreedoras de las subsiguientes sedes a la de Atenas; así FCR vio esfumarse una tras otras las posibilidades de celebrar unos JJOO en su país.

Las sedes de Pekín en el 2008, Londres para el 2012, Rio de Janeiro en el 2016, dieron un golpe de gracia al principal impulsor cubano de celebrar una Olimpiada Austera, a la vez la medida de que su idea no tendría frutos y que por lo tanto él no alcanzaría a ver en su país esa susodicha olimpiada.

FCR sustentaba todo este movimiento en que "ningún país en el mundo había hecho tanto por el deporte como lo había hecho Cuba" (de paso elevaba su ego y en cierta medida hay que reconocerle a él ese despegue en el deporte dentro de la isla) y para él esa era más que razón necesaria y suficiente para que en su país de él se desarrollaran unos juegos olímpicos; y en cierta medida el LHR=CJ tenía algo de razón y certeza en lo que argumentaba, pero todo para él tenía un trasfondo político, razón por la cual los deportistas cubanos se pasaron 12 añitos sin ir a una olimpiada, desde Moscú-80 hasta Barcelona-92 y todo por razones políticas y caprichos del dueño de la isla.

A pesar de todos los desmanes y desafueros cometidos por FCR=PCEM=CJ=PM, a pesar de que ya los deportistas cubanos en estos tiempos no tienen las mismas ataduras a las que fueron sometidos por su omnipotente dueño y algunos de ellos se han salido del ruedo castrista ganándose los epítetos de traidores, de no ser cubanos, todo porque ya no quieren seguir siendo objeto de la venia del señor, a pesar de todos esos pesares los cubanos tienen a nivel de continente un meritorio segundo lugar que en alguna medida ha sido mantenido bajo el férreo control de los deportistas y las limitaciones a que fueron sometidos, incluso de no regresar a su país en caso de que desertaran, todo esto para amedrentar a los deportistas para que no desertaran. Eso ha cambiado favorablemente para los que se fueron del país y en los últimos años se ha trazado una política más justa y razonable.

Los deportistas cubanos lograron en la Olimpiada de Río mantener a duras penas ese segundo lugar dentro del Nuevo Mundo o Las Américas detrás de los Estados Unidos de América que tienen un altísimo acumulado que lo ubica no solo el primero continental sino también a nivel mundial.

Esta diferencia entre Canadá y Cuba ha de irse acortando con el tiempo toda vez que algunos de los deportistas cubanos de alto rendimiento se van de la isla para hacer una vida que en Cuba nunca podrían tener, sin contar que algunos países del continente vienen elevando la calidad de sus atletas y los organismos deportivos les están prestando mucha más atención al desarrollo de esos nuevos valores.

La ventaja en el medallero olímpico histórico podría ser mayor si la delegación cubana hubiera asistido a Los Angeles-84, donde la ausencia de los países socialistas fue más notoria, así como haber tomado parte en los Juegos de Seul-88, donde el campo socialista estuvo en pleno, con las deshonrosas excepciones de Cuba y Corea del Norte; de hecho la entonces moribunda URSS en aquellos momentos, fue la ganadora de los Juegos de Seúl, pero FCR por sus **principios** le privó, le prohibió la partición a los atletas cubanos y él en un discurso de no muy buenos amigos, tal vez molesto porque el "campito socialista" lo había dejado solo; le decía en aquella tarde luctuosa a los deportistas: "*¿qué sentido tiene que si no fuimos a Los Ángeles, vayamos a aparecernos ahora en Seúl*"; este razonamiento fidelista huele a heces fecales de la más fétida hediondez.

De seguro que en este momento FCR no había elaborado la teoría de la Olimpiada Austera, y al parecer las autoridades olímpicas viendo ese actuar errático de mezclar el perfume con los malos olores, además de evaluar la infraestructura en todos los terrenos con la que contaba un país bien pobre, casi miserable por el accionar de su gobernante, tal vez esto fue tenido en cuenta y le enviaron un mensaje al mezclador de buenas y malas ideas y le hicieron saber que en este siglo él no vería una Olimpiada Austera en Cuba, que si moría y era capaz de resurgir de sus cenizas, ellos, las autoridades olímpicas considerarían el caso sopesando también su tenacidad a la vida expresada en esos cuestionados 638 "intentos de atentados" que según él le hicieron, así como su legendaria frase en el séptimo congreso del partido de que: *"A todos nos llegará nuestro turno"*.

Si a los dirigentes del COI se les hubiera ocurrido darle a Cuba la sede para una olimpiada, los cubanos que sobrevivieran a ese acontecimiento hubieran ingresado de por vida en cualquier hospital siquiátrico o de rehabilitación, no saldrían del mismo nunca, jamás; o sí, sí saldrían del hospital para el cementerio.

Menos mal que al COI no se le ocurrió darle a Cuba una sede de unos Juegos Olímpicos, como quería el CJ=FCR; cubanos, ¿uds. se imaginan lo que hubiera sido la celebración de una Olimpiada en la isla?; porque si para los Panamericanos Habana'91 por poco todos los cubanos se vuelven constructores, o camareros, o mozos de limpieza, o choferes, o sirvientes; y todo eso gratis, voluntario, ¡nooo!, ¿qué es eso de cobrar por esos servicios prestados al fidelismo?; ¡oye, caramba, qué no se diga que le estamos cobrando al CJ=FCR algo tan sencillo que debe ser muestra del agradecimiento por todas las cosas que él no ha hecho por nosotros!

Para la celebración de esta supuesta "Olimpiada Austera" como FCR la quería y veía, se hubieran tenido que volver topos de carga o tataguas o bibijaguas gigantes todos los cubanos que para ese entonces estuvieran **vivos y en la isla**, pero ¿quién le dijo al CJ que el COI quería o estaba interesado en una Olimpiada Austera?

El fidelismo no admite desarrollo, el fidelismo es política en todo momento, en cada espacio, en la cultura, en deporte, cuando compartes en familia, cuando estas en la intimidad con la pareja, en las paredes de la casa, en la de los centros de trabajo, en cada espacio, en cada momento debe reflejarse de qué parte se está si con Dios o con el fidelismo, es la apología al fidelismo; ¡y así se dice que no hay culto a la personalidad!

Es verdad que el culto a la personalidad, no es tan descarnado como lo hacían otros especímenes, algunos de ellos ya desparecidos, pero sí lo hay, ¿o por qué tiene que haber un retrato del Cmdte. en Jefe en cada lugar público?, menos en los retretes donde apenas si aparece se pierde.

Esa presencia permanente es una forma sutil de decir, aquí estoy yo, el artífice, el fundador de la nación, el dios de estos lares, eso es culto tenue a la personalidad, no hace falta ponerle nombre a una calle porque así te acordarías de la figura solo en el momento en que estés en esa calle; de lo contrario lo ves en todas partes, un retratico por aquí, otro por allá, uno cuando destiendes la cama para dormir, otro cuando vas al baño a hacer tus necesidades fisiológicas más íntimas, porque al no existir papel sanitario tienes que usar su prensa y ahí te lo encuentras desde la primera y hasta la decimosexta página, como chequeándote y diciéndote: 'si me usas en estos menesteres te vas a arrepentir, no te lo voy a perdonar', pero ya no tienes alternativa, no te puedes echar para atrás, es ahora o nunca.

Para que los cubanos de cualquier latitud, que hayan olvidado lo que se vive en la nación, no se olviden cómo se vive en la isla, recuerden la presencia imperecedera de la libra de frijoles del mes, las 5 libritas de arroz, las 5 libritas de azuquita pa'el café, las 8 onzas de café del mes, las onzas de sal del mes, media lb de aceite y se acabó lo del mes, durante muchos años, en momentos en que había un poco menos de estreches, como en los 80s. podía haber alguna que otra oferta, pero ahora te dices ¿eh y la carne, los huevos y el pescado?, y te responden, o tú mismo te respondes, no esas magnitudes no son medibles en este sistema de contabilidad, no pertenecen (∉) al conjunto de productos a que los cubanos tienen accesos.

C-7: La renuncia del "Presidente de la República" Manuel Urrutia Lleó por su negativa a firmar leyes de alto beneficio para las mayorías desposeídas, fue el preámbulo para que en tiempo no muy largo empezara la nacionalización de las grandes empresas privadas, lo que dejaría a la burguesía del país sin sus grandes entradas económicas y capacidad de independencia, realmente la burguesía veía la fortaleza y lo distinto de situaciones anteriores en que hubo cambios de gobiernos y tal vez algunos pensaron que esto no pasaría de ser algo como la Revolución del '33, "la que se fue a bolina".

La burguesía y dueños de propiedades, con toda la lógica del mundo, no pensarían que sus propiedades estarían en peligro de ser nacionalizadas, tal vez pensaron que los efectos de los primeros meses no serían tan profundos y drásticos, pero ya cuando la burguesía ve con dolor la promulgación de las leyes 890 y 891 de oct. del '60 que los expropiaban, ahí fue donde se percataron que esto no era como el golpetazo de estado dado en el '52, la cosa era seria e insondable.

¿Qué es lo negativo de todas las nacionalizaciones después de muchos años al analizarlo todo con más lógica?: los nacionalizadores nunca se detuvieron a considerar que las nacionalizaciones acabarían con la organización de la economía del país, fue algo extremadamente prematuro, impensado y llevado a cabo solo con el objetivo de despojar a los dueños de sus propiedades y hacerse dueño de lo que no se tenía para prometérselo y dárselo al pueblo y ganar sus favores, simpatías y compromiso y entonces todo se derrumbo y les vino encima como un bumerán arrancando rabos y cabezas hasta nuestros días en que no los hemos podido recoger del piso.

Todas esas nacionalizaciones trajeron la destrucción irrecuperable en muchos casos de la mayor parte de los medios de producción con los que contaba el país; no había personal calificado para llevar a cabo el proceso productivo, pero el JR=PM =CJ=FCR dijo refiriéndose a los que asumirían la dirección de las empresas nacionalizadas que *"lo importante es que sean revolucionarios"*; se deja ver también cómo se da curso a una vieja vendetta para arrodillar, humillar, desterrar y descapitalizar a la burguesía.

No consta en lugar alguno que se hayan hecho planes para establecer acuerdos que permitieran continuar con la producción de bienes materiales y que sus auténticos dueños continuaran frente a sus negocios, esto podía ser factible si se hubiera meditado un poquito en el futuro del país, pero no se hizo y hasta hoy están los cubanos pagando los actos impensados de la cúpula de la Rev. de aquellos momentos, liderada por el más recalcitrante y acérrimo opositor de los que tienen algo propio, su majestad FCR, dueño absoluto y plenipotenciario de la isla.

No hay noticias de procesos contemporáneos en que a los dueños de compañías, fábricas, comercios les hayan sido confiscados todos sus bienes, sus propiedades y todo esto acontecía en tiempos de paz, ya se había acabado la guerra de liberación, durante la cual se podría justificar un acto de intervención de la propiedad privada para ponerla al servicio del país, pero este no era el caso.

Tampoco se hizo un análisis previo del origen, de cómo los dueños originarios habían obtenido esas propiedades, se pensó en el despojo y eso se hizo sin más miramientos; no puede confundirse que se intente defender a los expropietarios, pero de lo que se trata es de ser **justos** y **objetivos**, cosas que nunca tuvo en cuente FCR y sus seguidores ante estos actos, de lo que se trata es de establecer que **"el respeto a lo ajeno es la paz"** lo que nunca estuvo en las mentes de los 'revolucionarios' en aquel momento para quitarle un central a su propietario, como tampoco se tuvo en cuenta cuando se le quitaba a un hombre que limpiaba zapatos sus medios de trabajo, eso solo tiene un nombre: **bastardo despojo**, logro específico del "fidelismo" que después de años no hay dudas de que fue un auténtico desastre que ha ensombrecido y empobrecido al país.

Todo lo que hicieron los asaltantes revolucionarios en el terreno económico fue para empobrecer al país y para que el nuevo dueño y líder empezara a querer brillar como la ÚNICA estrella de aquel sombrío, lúgubre y nefasto firmamento.

¡Qué lo niegue si tiene con qué! No tiene argumentos válidos; FCR ilusamente quiere echarle la culpa de todo el desastre al bloqueo exterior y eso no es cierto, él lo sabe; la responsabilidad mayor está en los errores que se cometieron y de los que no se quieren deshacer, al defender a ultranza la nefasta, improductiva y aberrante propiedad estatal sobre TODOS los medios de producción, asfixiando la pequeña propiedad privada para no dejarla surgir, crecer y desarrollarse porque la saben triunfante ante la porquería de propiedad estatal imperante en el país.

El máximo responsable de todo el desastre es su majestad FCR, lo que nunca admitiría él, ni tampoco sus más sumisos, impotentes, fieles, ciegos y cercanos colaboradores; ellos prefieren auto incinerarse antes que reconocer que el más desconocedor de las leyes económicas está destrozando al país económicamente.

No reconocerían nunca, ni FCR, ni sus acólitos seguidores, que el desconocimiento de las leyes económicas y la subestimación de experiencias de otros lugares y el no oír las voces que desde los inicios de la Revolución criticaron y alertaron que el ignorar las leyes del valor, el pago de acuerdo al trabajo realizado y muchas otras leyes, llevarían al descalabro irremediablemente, a la bancarrota económica en la que se encuentra el país hoy; esas voces fueron acalladas, avasalladas, deportadas y no se sabe con certeza cuántas o si algunas de ellas pasaron a peor vida.

No se dicen estas verdades o puntos de vistas discrepantes de la versión oficial, que pudieran para algunos ser erráticos, ser falibles, sin que no se corra un alto riesgo para la vida de quien las dice; no es suficiente para este tirano-saurio hacer una crítica o impugnar lo que se dice en su contra; él se cree Dios en el cielo, se cree intocable, se sabe infalible, el que se las sabe todas, nadie puede discrepar de lo que FCR diga o disponga, los que lo han hecho no han sobrevivido por mucho tiempo, incluso, no hay que disentir de la opinión del sabiondo, baste solamente no caerle en gracias;

si no lo cree hagan el censo de la cantidad de jóvenes inteligencias que fueron avasalladas, silenciadas, omitidas, depuestas de sus cargos porque la inteligencia y méritos que iban acumulando le quitaban algo de brillo al solecito cubano, y eso no podía permitirse. No se sabe cómo Miguel Mario Díaz-Canel Bermúdez ha llegado a nuestros días; bueno a alguien había que dejar para que reemplazara al vejestorio que bajó de las montañas y que pugnan con llegar a los 120 añitos, liderados por su alteza FCR.

¡Qué Fidel y sus acólitos seguidores digan si tanta bamiersurada sirvió para llevar a la nación a mejores condiciones de vida!, porque a FCR, además de asolar la isla, le era inherente la prepotencia y su dominio dictatorial sobre los demás, y si no véanse estas dos ideas expresadas en distintos momentos de sus largas oratorias:

> *"La Rev. les ofrece trabajo, sacrificio, lucha. La Rev. no ofrece privilegios, los privilegios son para los blandos; para los revolucionarios la Patria solo tiene una cosa que ofrecer SACRIFICIO."* (FCR, año 1963).

Estas palabras de 'aliento' eran dirigidas a los que se iban del país en la década de los 60s., cabe una pregunta: ¿sacrificio, y para qué carago sacrificio?, ¿para subdesarrollar al país? o ¿para satisfacer su ego de tener una nueva dotación de esclavos que trabajan y no se ve lo que producen?

Esas palabras de marras las dijo en la primera mitad de los 60s. cuando la gente inconforme no paraba de abandonar la isla, años después en abr. del '80 ante otra salida de miles de cubanos cuando se pensaba que ya no habría más salidas según el propio FCR había dicho a principio de los 70s., mírese esta otra **hidea** de despecho:

> *"Quien no tenga genes revolucionarios, quien no tenga sangre revolucionaria, quien no tenga una mente que se adapte a la idea de una Revolución, quien no tenga un corazón que se adapte al esfuerzo y heroísmo de una Revolución, ¡no lo queremos, no los necesitamos! Gritos de la turba, de la horda revolucionaria de: ¡Qué se vayan!"* (FCR, abr. 1980); así de sencillo, ¡ya!

En su histórico discurso del 8 de ene. del '59, FCR decía:

"Y yo les aseguro que si hoy sale uno de Cuba y regresa
dentro de dos años, no va a conocer esta República."

Y Fidel tenía razón, tal vez no fueran dos años para alcanzar el destrozo actual, pero el país no se conoce, de eso no hay la más mínimo duda, lo destruyó con sus **hideas** en contra de la propiedad privada y a favor de la propiedad estatal creada con las propiedades de los antiguos dueños que fueron brutalmente expropiados, pero bien esto era para la gran burguesía nacional, con la gran propiedad privada.

Habría que esperar que pasaría con los pequeños propietarios ocho años después, y hoy sabemos lo que pasó con los dueños de la pequeñísima propiedad, tal como el vendedor de granizado, el limpiabotas, el tintorero que lavaba y planchaba la ropa en un pueblecito cualquiera de la geografía cubana, el que preparaba una tortilla o una frita para aliviar el hambre del transeúnte, tantas y tan diversas profesiones que no permitían que los que las ejercían se enriquecieran, las entradas no daban para ese propósito.

Pero FCR hizo ojos ciegos y despojó a todos de lo poco que tenían para buscarse la vida y la de sus familias; en lo sucesivo la fuente de trabajo estaría en las manos del estado, que es como decir en manos del Dios-Fidel; se acabó, que sí que sí se acabó la propiedad privada por pequeña que fuera, se acabó, Fidel la prohibió y ya, que pa' eso tristemente es el caballo y lo peor no es que él se lo crea, sino los estúpidos que se lo hacen creer.

El gobierno de FCR prohibió que los dueños de reses las mataran, que un pescador por sus medios comercializara la captura hecha sin el permiso del gobierno, esa acción era totalmente ilegal, no se podía realizar operación económica alguna sin el permiso del gobierno, véase como se monopoliza la propiedad, todo tipo de gestión comercial directa entre las personas era ilegal. Semejante a una gigantesca anaconda-pitón copándolo todo, inmovilizándolo todo, hasta que las víctimas quedan inmóviles, así quedó la economía cubana, devenida en **¡eh!konomíatuya** y ahora a engullir la presa.

Se centraliza la economía y surgirían después los organismos que intentarían reanimar y dirigir la actividad económica, se crea la JUCEPLAN (Junta Central de Planificación), que era como una réplica de lo que en la

URSS era el GOSPLAN (Comité Estatal de Planificación); la JUCEPLAN contó con distintos directores, primero Regino Boti León, a este le sucedió en el cargo Humberto Pérez González, un economista que tenía cierta aureola de efectividad por los resultados de sus estudios en universidades soviéticas, pero al final de la desintegración de este organismo, su trabajo, (H. Pérez Glez.) después de 10 años (1976-86) fue catalogado de malo y por ende depuesto, tronado, él no pudo lograr el milagro de que la ¡eh!konomíatuya cubana produjera huevos de oro, por lo tanto este revés se le anotaba a su cuenta personal y nunca al ICJ=ADR=FCR, que ha sido el mentor del gran desastre de la ¡eh!konomíatuya.

A la JUCEPLAN le siguió el SDPE (Sistema de Dirección y Perfección de la Economía) y tampoco logró los resultados por los que fue creado, ni con conexión al CAME (Consejo de Ayuda Mutua Económica) y todo, y es que la situación no está en la creación de nuevos organismos, sino en pensar con realismo y salirse del idealismo de crear producción de bienes a partir de la conciencia cuando los productores están plagados de necesidades que no pueden resolver con la conciencia, sino con la entrada de un salario que le permita al trabajador abastecer las necesidades de su familia, en otras palabra la producción tiene que estar estimulada con una entrada equivalente al esfuerzo que se hace, el trabajo voluntario a parte de la presión política que se ejercía para que las masas asistieran, no resolvía nada, ni producción, ni tampoco ingresos a la familia para que la economía familiar pudiera ser independiente y no tuviera que depender de FCR=Gob. Rev.=PCC que regalaba lo que las familias necesitaban cuando él estimara conveniente.

Ninguno de estos organismos de economía centralmente planificada resolvió problema alguno a lo largo de todos estos años y si no mírese al país, ni los va a resolver cualquier otro que surja, ni JUCEPLAN, ni SDPE, ni nada parecido.

Por todas estas entidades económicas pasaron de las más altas inteligencias y ni el Che, como asesor en los años en que estuvo en Cuba, ni Boti (1959-64), ni Dorticós Torrado (64-76), ni Humberto Pérez González (76-86) destituido, ni José López Moreno (1986-88) destituido, ni Antonio Rodríguez Maurrell (88-95), ni José Luis Rodríguez García (1994-2009), ni Mario Alberto Murillo Jorge (2009-2011 y 2014-2016), ni Adel Yzquierdo Rodríguez (2011-2014), ni Ricardo Cabrisas Ruiz (2

016 - presente) ni la amplia gama de inteligencias y voluntades pudieron arreglar el entarimado que creó FCR desde los primeros momentos al pensar que la ¡eh!konomíatuya no necesitaba de las relaciones monetario-mercantiles, y ahí va él con el desarrollo del país desde (—22 402 200) y pa'lante.

Desde dic. del 2014 hasta inicios del 2016, la administración del Presidente Barack Obama ha hecho lo posible por suavizar las antiguas drásticas medidas del bloqueo y el Departamento del Comercio ha hecho importantes aportes; siguiendo esta disposición se han facilitado viajes de personas a la isla, el incremento del comercio con compañías agrícolas estadounidense, algo que venía dándose incluyendo salud, educación y otras áreas de entidades que están bajo el control del gobierno de La Habana.

La voluntad de los EUA en acercarse a La Habana y tender puentes para lacerar las heridas producidas durante años, es creciente; pero cual es ahora la nueva situación, pues la compra de alimentos como carne de aves, granos y otros ha decrecido sustancialmente desde más de 700 millones que Cuba compraba en 2007 del mercado estadounidense a escasos 5 millones en 2014.

¿Por qué esta merma tan sustancial?, ¡ahahah! porque ya FCR no está viendo el beneficio que esto puede traer a la población desde el punto de vista de aliviar las carencias económicas, y ellos dos, FCR-RCR lo que quieren es presionar al Congreso Americano para que este elimine el maldito bloqueo, es decir el Castro viejo quiere sacar una supuesta ventaja de las medidas dictadas por la administración de Obama, para lograr objetivos políticos, ahora con fuerza inusitada están exigiendo la Base Naval de Guantánamo, ninguna de estas exigencias hacen que la carencia económica desaparezca o tienda a menguar en Cuba.

Además, disminuyendo enormemente la cantidad que se invertía (700 ÷ 5 = 140 veces menos de lo que se invertía en el 2007) en la compra de alimentos, hacen que ingresen al país muchos menos renglones o al menos, menos cantidad de los productos que el desgobierno antirrevolucionario adquiría en el mercado estadounidense y entonces los hermanitos Castro pueden continuar con su alharaca de que el bloqueo está afectando el bienestar y el nivel del pueblo cubano; no olvidarse que FCR tiene una inteligencia malévola de 5^+ y es el que le da la luz al hermanito que no fue dotado con similar nivel de inteligencia malévola.

¿Qué es lo que ocurre?; pues lo que sucede es que los Castros se ven atrapados en el dilema, es el temor a reconocer que se resuelvan parte de los problemas, de las limitaciones y necesidades que ha sufrido el pueblo por más de 11 lustros y por eso ponen retrancas a las gestiones de buena voluntad que está ofreciendo por primera vez en 57 años un presidente norteamericano. ¿Cómo van a prescindir de las ventajas que el "bloqueo norteamericano" supone para la política cubana durante todos estos años de engaños y triquiñuelas?

El pueblo va a comprobar que las propuestas hechas por Obama se van a quedar en el vacío porque ellos, los Castros, no pueden admitir el tremendo revés que representa un alivio en las duras condiciones de vida que tiene la población y que los problemas que durante más de medio siglo ellos pedían a gritos se eliminaran hayan llegado a una solución al menos parcial y que permite un respiro al pueblo mientras que el maldito bloqueo siga como si papa, ahí de pie.

Ellos siempre pensaron que culpando al bloqueo, el pueblo dormiría eternamente en esa mentira para justificar la ineficiencia del sistema, ahora no quieren comprar productos de las ofertas que están haciendo las empresas norteñas, incluso con el bloqueo en pie, ni tener en cuenta las ofertas hechas por Obama porque se van a quedar sin argumentos y ya el farsante mayor, aparte de que no tiene la credibilidad de los inicios, tampoco tiene estampa para aparecer en público explicando estos cambios.

En la mentalidad de FCR, está fija la idea de que primero los **principios** que dejar de ser 'revolucionarios' y que por tanto mientras él puede sentarse a la mesa y degustar un suculento manjar, los demás van a comer patriotismo, soberanía, independencia, **balores** y **prinsipios fidelistas**, devolución de la B N Gtmo., eliminación del bloqueo norteño y toda esa bazofia.

Mientras, los Castros mantienen el bloqueo interno a varias actividades que se pueden hacer en el país para facilitar la vida de la población sin que estas mejoras correspondan al accionar directo del Partido-Estado-Gobierno sobre los destinos de la población, ¡uhuhu, eso no está muy bueno que se diga!, y por eso mantienen bien alto el bloqueo interno para impedir el paso de la pequeña propiedad privada, que si en algún momento fuera aprobada va a ser sutilmente bloqueada, porque a FCR jamás le acomodó la propiedad privada, eso que ahora se conoce con el nombre de cuenta propista.

En marzo del 2016 se produjo lo impensado, lo inesperado, lo que nunca alguien hubiera podido prever, ni en bola de cristal, ni con las predicciones de Walter Mercado, ni tal vez el mismísimo Mago de Oz (aquí entendido como FCR) lo hubiera vaticinado, quizás él fue uno de los más afectados, porque el Presidente que desde ene. 20 del 2009 al asumir como tal, había sido criticado, fustigado y de antemano emplazado a que la gestión de un robot sería tal vez mejor que la de los políticos norteños, ese Presidente se había dignado en visitar la isla y hacerle el Mayor Desplante que Ojos Humanos Hayan Visto hacia FCR, (lo que hizo W. Bush no es nada porque el desencuentro fue fuera de sus respectivos países, en México; el desplante que le hizo Dwight Eisenhower no tuvo el mismo revuelo porque él no recibió a FCR cuando este visitó los EUA), **sencillamente Obama lo ignoró en su propia tierra**, como se tira un papel viejo a un cesto de desperdicios, lo postergó, lo acabó, es como si Obama le hubiera dicho al viejito guapetón: "siéntate ahí y espera que yo pase, que hay visita pero a ti no te toca." Lo pospuso, lo eliminó al no darle audiencia y eso para Fidel es una estocada mortal que en el futuro se verá.

El sr. Obama estuvo en Cuba e ignoró a Castro el viejo, le dijo no quiero verte, ¡y ya!, (parece que usó el estilo de Raúl), lo tiró a **bamiersurada** y Fidel lleno de ira, de impotencia, de rabia, publicó un mamotreto desorientado llamado (i)reflexiones, reticente, hablando de 10 o 12 bombas atómicas, que no se sabe a qué venía esa perorata insípida y fuera de lugar, y entre otras barbaridades le dijo al Presidente que: *"No necesitamos que el imperio nos regale nada."* —Obama nunca dijo de regalar algo, al parecer el sr. se durmió y cuando despertó malentendió lo que se decía ¡y ya! (estilo con el que Raúl suele terminar algunas alocuciones)

FCR dijo que: *"De cierta forma yo deseaba que la conducta de Obama fuese correcta"*, –¡asííí que el sr. Obama tiene problemas de educación formal, no sabe comportarse cuando sale de su país, le zumba el merequetén!, Fidel no sabía cómo le iba a reprochar que no lo haya visitado y dijo estas **bamiersuradas**–; en el pináculo de "la pieza oratoria" dijo:

"Advierto además que somos capaces de producir los alimentos y las riquezas materiales que necesitamos con el esfuerzo y la inteligencia de nuestro pueblo."

Menos mal, gracias a que vino Obama el candil de la calle y oscuridad de Cuba abrió los ojos y es ahora que vamos a producir alimentos, que es como decir: moringa oleífera y morera.

Fidel no, ¿el Cmdte. en Jefe?, no, él sí que se porta de lo mejor, diseñando el mundo a su forma y semejanza, él sí sabe comportarse, así le dijo una vez telefónicamente a un presidente que pensaba que Fidel era una gente seria, y que nadie dude que un día haga una (i)reflexión diciéndole a Obama cómo debe comportarse, porque él lo sabe todo, si se quiere más autosuficiencia, no la encontrara en lugar alguno que no sea la que porta FCR=LHR =CJ=MLR, etc.

La voluntad del Presidente Norteño expresada en la visita a la isla y en contribuir a solucionar las mayores trabas en el comercio, son serias; entonces, ¿qué le queda a los Castros para pataletear y formar la ruñidera?; lo único que podrían hacer los Castros para frenar el ímpetu del Presidente Obama es afincarse, atrincherarse en la petición de eliminación del bloqueo, algo que no está en la jurisdicción política de la administración sino del legislativo, del congreso de ese país, ahí, en este punto es donde ellos se van a hacer fuertes o en la devolución de la BNG para torpedear los avances que por la parte norteamericana se hacen para mejorar la política hacia Cuba.

Obama es consciente de ello y ya antes de su viaje anunció la pretensión de mover los pocos presos que quedan en la BNG y cerrar la misma, no devolverla, pero sí cerrarla.

FCR, va a bloquear todo lo que pueda beneficiar para no hacer una vez más el ridículo, algo inevitable tarde o temprano, ni qué decir del restablecimiento de la pequeña propiedad privada.

FCR, solo concibe el desarrollo no, perdón, el subdesarrollo del país a partir de la empresa estatal que resuelve NADA; después de 55 años de haber expropiado a los dueños de compañías, centrales, fábricas, etc., la inmensa mayoría de ellas yacen solo en las memorias de lo que alguna vez fueron, es como si las hubiesen embrujado, desaparecieron, no existen, los ovnis las secuestraron; ¡qué pena, qué desvergüenza, y así quieren mantenerse en el poder!, ¿para qué?, si ya sus medallas de ellos no tienen brillo, mejor, nunca lo tuvieron pero ahora están herrumbrientas, se pueden botar a la basura; mientras nuestro hombre sigue camino a menos infinito (algo que no existe) con la isla cuesta abajo.

C-8: Uno de los capítulos más tristes y sombríos de la Rev. lo fue la despedida de la burguesía rendida, despojada de sus riquezas, cuando esta se disponía a abandonar el país y tenía que salir por el aeropuerto Internacional de La Habana, aquello era bochornoso, deprimente, era abusivo y hablaba muy bajo de la catadura moral de los que daban esas órdenes y desgraciadamente los que tenían que ejecutarlas.

¡Daba pena cómo le quitaban a las personas que se disponían a dejar el país, sus pertenencias de uso personal, como relojes, cadenas, pulseras, anillos, gemelos de camisas, botonadura, era un descaro!, hasta ese nivel había llegado el brutal despojo, la vendetta de quedarse con lo que era de alguien a quien se había vencido y ahora en la salida del país le vamos a quitar lo poco que le queda; al parecer la lectura del libro de Adolf Hitler, titulado *Mein Kampf* (Mi Lucha) le aportó a FCR este elemento de los cuales los nazis eran maestros, ese fue otro baldón para la naciente Rev. y en primerísimo lugar, para FCR.

Si alguien oyó hablar de las hordas fascistas de Hitler, estas despojaban los cadáveres de los judíos de dentaduras de oro, de todo lo que para esa turba salvaje considerara de valor. ¡¿Qué valores se pueden formar a partir de estas premisas?! En todo caso se forman **balores** fidelistas. Sáquese una sencilla cuenta a partir de esta pregunta: ¿Por qué la inmensa mayoría de los que tuvieron que irse del país ODIAN tanto a Fidel Castro Ruz? Sin comentarios, saque usted sus propias conclusiones.

Aun con estos conocimientos algunos se preguntan, ¿por qué ese odio visceral al CJ?, que no lo perdonan, si sale a algún lugar detrás de él sale la jauría para darle caza y no es para menos, tal vez por eso se aferre tanto al poder porque él sabe que fuera de la isla no puede vivir ni en el Vaticano, porque allí lo van a buscar, y esa persecución implacable se entiende a partir de todos los actos de hostilidad de FCR, por eso en parte surge la pregunta: ¿serán verdades los 638 intentos de atentados? Puede que sí, aunque los cazadores han sido bastante malos y la presa un excelente impala al que no le han podido arañar ni un mm^2 de su piel.

Estos actos de expoliación eran parte del odio que existía hacia la burguesía, que no era que fuera del agrado de la población, pero lo que es propiedad hay que respetarlo a menos se demuestre que fue mal habida y eso nunca se hizo, los hechos fueron nacionalizar porque ahora quien dicta lo que se hace, soy yo; toda prepotencia, Fidel Alejandro Castro Ruz, toda bravuconería.

C-9: Otra obra de oportunismo insólito, lo fue la obstinación contra las personas que abandonaban, abandonan y dejarán a Cuba en fechas futuras, es el éxodo que se inició con las personas que se iban decepcionando del sistema y optaban por abandonar el país según el tiempo pasaba y se consolidaba la Rev. en el poder, muchos de ellos llegaron a la temprana conclusión de que en este país de Alicia y sus Maravillas no sería para pasar los años por venir.

Los que se fueron en los primeros años después del triunfo hasta la primera década del presente siglo sufrieron el despojo de sus propiedades. En las dos primeras décadas eran enviados a realizar trabajos forzosos en la agricultura, les demoraban los trámites en la documentación con el deliberado propósito de alargar la estancia en los trabajos forzados y alargarles el calvario de penas de los que se iban.

El cubano que se iba del país era considerado un enemigo potencial de la Rev. y el trato que recibía era discriminatorio; su suerte se desvinculaba de lo que las autoridades pudieran hacer por esa persona; eran tratados como parias en su país.

Esa actitud de las autoridades cubanas hacia los que eligen irse de la isla ha durado hasta nuestros días y ha estado presente contra los grupos de cubanos que han abandonado el país vía Ecuador y que se embotellaron primero en Costa Rica y después en otro momento distinto en Colombia por la negación inusitada de Nicaragua de no permitirles el paso a través de su frontera, cosa totalmente nueva y muy sospechosa, tal como si la mano malévola de alguien con apellido Castro estuviera detrás de todo ese viacrucis para hacérselo más difícil a los que habían elegido el camino del exilio antes de seguir bajo la enfermiza sombra castroniana.

Tanto Nicaragua como Colombia, como todos los que están en la 'vía láctea' siempre habían permitido el paso de los numerosos grupos de cubanos que anteriormente hacían esa travesía sin dificultades de ningún tipo a través de su frontera y de repente sin una causa que se haya podido argumentar con anterioridad, de súbito, el gobierno 'nica' se niega a esa acción y a finales del 2015 había más de 6000 cubanos varados en Colombia por la actitud de los 'nicas'.

Más aún, el presidente de Costa Rica fue a Cuba, en la primera visita oficial que un mandatario tico hace a Cuba (en 2014 la expresidenta, Laura Chinchilla Miranda visita el país por una reunión regional en la que su país debía asumir la presidencia pro tempore) para analizar asuntos bilaterales y fue muy significativo que lo hiciera en el mismo momento en que el país se le estaba llenando de cubanos.

Lógicamente, el Presidente Luis Guillermo Solís Rivera, además de llevar una agenda para fortalecer las relaciones comerciales entre ambos países, tenía también como prioridad lo que más pesaba en el momento de su visita que era la situación de los cubanos que se acumulaban en su país y que estaban creando el clásico cuello de botella.

Por lo que se publicó en la prensa, el sr. Presidente Solís no quedó muy satisfecho con la ayuda de Cuba con relación a los cubanos que viajaban a través de Costa Rica, la respuesta de Cuba no satisfizo, aunque no hubo una declaración oficial de ambos gobiernos, pero los pasos ulteriores dados por Costa Rica así lo corroboran.

En síntesis, se puede afirmar que la actitud de las autoridades cubanas para con los emigrados de la isla siempre ha sido negativa, de desinterés, de que ellos corran su propia suerte. Para el Gobierno Rev., cada cubano que se le vaya deviene no solo en un potencial enemigo de la Rev., un desafecto al sistema político, sino también en un mentís de las ventajas del sistema, y sobre todo para su figura estelar, el CJ, algo que es 'imperdonable', se puede jugar con la cadena, pero no con el mono.

Es también una realidad tangible, si el Gob. Rev. Cubano no puede resolver los problemas de la isla, las situaciones de pobreza, de precariedad que existe para los cubanos que están en la isla, ¿cómo va a intentar resolver algún problema para personas que le son desafectas, que a las autoridades cubanas no les interesan?

C-10: A rey muerte rey puesto, y a propiedad privada quitada o arrebatada, propiedad socialista puesta, y la pregunta es: ¿de qué le sirvió a la sociedad, al país el cambio de propiedad, dio resultados loables, beneficiosos, sirvió de algo?, ¿de qué le vale al país apropiarse, adueñarse de lo ajeno, si los nuevos propietarios no saben qué hacer con lo que quitaron a los ricos?, pero ¿y por qué se fue después por la cabeza de los pequeñísimos propietarios, por aquellos que no eran ricos?

Cabe la pregunta: ¿era eliminar la gran propiedad privada para ponerla al servicio del país?, o es que se quería expropiar a todo el que fuera propietario hasta de un cajón de limpiar zapatos, para él, FCR, ser el único dueño de todo lo que producía bienes o brindaba un servicio en el país. Cosa única. Sabe a fidelismo mal intencionado. Asume entonces tú parte de la culpa.

En Cuba hubo dos momentos muy serios en cuanto a expropiaciones: el primero la expropiación de la gran propiedad privada, la población desposeída la admiró y hasta disfrutaron en aquella época el ver como la burguesía rica y pudiente se quedaba sin nada, tal si en el fondo había hasta algo de envidia por la euforia de la época; ese sentimiento morboso se fue impregnando de la obra torcida de la Rev.

Era en sí un disfrute enfermizo con fuente en una envidia no menos morbosa, o porque eran ellos los dueños del país que hacían y deshacían sin ser tocados por las autoridades, o tal vez por cualquier otra razón oculta, lo cierto es que nadie, o tal vez muy pocos fueron capaces de ver el alcance de las nacionalizaciones que se hacían a gran escala sin saber cómo esas propiedades habían llegado a los dueños.

Además si las intenciones eran buenas, porque se pretendía que se desarrollara el país de forma más equilibrada, acelerada y que las riquezas que se iban obteniendo se fueran reinvirtiendo y distribuyendo en el desarrollo subsiguiente; ¿cómo se puede entender que el que vendía fritas para resolver un problema a la población, o tenía una tintorería de mal agüero, o refrescaba el sofocante verano de la isla vendiendo sus 'granizados' incidiera en el desarrollo de la isla con esa pequeña actividad económica que no representaba grandes ingresos, que solo daba para mal vivir a los que la llevaban a cabo y si acaso a sus familias?

Ese fue el otro gran momento de expropiaciones: quitarle al trabajador manual lo único que tenía: su fuerza de trabajo, para someterlos, para tenerlo todo bajo la égida del Gob. Rev., del goloso FCR y sus dirigentes, para disponer de ellos a como se le antojase.

El problema era otro, era tener el control de todo el que podía trabajar bajo el manto del Gob. Rev., para que se viera la necesidad de la Rev., era vivir colgado, al menos en agradecimiento a sus líderes, eso se puso de manifiesto a lo largo de todos estos años de Rev. teniendo cotas superiores, por ejemplo, cuando de la noche a la mañana el JR=FCR anunció que se le daría un set de electrodomésticos a la población sin que nadie esperara semejante noticia; ¿y para qué?; ahahahah para tener a la población comprometida políticamente con la Rev. y con FCR. Eso es así sin ninguna duda; todo hay que agradecerlo a FCR. ¡Gracias Fidel!

Este acto para comprometer a la población aún más; de la noche a la mañana surge aquella política de repartidera en un país que tenía serios problemas con el combustible, en el cual ya no había apagones por lo extenso de los mismos, sino que había alumbrones porque se vivía con falta de fluido eléctrico el cual dependía del combustible que el país no tenía; en un santiamén hay un conjunto de equipos eléctricos, incluyendo cocina de una hornilla eléctrica disponible para dar casi gratuitamente a la población; ¿cómo y cuándo llegó el desarrollo que nos acostamos siendo miserables y nos levantamos con luz eléctrica? Recuérdese que unas semanas antes de este acto político para amarrar y amordazar más a las masas, quien había sido ministro de la industria básica había sido destituido escandalosamente por el CJ=FCR, dando a conocer el hecho en un escrito bochornoso e injurioso contra el "incompetente" ministro.

En síntesis la propiedad social sobre los medios de producción en el fidelismo es un soberano y reverendo desastre, quien lo dude y tenga más de 50 años que camine para que conozca, da pena cuando se comparan los avances registrados en el país antes de que FCR se hiciera al poder y lo que ha quedado durante su pésimo mandato, un país devastado, ¡qué libertad más cara estamos pagando los cubanos!, ¿valió la pena?, sí, sí, sí valió la pena, pero ya, se acabó, era preferible correr el riesgo, pero ahora hay que sacar al país de ese estado dantesco, vean La Habana de los 50, por poner un ejemplo, y compárenla con la de nuestros días, y eso que tiene un Historiador, que a pesar de los pesares ha ido sacándola del barranco por donde la empujó la desidia revolucionaria y el pretendiente a primer actor, el camarada FCR (así le digo yo también a él familiarmente).

C-11: El primer gobierno creado en ene. del 59 era una bomba con una mezcla poco aleatoria. En ese primer gobierno "moderado en el que coexistían todas las tendencias" formado por FCR, él no toma parte, lo que demuestra su inteligencia, su sabiduría magistral, su astucia, aquello era una bomba que explotaría en cualquier momento, eran varias tendencias irreconciliable y FCR había dicho en el discurso del 8 de ene. que él cumpliría con la tarea "dada por el presidente de la República", que era la organización de todos los cuerpos militares del ejército.

¡Qué lo compre quien no lo conozca!, FCR "disciplinadamente" se dedicó a la misión dada por el presidente que **él había nombrado con su índice de tocar a degüello**, así fue hasta que ya en feb. la bomba explotó y la facción del M-26-7, encabezada por Armando Hart Dávalos y Faustino Pérez Hernández le pedían al líder de la Rev. que formara parte del Gobierno, casi se lo rogaban, porque "**él no quería**", (oiga, mira que hay que soportar) y así a mediados de feb. el Jefe del Ejército firma como Primer Ministro porque José Miró Cárdena había renunciado.

Ya empezó el ascenso inteligente, taimado, astuto y solapado buscando lo que a él le gusta: poder, todo el que se pueda; explota ese primer gobierno que él formó pero del cual no tomó parte porque los distintos vectores ejercían una fuerza que no lo equilibraban, sino que lo desestabilizaban, y los que estaban en el vector que representaban las fuerzas del M-26-7, estaban en la mejor posición; cada cual halaba para su facción.

Antes de que aquel gobierno anacrónico se desintegrara, y como para dar muestra de su falso interés por el poder, lo que era todo lo contrario, el CJ=FCR, hace unas declaraciones a la prensa, justo 10 días antes de asumir como PM, el 6 de feb. del '59, mírese esta puesta en escena que confundía al más avispado, al más listo; fue una verdadera obra de arte para desorientar, para que los tontos que ya pululábamos en las calles de Cuba, creyéramos en este actor, miren lo que dijo:

> "*Yo no soy el gobierno. Todo el mundo sabe que yo he tratado de inmiscuirme lo menos posible en los problemas del gobierno; todo el mundo sabe del desinterés con que he luchado en esta Revolución; todo el mundo sabe que yo no he estado aspirando a cargos de ninguna clase; todo el*

mundo debe de saber, además, que los cargos no me importan absolutamente nada, porque un cargo para mí es un sacrificio, jamás un negocio, jamás una vanidad. Si todo el mundo ha observado aquí la conducta de los líderes políticos, debe haber comprendido que mi preocupación es más bien alejarme que inmiscuirme en el poder. Todo el mundo sabe que, lejos de intentar inmiscuirme en las cuestiones del poder, lo que he tratado por convicción y por principio es de alejarme siempre. Me duele cuando en la prensa extranjera se dice el régimen de Castro, porque yo no soy ni hombre fuerte, ni dictador, ni soy un mandón, ni estoy dando órdenes aquí. Y me duele también cuando se me responsabiliza y se me quiere echar la culpa de todos y cada uno de los errores de los demás".

Véase que manera tan astuta de atraer para sí todo el poder que podía englobar; nadie, que se conozca, ha sido más astuto que co. CJ=FCR; es como reza un viejo adagio: *"no lo quiero, no lo quiero, échamelo en el sombrero"*; el mismísimo Esopo lo reverenciaría; se acabó el querer.

Al producirse la desintegración del gobierno asume como PM (feb. 16 del '59) y CJ de todos los cuerpos armados el sr. FCR, pero aún quedan fuerzas de mucha importancia en la persona del presidente nombrado de dedo por el sr. FCR, siguen las contradicciones, Urrutia es ante todo un burgués consumado, nada radical, dispuesto a admitir cambios pero que esos cambios no removieran los sacrosantos basamentos del estatus quo que él, Urrutia, conocía dentro de la democracia clásica, lo que era y no legal.

Desde el momento de crisis, en que incluso hay mofa por parte de FCR hacia la persona del presidente que fue nombrado por él, y ante la negativa de Urrutia a firmar leyes de alto beneficio para la población con las que se expropiaban impíamente a sus dueños, era evidente que el presidente no estaba de acuerdo con aquellos procederes, ¿y qué jugada magistral ejecuta el verdadero dueño del poder?, pues nada menos y nada más que renunciar como PM, y ya ud. sabe 'cómo se puso el tambor', se formó la corredera.

Fidel era el niño lindo del pueblo, cuida'o con eso, se podía 'jugar con la cadena, pero no con Fidel', esta renuncia era para que el pueblo que él había elevado hasta el cielo en ene. 8, lo proclamara, lo vitoreara, le mostrara su apoyo y así su figura se iba de jonrón por encima del legendario estadio Palmar de Junco.

Todo bien planeado, además esa jugada a la altura del juego no era totalmente necesaria, si ese presidente estaba literalmente solo, ¡nadie lo respaldaba, ni el pueblo, ni ejército, él no tenía liderazgo alguno, no tenía ni una guardia del CDR que lo protegiera, era una figura decorativa para dar viso de democracia!, era un fantoche, una marioneta que FCR manejaría a su antojo mientras se cocinaba y estaba lista la **democastria(f)** a la cual se le estaba echando los ingredientes que la tendrían a punto en unos añitos más.

Ante la renuncia de este "presidente" en julio del 59, se va radicalizando cada vez más el proceso y sigue emergiendo él como líder único, absoluto e indiscutible; no asume como presidente, al parecer supo no era el momento, había cambios constitucionales que tal vez hacían la falsa más real y estos no estaban aún, recuérdese que la Constitución del '40, una de las más avanzadas del continente estaba en pie aún, aunque con modificaciones.

¡Ha muerto el rey, viva el rey!, entonces él mismo, él solito nombra otra vez de dedo a **otro presidente de la república**, el segundo, una figura nada atractiva, de inteligencia media, tal vez, algo insípido, sin mucho o ningún color, un hombre probo, limpio, de una decencia a toda prueba, con una hoja de servicios como letrado impecable; faltarían adjetivos para calificar la grandeza de gladiador de la decencia, de la modestia, sin grandes pretensiones políticas, sin carisma, más bien algo seco, era un conejito, parco, no locuaz; no era Osvaldo Dorticós Torrado aquel líder de mover multitudes, entonces esos eran méritos suficientes y necesarios para reemplazar a la otra figura de semejante trayectoria en lo personal y en su vida pública a la del anterior inquilino.

En verdad aquel traje de presidente no se ajustaba a ninguna de sus medidas, se nombra así sin elecciones, al **segundo presidente en unos 6 meses**; ¿elecciones?, ¿elecciones para qué? si el dedo de Fidel gozaba de impecable salud. ¿Por qué no nombró a otra figura revolucionaria de mayor prestigio, de mayor inteligencia, no de un liderazgo arrasador pero que sí hubiera tenido más acción en favor de las masas explotadas de siempre?

Si lo que se quería era buscar soluciones desde una posición ejecutiva importante con figuras que no le fallaran a los objetivos que tenía el M-26-7, había donde escoger; ¿eh, por qué no se nombró al Dr. Carlos Rafael Rodríguez Rodríguez?; respetadísimo político, periodista editor del importante periódico "Hoy", intelectual comunista, inteligencia pura, ecuánime, con dos o tres doctorados, con méritos a su favor en la lucha por los pobres desde la década del 30 en que ya bregaba contra los gobiernos entreguistas y déspotas que padecía la República.

Él tenía escuela como político limpio en favor de los pobres; había sido miembro del gabinete FBZ en el 42, él, CRRR, tenía trayectoria revolucionaria y alguna experiencia como alcalde en su natal Cienfuegos que le valía para asumir como presidente. ¡Eh!, ¿por qué no?, ¡ahahah!, esa historia en más larga.

O tal vez, ¿por qué no nombró al Dr. Raúl Roa García, destacado intelectual de estirpe mambisa, acogido a los preceptos del marxismo-leninismo, con loable trayectoria revolucionaria desde los 30s., antimperialista consagrado, que había interactuado con Rubén Martínez Villena, con Pablo de la Torriente Brau, que había cumplido prisión por los encendidos artículos que escribía en contra de los gobiernos de la época, que fue cofundador de la ORCA (Organización Revolucionaria Cubana Antimperialista), con una fuerza en la palabra y en sus ideas que rebasaban la de muchos en su época?, ¿por qué no se escogió a este gladiador del verbo certero, equilibrado, pero demoledor? ¡Eh!, ¿por qué no?, ¡ahahah!, esa historia en más larga.

Es posible que en Roa hubiera sido un punto de análisis su impetuosidad, él lo mismo noqueaba con un verbo de izquierda que, con un swing de derecha, pero por lo demás era más que competente para el cargo de presidente, y además conocido por parte de la población.

Había donde escoger mejores candidatos que cualquiera de los dos anteriores, ¿por qué no se escogió a uno de estos dos émulos de la inteligencia, del mérito revolucionario, de la palabra sabia, inteligente? ¡Ahahahah, esa historia es más larga!

Porque estas dos figuras sí podían hacer sombras, eran conocidas por la población y si no lo eran, lo hubieran sido, se iban a conocer y después que se hubieran conocido ya eran un fardo algo pesado, no le iban a quitar el liderazgo que FCR ostentaba que además estaba en pleno crecimiento; pero él, Fidel, no podía, ni quería correr riesgos; ellos dos eran miembros del originario Partido Comunista, que no era una organización fundada por FCR, y podía acarrear algún tipo de dificultades con los conceptos que él traía.

Los otros miembros del Partido Socialista Popular (Comunista) conocidos y queridos por la clase trabajadora, eran Francisco (Blas Roca) Caldario, Lázaro Peña González, Juan Marinello Vidaurreta, Salvador García Agüero, Aníbal Escalante, Fabio Grobart que eran parte del proscripto PSP (Comunista) durante la dictadura, hasta que llegó la Rev. y todos ellos vuelven a tener vida pública, todos estos dirigentes, unos más que otros eran más menos conocidos en la población cubana.

FCR no comete el error de proponer a una de estas personas para semejante cargo porque se corría el peligro que en alguna medida la población se identificará, aunque fuese parcialmente con cualquiera de ellos, ese riesgo era no recomendable y por eso propone a dos figuras de poco arraigo popular y muy poco conocidas por la población, pero además más manejables, que cualquiera de los otros aludidos.

C-12: Sin lugar a dudas el discurso de ene. 8 fue un asalto al cielo, pero plagado de mentiras elogiosas y engañosas que hicieron a la inmensa mayoría de la población sentirse en un estado de complacencia celestial cuando el líder triunfador visto como lo que él en el fondo quería, como un dios, los elogiaba sin límites.

Las dos guerras de liberación de Cuba, la de Los 10 años o Guerra del 68 y la Guerra de Independencia o Guerra del 95, ninguna de las dos tuvo lugar en las ciudades, sino en los campos, en los parajes, en las llanuras y sabanas y exactamente la última, esta tercera fase, la del 1956-58 fue aún más alejada de las ciudades, fue en los macizos montañosos.

Las guerras cubanas no fueron como la Gran Guerra Patria de los Soviéticos en que las ciudades eran bombardeadas por la aviación y la artillería, donde las batallas se desarrollaron en las ciudades, como la de Leningrado (actualmente San Petersburgo) que fue cercada durante 872 días con parte de la población que no pudo escapar y quedó atrapada y tuvo que tomar parte en la guerra, en este caso SÍ la población tuvo una participación activa, directa y decisiva.

Pero ese no fue el caso de Cuba donde, con la excepción de algunos tiroteos o persecuciones, que nunca llegaron a una batalla, no hubo ninguna ciudad cubana que haya sufrido en sus edificaciones, en sus instalaciones civiles, o que su población haya sido directamente involucrada en la guerra, ¡jamás hubo una guerra en ciudad cubana alguna en el segmento 1956 - 58! Los rebeldes bajaron de las montañas y un ejército con excelente armamento para su época, pero mal preparado emocionalmente, no pudo enfrentarlos y detener su ofensiva.

El ejército de la tiranía solo era fuerte cuando se trataba de enfrentar a la población inerme o a los campesinos que eran desalojados de sus tierras, esa es la verdad, que alguien no se ofenda, pero esa es la verdad, con aquel ejército no se ganaba batalla alguna, no era un ejército real, era de postalitas, de mentiritas, era débil, flojito, lo dice la historia, era pusilánime, era cobardón, era una basura, no estaba comprometido con la nación, sino con el crimen y las prebendas; se desmoronó cual castillo de naipes, de arena, no estaba hecho para enfrentar a una tropa que reunía en todos sus frente entre 800 y 1000 hombres que acabaron con aquel ejército de soldaditos de plomo, un ejército de ficción, de juguete, sin que estos opusieran alguna resistencia.

Entonces a qué vienen esos grandes y altilocuentes pronunciamientos si no es a ganarse el favor del pueblo a base de una plataforma de mentiras que no dejaron ver lo que se avecinaba en el terreno de la falacia, mírese lo que el Ilustre-ICJ=FCR, le dice al pueblo ese día:

> *"Cuando yo oigo hablar de columnas, cuando oigo hablar de frentes de combate, cuando oigo hablar de tropas más o menos numerosas, yo siempre pienso: he aquí nuestra más firme columna, nuestra mejor tropa, la única tropa que es capaz de ganar sola la guerra: ¡Esa tropa es el pueblo! (APLAUSOS.)" "Si a mí me preguntaran qué tropa prefiero mandar, yo diría: prefiero mandar al pueblo (APLAUSOS)" "Luego, ¿quién ganó la guerra? El pueblo, el pueblo ganó la guerra. Esta guerra no la ganó nadie más que el pueblo —y lo digo por si alguien cree que la ganó él, o por si alguna tropa cree que la ganó ella (APLAUSOS)."*

¡Qué sin sentido: "…si alguien cree que la ganó él, refiriéndose a la guerra, o por si alguna tropa cree que la ganó ella!"; se estaba asistiendo en ese momento al lanzamiento de una de las tantas mentiras inteligentes para robarse el favor del pueblo; como dicen los cubanos: al descaro, ¿y quién iba a decir que no, que eso que él estaba diciendo era mentira? ¿Dónde estaba el valiente que se atrevería a decir, por lo menos, que aquello que allí se decía eran MENTIRAS?

Cuando se le dicen palabras como estas a un pueblo que viene de la oscuridad de las cavernas donde el crimen callejero, las torturas, el robo impúdico y descarado, la malversación, la extorsión, el jubileo con la mafia, con el crimen sindicalizado y todo tipo de lacra social se enseñoreaban y enrolaban a las más altas autoridades, ¿quién puede dudar, o quién se va a poner a escudriñar si era cierto o falso lo que el Mago de Oz decía?, ¿quién podía pensar que el truco de la palomita en el hombro era una burda y falaz ilusión?

En ese discurso se refirió a lo que estaba dispuesto a hacer en aras de la nación, a "**sacrificarse**" y asumir la tarca para la que fue llamado y que él no quería asumir, ¡qué clase de actuación!, ¡qué lástima no le hayan dado un Oscar!; lo que ocurre es que para FCR, la patria no es aras, es pedestal, 57 años en el poder no dicen otra cosa. Con todo respeto, en aquel momento se podía creer esa proposición, pero su demostración ulterior mostró que no podía darse como un teorema, porque era una proposición falsa.

FCR supo labrar el camino hacia la ostentación del poder con una sabiduría única, insólita, aparentando no le interesaban los cargos y lo que la vida ha enseñado es que era una **lamprea**, que se quitó delante a todo el que le estorbaba; el que sinceramente opinaba que algo estaba mal y se le acercaba, se perdía, desaparecía, iba a parar a la cárcel, se mandaba a los países del campo socialista en el mejor de los casos, o tenía un accidente automovilístico, o se suicidaba, —la historia ha demostrado que a la cúpula encabezada por FCR, se le fue la mano en eso de los suicidios—; no solo de personalidades nacionales sino también extranjeras, era algo fuera de lo común; había que ser bobo, o tener algún retraso mental, como para no percatarse de que la mano de la ADR=FCR=RCR, estaba detrás de esos suicidios.

Desde antes del triunfo revolucionario estaba creada la palabra renuncia, pero FCR no la aceptaba y aunque hubo personas que no le podían discutir el poder por la jerarquía de los puestos que tenía, PM y CJ, nunca admitió competencia y si había alguien que tenía mucha simpatía en la población, se moría, se perdía, y por supuesto no era su responsabilidad y mucho menos acusarlo de algo de lo que no existe una prueba, solo que las chapucerías posteriormente cometidas hacen mirar a quien está conduciendo los hilos de la puesta en escena.

Hoy 40 o 50 años después se sabe que los servicios de seguridad a veces ajusticiaban a un hombre que se había condenado y no le daban paredón, sino que se ajusticiaba extraoficialmente, y así el CJ, juraba y perjuraba que nunca en el país se había hecho una ejecución extrajudicial, es posible, si se considera como juicio aquellas payasadas con abogados de por gusto y todo, pero sí hubo ejecuciones extraoficiales de personas sancionadas a muerte y que no fueron llevadas al paredón y morían por obra de un miembro de la seguridad que le daba un tiro; además por qué el llamado Cuarto hombre de la nomenclatura de poderes, en su discurso del 26 de Julio del 2014 en Artemisa, afirmaba esta tesis, la de no ejecuciones extrajudicial, sin que eso viniera al caso, como para despejar cualquier tipo de dudas al respecto; realmente aquella carta no encajaba en ese momento, no había concordancia entre lo que se celebraba y lo que se decía. Hay un marcado interés en que la población tenga este criterio como válido, como algo que ha sido un principio de la Rev.; dice el refrán: "dime de lo que presumes y te diré de qué careces".

Hubo oficiales que fueron sancionados por no cumplir órdenes de asesinar a un sancionado a pena máxima en lugar de darle paredón; por su negación a cumplir tales órdenes tuvieron que ir a prisión por insubordinación y varios de ellos se marcharon de Cuba al terminar su sanción, incluso teniendo un historial ejemplar como militares de las FAR y miembros del MININT; por supuesto FCR y todos sus súbditos se encargan de decir que estos traidorzuelos a la Rev. lo que tratan es de macular la acrisolada hoja de **prinsipios** de la Rev. y su respeto a las más elementales normas del trato a los reclusos y los sancionados a pena de muerte.

Si alguien quisiera tener una opinión de alguno de estos "insubordinados", de parte de los que fueron sus superiores o compañeros que aún permanezcan en Cuba o están aún de servicio, estos "insubordinados" son desacreditados; si se le pide opinión a alguien que aún permanece siendo miembro de una de las sesiones del MININT, estos al ser consultados se mueren diciendo que ellos son enemigos de la Rev. y que por eso MIENTEN.

Quien único dice la "VERDAD" en Cuba es la Rev. y los revolucionarios, ¡qué todos esos desertores de la patria mienten!; y FCR, ya en el mismísimo discurso del 8 de ene. mentía al decir que no habría derramamiento de sangre, cosa bien difícil porque la fauna de criminales que incubó Batista no podía ser perdonada en su conjunto, esa era otra realidad, y debe situarse lo justo en su punto, tal vez no a tantos como se ajusticiaron, pero no podían quedar con vida aquellos que impunemente mataron, despedazaron a otros seres, sacaron ojos, dentaduras, testículos y otros crímenes que es mejor no mencionar.

No era posible dejar a todos aquellos individuos sin pagar sus crímenes, ¿cómo era posible que toda aquella fauna salvaje y cruenta hubiera podido quedar con vida?, era imposible; pero recuérdese lo dicho el 8 de ene. del 59:

> - *"Hoy yo quiero advertir al pueblo, y yo quiero advertir a las madres cubanas, que yo haré siempre cuanto esté a nuestro alcance por resolver todos los problemas sin derramar una gota de sangre".*

Esa promesa fue otra de las mentiras de ese día porque él sabía lo que iba a pasar, de manera que el 16 de feb. del '59 al asumir como PM, en solo 47 días posteriores al triunfo ya tenía mucho más de 300 muertos para saciar la sed de venganza por los que habían caído durante la tiranía.

Otra de las impúdicas mentiras lo fue cuando prometió que en un plazo de 18 meses habrían elecciones libres y democráticas, no democastristas(f), y no hubo ni de una, ni otra, simplemente se burló de todo y años después creó el proceso de la microfracción y se quitó delante a todo el que le estorbaba, y los que no quitó, dijeron ¡¿el qué, esto no es juego de niños?!, a esos no les quedó otro remedio que llamarse al buen vivir, no hacer más críticas y reconocer el genio-violento-astuto de un hombre que amaba el poder, que no estaba dispuesto a perderlo, lo que se puede ver hasta nuestros días. Véase si FCR amaba verdaderamente el poder que después de embobecer a todo el mundo con aquellas palabritas en las que hacía creer que los cargos y responsabilidades asignadas a él "eran un sacrificio", cambió la retórica subiendo la parada de su amor enfermizo al poder cuando dijo:

> *"Jamás me jubilaré de la política, de la Revolución o de las ideas que tengo, el poder es una esclavitud y soy su esclavo.";* (FCR, sep., 1991.)

¿Se quiere mayor muestra de amor al poder que lo que encierran esas palabras?

Hay que ser desvergonzado para adueñarse del poder y después querer simular, aparentar que se hace por servicio a la patria, como un sacrificio, es de pensarse que esa filosofía desvergonzada la aprendió FCR de su predecesor FBZ, quien tras el golpe militar del 10 de marzo dijo:

"Hablo al pueblo de Cuba, desde la Ciudad Militar de Columbia esta vez, en donde he tenido que regresar forzado por las circunstancias y llevado por mi amor al pueblo para reanudar una nueva gestión de paz, hombro con hombro debemos trabajar por la armonía espiritual de la gran familia cubana y sentirnos todos en esta patria que es de todos como la quiso Martí, cubanos y hermanos, hombres y mujeres unidos en el mismo ideal, en la misma esperanza, en las mismas ilusiones para el progreso y la democracia, la libertad y la justicia". (FBZ, mar. 10, 1952)

Así se expresaba Batista en esa nefasta ocasión; alguna semejanza con lo dicho casi 7 años después en ene. del '59 por Fidel, no es pura coincidencia o casualidad, sino propósito descarado de vivir por y para el poder, ellos dos, ambos.

Con el mayor respeto que se merece, Fidel Castro es un disfrazador de la verdad; lo ha demostrado a lo largo de todos estos años.

Si a él no se le hubiera depauperado la salud, los isleños estuvieran cultivando la moringa oleífera y la morera, o con los planes de las tres invulnerabilidades y viendo fantasmas por todas partes, ese es el CJ, no presidente de la República algo que él reconoció sin ambages, él solo fue/ es el Presidente de los Consejos de Estado y de Ministros vitalicio y eso se insinuó por el actuante en el cargo al decir que:

"Fidel es Fidel y no le hace falta un puesto en la Asamblea del Poder Popular para dar una opinión.",(RCR, feb. 24, 2008); he dicho y basta.

C-13: El respeto a las personas es algo muy importante, sirva esto como preámbulo al hecho de que en el discurso del 8 de ene. del 1959, lo que hizo FCR, de forma magistral, como solo él sabe, fue atarse el pueblo, a la opinión pública, a su cinturón; un discurso largo por las ovaciones, por los aplausos, por las constantes muestras de apoyo, expresiones de simpatías, ademanes, etc.; en ese primer discurso de carácter nacional después del triunfo, de unas 9000 palabras, el CJ, pronunció la palabra PUEBLO, alrededor de 107 ocasiones, siempre enalteciéndolo, alabándolo, encumbrándolo, seduciéndolo, pidiéndole al pueblo que lo ayudara en tal o más cual tarea.

Se inauguraba una relación entre dirigentes políticos y pueblo que nunca antes se había visto, pero además el momento en que se produce este discurso, después de derrocar a una dictadura odiada, sanguinaria; él envuelve al pueblo invitándolo a resolver las situaciones que van teniendo lugar, él le expresa que al único ejército que gustosamente mandaría sería al pueblo, les dice "exagerados" porque se excedieron en la cantidad de cubanos que fueron a recibir a la llamada Caravana de la Libertad. Véase cómo el ladrón roba, con inteligencia, con astucia, con viveza y sagacidad.

Fidel compromete al pueblo de una manera en extremo inteligente y este se va detrás de él, no fue un acto manipulador, fue más que eso, sería irrespetuoso hacia su persona no reconocer sus dotes de orador al estilo de Hitler, en ese acto estrenó el número de la paloma, que lo eligió a él, ¡qué paloma más inteligente; él era el elegido! ¡Ay por Dios, apiádate de los cubanos donde quiera que estén pero sobre todo de los que permanecen en el terruño lidiando con tal alimaña!

Si se quiere saber cómo fue delineada la política ulterior que se llevaría a cabo en la isla se recomienda leer ese discurso, véase el fragmento final:

> *"Si supieran, que cuando me reúno con el pueblo se me quita el sueño, el hambre; todo se me quita. ¿A ustedes también se les quita el sueño, ¿verdad? Lo importante, o lo que me hace falta por decirles, es que yo creo que los actos del pueblo de La Habana hoy, las concentraciones multitudinarias de hoy, esa muchedumbre de kilómetros de largo —porque esto ha sido asombroso, ustedes lo vieron;*

saldrá en las películas, en las fotografías—, yo creo que, sinceramente, ha sido una exageración del pueblo, porque es mucho más de lo que nosotros merecemos.". (FCR, ene. 8, 1959.)

Léase e interprétese la forma magistral de seducir, de cautivar, de amarrarse al pueblo a su suerte, de decirles a los cubanos allí reunidos, quiéranme, cuídenme, acompáñenme, ámenme, háganme suyo porque ustedes son míos, denme afecto, estén conmigo, apóyenme y muchos otros calificativos de afecto hacia su persona, mírense cuántas expresiones de sentimiento filial están encerradas en esa parte final del discurso y no les pidió que hicieran el amor con él porque ya eso sería muy feo, pero si no… cualquier cosa hubiera pasado, la gente estaba derretida, ensimismada con tantos reconocimientos. Sin dudas esta fue la primera versión del filme "Pueblo Embrujado" y no la que hicieron años después los norteamericanos.

C-14: Aunque la escuela de Arte creada por la Rev. en los 60s. comprendía las manifestaciones de danza, música, pintura, artes plásticas, artes escénicas, la que sería según pretensiones de FCR la *"escuela de artes más grande del mundo"* y en la que los estudiantes, por ejemplo, de música no podían tocar por su cuenta en ningún grupo para buscarse alguna pecunia por su cuenta, porque eso era ilegal, estaba proscripto, era prohibido, ellos tenían que terminar sus estudios y después, generalmente, eran ubicados a trabajar por la institución.

Esta pudiera ser una prohibición lógica, contra las que se pusieron de manifiesto después, pero antes esa escuela de música sufrió también de los avatares de aquellos tiempos, levantada sobre el llamado campo de golf de lo más rancio de la burguesía habanera de la época, fue detenida su construcción porque según el co. FCR había sido informado por alguien, que él nunca dijo el nombre, (se supone que haya sido Ernesto 'Che' Guevara, con quien se reunía allí a jugar golf antes destruirlo para hacer la escuela) le dijo que esa escuela *"era inviable"* esto lo dijo a los delegados en un congreso y siguió diciendo: *"si ustedes me ayudan podemos terminar esas escuelas, pero solo si ustedes me ayudan."*

En el 2007 se autorizaron algunos fondos para la obra pero aún (2016) por lo que se conoce está sin terminar y los trabajos fueron detenidos; pero fíjese como se juega a la víctima, al que necesita ayuda para sacar un proyecto que solo depende de la eficacia de los que tienen que ejecutarla y no de lo que el pueblo pueda hacer; las escuelas si no se han terminado es de la entera responsabilidad de FCR porque en primer lugar fue él quien creó una situación de tensión con los tres célebres Arquitectos encargados de la obra, a los cuales los hizo abandonar las obras por distintas razones aviesas y fidelistas, que es lo mismo.

Los Tres Arquitectos eran muy competentes y Fidel no tolera que los buenos brillen sin entrar en contradicciones con ellos, la suerte de los tres fue esta: a uno (Vittorio Garatti) lo puso preso acusándolo de espía y fue a la cárcel y después lo deportó a su natal Italia, a otro lo deportó diplomáticamente (Ricardo Porro) con familia y todo incluida, vete a vivir al exterior siendo ayudado por el propio FCR en ese propósito para que le dejara el país, en la misma forma lo hizo con varias otras personas de las distintas actividades sociales del país y el tercero (Roberto Gottardi, murió en ago. del 2017) quedó en Cuba sin muchas opciones de desarrollar sus conocimientos.

Así actúa FCR, ese es su estilo rastrero, acababa o se deshacía con la parte de la intelectualidad que no se plegaba fácil y rápidamente a sus maquiavélicas aspiraciones.

Así fue como terminaron sus días los diseñadores y verdaderos proyectistas de lo que sería la Escuela de Arte más grande del mundo, en buena medida porque ellos provenían de la clase burguesa y a FCR no le gustaba que estos burgueses estuvieran al frente de obras tan prestigiosas como la señalada, ellos buscándose glorias y prestigio mientras él, Fidel, sin acumular méritos producto de esas obras, eso no puede ser, por eso los desintegró, por lo envidioso que es, estos Arquitectos eran de lo mejor de la rama en la isla, brillaban con luz propia y había que opacarlos y de eso se encargó FCR.

C-15: Millones de cubanos pueden dar una definición muy exacta de los conceptos de *crítica y autocrítica revolucionarias*; la Rev., los enseñó, incluso en los centros de enseñanza se aprendían conceptos tales como *modestia y sencillez,* la no ostentación, el no lucro, etc.

Para algunos se nos hacía difícil entender y ver al Cmdte. en Jefe, precursor de todos estos conceptos y categorías filosóficas llenas de **balores revolucionarios**, usando DOS ROLEX en su muñeca izquierda, algo que se intentaba justificar por muchos cubanos en aquella época, pero que sin lugar a dudas luce ridículo al ser analizado a través de los años.

Téngase en cuenta que los jóvenes del país que se habían formado como técnicos medios, militares, médicos, maestros, ingenieros, enfermeras, abogados, no tenían en su juventud ni un simple POLJOT para sus labores más necesarias, no para lujo porque ya la Rev. había enseñado que no se podía lucrar, y al parecer vestirse con lo imprescindible, como las personas, usar un simple reloj, eran síntomas de debilidad ideológica, de penetración, no sexual, sino del enemigo en la esfera ideológica; algo parecido a "haz lo que yo digo y no lo que yo hago"; rápidamente se aprendió que al Eterno Cmdte. en Jefe no se podía criticar, que él, él solito, sí estaba por encima del nivel, porque se sacrificó mucho en la Sierra durante 2 años y un mes arriesgando su vida y ¡¡¡recibiendo múltiples heridas de balas en los combates que magistralmente dirigió!!!

Los cubanos se han sacrificado 57 años y no están autorizados a hacer manifestaciones en contra del gobierno para expresar lo que no está bien, si hay algo que no le guste a la población se le puede echar un poquitico más de limón si lo halla y azúcar ni hablar, esa es para crecer; es decir, en Cuba no se pueden hacer huelgas, ni criticar la gestión estatal porque eso afecta al CJ, no se puede pensar en hacer las cosas de una manera más racional para que los cubanos se sientan mejor en la isla de los Castros, todo eso está prohibido; el único que piensa y dispone es FCR; contra el Estado nada, con el Estado todo; contra FCR nada, con él todo.

En el país no se puede dar una opinión que desfavorezca al régimen y mucho menos contraria a los dirigentes históricos; ellos que nos enseñaron a admitir la crítica, no admiten ninguna así sea más evidente que Evidencio, en primerísimo lugar el camarada FCR no las admite, a él no hay quien lo toque con una critiquita.

En sus últimas salidas al extranjero, era asediado por los periodistas, estos se lanzaban tras su encuentro para preguntarle temas candentes de la Rev., como elecciones, derechos humanos, etc, etc, y lo ponían al borde del infarto y él les replicaba: ¿cuánto te pagan por hacer ese tipo de preguntas?, como para indicar la naturaleza mercenaria de quien le dirigía esas preguntas a las que él no estaba acostumbrado, no tiene entrenamiento y si no decía las malas palabras que ya sabemos él dice cuando no está frente a cámaras para insultar a los periodistas.

En Cuba donde era él quien le decía a los periodistas delante de las cámaras, "no la pregunta que me tienes que hacer es tal" se sentía como pez en pecera, de manera que para expresar alguna idea que no fuera favorable al régimen había que pedirle permiso y si la referencia era desfavorable a FCR, ni se diga, eso no se discute; baste repetir una vez más, que en los 60s. FCR deportó a revolucionarios cubanos castigándolos al exilio en la URSS, por criticarlo, por cosas que fueron auténticas, situaciones, errores que se vieron después durante todos estos años, pero que a él no le daba su gana-cubana de aceptarlas bajo el concepto de que "al jefe (él) no se le critica, ni en privado y mucho menos en público porque eso afecta su autoridad y prestigio ante las masas." ¡A estudiar el fidelismo que es la universidad política más aviesa y parcializada que ojos y mentes humanas hayan conocido!

En Cuba la persona que discrepe de algo que FCR diga, o que no estuviera de acuerdo en parte o hiciera un mutis, esa persona era contrarrevolucionaria, un enemigo de la Rev., hasta un gusano podía ser. No se entiende, con el CJ hay que estar de acuerdo, de todas, todas, ¡quien se levanta con él, tiene que acostarse con él!, no faltara más.

Tan sencillo como se ve, créalo a no lo crea, por eso nadie le hacía críticas cuando el cometía dislates en sus verborreas, los compañeros en la presidencia oían eso y se decían es un error, pero cómo se lo decimos, él podía decir las mentiras más impúdicas o los errores más abismales y nadie, absolutamente nadie lo corregía ni en ese momento ni tampoco, al parecer, después de ese momento.

FCR era en el uso de la palabra, con razón o sin razón, el rey, no había quien lo impugnara, el hacía siempre lo que quería y su palabra era ley, él se sentía con una gran seguridad cuando hacía uso de la palabra, pero además sus colaboradores sabían ubicarse en el lugar que les pertenecía dejándole a FCR la posición prominente.

En una ocasión de visita en la Venezuela pre-bolivariana para la toma de posición presidencial del ya fallecido Carlos Andrés Pérez Rodríguez, en 1989, la delegación cubana estaba integrada a esa toma de posición por dos personas, FCR y Carlos Rafael Rodríguez Rodríguez; en la toma de posición, la prensa, que conocía muy bien al viejo político comunista porque este había estado un tiempo antes del triunfo revolucionario en esa nación, insistía en hacerle preguntas a CRRR, una y otra vez le dirigían las preguntas, mientras si apenas le habían dirigido una o dos a FCR; rápidamente el entrevistado que además no era el jefe de la delegación por elemental jerarquía, le dice a los periodistas insistentes: "no, no, no me pregunten más a mí sobre estos temas, aquí también está Fidel que es el jefe de nuestra delegación, pregúntenle a él".

CRRR, como siempre, dando muestra de su gran inteligencia, él, CRRR, sabía lo que significaba que FCR quedara relegado a un segundo plano en un evento, cualquiera fuera este, bien por su culpa directa o por la falta de cortesía o de visión de los periodistas, después de esas sabias palabras los periodistas empezaron a preguntarle a FCR; de manera que CRRR que murió de muerte natural a los 84 años, sabia lo que cada momento llevaba siempre y cuando estuviera FCR en la escena. ¡Qué clase de inteligencia y sabiduría!

C-16: Si ibas a viajar al extranjero porque un familiar te invitó, el problema no era solamente que no se podía salir, sino que esa posibilidad te la hacían bien difícil, como para que no salieras, para que desistieras de tal imposible; en primer lugar porque la cantidad de dinero que se requería no la tenía dentro del país el 99.99 % de los cubanos, ese venía del país donde estaba el familiar o amistad que invitaba, además la cantidad de permisos y cartas y sellos de timbre que había que comprar eran las mejores negativas y trabas de que no podías viajar, de desalentar el viaje por la implicación que esto traía que despertaba la inquietud de los que salían.

Una carta de invitación costaba unos de $200.00 CUC validarla en Consultoría Jurídica Internacional, pero además se pasaba mucho trabajo para adquirir la carta de invitación enviada desde el extranjero, la escondían, le decían al usuario que no había llegado estando en el país, era una tragedia obtener la carta de invitación. Después de la anterior venía la carta blanca que eran $150.00 CUC, la compra de sellos que hacían $25.00 CUC, la compra de uno de los pasaportes más caros del mundo, en $55.00 CUC pero después tenías que seguir poniéndole su asistencia cada 2 años, para que su aché y eleguá te acompañaran durante 6 años, todo eso en tiempos en que los que tenían salarios de CP$400.00 eran considerados una personalidad al menos por su salario y en el capítulo de la compra del tikect se le acababa de llenar los ojos de lágrimas a la persona más resistente, viajar por Cubana de Aviación es hacerlo por la línea caribeña más cara de todo el Caribe.

En Inmigración, el usuario tenía que dejar no menos de $50 CUC para que los papeles estuvieran en tiempo porque si no empezaban a chantajear con la fecha de vencimiento de las cartas y cuando el interesado se percataba de la trama entonces ya era tarde.

Existía la posibilidad de que se percatara a tiempo una dignísima mayor del MININT de la División de Inmigración quien le decía al interesado: "se le va a vencer una de las cartas, ¡ay qué lástima chico!, si se pudiera agilizar el proceso, ¿ud. no tiene quién le ponga otra carta?..., porque es una lástima después de tanto que ha corrido, ...si yo pudiera", ..., "no pero es que eso es un riesgo"; y ya después que ella logró excitarlo y que el interesado se siente que está a punto de tener un orgasmo monetario allí mismo delante de medio departamento de Inmigración, ella le dice: "¡no, no, no, no, niño!, ¿qué haces, cómo se va a desahogar así aquí conmigo, delante de todo este pueblo, ud. quiere que yo me vuelva loca?",..., "no, mira lo que vamos a hacer; hoy por la noche vamos a vernos, en…. ¿ud. tiene teléfono al que yo le pueda llamar para ponernos de acuerdo en el lugar de la cita?" y ud. le dice ingenuamente sin maldad ninguna: "¿eh y por qué no acordamos el lugar ahora aquí mismo y ya así yo salgo directo de mi casa hacia el lugar convenido?"

Pero ella le dice: "no, aquí ahora no, mire siga mis instrucciones, deme un número al que yo le pueda llamar y yo se lo hago saber cuándo le llame porque tengo que ver quien me puede llevar al lugar"; y ud. obedece, qué remedio no le queda, y va a la cita ud. solito, sin acompañante, al lugar que ella le dijo hace 5 min y con una oscuridad que ud. dice "¿caramba será verdad que esta mujerona quiere tener algo romántico conmigo en esta oscuridad de la noche?, y rápido sale de su mazo de dudas cuando la ve en una minifalda qué ud. dice: ¡hay mi Dios, yo tengo que tener algo con este trozo de naturaleza aunque sea aquí mismo!, porque ¿qué hace ella con esa ropa y sola en medio de esta oscuridad?, eso es lo que ud. creía.

Y ahí mismo es donde se cae de bruces cuando ella le dice me trajo los $80 CUC y ud. turbado ahora más que ahorita la oye decir deme el dinero que mi esposo, mi hermano y el cuñado me esperan dentro del carro del que no sabe ni que chapa tiene, ni que color tiene y cuándo ella coge la suma la oye decir a la carrera desde adentro del carro: "mañana allá temprano" y sale el carro y ud. aún continua en su turbación-frustración bien profunda, dura, rígida, muy tenso con el temor de que se le pueda partir una pierna, ¡imagínese la oscuridad! y se dice: ¿qué cosa he hecho?

Cierra ese capítulo sin poder dormir pensando en lo que pudo ser y no fue y se quiere ir a las 2:00 am al local de Inmigración para ver si ve a la mujer o es que lo timaron y cuando llegan las 8:30 am y ud. ve que ella no ha llegado, dice al borde de la locura, a todos los allí reunidos "¿hay algún médico aquí que me pueda tomar la presión, por favor? Y alguien te dice: ¿qué le pasa 'temba'?, y le respondes: "la presión arterial mijito", y ya tiene al médico al lado suyo diciéndole en forma muy respetuosa, amable y cariñosa: "permiso, déjenme pasar, ¿qué le pasa mi viejo?" Y ud. turbado le responde: "no nada mijito, estoy bien", y sale disparado a encontrarse con la tremenda-bella mujer que acaba de llegar, que sin darle los buenos días ni nada le dice: "mi viejo espere dos minutos, enseguida lo atiendo" y detrás de ud. el médico: "mi viejo, ¿y su presión?", "¡ah no docto, gracias ya estoy mejor, muchas gracias".

Al minuto le llama aquella beldad con un sobre en las manos y le dice: "ayer después que usted se fue llegaron todos sus documentos, salí apresurada a ver si lo veía, pero ya ud. se había perdido de vista".

Fin de la historia verdadera, ya está belleza estafadora cayó porque le pusieron un señuelo y la cogieron in fraganti, ¡qué lástima! ¿Qué alguien diga si con esta zozobra se puede viajar?, además de necesitar no menos de $1500 CUC para correr con todos los gastos, pero además los que viajaban tenían que pagarle al estado cubano la cifra de $40.00 USD por cada mes que estuviera en el extranjero, se prohibía pasarse más de 11 meses en la visita porque perdía el derecho a entrar a casita otra vez; recuérdese que a la escuela hay que llegar puntual.

Ya con el Gral. de Ejército RCR la estancia en el extranjero fue extendida a dos años y no hay que pagar por estar en el extranjero, como se ve vamos mejorando.

C-17: En cuanto a la salida definitiva del país si se era propietario de una casa que se ganó en las microbrigadas a donde ud. fue a construirla y la obtuvo después de 57 meses de trabajo en los que entre otras obras hizo un cine, el mercado concentrador en la Autopista de San Antonio de los Baños (una de las grandes **hideas** baldías y huecas del CJ por las que tanto él luchó, se hicieron los cuatro mercados concentradores y después no habían productos agrícolas para poner en ellos, solo apto para locos), construyó un supermercado de víveres para la población donde pretende le den la casa y participó en otras obras como reparación de escuelas, de círculos infantiles para niños menores de 5 o 6 años, etc.; con todo ese aval, al salir del país permanentemente, si se era propietario, usted perdía los derechos a todo de lo que fue dueño, excepto las pertenencias personales.

Como constructor improvisado, dígase un microbrigadista, en su lucha por lograr una vivienda, se fue a la construcción de La Villa Panamericana La Habana '91 donde se alojarían los deportistas de los Juegos Panamericanos donde había que participar en su urgente terminación para que estuviera lista en la fecha prevista; durante todo este tiempo la construcción de su edificio ha estado detenida argumentándose la falta de elementos prefabricados para el edificio.

Después de tener 52 meses, este microbrigadista ha estado construyendo en todas partes menos en el edificio por el que se supone usted fue movilizado para construir su casa, al cabo de ese tiempo es que lo regresan a la obra y le dicen que hay que trabajar duro, día y noche para entregarlo en 4 meses, parecía imposible y fue imposible; a la carrera trabajando horas de las madrugadas porque por el día no llegaban los paneles (elementos prefabricados), pero sí a partir de las 10:00 pm llegaban las rastras (camiones) con las piezas prefabricadas, se bajaban y se hacía lo que con luz eléctrica se podía hacer.

A paso redoblado se terminó en 5 meses y 17 días, después vino la discusión para ver qué apartamento le tocaba o le daban; al fin cogió apartamento, no justo el que necesitaba porque si ud. tiene dos hijos (h-v) necesita habitaciones separadas para ellos, por la tradición se quiere que cada uno tenga su habitación, entonces sabrá que con dos habitaciones no son suficiente, a menos que …; así que se ve obligado, inventa y hace dentro de la casa lo que no está permitido: hacer una división más y así logra que cada uno tenga su habitación una para la hembrita y otra para el niño.

Pero…, pero, la situación del país siguió y aún sigue de mal para guatepeor y al sujeto se le presenta un viaje para trabajar en el exterior enviado por el gobierno, **una honrosa misión de colaboración**; y se va a la misión de dos años, termina y no se queda en el país al que fue a trabajar, como si fuera un desertor, como un apátrida, como un gusano asqueroso y mantecoso, como un ser despreciable, vil, ruin, mezquino, como si fuera una alimaña que traicionó al mismísimo papa cubano, ¡no quéééé bah!, él no se quedó, no hizo esa basura, sino que regresa y hace entrega simbólica de la misión como Dios manda, ante las autoridades.

Este acto, hasta cierto punto lógico, le ocasiona la más brutal de las repulsas de los que eran sus amigos, ellos lo ofenden al decirle y comentar entre ellos cosas como que: "se volvió loco en regresar"; le dicen los amigos íntimos, "¿estás loco o eres tarado, cómo se te ocurrió regresar?", incluso en broma, pero en serio lo ofenden ante el paso que él dio, sus amistades no lo pueden creer, los más recalcitrantes le dicen: "*sabés qué, vos sois un blanco de mierda, no me hablés más en lo que te queda de tu cochinísima y puta vida, no me mirés que me hacés daño.*" ¿Qué les parecen estas manifestaciones?, todo provocado por regresar a la patria y al encuentro con su familia.

Cada cual tiene que pagar por sus osadías y él no es la excepción, dos años fueron más que suficientes como para querer repetir la hazaña de Matías Pérez, pero los tiempos han cambiado; él a punto de volverse loco con el viacrucis que está viviendo, no podía ir a parar al Siquiátrico de La Habana; contacta a un amigo que conoció en el exterior y le envía una carta de invitación después de dos años de estoica resistencia en su país, porque ya no se adapta a la convivencia dentro del mismo, viendo la mesa redonda en la que FCR le regala a Venezuela 10 000 tv de 27" con sus respectivos DVD incluidos, pasando las mil y una vicisitudes porque el transporte para ir a cualquier actividad, sea trabajo y casi nunca diversión, estaba aún por ser fabricado, no estaba en Cuba y por ahí pa' ya el ramillete de dificultades era peor que cuando se había ido a cumplir con **la honrosa misión de colaboración**. No pudo más y pidió ayuda al exterior, a unos amigos y estos le extendieron una carta de invitación que el pudo adquirir como en la quinta versión de haber sido emitida porque cada vez que llamaba para saber si había llegado a Consultoría Jurídica Internacional le decían que NO había llegado todavía.

Para su viaje, esta vez por su cuenta, solo le dan un mes de permiso, así que vaya y retorne rápido. Después de muchas vicisitudes y corretajes en busca del mazo de cartas-permisos que tiene que presentar para poder salir del país, cartas de la ANAP, la UPC, la UPEC, el PCC, el FBI, los CDR, la KGB, las Cajas Negras, la FMC, la UNEAC, la ONU, la CTC, la UJC, la ACLIFIM, la CIA, el ICAIC, la de Elpidio Valdés, la Carta de invitación, la Carta Blanca, La Casa Blanca, la Carta Negra, la ANIR ¡y ya!, ¡ahahah y la madre de los tomates!, fíjese que no se le quede ninguna, con todas ellas se presenta en Inmigración.

Con todo ese mazo de collares, es decir de cartas, que a veces las autoridades se olvidan pedírselas en Inmigración como parte del proceso y ahí es donde ud. se percata de lo ineficaz de las mismas y el tiempo que perdió cayéndole atrás a los que tenían que firmarlas, entonces le dice a la funcionaria: "oiga mire los servicios postales aquí, es decir todas las cartas solicitadas y ella se las recoge con un desgano que le dice a ud. que todas esas cartas son buenas para nada, ni para limpiarse … los pies. Una vez logrado el pasaporte, espera a que lo llamen para su salida.

Se fue a su visita y al mes no regresa, ahora sí no regresa, se queda porque ese era su plan, en silencio ha tenido que ser para que no se .oda el viaje, no podía decirlo porque los que se fugaron de la Isla-Prisión de Alcatraz en 1962 les fue más fácil la fuga, que el escape de Cuba; así que decide quedarse y al pasar un año su familia le informa que lo perdió todo y que no tiene derecho a nada, ni casa, si era propietario, ni carro si es que tenía alguno, ni está en el registro de direcciones del CDR, no tiene derecho ni a retiro si estaba en edad de jubilación, y ya la Oficoda anda en los trámites para quitarlo de la libreta de los abastecimientos-desabastecimientos, ni a votar en las elecciones más justas, transparente y democastricas(f) del mundo, a nada.

Dése por dichoso si en esa casa que le llevó 57 meses de arduo trabajo para adquirirla y que durante años pagó, dejó algún familiar de primer grado de vinculación, es decir hijos, madre, hermanos, esposa que siempre hayan vivido en la casa antes de ud. quedarse en el extranjero, porque si no tienen que salir, desalojar la casa y el estado revolucionario hace con ella lo que le dé su real gana-cubana. Este aspecto ha sufrido cambios favorables con la presencia de Raúl al lado o al frente del país, esto con FCR sería otra historia más dura.

Cuando era la familia completa la que se iba de Cuba, no podía dejarle ni los cubiertos de mesa a la familia que se quedaba en la isla, ni los clavos, porque no se iba nadie, el estado revolucionario se apropiaba de todo.

C-18: Hubo épocas en la Cuba revolucionaria que si se era dueño de algunas propiedades, como un carro, una casa, una res, ninguna de estas propiedades podía ser vendida, el estado lo prohibía, si se vendían era bajo riesgo y si se formaba algún problema por la denuncia de un vecino lleno de envidia que se acercaba a la policía, no por malo, no, sino para ayudar al esclarecimiento de los hechos, muy sin novedad te podían decomisar la propiedad de que se tratare, ¡y ya!

El estado revolucionario la incautaba y se acabó, eso en el mejor de los casos porque si abrían una investigación podías ir a cárcel; el carro en algunos casos sí se podía vender si este tenía **traspaso**, ¿qué es/era el **traspaso**?, no se sabe bien pero era una carrera burocrática universitaria que se estudiaba en una universidad igual de diabólica que de caprichosa e irracional, donde los diabólicos creadores eran los dueños del estado revolucionario y su máximo fin era evitar las operaciones de compraventa entre los ciudadanos sin el permiso gubernamental, sobre todo de vehículos incluyendo aquellos que el estado revolucionario no había dado.

Un ejemplo muy elocuente de lo que es **traspaso** lo fue la muy dolorosa fábula de la hormiga que adquirió un árbol y después de un tiempo ella quería mudarse a otro lugar y ese árbol que había adquirido no tenía **traspaso**, ¡averígüese para que se vea qué clase de situación tan dolorosa!, el profesor Mente de Pollo, le puede dar eficaz testimonio del final de este caso.

C-19: Durante muchos años los cubanos no podían comprarse un carro legalmente que fuera vendido por el estado, los carros que el estado daba eran solo para dirigentes de alto rango con probada fidel(i)dad al mazo de collares que se sintetizaban en la indestructible unión al CJ=PCEM=UPC=ADR=El Himno de la Internacional=CDR=FCR=El Paralelo 38=CTC, etc., etc., etc.; también un carro podía ser ofertado por el estado cubano a un trabajador, un artista, un deportista o cualquier otra profesión, lo único que era necesario para recibirlo, incluso regalado en algunos casos, era ser revolucionario, ser FI(D)EL A FIDEL; ¡y ya!

El carro se daba una sola vez en la vida, como los títulos que se dan por la obra de la vida, cada un período largo de años como expresión genuina de una maduración política muy profunda, era la culminación de un período largo en el que se calculaba que quien lo recibiera tenía todos los méritos fidelistas y los **balores** por él inculcados; esta entrega coincide con el paso del Cometa Halley (se aproxima a La Tierra cada 76 años) en ese lapso le daban un embrión de carro traído del campo socialista a un trabajador. Han existido casos de profesionales de la salud que le han dado un carro después de 47 años de trabajo en el sector y a las pocas semanas se ha muerto el hombre, así que evalúese la connotación tan alta, la importancia que se le da a la entrega de un carro en Cuba; ese mérito no lo tiene cualquiera, podría decirse que está en la proporción de 3 : 1 000 000; recuérdese que ha sido una permanente preocupación del CJ=LHR=FCR=PSPCC el uso racional del combustible fósil para que se ahorre y las futuras generaciones puedan tener su 'buchito' de combustible en el futuro; ningún dirigente político ha tenido preocupación similar, de ahí la importancia de que los cubanos tengan un Fidel. ¡Gracias Fidel!; es por eso que los cubanos no podemos tener muchos medios de transporte dentro del país, para ahorrar y dejarle una 'poquita' de combustible a las generaciones venideras para los próximos 70, 80, 100 años; hay que ser previsores.

Quien recibiera ese embrión de carro, lo merecía por un conjunto de méritos excepcionales de gran servicio a la patria socialista, ese afortunado debió haber ido al cosmos sin nave espacial y regresar, si así ocurría el Partido-Estado-Gobierno, la ADR, el CJ, el Consejo de Estado y todos sus conexos, es decir el mazo de collares más arriba descrito, le daban ese embrión de carro al trabajador.

Una persona cualquiera podía tener mucho dinero mandado desde afuera por algún familiar, pero con eso no tenía un carro comprado al Estado, para obtenerlo primero que todo ud. tenía que probar su condición de **revolucionario cabal** y fi(d)el; si no era así ¿de qué estamos hablando?

Pero todo eso cambió favorablemente cuando en ene. del 2014 a la ciudanía cubana se le autorizó la venta de vehículos a la población, lo único es que estaban un poquitín caros, el precio era de $262 000 CUC ≅ $303 920 USD, teniendo como base una tasa de cambio de $1.00 CUC $1.16 USD; esta era la tasa de cambio del CUC expresado en USD, hasta mediados de marzo '16 anterior a la visita de Obama, después de esa fecha

$1 USD = $1 CUC, pero en la realidad ese cambio en que se llevaban ambas monedas a una paridad de 1 x 1 no se llegó a materializar.

Hacer cálculos matemáticos no es malo, al CJ=LHR=PCEM=PSPCC=el todo poderoso=FCR le encantaba lucirse durante sus discursos o intervenciones televisadas haciendo cálculos, por supuesto en muchos acertaba, pero en otros fallaba y esos nunca, jamás eran rectificados, quedaban así para la historia, si tal vez el departamento de versiones taquigráficas los enmendó para las copias que debían conservarse, pero la que salía en el órgano oficial del partido comunista de Cuba, era publicada como la había dicho el ilustre. A él no se le podía rectificar y menos en público, eso hasta cierto punto es lógico, representa un respeto a la figura que está en uso del micrófono; solo una vez el hermano, le hizo una rectificación porque era evidente, era imprescindible se le hiciera, eso fue cuando la intervención en el Consejo de Estado para matar a los Cuatro encartados de la Causa #1 del 1989.

Sirva este preámbulo para que hagamos cálculos con los precios de los Peugeot que el bueno y dadivoso del gobierno cubano pretende venderles a los cubanos que mal viven en la Isla, con unos salariazos de miseria que para qué hablar, veamos.

Se ha dicho que el salario promedio mensual de un cubano de adentro es de ¡¡¡¿¿¿ $27 CUC???!!!, ¡kñó!, lo dudo, ¡pero cómo lo dudo, de una manera espantosa!, pero bien ahí vamos, seamos más bondadosos, vamos a facilitarle al régimen de marras, que nos ha tenido el pie puesto en el cuello sin dejarnos respirar, ni levantar cabeza, mintiéndonos, diciendo que ellos sí son buenos, etc., etc.; démosle el beneficio de llevar ese salario a $30.00 CUC mensuales y vamos a calcular qué tiempo nos lleva comprarnos un Peugeot revolucionario, sí porque ese no es un carro como los demás, ese es un carro revolucionario, sobre todo por el precio que hay que pagar por él; veamos los cálculos: $262 000 (precio del carrito) ÷ $30.00 (salario mensual hipotético e inalcanzable que casi ningún cubano tiene en la Isla) = 8733.3333… ≈ 8733 mensualidades; llevemos ese numerito revolucionario, que representa los meses, a años para saber cuántos años nos llevaría comprar el carrito, aquí va la operación: 8733 meses ÷ 12 (meses que tiene un año) = 727 años y 9 meses; dicho sea de paso, trabajando solo para comprarse el carrito revolucionario. Ahí está el cálculo, ¡ve que casi no se puede comprar el carrito!

Ahora, a partir de ese momento en que se hizo el anuncio de la venta de carros, los cubanos no podrán decir que no se pueden comprar un carro, se acabó, que sí, que sí, se acabó; vino Raúl y cumplió lo que Fidel nunca prometió.

Es verdad que en los países pobres es difícil para la clase más pobre comprarse un carro o una vivienda, pero las personas de allí logran cosas, logran casas, carros, enseres domésticos, etc., etc., sin que el jefe del gobierno se los dé para hacerse el lindo, para congrasearse con la población y con el mundo; lo logran con los beneficios que reciben de sus trabajos, con el sudor de su frente, pues en este caso hacen falta muchas frentes que suden solo para comprarse un miserable carro, harían falta metros cúbicos de sudor pa' adquirir el carrito revolucionario.

Ese es el fidelismo, la sociedad que devino en el arte de amargarle, resalarle, .oderle, frustrarle la vida a los seres que en ella tengan la desgracia de vivir y no tengan las agallas, la decisión y deseos para quitársela de encima, algo que no resulta fácil.

Su creador la vendía como buena, como lo último en pensamiento revolucionario mundial, única, sin par; esta es la sociedad que se sabe sin futuro y que su MLH=FCR, sutilmente lo reconoce al decir en una entrevista en 2010 con el periodista Jeffrey Goldberg de la revista The Atlantic (un medio de prensa norteamericano) que *"El modelo cubano ya no funciona ni siquiera para nosotros"*; es todo, no se necesita más, pero mire como se contradice y abusa de la ingenuidad, la ceguera, la ignorancia, el adormecimiento, la tontera del pueblo cubano, al decir en la clausura de un congreso más del PCC, sin trascendencia, justo en el 7mo. Congreso, se atrevió a decir en la clausura, el 19 de abril de 2016 que:

> *"Quedarán las ideas de los comunistas cubanos como prueba de que en este planeta, si se trabaja con fervor y dignidad, se pueden producir los bienes materiales y culturales que los seres humanos necesitan, y debemos luchar sin tregua para obtenerlos."*

Hay que ser desvergonzado y no sentir respeto por el pueblo al que se ha desgobernado para decir semejante dislate. Así son los dictadores y si son inteligentes, astutos, como el caso que nos ocupa, son capaces de matarle, amordazarle la inteligencia a los pueblos y ponerlos volar como palomas amaestradas y embobecidas para que se posen en el hombro izquierdo de su dictador.

Mire como en ese contexto de engaño y distorsión de la realidad, el Mago de la Mentira y el Engaño Cruel, el Rey Medas non Tedoy, sigue jugando con el pueblo que a él le interesa un bledo, menos que un bledo, le interesa un carago; mire lo que escribió en la irreflexión de basura titulada irrespetuosamente *"El hermano Obama"* del 28 de marzo del 2016, para fustigar a Barack Obama después de la visita que el norteamericano hiciera a Cuba, miren lo que dice Fidel el Malo:

> *"Nadie se haga la ilusión de que el pueblo de este noble y abnegado país renunciará a la gloria y los derechos, y a la riqueza espiritual que ha ganado con el desarrollo de la educación, la ciencia y la cultura."*

Sin comentarios porque quien escribe no quiere infartarse ante tamaños desgarros; con el mayor respeto que Fidel no merece, pero sí el que lee.

Ese es el bienestar que esperaba darle a los cubanos para tener un nivel de vida superior al de los Estados Unidos y Rusia (N.A.: debió haber dicho en aquel momento la URSS); entonces ¿es un ladrón o es un ladrón?, ¿es un mentiroso o es un mentiroso?, ¿dónde están, cuáles son los estándares de vida que hacen suponer que los **cubanos** vivimos con un nivel de vida superior a norteños y exsoviéticos?, ¿o es que se le olvidó el programa de mentiras que inauguró en 1959?

Así que: *"la riqueza espiritual que ha ganado con el desarrollo de la educación, la ciencia y la cultura."* Hay que tener cara o cogerla para sentarse para después de casi SEIS LARGAS Y TORTUOSAS DÉCADAS, aparecerse con ese pan mohoso, apestoso debajo del sobaco (la axila); después le dicen descarado y dicen que el que escribe es un falto de respeto, ¿respeto, respeto a quién y por qué?, ni lo merece, ni se lo ha ganado.

Y en esa misma parrafada despreciativa, incoherente, descortés, despechada, insípida, porque el Ilustrísimo Visitante lo tiró a basura (por no decir ahora otra expresión), el excelso político y pésimo economista tiende una venda a través de la cual ciega más a los que creyeron alguna vez en él, Fidel termina el mamotreto diciéndole al hermano Obama:

> *"Advierto además que somos capaces de producir los alimentos y las riquezas materiales que necesitamos con el esfuerzo y la inteligencia de nuestro pueblo. No necesitamos que el imperio nos regale nada."*

¡Amigos, enemigos, neutrales que leen, a esta hora con ese **notición**!, al parecer los anteriores 57 años y meses hasta ese momento de marzo el pueblo **noble, abnegado, no-inteligente, sacrificado,** no se había percatado que para tener **la gloria y los derechos, y a la riqueza espiritual,** había que esforzarse más, total si del imperio no queremos nada; por eso cientos de miles se van al país del imperio para darle el mensajito de que aquellos de allá, los que quedaron en el país no quieren algo, según Fidel, porque él habla y decide por todos en la Isla de su propiedad.

Con los precios de los carros la población estaba eufórica de rabia, daba brincos de querer fajarse con alguien, ardía de molesta y decepcionada por los precios de esos carritos, por la burda burla, porque se había autorizado la venta de carros a la población, pero para evitar que la población los comprara los precios los pusieron en el planeta Neptuno porque no encontraron a Plutón dentro del Sistema Solar.

¡Ese es el fidelismo!, ni más ni menos, puntual; es el arte de amargarle la vida a las personas, de no facilitarles algo porque entonces se pierde la esencia del sacrificio fatuo, del esfuerzo inútil, de ese que hablara el LHR en discurso de embriaguez revolucionaria resaltando los **balores** de la revolución fidelista; para los blandos NADA, NADITA DE NADA, esta es solo para los duros y "puros" como él, según dejó entrever cuando dijo:

> *"La Rev. les ofrece trabajo, sacrificio, lucha. La Rev. no ofrece privilegios, los privilegios son para los blandos; para los revolucionarios la Patria solo tiene una cosa que ofrecer SACRIFICIO."* (FCR, año 1963).

Bueno la formación socio-económica fidelista había mejorado en algo, porque ahora "cualquiera" podía comprarse un carro, cosa que nunca antes había ocurrido, es decir que sin ser revolucionario, ni militante de la UJC/PCC, sin ser un trabajador de esos con méritos más que excepcionales, además no siendo fidelista 1000‰, sin ser uno de los que no iban a sus casas para trabajar muchas horas voluntarias, de los que se habían esclavizado en el centro de trabajo para ver si algún día alguien se acordaba de él y le daban un mosquito de esos producidos en el campo socialista, todo lo cual representaba un honor revolucionario.

La euforia de los cubanos ante la mala nueva era más rabia que todo, los vecinos y los amigos de los barrios no querían hablar del tema; los carros que se vendían no eran 0-milla, es decir eran carros usados, y los precios un "poquito elevados" no están en consonancia con las marcas si se tiene en cuenta que no eran ni de la Ford, o la Chevrolet, o la Toyota, o la Chrysler, ni la Audi, ni Subaru, ni la Honda, ni BMW, ni VW, ni la Hyundai, ni la KIA, ni nada parecido, los precios de aquellos vehículos de no muy reconocida marca son algo así como soltar una liebre y pedirle a un adulto de la 5ta. edad, con 90 años, con una velocidad de un paso cada 13 min que "si logras cogerlo, (la liebre o el carro lo mismo da) es tuyo".

Si los cubanos de la Isla ven las ventajas y avances tecnológicos que tienen los carros que se producen actualmente, se infartan y no llegan a ver el tercer decenio del presente siglo; los cubanos están condenados a como quieren los Castros, ellos deben estar por debajo de los avances tecnológicos que tienen lugar a nivel mundial, deben estar de espaldas al mundo, así es más bonito y los pueden manipular y engañar mejor, sin mucho trabajo y con un uso racionado de mentiras entregadas por la vetusta libreta de desabastecimiento que ya llegó a sus 53 añitos y no se detiene, sigue pa'lante hasta completar la centuria; sí, porque no se pueden estar desperdiciando mentiras, hay que ahorrarlas.

Ya se tienen planes de construir carros en que no usen combustibles fósiles, que se muevan por energía solar, o con el uso de baterías, o que usen doble portadores energéticos siendo uno de ellos el combustible que hoy conocemos combinado con otro tipo de energía. Si los cubanos de adentro siguen con los preceptos fidelistas de desarrollo, van a llegar a estar en cuanto a desarrollo automovilística como en los inicios del siglo XX, usando el Ford T, conocidos en Cuba como tres patás. Vivir por ver, el fidelismo es el sinónimo más cabal de atraso, subdesarrollo, estanco, involución, retranca, de voy pa'tras.

Con el precio que tiene un carro vendido en Cuba se pueden comprar en los EUA 12 vehículos de una calidad mucho más reconocida y probada que los fósiles andantes que los Castros están vendiéndole a los cubanos;

DOCE carros de mucha más reconocida calidad que los que son vendidos en la Cuba castroniana y que, sencillamente, son inalcanzables para la población que tanto se quiere y respeta; de manera que esa es una forma de decirle a la población: no puedes comprar un carro, ¿tú no querías carro?, bueno aquí tienes carro, agárralo si puedes; no pero de todas formas la venta de vehículos fue un logro rotundo del fidelismo, de la **¡eh!konomíatuya**; es una macabra burla al pueblo que Fidel tanto "quiere" ver embarcado en las entrañas del más cruel de los subdesarrollos, mientras él aparenta estar preocupado por África y los que no tienen agua allí, ni alimentos. ¡Qué lindo! Kño Fidel, ¿y Cuba qué, y los cubanos que vos esclavizasteis qué?, ¿cuándo os daréis de comer y de beber de verdad?

Si el MLR=ADR=LHR=PSPCC=PCEM=FCR=CJ=Mago de Oz, fuera un político someramente responsable y que le tuviera algún aprecio al pueblo del que tanto apoyo y muestras de cariño sumiso ha recibido, le diría la verdad al menos una vez en su vida; ya que se la dijo a un medio de prensa del enemigo ¿por qué no se la dice al pueblo?, y es que: "*El modelo cubano ya no funciona ni siquiera para nosotros*", ¿por qué no le da la luz a esa pueblo que ha vivido 57 o 58 años en las penumbras del fidelismo esperando un mañana mejor que NUNCA VA A LLEGAR en ese sistema?, que es una basura, que es una porquería, que creído en que ha dado educación, salud, y otros renglones que hicieron la vida un tanto mejor en comparación con lo que se vivía antes de 1959, piensa que puede perpetuarse en el poder, aun cuando el pueblo padece miseria e insolubilidad a miles de los problemas creados dentro del fidelismo. ¿Por qué no se va como dijo en ene. '59?

Si FCR, fuera valiente de verdad le diría al pueblo que el fidelismo no funciona ni para nosotros mismos, hay que cambiarlo porque es una **bamiersurada** y ustedes que han sufrido durante años merecen algo mejor; pero no, no hace algo semejante porque no le alcanza el valor para reconocer que se equivocó de palmo a palmo, y se mantiene como pez rémora pegado al jamón hasta que se muera o por fin al manco le acaben de salir los dedos que le faltan, que son muchos; así está el fidelismo: manco y sin opciones, y su egocéntrico líder, que cree tener el patrón de cómo deben comportarse los presidentes norteamericanos negros que visiten a Cuba, ya en los estertores de la muerte, boqueando, todo cagalitroso, sin querer bajarse del carro de la vida, no hace más que alargar las penurias del pueblo que le ha sido fi(d)el cual perro a su amo.

¡Han sido más de 57 abriles! Si al pueblo de Cuba le llegaran a pasar 25 años más bajo la égida del fidelismo, no va a quedar cubano vivo para hacer la historia, al menos cubano que viva en la Isla, porque se van a comer los unos a los otros, devendrán en caníbales; ¡ah no se cree en esta sentencia!, mire al país, cada vez más pa'trás y pa'trás y pa'trás y pa'trás, en la estructura partidista-gubernamental no se ha encontrado la velocidad que haga ir a la Nación hacia adelante, se les ha trabado la palanca de cambio en la marcha atrás y no saben cómo sacarla de esa velocidad; se les olvidó aquello de que "pa'tras ni para coger impulso" y ahora solo saben ir en la dirección equivocada.

Los que después de un cuarto de siglo de aquí en lo adelante (año 2016) se digan cubanos es porque estaban fuera de la Isla, porque al paso que van las cosas allí no va a quedar ni una huella, ni un vestigio, ni un hueso para que los antropólogos digan si hubo vida o no, cualquier descubrimiento de las llamadas eras geológicas, ocurridas millones de años atrás va a dar más información que la que puedan obtener los paleontólogos por el estudio de lo que quede en ese territorio pasado unos 25 años más; si no se cree, vivir para ver.

Solo vea cómo va el desarrollo de La Habana, la capital de todos los cubanos y ya con eso se dará cuenta si es cierto o no lo argumentado, esta ciudad no evoluciona, sino que por el contrario involuciona. Visítela, camínela, compárela con la de antes del '59 y llegue a sus propias conclusiones, no dejen que las saquen por usted. Todo esto se lo deben los cubanos al mesiánico líder cubano, el salvador de los pueblos pobres del mundo, menos el suyo.

Créalo o no lo crea, los cubanos de la isla tienen conocimientos a duras penas de algunos avances científico-técnicos, saben del uso de la computación, de la telefonía celular, ¿qué más saben?, no mucho más porque el bloqueo informativo dentro de la isla es muy alto, no hay quienes puedan rematar a la altura donde esta el bloqueo interno.

Se puede afirmar que con relación a cómo anda el desarrollo científico-técnico en el mundo, los cubanos de adentro están en el 1959 con conocimiento de algunos avances de estos tiempos, pero no más; de forma general los cubanos de adentro no han llegado al siglo XXI todavía mientras haya una sola cubana que piense **que comiéndose una papa y un boniato se siente bien si está con Fidel.** ¡Qué horror, qué manera de desvalorizarse! ¡Personas así no merecen respeto, ni consideración de los demás!, ¡Que Dios la ayude! Ya la veremos recibiendo medallas, si no las ha recibido ya y reconocimientos por esas insípidas palabras, eso es lo que hace el fidelismo, crea héroes de la nada, basta que el ser humano haga una mutación de lo desconocido a lo insólito y ya, a elevarlo, a hacerlo trascender; es de esperarse que esta cubana del boniato y la papa, los reciba por sacos en su casa hasta sin pagarlo, de gratis y si la noticia está en bocas de varios hasta su carrito Polski y todo puede ganarse por esa gracia tan fidelista. Unos amigos santiagueros dirían que ella parece una "macha" (voz con la que algunos santiagueros designan a las puercas).

Pues la venta de carros en Cuba es muy prometedora, al cabo de los primeros 6 meses las ventas habían sido el asombro, el hazmerreír de todo el mundo automovilístico por el monto de las ventas, lo nunca antes visto, ¡50 carros en 6 meses!; no, no, no, todo un exitazo. ¿Por qué el estado fidelista cubano hace eso?, eso es una bajeza hacia el pueblo revolucionario y trabajador, ¡eso no se hace caramba!

En una situación como esta, tan especial siempre es bueno ir a beber del agua turbia que nos brinda el político más inicuo, sagaz, astuto y taimado de todos los tiempos, el Mil Veces Glorioso ICJ=FCR, cuando en los años 60s. decía aquellas sabias y proféticas palabras, que si Mahoma lo oye lo hubiera mandado a acceder a los santos cielos, cuando él pedía un sacrificio baldío para lograr nada y los que no llegan a nivel tan excelso de interpretación nos preguntamos: ¿SACRIFICIO, pa'qué carago?, ¿pa' ofrendar nuestras vidas a una figura paranoica? NO, NO y NO; no sacrificios estériles que no dan resultados algunos, es inmolarse por el simple gusto de la flagelación y no va.

C-20: Los cubanos de la isla que tenían familiares en las tierras del enemigo, no podían tener contactos con ellos, tales como verlos, o correspondencia, u otro tipo de contacto; si el familiar en Cuba era miembro de las filas del glorioso PCC, la gloriosa UJC, o de las mil veces gloriosas y escudo armado de la Rev. y la Patria Socialista, la referencia es muy clara, muy precisa y certera, es referida a las FAR y/o el MININT, entonces los cubanos de la isla no los podían ver ni en foto.

Los miembros de estas instituciones que quisieran contactar a un familiar de visita en Cuba, tenían que pedir permiso a sus superiores y si desde arriba le decían que era posible entonces el encuentro cercano se podía llevar a cabo, si por el contrario no procedía, si de arriba decían que no, ni un encuentro lejano se podía realizar.

Algunas personas perdieron no la honrosa honra de ser militantes o miembro de uno de los dos cuerpos armados más prestigiosos del MUNDO, sino que también ganaron la condición de ser unos "apestados" en la sociedad; nuestras instituciones políticas y militares esperan una actitud no menos consecuente que la del ICJ=PCEM, en que no le habla al parecer a nadie de su familia, es decir ni hermanas, u otros parientes, solo a Raúl y por lo que es, porque a Ramón, él no recordaba cual fue la última vez que lo había visto, hasta que le avisaron que había fallecido en que preguntó: ¿y yo tenía un hermano que se llamaba Ramón? Y alguien le dijo "si tenías dos hermanos y ahora solo tienes uno" es más no debe saber si aún son hermanos; esto por la familia por parte de madre porque la de por parte del padre para él nunca existió.

Todo esto referente a la familia Castro-Ruz, creada por L. Ruz G. y Á. M. B. Castro Á. que tuvieron una descendencia de 7 hijos, porque de la primera familia creada por el padre con M. Argota R. de 5 hijos, de esa rama no se sabe nada; pero baste decir que a Fidel Alejandro Castro Ruz, JAMÁS de los JAMASES, se le ha oído decir algo de la madre, él cuando hablaba en las distintas filmaciones que se hicieron en visita a lo que fue el hogar materno-paterno, siempre habló de su padre, pero JAMÁS de los JAMASES se le escuchó decir algo de la madre y mucho menos de alguno de los hermanos, fueran los carnales o los medios hermanos. Ellos todos, los unos y los otros, no existían para el LHR=FCR, sencillamente no existían; entonces puede apreciarse a través de este y otros ejemplos el concepto tan elevado de familia que tiene el CJ, de modo tal que su verdadera esposa, la madre de los 5 hijos que fueron producto de un matrimonio y no de encuentros furtivos, esa mujer se vino a saber que existía hace unos añitos después que CJ cayó enfermo, sino no se hubiera conocido, ella vivió en las sombras por muchos años, por décadas pa' que la CIA, la KGB y otras no le hicieran algo; ¡qué pena! Pero esa es la familia creada por FCR y eso es sagrado. No más.

Se habla de que los yanquis tienen a la isla bloqueada, pero nunca se dice de los bloqueos impuestos por el castrismo hacia el interior de la isla; así que para hablar con una hermana en el exterior o cualquier otro familiar, tal vez lo más aconsejable era no llevar a cabo la conversación o contacto porque el imperialismo, el enemigo nos podía penetrar y por esa vía ni se sabe cuántas impedimentas, tabúes y limitaciones que servían para romper el concepto y la unión de la familia.

Sin ninguna duda se puede afirmar que el nefasto régimen del fidelismo ha ayudado a romper los lazos familiares; hermanos que no se pueden hablar, por diferencias político-fidelistas; matrimonios que se han tenido que romper porque uno de los cónyuges no le conviene al otro por las mismas razones político-fidelistas; padres e hijos que desde bandos opuestos se piden las cabezas porque uno es revolucionario y el otro no lo es; y así varios lazos familiares que han sido lacerados, más bien destruidos, gracias al fidelismo; ¡qué cosa más linda, fidelista y revolucionaria!, una vez más Gracias Fidel por ayudarnos a romper familias.

¡Cuántos **balores fidelistas** creados dentro de la Rev. para aderezar las relaciones de destrucción de la familia! ¡Gracias Fidel por tanto ejemplo emanado de ti, de cómo comportarse y deformar una familia! ¡Mil gracias Cmdte. Invicto!

Así se comportan los revolucionarios, se pelean con las hermanas, hermanos, hija, hijos, esconden a las esposas y las sacan a la luz cuando ya no valen un carago, ¡eso es un revolucionario de verdad! ¡Aprendan de él antes que se vaya, no sea se corra el peligro de que no llegue a los añorados 120! y después que se vaya, no quiero llanto o que digan que es muy tarde ya, os advierto ahora que aún lo tienen vivito y boqueando para si tienen que preguntarle cómo se logra sobrevivir peleado con todo el mundo, familia, amistades, países vecinos, etc., se lo preguntan ahora; para que puedan aprender de quien es una cátedra en ese actuar.

C-21: La propiedad privada está luchando por reinstaurarse después de que en mar. del 1968 el CJ acabara con lo que quedaba de propiedad privada, la pequeñísima propiedad privada que aún quedaba; así como "al socialismo le clavaron un cuchillo por la espalda", él, FCR, anteriormente y anticipándose al uso de armas blancas clavó un cuchillo en las ocupaciones privadas que existían en el país, léase el limpiabotas, el tintorero, el quincallero, el vendedor fritas o tortillas, albañiles, bodegueros, carniceros y muchas otras profesiones que subyacían con mil millones de limitaciones, mecánicos, el barbero, carpinteros, el que tenía una fondita, etc.; se acabó la propiedad privada, a partir de ahí habría un solo dueño, que sería ..., FCR y nadie más; a partir de ese momento él fue el dueño de la pelota, de los guantes, de los caballitos, de todo, absolutamente de todo lo que se moviera entre cielo, tierra y mar pertenecientes a Cuba; es decir si él no iba, no había juego-político, no había diversión-sufrimiento, con él había que contar de verdad.

El MLR=FCR con su luz larga previó que aquellos infelices se iban a hacer **millonarios** viviendo de su trabajo y les cortó todo tipo de suministros, eso es lo que los cubanos conocen como cortarles el agua y la luz, esto se da después de muchos años diciéndole a los pequeños propietarios que no le nacionalizaría sus pequeños negocios, al final hizo todo lo contrario; claro había una parte de los negocios del país que no estaban al alcance hegemónico de la voluntad fidelista, esa era la pequeña propiedad privada, en la que el actor principal era un individuo que a su vez era el ejecutor o a lo sumo una pareja que también eran los actuantes, y entonces para que no "se pusieran celosos los expropiados de la gran propiedad como centrales, fábricas y otros de ese nivel", se las quitó también a los pequeñísimos propietarios y de ese modo estaban todos iguales, nadie tenía nada suyo; todo era ahora de FCR.

Se dice que el hartazgo, la llenura, la comelata fue de más de 50 000 pequeños negocios operados por personas simples, o parejas o en los menos casos por familias como era el caso de las fondas que habían sobrevivido hasta ese momento; Fidel acabó con todo y se compró otro sector para enemigo de la Revolución; enseguida los satanizó y empezaron los nombrecitos despectivos contra los nuevos enemigos, que en lo sucesivo tendrían que ser amamantados por la vaca mayor creada y criada por el fidelismo: la Revolución.

Ahora, después de casi cinco décadas los nuevos propietarios de pequeños negocios (los cuentapropistas) tienen la ardua tarea de reestablecer la pequeña propiedad, algo en extremo difícil por todas las trabas que les pone el Estado para que no logren sus propósitos, es muy posible, en honor a la verdad, que RCR esté de acuerdo con la pequeña propiedad privada, pero el sr. CJ=FCR, nunca estuvo de acuerdo con ella y por eso **mintió** diciéndole a los pequeños propietarios que sus negocios no serían intervenidos y después borró lo que había jurado, se retractó y no dejó un clavo en la pared, él puso intermitente de izquierda y giró a la derecha.

Más aún, el sr. RCR, en la despedida de un dirigente africano que había visitado Cuba y regresaba a su país por el Aeropuerto Juan Gualberto Gómez de Varadero, dijo: *"yo no tengo nada contra la propiedad privada, creo que tanto la una como la otra pueden coexistir sin dificultades"*, pero eso no es lo que viven los cuentapropistas del país, los cuales viven una odisea para cualquier operación que tienen que hacer si esta operación dependa del estado o si traen alguna mercancía del exterior, todo lo cual se les limita tal vez para que abandonen la idea de la propiedad privada; de manera que mientras se les dice que la propiedad privada está autorizada, la gestión gubernamental la dificulta, la entorpece, la bloquea, la torpedea. El trabajador privado o cuentapropista es totalmente independiente con relación al estado y **para eso no fue** que FCR eliminó todo lo que olía a propiedad privada, la gran, la mediana, la pequeña y la microscópica desaparecieron para darle a su Rev. un verdadero sentido y razón de ser: todos miserables socializados.

La dura realidad de toda esta tenaz resistencia contra el sector privado, tanto de estos años como de los que fueron defenestrado en el '68, es que al régimen no le conviene la existencia del mismo, por varias razones: de seguro serán más eficientes que el sector estatal y lo va a poner en ridículo por lo inoperante, por burocrático, por improductivo, por corrupto; otra razón: van a ser verdaderamente independientes, no le van a pedir nada al fidelismo, no van a ser amantados por la Revolución, no van a ir a la Plaza a gritar viva Fidel y abajo el imperialismo y el ¿¡bloqueo¡?, ya ahí se está perdiendo la esencia revolucionaria; otra razón, van a acumular riquezas que les permitirán vivir como personas sin que tengan que estar sujetos al cordón umbilical de la puñetera Revolución y eso al fidelismo no le gusta, no le conviene, ¿qué es eso de que un propietario privado pueda comprarse un carro sin que la Revolución fidelista se lo dé?, ¿dónde se ha visto eso?, ¡eso no se puede permitir!; ¿pa' qué está la Rev. si no es para hacer a todo el mundo pobre, miserable, mendigo, que nadie tenga nada? Ese es el rol principal del fidelismo.

Y de seguro que el aparato represivo de la Revolución fidelista le va a poner miles de trabas para que sus negocios no avancen; los impuestos van a ser estratosféricos, las dificultades para acceder a los mercados mayoristas se van a multiplicar, le van a hacer una guerra sucia, como la que le hizo la CIA a Cuba, según el LHR; los van a torpedear con todo y si alguno sobrevive y escapa a esa persecución implacable y logra acumular alguna riqueza por encima del nivel, entonces lo van a declarar ilegal o que soborna a funcionarios o cualquier otra razón para procesarlo y sacarlo del juego; si no vivir por ver; la Revolución fidelista es una cofradía de envidiosos que quieren ser vistos como Dioses. ¡Pobre de ellos, la plutocracia revolucionaria! ¡Enardecidos nosotros, los plebeyos!

C-22: El CJ podía y puede invitar al país al dirigente o persona que él prefiera, es lógico que así sea y nadie cuestionaría algo así, sea una visita oficial o privada, y de seguro nadie del CDR lo va a investigar; sin embargo, si a un cubano lo cogen con un extranjero amigo o conocido, en la casa suya, en la casa del cubano, "say good bye" (di adiós); en Cuba eso no está permitido, porque el Estado considera que es una actividad ilícita; retranca por aquí, traspié por allá. Déjanos vivir y no .odas más; ¡óyeme estado revolucionario tú no cambias, kño chico, por Dios!

Un extranjero solo puede estar de visita en la casa de un cubano si está autorizado por el gobierno, o si está autorizado a hospedar turistas en su casa, otros casos excepcionales por ejemplo cuando el desarrollo de uno de los Festivales de la Juventud y los Estudiantes, o cuando uno de los estudiantes de países de Las Américas es autorizado a que esté en una casa, para que viva allí, como algo más familiar y más económico para el Estado.

Solo las excepciones anteriores eran permisibles, fuera de estas posibilidades no se puede invitar a un extranjero a casa de un cubano sin que el gobierno intervenga porque lo primero que piensa es que estas recibiendo dinero del extranjero y eso es ilegal, incluso cuando esto ha ido cambiando muy paulatinamente.

Los cros. de vigilancia del CDR, cuando ven presencia foránea en la cuadra, toman nota del caso y dan su correspondiente parte a las autoridades pertinentes no sea que el visitante sea un agente CIA, o de la KGB, o la Scotland Yard, o del Mossad que quieran cometer un intento contra "el querido" CJ, algo que, aunque parece cómico, es posible, hay tanta gente que lo andan buscando por diversos motivos y realmente no puede descartarse esa posibilidad aunque absurda parezca.

C-23: La internet en Cuba no está autorizada para usarse en las casas, aparte de las limitaciones que imponían las autoridades norteamericanas, a las primeras que no les conviene la entrada de la red es a las autoridades de la nación, porque si los cubanos se enteran de todo lo que ha hecho la capa dirigente y a las vicisitudes a las que han sido sometidos, no lo van creer y van a decir: "eso es una patraña del imperialismo yanqui que nos están manipulando para desunirnos"; así nos lo ha enseñado el CJ=FCR y nosotros de retardados las hemos aprendido de memoria.

No se olvide que para bloquear la información visual que en ocasiones la Oficina de Intereses de La Habana quiso dar a la población, FCR movilizó una de las brigadas constructoras de alto rendimiento y trabajaron como le gusta al Invicto: de día, de noche, de madrugada, por la tarde y durante la mañana, las 25 horas del días "con celeridad, ¡ah y sin perder un minuto!, llevaron a cabo una heroica jornada" para no permitirle al enemigo que le dijera parte de las verdades que el pueblo nunca va a saber bajo la batuta incierta del Rey Medas non Tedoy.

Estos extenuados constructores lograron una obra "heroica, una proeza laboral" al colocar 138 astas de 9 m de altura que cubrían la fachada de la Oficina de Intereses evitando que desde La Habana se vieran los letreros que publicaba la Oficina de Intereses, al lugar FCR lo llamó Plaza de las Banderas y en ella solían izarse unas banderas negras y cubanas enormes que no permitían que los letreros salieran a la publicidad.

El propósito soberano de no dejar que la información fluyera libremente dentro del país se cumplió, cero informaciones a la población sin el permiso de las autoridades del país, eso es comprensible, en una lucha como la que llevan a cabo estos dos émulos de la tecnología y de la inteligencia; FCR tenía la razón y ganó el pleito, pero cuántas cosas no dejan de conocer los cubanos porque a Castro(f) no le conviene que se conozcan; recuérdese que él prohibió la entrada de libros ofrecidos desde Miami para una de las ediciones de la Feria de La Habana.

El temor a la red de redes está privando a los cubanos de conocer lo que para cada cual es de interés, de ampliar el universo cultural de los que visitan el sitio, hay de todo, cultura general, deportes, historia, es asombroso todo lo que se puede descubrir en la red; con su uso no se tiene que estar atado únicamente a la información que se ofrece en la llamada mesa ronda que no da cultura alguna, solo se trata en ella lo que es interés del dueño del país, aunque él personalmente no lo disponga para cada programa, pero se sabe cómo opera el sistema.

Las personas que han tenido la posibilidad de acceder a la internet después de haber salido de Cuba, se maravillan de todo lo que han conocido sentados frente a una computadora, es como acceder a la libertad de pensamiento, de espíritu, de opción, es como se dijera en un film cubano, famoso, nostálgico, melancólico: "es la vida misma", y eso no es lo que quiere FCR, eso de que las personas se muevan sin él como centro del sistema solar, no le agrada, no le gusta, le molesta; no se olvide que un por ciento importante de su personalidad es el egocentrismo.

Muchas personas piensan que además del egocentrismo cabalgante se suma una falta de afecto que se puede entender mucho mejor desde el famoso discurso del 8 de ene., cuando él decía:

> *"Sé, además, que nunca más en nuestras vidas volveremos a presenciar una muchedumbre semejante, excepto en otra ocasión —en que estoy seguro de que se van a volver a reunir las muchedumbres—, y es el día en que muramos, porque nosotros, cuando nos tengan que llevar a la tumba, ese día, se volverá a reunir tanta gente como hoy, porque nosotros ¡jamás defraudaremos a nuestro pueblo!".*

La red informativa es libertad; es romper el oscurantismo al cual hemos sido sometidos por años, es independencia, es poner a la luz lo que tanto se ha ocultado por años, es aprender si la persona está interesada, es no someterse a los hilos conductores de los que quieren colonizar nuestras mentes y voluntades, es no admitir que nos impongan la voluntad de otros, además es descubrir, en el caso de los cubanos, unas cuantas verdades que nos fueron escamoteadas, ocultadas, deformadas, manipuladas, después de ver todas estas aristas que se ofrecen, a algunos nos salta una frase a flor de labios, ¡qué cara le ha salido a los cubanos "la independencia y la libertad fidelistas"!

Lo que hacen las autoridades cubanas con esconder información verdadera a la población, es lo mismo que hacían y aún hacen algunas familias al esconder secretos a varios miembros de la familia, aquellos que no pueden ser revelados por razón alguna, pero que un día como misterio al fin, salen a la luz y entonces es el shock de los que no sabían de los secretos; que lo sepan los nacidos y los que están por nacer, la Rev. ha conducido los destinos del país como se han conducido los destinos de esas familias que guardan misterios inconfesables, ya veremos qué pasa cuando se descubra lo que tanto se ha ocultado a la población.

C-24: Si un cubano decide quedarse fuera de Cuba siendo un ciudadano natural, no podrá regresar al país si muestra un pasaporte de otro país; lo cierto es que este mecanismo que no se sabe cómo se considera en otros lugares, parece ser una singularidad para los cubanos para poder entrar a la isla, si no tienes pasaporte cubano no hay vuelta a casa, porque aunque cada país tiene sus leyes y se respetan sus decisiones parece ser que en el Caribe y en Suramérica esta no es una regla que limite a los nacionales de esas islas y países para que puedan acceder a sus patrias, habría que ver si África, Europa, Asia y Australia y Oceanía aplican estas medidas o regulaciones a sus nacionales.

De todas formas, parece ser una más de las tantas peculiaridades cubanas, adicionada a la larga lista de restricciones y a la capacidad de Cuba de ser única, esta arbitraria medida ha estado en pie desde el mismo inicio de la Rev. Esta puede ser una de las tantas arbitrariedades dictadas por FCR que hace de la isla un paraíso de lo anacrónico, son arbitrariedades tan insólitas que más que hacer a la isla un lugar ÚNICO en mundo, más bien lo transforma en un emporio de la ridiculez y el capricho castroniano.

Pero el revanchismo de FCR se viste de largo con cola y todo cuando algunos cubanos que han residido en el extranjero por mucho tiempo o cubanos que cumplieron prisión en la isla y al salir de prisión la abandonaron, se fueron a otros países o que estuvieron presos por las arbitrariedades del fidelismo o por causa realmente de peso de acuerdo a las leyes del país; esos y otros cubanos no pueden entrar a la isla para ver a su familia, fíjese que no han sido cubanos que han intentado entrar ilegalmente, furtivamente al país, sino que estos cubanos tuvieron que sacar sus pasaportes en los consulados de los países donde residen para poder hacer el viaje a Cuba y al llegar al aeropuerto José Martí de La Habana, las autoridades aduaneras le han dicho: "su entrada al país no está autorizada, así que tiene que regresar en el vuelo que vino", ¡y ya! Eso tiene un nombre, compuesto por tres palabras en el español nuestro y también en inglés tiene tres palabras: *son of bitch.*

Ese es el oportunismo, el revanchismo ilimitado, el no perdonar, la ausencia de misericordia de FCR; es poner de rodillas a quien no comulgue con el régimen.

Aún queda una incógnita, ¿cómo fue que régimen le admitió a Eloy Gutiérrez Menoyo entrar al país y quedarse hasta su muerte?, tal vez por eso, porque se sabía que ya no tendría mucho más tiempo de vida; pero en línea general el fidelismo de FCR es revanchismo, oportunismo, saña, rencor, mala fe, odio, tratar de humillar a los que un día fueron o son sus enemigos políticos.

C-25: Durante muchos años fue de estricto cumplimiento el hecho de que las personas del interior no podían mudarse a La Habana, la capital, no se ha derogado tal medida, pero las autoridades han sido más indulgentes, aunque aún no se admite que las personas se muden de las provincias a la capital del país, tal vez si en el presente haya algo más de tolerancia con esta regulación, aunque a decir verdad la capital de todos los cubanos está como la Roma de Nerón después que fue incendiada al parecer por su emperador, de manera que hay que tener un deseo grande para irse a vivir a ella por medios propios.

Esa medida de controlar las mudadas desde cualquier provincia a la capital de país se estableció porque según explicó el CJ el transporte dentro de la capital se hace más difícil, los abastecimientos se ponen más complicados, sube la papa, la malanga, los mangos, todo sube y nada alcanza, total si siempre ha sido así.

Cierto es que los primeros culpables de estos cambios hacia la capital fueron los líderes de la Rev. porque ellos trajeron a muchos campesinos desde las regiones montañosas a vivir en La Habana, lo que provocó el destrozo de aquellas casas que habían dejado la burguesía en su retirada del país y que por supuesto no se las habían podido llevar con ellos fuera del país como hubiera sido tal vez su deseo.

El destrozo de aquellas mansiones daba grimas, espejos que iban desde el piso al techo, rotos por disparo de un zapato lanzado por un niño a otro muchacho que había hecho cualquier trastada, las escaleras y sus pasamanos eran rampas para lanzarse y así aquellas casas se venían destruyendo porque se habían utilizado para que los campesinos que bajaron de las sierras y de lugares muy pobres vivieran en ellas, o fueron usadas como escuelas, o como albergues para estudiantes, o en los más diversos usos como oficinas, almacenes de víveres, etc.

Estas casas, del selecto recinto Miramar y que habían pertenecido a la más rancia y alta aristocracia de la burguesía cubana del pasado siglo, también fueron usadas para alojar durante algunos años a las esposas e hijos de las familias que fueron desalojadas de sus casas y que residían en la zona montañosa del Escambray; estas familias fueron forzadas por el fidelismo a dejar sus casas y lugares donde habían hecho toda su vida porque era una realidad que ayudaban a las bandas que luchaban contra el gobierno comunista de la isla, como en otro momento se luchó en contra de una tiranía sangrienta que había sido decapitada unos meses atrás.

Esta reconcentración despiadada, la tercera llevada a cabo en la isla, (las dos anteriores tuvieron lugar en 1868 por el Conde de Valmaseda y en 1895 por Valeriano Weyler), pero esta vez a cargo de un cubano, el sr. FCR, se caracterizó por la escisión abrupta de la familia, las madres e hijos fueron separadas de los padres-esposos quienes fueron enviados a distintos pueblos de la provincia de Pinar del Río y hacia la Isla de Pinos (Isla de la Juventud). Después de algunos años estas familias fueron reunificadas y alojadas en las casas que los padres-esposos habían construido en Pinar del Río y en Camagüey.

De este capítulo tenebroso y oscuro de la Rev. cubana se habla muy poco y de seguro muchos cubanos no conocen nada sobre tal acto inhumano contra las familias de esa región del país; fue la forma tan punitiva usada para sacar a cientos de familias de su asiento natural lo que más impresionó, además de la mala fama que les creó el gobierno a los lugares donde fueron llevadas, los presentaron como unos desafectos y apestados a los lugares donde fueron a vivir, lo que concitó el temor de los lugareños que ya estaban viviendo en esos lugares. Fue un acto fidelista contra la familia.

¿Qué hubiera pasado con los 'barbudos' si la dictadura criminal de Fulgencio Batista hubiera extraído de la Sierra Maestra a los campesinos que eran el soporte de los guerrilleros comandados por FCR?

Lo otro que valdría la pena conocer más a profundidad es como fue presentada la insurgencia que se estableció en el Escambray; sin pretensiones de defenderlos o de atenuar en un ápice lo que allá pudo haber ocurrido de verdad y no lo que se dio a conocer por el gobierno fidelista; lo cierto es que a todas estas personas que luchaban contra lo que se veía que era un sistema más que comunista, fidelista, a todas se les pusieron en la misma talega y se les calificó de bandidos de la peor calaña, y en su inmensa mayoría eran grupos de 'alzados' como lo fueron los barbudos de la Sierra Maestra, no con objetivos criminales propiamente dicho, sino con el objetivo fundamental y básico para ellos de derrocar lo que sería la tiranía fidelista-comunista, esa era la meta de todas las bandas o grupos de 'alzados', como fue la meta de los barbudos de la Sierra Maestra derrocar a la tiranía batistiana.

Todos estos grupos fueron satanizados con los calificativos más ofensivos y deprimentes, (ese es un estilo fidelista puesto a prueba cada vez que hubo que descalificar a un grupo social), para ensuciar su imagen lo más posible ante la opinión pública, aparte de los crímenes que verdaderamente algunas de estas bandas sí cometieron durante sus trayectorias en el Escambray; no olvidarse que FCR estaba en el lado opuesto y tenía la ventaja de poseer y usar el poder en contra de esos grupos que combatían su revolución, además capaz de cualquier acto para incriminar y desacreditar tanto como se pueda a las bandas que combatía.

De echo para sofocarlos se creó la LCB (Lucha Contra Bandidos); podría decirse que la imagen que se le transmitió al pueblo en aquel momento y hasta nuestros días, es que todas aquellas personas eran menos que unas ratas inmundas asesinas y criminales, capaces de los peores crímenes y al parecer la historia verdadera no es esa, al menos no para todas las bandas que se alzaron para luchar contra una revolución comunista.

Sería necesario averiguar la composición y los propósitos de aquellos 'alzados' que fueron incriminados por el gobierno y su líder en el poder; baste decir que hubo que movilizar miles de obreros-milicianos para poderlos exterminar y su período de asentamiento fue de unos 6 años entre 1960 y 1966 aproximadamente.

C-26: La cultura como arma política de la Rev. tenía que ser protegida, por eso la censura de Castro fue bien profunda, pero la música popular, la literatura y el cine llevaron el mayor peso porque la danza, el ballet, la arquitectura, la pintura son artes más selectas y que tal vez lleguen a menos personas, y en ellas no se sentía ese tremebundo rigor.

Una película llega a multitudes con un mensaje muy directo lo que no ocurre en una obra arquitectónica, una pintura o una danza; por lo tanto, los cantantes populares, los escritores, los periodistas, los cineastas, los trabajadores de las artes escénicas tales como teatro que eran capaces de llegar mucho más directamente a las masas, esas fueron más restringidas.

De Cuba se fueron decenas de cantantes famosos, cineastas, escritores, arquitectos, de los cuales no se destacan sus nombres por prudencia y por lo extenso de la relación; el éxodo de los artistas fue bien grande, pero puntual, es decir, en un lapso de tiempo breve después de ver lo que se avecinaba tan pronto la Rev. empezó a mostrar su poder y accionar sobre la población y las limitaciones que le ponía al arte en su sentido más abarcador.

Cantantes, escritores, escenógrafos, personas de las 'tablas', etc, se fueron; ya después se irían aquellos que quedaron pensando que podría haber una mejoría, que la situación para sus trabajos no sería tan cerrada, pero la estampida fue bastante pronunciada, solo se quedaron aquellos que abrazaron el proceso porque estaban convencidos, y los que no querían dejar a su patria contra todos los avatares que existieran.

Los artistas todos y de forma particular los escritores, debían estar comprometidos con la obra de la Rev., si no era así, si ellos no estaban en sintonía con los preceptos y lo que se disponía por la Rev., entonces caían en desgracia con esta, a ellos se les perseguían por lo que escribían, si no alababan a la Rev. y por supuesto a su LHR=FCR, para ella y su principal actor no existía ni el humor mordaz o el doble sentido, o el dejarla caer sin querer-queriendo, así que mucho menos la crítica severa. Esta era una falta de respeto imperdonable al Zeus Todopoderoso.

Otra cosa que se destaca en el contenido de la frase fidelista, totalitaria, hegemónica, que en el fondo "es conmigo o en contra mía", ausente de toda democracia y pletórica de **democastrismo(f)**, héla aquí en todo su esplendor: "***Dentro de la Revolución todo y contra la Revolución ningún derecho***", es su poder hegemónicamente antihumano, a los artistas se les humillaba y abochornaba por ser homosexuales sin tener en cuenta su talento, por la envidia de FCR ante el tremendo talento de algunos de ellos, estos fueron brutalmente hostigados, injuriados y degradados como personas, en público; hubo artistas que abandonaron el país y se establecieron en cualquier lugar en el extranjero, varios de estos artistas no podían regresar a su país, porque al dueño del país no le daba su real gana, para eso que la isla era suya, de él solito.

¿Qué democracia se comporta de forma tan ruin y mezquina con los que nacieron en un país dado?; ¡mire que bien anda la cultura del país que se excluyen a parte los mejores representantes de la cultura porque ellos no coinciden con el dictador de turno!; algo que es exclusivo de la Rev. creada por FCR, es decir si te fuiste, aquí no vienes nunca más, aunque te hayan dado 5 o 6 Grammy, 3 o 4 Billboard; ninguno de esos artistas, aunque no hayan estado enemistado con la Rev. se ponían en las emisoras de Cuba; ¡miren que Arte más revolucionario, 'universal' y democastrista(f) ese!

Algunos cubanos conocimos de la existencia de artistas cubanos que triunfaban en el exterior, donde desde hace años vivían, cuando salíamos de Cuba al extranjero y supimos de la existencia de esos artistas y los triunfos que cosechaban; algunos pasamos penas cuando al ser preguntados sobre la existencia de esos u otros artistas altamente conocidos en el mundo y que los cubanos de la isla no sabíamos de la existencia de esos artistas; ellos no eran, ni son conocidos por los cubanos de la isla, ejemplos son muchos, el fidelismo y su líder los ha sepultado, solo por no estar en la misma sintonía que el sistema político cubano.

Así él, FCR, salvaba la cultura que era salvar la Rev., vea cómo se salvaba la Rev., que hubo artistas que viviendo en la isla, salían a eventos en el extranjero e interactuaban con otros artistas cubanos que se habían marchado del país desde los primeros tiempos del triunfo, ¿y cuál era la reacción rabiosa y furibunda del régimen?, pues sancionar a ese artista por relacionarse con una artista "desafecta a la Rev., por tratar con artistas traidores, artistas que no simpatizaban con Fidel y la Rev., ¡y esa es una falta muy grave que no se puede admitir a un artista que viva en la isla!, ¡esa falta es un debilitamiento ideológico, es un reblandecimiento de las posiciones revolucionarias y eso, eso, no se puede admitir kño!", ¿cómo se le van a decir palabras de elogio para la obra de una luminaria cubana que no viva en la isla y no hable bien de Fidel cada dos segundos?; eso no es posible, es totalmente inadmisible; incluso cuando un artista cubano que se respete, viva adentro o fuera de la isla, cuando este haga sus necesidades más perentorias, tiene que hacerlas pensando en el LHR=CJ=FCR=PCEM=PSPCC; ¡nooooo, no se concibe otra actitud! y se sanciona al que ose violar semejante **prinsipio fidelista**.

Y para todas estas aberraciones, debilidades ideológicas, reblandecimientos de las posiciones revolucionarias, etc., por más que irracionales e irreflexivas parezcan, el CJ=FCR, tenía una explicación enfermiza, demencial como él solo sabe dar.

Las autoridades cubanas aplican a las personas que un día salieron definitivamente por las razones que hayan sido, todo el odio fidelista, visceral, medidas tan rígidas e inquisitivas que no son comprendidas en sociedades civilizadas, a menos que tú seas un dictador, como lo fue Rafael Leónidas Trujillo Molina, el dictador más recalcitrante, excéntrico, detestable, aborrecible, violador de mujeres y criminal que ha tenido este hemisferio, por encima de los Pinochet, de los Somoza, de los Duvalier y de muchas otras castas que al parecer solo se daban en esta parte del mundo.

Justo es decirlo, a este engendro enfermizo, Trujillo, le gustaba la música y se dice que promovió en su país el merengue como género autóctono; ¡kño algo positivo debía tener para poder asirlo por alguna parte! Al menos en ese punto no embarraba, ni impregnaba a quien lo asía de todo el hedor que despedía este señor por sus tenebrosos actos, pero al menos eso de positivo tenía y de seguro que a diferencia de Trujillo a FCR no le gusta ni la música cosa extraña en un cubano, lo de él es política, y guerra, y andar diciendo mentiras y desafiando a los grandes todo el tiempo, parece que para que le cojan miedo.

Celia Cruz, un fenómeno musical mundial oriunda de Cuba, que siempre amó y añoró a su país, no pudo regresar a él después de haberlo abandonado por un contrato de trabajo a inicio de los 60s., incluso ni para los funerales de su querida madre, y como ella decenas de artista que tal vez quisieran regresar por la añoranza, la nostalgia y la familia que allá les quedó, pero solo podrían regresar si las autoridades dueñas del país, perdón, debí decir si los señores feudales medievales les daban el permiso.

Muchos artistas no aceptaron tal ignominia por lo que no regresaron nunca a la Cuba que los vio nacer; otros se han plantado que hasta que no se vaya el régimen fidelista, no regresan al país, entre esos estuvo también Celia Cruz, un ser que le dio más gloria y prestigio a su patria que otros grandes de la cultura cubana que no llegaron a brillar como ella, fue reconocida en el mundo entero, jamás renegó de su condición de cubana, negra y mujer; con al menos tres Honoris Causa, 22 nominaciones a los Grammy y 8 premiaciones, podía visitar cualquier nación del mundo y desde su llegada y contacto con el público se creaba una conexión mágica entre ambos y aquellos quedaban embrujados por su mística y su Azúcar, quebrando barreras idiomáticas.

Su gracia y donaire natural eran tan grandes que muchas personas revolucionarias dejaban un discurso del Cmdte. para clandestinamente oír música de la figura que más sobrenombres elogiosos tenía (12 en total), no se reporta que le hayan hecho ni un solo atentado durante más de 55 años en contacto con el público en escenarios de todas las latitudes.

Su concierto tope fue de 250 000 espectadores en un mercado exigente, sin campañita política, sin anuncios superfluos, solo con un nombre en las pocas propagandas que se hicieron: Celia Cruz y suficiente.

A ella no salían a cazarla los periodistas cuando hacía una gira o tenía una presentación en cualquier lugar, tal y como hacen los periodistas devenidos en jauría tras su presa cuando saben que el "querido" CJ=PCEM=FCR se movía fuera de Cuba a cualquier evento internacional, lo perseguían para clavarle aquellas preguntas que le enervaban los sentidos y lo ponían furioso-violento-labio caído de la ira, de no poderlos mandar pa' el ..., no Cmdte. no, serénese, no pierda la calma recuerde que ud. es una figura política y tiene que dar muestras de decencia, no importa que esta no exista, se finge, que más da.

Ella repartió y regó azúcar por el mundo, donde quiera que fue, con amor, con inteligencia, con dedicación, con profesionalismo; sin ser absoluto, pero ella ha dado más popularidad a su país de origen que cualquier pintor, arquitecto, músico, escritor, poeta, artista escenográfico, que haya compartido su época, sin embargo, no podía visitar su país, así es el fidelismo y su democastria(f).

Habría que ver si su adorable amigo Nikita Jrushchov, —al cual él, FCR, tuvo en mente matar "accidental y jocosamente" durante unas jornadas de cacería en visita efectuada a la extinta URSS, invitado por el Secretario del PCUS—, todavía quisiera ser 'fidelista' después de conocer parte de "la historia verdadera".

¡Cuánta irracionalidad encierra FCR, qué nivel de soberbia, cuánto desprecio por el derecho de los demás por él pisoteado, qué prepotencia, qué arrogancia!; verdaderamente no se sabe si cuando él llamó a los *señores imperialistas arrogantes y prepotentes*" ya él tenía varios doctorados en ese perfil. ¡Así que salvar la Cultura es salvar la Revolución!

Si el ya fallecido Onelio Jorge Cardoso es nuestro Cuentero Mayor, este, FCR, es nuestro consignista mayor, nuestro discursero mayor, el prestidigitador mayor, el cuentista-fabulista-distorsionador mayor, él no tiene parangón en la historia de la Isla, en cuanto a hacernos creer que *"un futuro mejor es posible*", todo mentira, puro cuento, invenciones embarcadoras con las que nos hacía soñar desde los primeros momentos en que asumía como Primer Ministro el 16 de feb. de 1959 cuando decía:

> *"Tengo la seguridad de que en el curso de breves años elevaremos el estándar de vida del cubano por encima del de Estados Unidos y del de Rusia*"; (en vez de Rusia debió decir la URSS).

Esto fue el comienzo del recital de ilusionismos, de planteamientos que nunca llegaron a ser reales y después de esta, en el estreno como PM, dio una disertación de distorsiones, mentiras de todo tipo, ambigüedades, etc., etc.

No a todos los artistas que viven en el país se les pueden dispensar el mismo trato, uno de ellos, músico, le ofreció a esta gloria de Cuba (Celia Cruz) un concierto postmorten dentro del país y al parecer los dueños de la nación se hicieron los tontos, al menos no lo expulsaron de la isla, ni se lo llevaron a la tenebrosa Villa Marista, donde se entra caminando y se puede salir a gatas o a rastras, si lo supo bien el poeta cubano Heberto Padilla; de seguir con esos métodos tan fidelistas, se quedarían sin alguien dentro de la isla y además tienen que dar la idea de democracia, aunque lo que se viva sea una democastria(f).

Es mucho el arsenal conflictivo injustificado de los dueños del país contra los artistas, al extremo de que si un artista, —que soportaba las medidas y estilo de exigencia ríspidos y obsoletos del sistema para con todas las esferas del país—, se va del país para establecerse en otra nación, si este artista aplica años más tarde por la nacionalidad de ese país al que fue y las autoridades deciden no otorgársela, entonces el órgano oficial del PCC, que antes decía que este artista era bueno, pero ahora que se fue es malo, ya no es bueno, pues bien si este artista, excelente músico por demás, no adquiere su nacionalidad por la que había aplicado, entonces el titular de Granma para referirse a este acontecimiento espeta: **"Roma paga a los traidores pero los desprecia"**, ese titular tiene el mal olor de Fidel Castro Ruz.

Justo es decir que jamás esta luminaria (A. S.) orgullo de la música cubana se había mezclado en la política llevada a cabo por la ADR=FCR; lo suyo siempre fue hasta donde se conoce y según sus propias declaraciones, la música.

¿Cómo poder explicar con palabras decentes tanta inmundicia encerrada y adoctrinada por FCR? ¿Qué se supura por esa expresión como titular del rotativo? Solo ranas y culebras, se destila pus, virulencia, incompetencia, odio, dolor, despecho, rabia, impotencia, envidia ante el talento que se marchó, soberbia; tal parece la expresión de una meretriz despechada, o un macho cabrío impotente, todo porque aquel se fue y no se quedó en el país más único de todo el mundo.

El artista muy famoso, tocó en las mejores agrupaciones de Cuba, era muy bueno mientras estuvo en la isla, pero automáticamente después de su ida devino en una figura insignificante, así es FCR y su sistema; sirva este modelo para decenas de muy buenos artistas que han sufrido las mismas represalias por no querer seguir pasando inadvertidos en Cuba; porque en **la isla solo hay un artista que sale por los medios a cualquier hora**, ese es vuestra excelencia FCR, ¡y ya!

Hay otro artista famosísimo también, tan talla extra X, como el anterior y que casualmente coincidieron en la misma agrupación musical del anterior y que nunca se quiso quedar fuera del país; este artista tuvo una diferencia por razones monetarias con alguien vinculado a él conyugalmente y el aparato político se ofreció para asesorarlo desde el punto de vista legal, vaya para comprometerlo.

Evidentemente no era por los millones que este artista pudiera tener como consecuencia del dinero ganado por los diferentes premios que ha ganado o por los conciertos ofrecidos; ¿y por qué el estado fidelista hace esto?

¡Ahahah! porque así lo compromete, le ofrece ayuda "desinteresada", lo atrae hacia los dictámenes y preceptos de la Rev. y después las autoridades pueden decir ayudamos a fulano nombrándole un abogado para solucionar el caso y así anotarse un tanto a favor desde el punto de vista político. Casualmente este famosísimo artista, fue uno de los infortunados que firmó dando su visto bueno para que tres jóvenes que intentaron llevarse la embarcación Baraguá fueran llevados al paredón; cierto que usaron de rehenes a dos turistas a las que no se les ocasionaron ni un arañazo, en el hecho no hubo ni una gotica de sangre derramada.

Pero El Invicto, el "¿limpio?", el pletórico de **prinsipios,** Fidel Castro Ruz, embarcó a un total de 27 artistas en esta mala empresa, haciéndolos que firmaran como que estaban de acuerdo con que los tres jóvenes fueran llevados a paredón y así los complicaba en un crimen que de todas formas FCR iba a llevar a cabo; de esa manera los compromete con sus designios exigiéndole esa prueba de fidelidad con él y con él y de paso con su revolución. No es juego. Estos artistas que no son parte del tribunal, ni la cabeza de un 'guanajo', se embarraban en este acto y mostraban con esa sucia firma de parte de quien estaban. Este estilo de envolver a otros, de "embarrarlos con las heces que él hace"

Se ha investigado por diferentes países y no se ha hallado uno similar a Cuba en que un sistema político que subyuga, que avasalla, que domina al sistema judicial, haya tenido que comprometer a artistas, o trabajadores manuales, o intelectuales, o trabajadores de cualquier tipo para enrolarlos en una sentencia de pena de muerte; hasta donde se conocía esa era una función de los tribunales, de los jueces, de fiscales, de los jurados, pero no de profesionales o constructores o médicos o ferroviarios o de cualquier otra esfera de los servicios o de la producción; esta es una bien baja peculiaridad del fidelismo. Ese deleznable acto es una bajeza de FCR=CJ.

Fíjese cuán honda es la bajeza, que algunos de esos 27 firmantes, que no eran conocidos en la vida cultural y pública del país, de buenas a primeras empezaron a tener cargos públicos y lo más extraordinario: en

Cuba no se le pone el nombre de una personalidad política o de cualquier rama de la vida pública a una institución si esta persona está viva; bueno el que fuera Gran Teatro de La Habana García Lorca, desde el 2015 más menos se le empezó a llamar Gran Teatro de La Habana Alicia Alonso, ella aún está viva a esta fecha del 2016; ¡ahahahah ella fue una de las firmantes!; así actúa el fidelismo y su líder CJ=PCEM=LHR=FCR=MLR=ADR.

Con el respeto que Federico García Lorca merece, pero el mismo fue degradado a una de las salas del recinto. Este es el caso de mayor desfachatez, pero hubo otros casos de artistas que se empezaron a conocer después que firmaron para que se pasaran por las armas a los tres jóvenes, hubo algunos que aparecieron en anuncios de tv por primera vez en sus vidas, otros que ocuparon cargos importantes dentro de la esfera de la cultura y en fin algunos de ellos desconocidos se empezaron a conocer a partir de ese fatídico e injustificado momento.

Pero, ¿cuán honda es la grieta ética de la dirigencia revolucionaria?; hubo un artista que años atrás había sido encumbrado, no por gusto, sino por su talento, un artista que tuvo que sufrir en sus músculos y mente los embates de un campo de concentración moderno como lo fueron las UMAP, él fue recluido allí, por su estilo y su guitarrita, que por cierto no era elvispreslyana como solía decir FCR, este cantautor ya desde hacia algún tiempo se había separado de los designios de régimen e incluso deviniendo en uno de sus críticos en los distintos lugares donde se ha presentado, este cantautor no firmó el documento de basura, entonces este cantautor que otrora era escuchado con tremenda asiduidad en la radio nacional, le han sido proscriptas todas sus grabaciones, es decir: no se le oye en Cuba; ¡ahahah si tú no firmas documento para asesinar a tres jóvenes y encima de eso me vas a criticar, entonces .ódete! Se entiende lo que es estar en desacuerdo con FCR, Vuestro CJ=LHR.

Así hizo con un deportista muy famoso que había dado varias medallas olímpicas y mundiales a Cuba en la rama de atletismo el cual fue acusado de usar en algún momento algún tipo de drogas según exámenes de orina y el propio FCR, en discurso público lo defendió de lo que decían las autoridades deportivas devenidas en enemigos, no del deportista, sino de la Rev.; todos estos acontecimientos fueron de conocimiento de la población.

¡No por censura, no que bah!, pero la música de los "artistas traidores que viven en el extranjero" no se pone en la radio de la Cuba de los Castros, así de sencillo.

Muchas son las cosas a decir de los desmanes e irregularidades que las autoridades cubanas de estos casi 58 años han cometido en nombre de "salvar la cultura que es salvar la Rev.", con este conjunto de irregularidades tan obsoletas como las mentes de sus diseñadores, no se salva ninguna patria y mucho menos la cultura, al contrario, ambas se van destruyendo.

Las cosas que en cualquier país del mundo son normales en la Cuba de los Castros no se admiten y entonces el país se convierte en un país ÚNICO, por su anacronismo, porque en el fondo impera un pensamiento autoritario-voluntarista y al margen del razonamiento e inteligencia se suponía tuvieran sus gestores, es no la ley del oeste, pero sí la ley de "es así porque así lo quiero yo, porque me da mi gana-cubana" y esta filosofía permea todas las esferas de la vida en la sociedad cubana, de la que millones de sus hijos están hastiados.

'¡Basta, déjennos respirar', es lo que piden humildemente en voz baja esos millones de cubanos, casi musitando, pero ¡cuidado! ¡no sea que los 'negros' se acuerden de dónde son los cantantes y se forme un titingó y un dale-al-que-no-te-dio, que los hagan parecer salvajes!

En la vida todo tiene un límite. Dentro de las ramas más afectadas de la cultura, estaba la del mundo de los escritores, dramaturgos, periodistas, algunos de los cuales eran perseguidos porque, aunque eran, no solo buenos, sino excelentes escritores, eran homosexuales y la Rev. no digería a los que fueran distintos.

Hasta hoy llegan los desacuerdos de la dirigencia de la política en Cuba con escritores que han sido reconocidos y premiados fuera del país porque tienen una obra muy rica, de alta valor literario, pero tienen puntos de vista diferentes respecto a la ejecutoria de la política en el país, entonces el fidelismo los margina, no los admite, no los menciona, es como si ellos no existieran, están ahí sin decir nada que desaire a los politicastros de la nación y entonces se pueden tolerar.

Ayer por ser homosexuales, aunque el talento brillara, hoy como ayer por no afiliarse a la forma de pensar y actuar de los politicastros de la nación; ya en estos tiempos se ha flexibilizado el punto de vista de la preferencia sexual del individuo y los encuentras homosexuales con talento, dirigiendo organismos importantes de la cultura del país, incluso siendo diputados de lo que se llama "parlamento o asamblea nacional", pero estos están identificados con los dirigentes políticos, están a su sombra, no los objetan, son reverentes con ellos, se pliegan a sus torcidos propósitos, no hay problemas, entonces todo está bien, pueden permanecer.

Para la organización que tiene a su cargo la afiliación de todos los artistas y escritores, era un delito grave publicar una obra en el extranjero si antes no se publicaba dentro del país, pero además, no era una censura abierta, a gritos, no tan burda, pero si lo que algún escritor escribía no era del agrado de la UNEAC, ese libro, esa obra no se publicaba, como se podrá ver no había una censura como la que se ejercía en tiempos de la tiranía batistiana, sino que esta es peor porque el régimen no la reconoce.

Para FCR y el resto de la dirigencia es bueno solo lo que hable de la obra revolucionaria y de paso de su dirigencia, como para que no se olviden de ellos; para una persona de mente amplia, libre, sin tabúes, sin agradecimientos espurios y obligados, no hay algo que pueda ser más intolerable e indignante que el discurso de marras conocido como "Palabras a los intelectuales" de junio del 1961, donde el Primer Ministro Fidel Castro Ruz dijo la frase lapidaria de: "*Dentro de la Rev. todo y contra la Rev. ningún derecho*".

Todos los intelectuales al oír semejante exabrupto supusieron lo que se les avecinaba; toda esta jerga acompañada de gestos de prepotencia con los que el CJ se quitaba el sambrán con la pistola y los ponía sobre la mesa como para meter miedo, tal si fueran los tiempos del viejo oeste y todo ese lenguaje corporal agresivo produjo inquietud en un grupo grande de artistas que estaban viendo la tormenta que se les acercaba.

Después, ya lo sabéis, algunos de ellos sufrieron prisión por su condición de homosexuales, pero más por oponerse a la obra de la Rev., no a las cosas positivas de la Rev., sino a las cosas negativas de la Rev., aquellas que aún hieden, que despiden un olor fétido, como por ejemplo el marcado culto a la personalidad de FCR; hubo persecución, hubo censura de obras, maltrato físico=tortura, eso es lo que dicen varios artistas y es lo que se vio cuando algunos fueron expuestos ante el público.

Algunos tuvieron que abandonar el país como vulgares delincuentes cuando los "marielitos", este escritor se pasó varios días-noches escondido en los alcantarillados del Parque Lenin por la férrea persecución a la que era sometido, tuvo que cambiarse el nombre para poder salir, narra al menos en uno de sus libros todo lo que tuvo que hacer para escapar del país sin ser reconocido, como alguien más de lo que se llamó la escoria, como si hubiera sido un vulgar delincuente.

La censura no daba la posibilidad a la población de que disfrutara libre y soberanamente de la cultura, al menos de las manifestaciones más enraizadas en la población: la música, limitada de acuerdo a la procedencia, no norteamericana como regla, no Beatles que eran de Inglaterra, pero es de pensarse que lo que más molestara al CJ, además del pelo largo, lo que hizo época, haya sido su papel de líderes mundiales de esa música, porque meses después entraron al mercado cubano varios grupos procedentes de España que fue una potencia de este tipo de música, pero sus grupos con pelo largo casi todos y con estilos muy semejante al de los Beatles, no fueron prohibidos en la radio cubana, entonces es de pensarse que su papel de líderes influyó en alguna medida en el estilo de vida de la juventud de la época.

Años después de que la era bitleriana pasara de moda y el grupo hacía años se había desintegrado y había muerto en el '80 John Lennon uno de sus ex-integrantes más lúcidos, en La Habana se inauguró una estatua de Lennon sentado en un parque del corazón de la ciudad, en el exclusivo barrio del Vedado y al CJ se le ocurrió la infeliz idea de protagonizar esa inauguración, en unión de un artista que sufrió los embates del sistema, pero que se acogió al mismo y entonces todo estuvo bien con él.

La presencia de FCR nada menos que en la develación de una estatua de uno de The Beatles era una burla, un escarnio, una mofa, un desatino de Fidel; pues bien, la población le quitó los espejuelos a Lennon en más de una ocasión como desagravio a su figura de talentoso músico; porque quien los prohibió en el país ahora, era en alguna medida un admirador, la gente no quería que Lennon viera lo que ocurría en la isla bajo la pupila insomne del dictador disfrazado de santurrón.

Los cantantes famosos que se marcharon de Cuba después del triunfo eran por regla general prohibidos en la radio cubana.

Está el que viste de luto, y que hace poner nervioso a Guillermo Tell, padre, a ese cantautor no le quieren ni dejar dar sus conciertos porque con su decir pausado, le dice las cosas al régimen sin mezclarse en política, de una forma muy inteligente; ha recibido por lo menos un Honoris Causa de una universidad del enemigo, así que más que suficientes razones como para que esté en la eterna mirilla.

Uno de los tres más prolíferos autores de los 70s., de los que más composiciones musicales tenía en la radio, también cantante, que tenía un grupo con un nombre bastante singular que provenía de una bombilla de un equipo de grabación o de radio, este autor tenía algunas canciones revolucionarias, que hablaban de "¡qué viva mi bandera, viva nuestra nación, viva la Rev.!".

Él salió un momento al exterior y se complicó al perdérsele el bastón y no regresó a Cuba, pues esa canción que se cantaba más que el Himno Nacional, en marchas, desfiles, para ir a dormir o si había una fiesta familiar, incluso en una emisora del país que solo transmite noticias y nada de música se escuchó un par de veces esa canción, más aún, si se moría alguien importante antes que sonara el Himno Nacional, se ponía la canción más revolucionaria de aquellos años, pues la cancioncita y el compositor salieron de la radio para siempre; pero además no solo su cancionística revolucionaria que presidía las marchas revolucionarias, de este tremendo compositor se eliminó todo lo que antes se escuchaba de su grupo.

Una vez más el discurso del 8 de ene. del 59:

> "*Tiene hoy el pueblo la paz como la quería: una paz sin dictadura, una paz sin crimen, una paz sin censura, una paz sin persecución*";
>
> "*¿ahora que no hay censura, y que la prensa es enteramente libre, más libre de lo que ha sido nunca, y tiene además la seguridad de que lo seguirá siendo para siempre, sin que vuelva a haber censura aquí?*" "*Y por eso yo quiero empezar —o, mejor dicho, seguir— con el mismo sistema: el de decirle siempre al pueblo la verdad.*"

Sin comentarios porque se corre el riesgo de ser irrespetuoso y no debe ser, pero después de esa salta de faltas de respeto y de tantas **bamiersuradas**, dígase ud. así mismo si no es un engaño, una locura con claros visos de tiranía enferma, aunque se insista denominarla dictadura del proletariado. ¿Será que habrá olvidado el libreto, con el transcurso de los años?

En el cine se vienen censurando películas desde los 60s., asombroso es que *"El Huésped"*, una sencilla película cubana, una historia de amor protagonizada por tres artistas cubanos, dos de ellos muy famosos muertos ya en Cuba y la otra además muy buena cantante que se fue en esa década, pues esa película fue censurada por el régimen porque *"no transmitía ningún mensaje revolucionario"*; a esta actuación fidelista le ronca el merequetén.

No se sabe cuántas películas ha censurado el régimen, una de ellas muy memorable por la actuación del régimen, no por la de los excelentes actores que la trabajaron; al extremo que a algunos se les ocurrió proponerla para que le dieran un OSCAR al régimen castrista que llenó de militantes del PCC y la UJC, al único cine dónde dejó verla en toda Cuba, el YARA, (véase la actuación, ya no se le podía acusar al régimen de censura) las colas de militantes eran inmensas durante los 2 o 3 días que permitió la exhibición, todo porque la película (*Alicia en un país de maravillas*) criticaba algunas de las cosas que todos los días tenían lugar en el país.

Los que vieron la película se quedaron boquiabiertos y se miraban como diciendo en silencio, solo con las miradas, sin pronunciar una palabra: "¿cuál es el problema?, ¿qué es mentira de lo que aquí se ha visto?", pero la Rev. fidelista de FCR, y él, no admiten críticas, por ciertas que estas fueran.

En esa década de los 60s. se estrenó la censura, el tú no puedes criticar, aquí el que critica soy yo, los súbditos no critican a los jefes porque eso los desacredita delante de las masas, si me criticas te saco del país o te tienes que ir, o te deporto, o te pongo fuera del juego, o te provoco un accidente de tránsito, etc., etc., etc., entonces su señoría, ¿es esto dictadura o tiranía?, ¿es esto una democracia o una vulgar y sucia **democastria**(f)?

C-27: Como parte de la ayuda solidaria que se extendía a varios países de África, Asia, Oceanía y algunos países de América, entre las décadas desde los 60s. a los 90s., Cuba extendió posibilidades de estudios a decenas de miles de estudiantes de esos continentes para que hicieran sus estudios en el archipiélago sin pagar un centavo por nada, era una ayuda solidaria la que se daba a esos países, muy bien.

Se llenaron escuelas de becarios extranjeros en los niveles desde primaria hasta los niveles universitarios, la segunda isla en tamaño del archipiélago fue albergue para miles de estos becarios sobre todo los que estudiaban la Secundaria Básica, pero también en la isla grande existían decenas de miles, muchos más de los que había en la Isla de la Juventud.

La solidaridad es muy bonita, pero sobre todo cuando usted tiene qué brindar, y Cuba no tenía mucho que ofrecer a estos muchachos, que no fueran sus estudios, de manera que estos estudiantes devinieron en una carga para la maltrecha economía cubana, por supuesto que con el pueblo no se contó para llevar a cabo semejante sacrificio; un día, es de suponer, bajo el manto sagrado de no criticar lo que hace el Jefe, este tomó la decisión y empezaron a llegar becarios extranjeros mayoritariamente de África, de varios países del continente negro, pero también llegaron del Asia, de todas partes, y es sabido que estos estudiantes, y mucho menos sus gobiernos pagaban algo por los estudios que empezaban a veces desde la primaria; todo gratis, alojamiento, servicios médicos, todo de regalía, muy bien.

La inmensa mayoría de estos estudiantes se pasaban sus estudios completos desde los primeros grados y llegaban hasta una especialidad en técnico medio o en la universidad sin ir a sus países, lo mismo los africanos, que los asiáticos; entonces estos jóvenes en la escuela donde estudiaban tenían un grupo de facilidades y prebendas ¡qué ninguno de los estudiantes cubanos las podía soñar, ni cuando existían los Tres Reyes Magos!, hasta cierto punto era lógico porque no tenían a sus familiares cerca y se pasaban años sin verlos, muy bien.

No hay fobia, que nadie piense que se odia al que va a Cuba a hacer una carrera para después de terminarla no irse a su país de origen, sino a otros lugares a vivir de la profesión que Cuba le dio, no es fobia, pero lo que se ve es lo injusto del trato para con los del patio y las infinitas bondades para los visitantes cuando los de casa tenían miles de limitaciones de las más elementales y tenían que interactuar con estudiantes a los cuales el país les daba una ayuda porque en sus países no podían estudiar de gratis, pero los estándares de vida que exhibían distaban mucho de lo que un estudiante cubano en la misma escuela podía soñar, muy bien, ¡que linda es la solidaridad fidelista!

Estos estudiantes, tenían una vez al año, apoyado por sus embajadas o por los familiares o por ambos a la vez, una remesa de dinero para ir a comprar a lo que los cubanos llamaban shopping y donde los cubanos no tenían permiso ni para pararse en portal de las mismas sin correr el riesgo de ir presos, en dependencia de la zona del país de donde fuera el policía que cuidaba del lugar; los cubanos NO PODIAN PARARSE en una de esas tiendas, sopena de ser requerido por la policía o acusado de cometer el tremendo delito de comercio ilícito con extranjeros.

Por supuesto con estos estudiantes, que se habían vuelto 'bisneros o negociantes' de todo los niveles, los cubanos hacían negocios antes y después que los becarios extranjeros pasaban por esas tiendas, estos muchachos se convirtieron en señores importantes de los negocios de la calle porque compraban en las tiendas (VCR, televisores, grabadoras, casetes, etc. que los cubanos no podían acceder a esos artículos en ninguna tienda normal del país porque al CJ le parecía pernicioso para la salud política del pueblo) de todo lo que escaseaba en la calle, que era casi todo, pues en la calle no había casi nada, entonces los cubanos becarios y no becarios tenían que ver cómo los becarios extranjeros vivían mucho mejor en Cuba que los mismos cubanos, que añoraban tener algunas de aquellas comodidades.

Estos estudiantes viajaban el país entero cuando les daba su voluntad, eran los dueños del país, estos estudiantes con sus dólares dados por la embajada o enviados por los familiares, compraban voluntades, humillaban a algunos docentes al pagarles por exámenes que suspendían y los sobornaban por el aprobado, se iban a recorridos por toda la isla, regresaban y se incorporaban a sus clases y todo bien, sin problemas pasaban de año académico, todo esto y más.

En 1998 FCR, tuvo a bien reunir las distintas escuelas de medicina para estudiantes extranjeros y fundar la ELAM (Escuela Latinoamericana de Medicina), solo para becarios extranjeros, baste decir que hubo momentos que los "niños pobres" que vinieron a estudiar de gratis para ayudar a sus países una vez graduados, tenían más carros que los profesores que les impartían clases y que tenían años en la docencia además de ejercer la profesión como médicos; era la clásica carreta tirando de los bueyes; ese es el fidelismo, los pies hacia arriba y la cabeza destrozada de los trastazos que se ha ido dando en una posición que no es la normal; a todas estas no se podía decir algo porque era mal visto por el CJ=FCR.

Se sigue cumpliendo la relación, ¿cuál?: "los de afuera viven mejor en Cuba que los nacionales bajo la pupila insomne de FCR", ellos para comprar un carro solo tenían que ir a la agencia con el dinero y pagarlos, los intelectuales, los científicos cubanos tenían que arrancarle un pelo de la barba a FCR, y si lo lograban tampoco podían tener un carro, no había manera de mejorar para los cubanos de la isla, esta mejoría tenía que ser aprobada por el hombrecillo de la barba a como a él le diera su gana-cubana.

Posiblemente, sea la Cuba de FCR, uno de los pocos países en el mundo en que los nativos, los nacionales, los que nacieron en el país tengan sus prioridades postergadas ante la presencia de cualquier extranjero y entonces los cubanos al irse del país y asilarse en cualquier país se creían que esa máxima fidelista era aplicable en esos países y los pobres, se cogían el dedo y hasta las mismísimas nalgas con la puerta; era en el exilio donde dolorosamente despertaban. Por eso se justifica que los jóvenes extranjeros que estudiaron en la isla la quieran tanto y no le vean ni un solo defecto a su sistema político, no digo yo, así cualquiera.

C-28: Los cubanos de la isla no podían visitar los hoteles de su país viviendo en la isla porque aun teniendo dinero, un cubano no podía entrar en un hotel del país, solo se permitían a las parejas que se casaban y la otra posibilidad de hospedarse en los hoteles, era que la CTC le diera "un premio-castigo" a un vanguardia nacional de uno de sus sindicatos, de una habitacioncita con parte de los gastos pagados; lo que para esa familia era un estímulo se convertía al mismo tiempo en un castigo porque tenían que ir vestidos, sin nada de etiqueta, sino simplemente vestidos y con trajes de baño, esas simples acciones representaban un reto a la imaginación; quizás el CJ=FCR=LHR conocedor de estas limitaciones extremas optó porque ningún cubano se parara en el lobby de un hotel para evitarle dolores de cabeza a los "estimulados".

Cuando en una entrevista en La Habana, una periodista le preguntó sobre esta particularidad de que los cubanos no pudieran ir a los hoteles de su país, él con innumerables argumentos trató de explicar aquello y no lo logró, empezó a gesticular con sus manos prácticamente sin emitir palabras como si quisiera producir un acto de magia ante la periodista que le había pegado un 'gancho boxístico' al hígado, pero no le salió la explicación, más bien él pensaba que las manos iban a decir lo que con palabras él no podía explicar; huelga decir que la periodista no era cubana, porque de seguro esa pregunta le hubiera costado la expulsión del órgano de prensa para el que trabajaba, o la hubieran mandado para la cueva de los misterios llamada

Villa Marista. Esa entrevista en Cuba fue uno de los malos momentos que FCR vivió en la isla ante un medio de prensa.

Esta misma pregunta se la hizo otra periodista en visita que él hacía a Jamaica, y se molestó mucho, al hablar con gran nivel de acritud, amargura y acidez en su carácter, puede decirse que fue grosero con la dama, por su gesticulación, por los golpes en la mesa; le dijo a la periodista que ella no sabía nada del apartheid porque ella era muy blanca, le dijo que tenía que ser más educada porque estaba hablando sin pedir permiso, sin pedir la palabra, la atmósfera la caldeó el sr. de las moscas, esa es la técnica del calamar para escapar, hace bullir el agua formando como una nube de burbujas y escapa. Esta periodista, cubana, no vivía en la Isla.

Aquello era un alboroto innecesario, esa es una pregunta de cualquier dirigente hubiera respondido sin formar aquel aspaviento, sino con serenidad, con ecuanimidad, con profesionalismo, dando muestra de tener clase, de ser un dirigente y no un pendenciero que dondequiera que se para forma bronca y líos, jugando el rol de conflictivo de forma magistral. Para elevar el nivel de actuación en aquella desagradable puesta en escena, los miembros de la seguridad personal que lo cuidaban, desconectaron la cámara y el micrófono con los que la periodista hacía su trabajo, entonces se puede afirmar que, de tal jefe, tales subalternos. Vea de lo que son capaces la gente que se mueve con FCR a cualquier lugar, fíjese que falta de todo, de respeto, de educación, de civilidad, que acto de bravuconería, de grosería fidelista, que chapucería fidelista, ¡qué cobardía!.

Su anfitrión en aquel momento, el PM de Jamaica, sir Percival J. Patterson se sentía visiblemente incómodo porque en su posición como anfitrión y al mismo tiempo como mediador le era difícil manejar la situación para que el invitado no se sintiera molesto al mismo tiempo que se daba un diálogo fluido y respetuoso con la prensa, lo que con FCR evidentemente no era posible y así pasaba en los lugares donde el CJ=LHR visitaba, en el momento de la conferencia de prensa siempre había una situación de tensión porque lo que para otros gobernantes era normal en la Cuba de FCR se hacía singular y sobre ese flanco los periodistas, a veces cubanos asentados afuera de su país lanzaban sus preguntas-ataques para pulverizarlo, por lo absurdo de las situaciones que se vivían en la isla.

Y así es Vuestro CJ=PCEM=PSPCC=ADR=LHR=FCR=MLR=JR, con muchos títulos, pero cuando se molestaba se botaba pa' la calle como si fuera una persona falta de cultura, sin preparación, sin compostura, es como dice el populacho cubano: "se voló como una cafetera"; ¡cuántos episodios desagradables protagonizó Fidel que dejaban mucho que decir de su abolengo! Y así tuvo la osadía de decirle al expresidente mexicano Vicente Fox que el sabía *"decir la verdad con la decencia y la elegancia necesarias"* que él sabía comportarse en eventos de cualquier magnitud porque llevaba muchos años en política; lo que ocurrió después es conocido: aun sabiendo comportarse formó un estercolero que las salpicaduras empañaron el camino de las relaciones con México, ¡y eso que sabía comportarse!

¿Qué es eso de que el jefe de estado de un país, limite que sus coterráneos no puedan ir a un hotel de su país? De seguro que eso solo se podía ver en la Cuba de FCR, su hermano al asumir maniobró y al poco tiempo sacó ese absurdo del juego de cartas, lo que constituía otra de las absurdas medidas fidelanas.

Pero además, no importaba que los hoteles estuvieran vacíos, que tuvieran un bajo por ciento de ocupación, si ud. era cubano, aunque tuviera dinero para pagar todas las habitaciones que en ese momento estaban vacías, ¡ud. no se hospedaba!, ¿quién lo manda a ser cubano y vivir en la Cuba propiedad de FCR?

Son ideas de fronterizo, de alguien que tuvo una mala infancia y no ha rebasado ese trauma y ahora quiere imponer lo difícil de sus duros años infantiles a los habitantes de su país, pa'que paguen también por sus sufrimientos y traumas de infancia, —algo semejante a la infancia del dictador dominicano R. L. Trujillo quien le hizo a su pueblo de todo lo más malo que se le pueda hacer, su actuar era vinculado a sus trastornos en la infancia los cuales fueron peores que los de FCR—; entonces si el país lo que necesitaba es activar la ¡eh!konomíatuya, en qué cabeza aberrada cabe que los hoteles estén sin prestar servicio porque los que pueden ir no están autorizados, made in Cuba; ¿qué alguien se diga, se hace urgente, cómo se cura a un CJ=PCEM del padecimiento de ser fronterizo-caprichoso?

El surgimiento de la frase "Cuba para los cubanos" data de una época en que los voraces EUA, pretendían en alguna medida establecerse en Cuba, tal vez como lo han hecho con Puerto Rico, quizás ese sea el origen de la frase y no un entorno nacionalista o chovinista, es decir no había odio hacia las personas que con sencillez y no pretensiones de apropiarse de los destinos de la isla, la visitaban simplemente atraídos por sus bellezas naturales y por las cosas que se facilitaban en la isla desde la prostitución hasta todos los vicios que se generan en una isla caribeña preñada de pobrezas; todo esto antes de que llegara el Comandante y mandara a parar.

No hablemos de la Cuba de ahora, que sobre todo en la capital, a diferencia de la Cuba anterior al '59, faltan los grandes clubes, faltan los mafiosos, tal vez las drogas, los carteles lumínicos de neón y otros elementos propios de aquella época; pero en la de ahora, en la de nuestros días las prostitutas están ahí, después de tanta lucha para evitar que resurgiera, los Yarinis que las patrocinan y las protegen también están en la escena y el ambiente de podredumbre y miseria está más logrado que antes del '59, con una Habana que se viene abajo por manzanas; al menos en aquella época La Habana era una urbe en progreso, pero en esta época es un restrojo decadente en el cual hay que tener cuidado no le caiga al transeúnte un balcón o una pared en su tránsito por las calles de la capital; esta situación de prosperidad fidelana se le debe al austero, a su revolución y su política. Alguien dijo una vez que FCR odiaba La Habana, no se sabe si será verdad, pero a juzgar por los resultados no solo de La Habana, sino del país, puede inferirse que entonces odiaba al país completo; en todo un verdadero desastre. Niéguelo.

FCR cambió el sentido de esa frase, estaba claro que para los americanos de EUA no había cambios, según los americanos: "Cuba para los americanos", ahora menos que nunca, pero para los otros extranjeros que visitaban la isla, bien como turistas, o como estudiantes para formarse técnicamente o hacerse de una carrera que les permitiera vivir como personas al mismo tiempo que ayudaban a sus países, sobre todo para estos jóvenes de África en primerísimo lugar y de otros continentes como Asia o Las Américas; estos jóvenes se sentían en Cuba mil veces mejor que en sus países, no lo dice el cubano de a pie que tal vez por azar los conoció, lo manifiestan los propios estudiantes ya graduados de los estudios que cursaron, por eso según FCR, la frase anterior es cambiada a "Cuba para los estudiantes y becarios extranjeros".

En Cuba los estudiantes y becarios extranjeros hacían lo que ellos querían sin ningún tipo de limitaciones porque siempre el estado, las autoridades los protegían diciendo que eran estudiantes y que había que ayudarlos en su formación, más aún, un becario extranjero era cogido in fraganti haciendo negocios ilícitos (en la Cuba de FCR, cualquier absurdo era ilícito) y el cubano iba detenido y estaba pendiente de juicio y el pobrecito becado extranjero que había comprado el VCR, o la grabadora de música, era mandado para su escuela sin que ni siquiera se le notificara a la embajada del supuesto delito, porque de notificarlo las autoridades cubanas habrían hecho el ridículo diciéndole a cualquier funcionario de las embajadas lo que estaba haciendo el estudiante "violador de las restricciones cubanas" y ese funcionario iba a quedar estupefacto ante tal anacronismo.

Por eso ellos amaban y aman tanto a Cuba, para ellos Cuba no tiene ninguna falta, es muy buena, no hay quien les hable mal de Cuba, la defienden a capa y espada, ¡cuidado con eso!, a Cuba no hay quien se la toque, claro si en Cuba además de hacerse personas hicieron lo que les dio su reverenda gana-extranjera, ¡así cualquiera!; incluso aunque ellos reconozcan que lo que dicen los cubanos es verdad, ellos optan por hacer silencio, pero no la enjuician, no la sientan en el banquillo de los acusados, ¡muy agradecidos!

Sabido es de estudiantes extranjeros de África que recibieron dinero de cubanos para comprar un vehículo a su nombre y dárselo al verdadero dueño, por supuesto, este, todo un maceta, le daba una suculenta comisión que ponía a los muertos de pie, ¿hasta dónde llegaba el poder de los estudiantes extranjeros que algunos de ellos tenían libreta de abastecimiento como la ha tenido un cubano por más de 5 décadas?, y esto se lograba dando un tentempié a las personas de la fatídica Oficoda ¡y ya!, con esa dádiva, el buen y diligente becario extranjero tenía su libretica, a decir verdad ellos, no todos, pero los más avispados se burlaron de las ridículas restricciones de FCR.

Ellos llegaban a un lugar a comprar un puerco, un chivo, y lo hacían con la mayor tranquilidad del mundo y lo trasladaban por varias provincias sin problemas de que la policía los parara e intentara quitárselo, mientras que el cubano que había comprado su bandita de puerco en Pinar del Río con destino a La Habana, tenía que bajarse del ómnibus para que fuera inspeccionado por la policía, cuando esta le encontraba el pedazo de puerco, el cubano tenía que bajarlo y dejarlo allí para que alguien lo decomisara con sus mandíbulas después de asarlo o cocinarlo porque para La Habana no se podía llevar carne de ningún tipo, esta disposición solo si eras cubano, pero si eras becario extranjero que dejabas alguna propina hasta un toro podías pasar; no tal vez en todos los casos, porque no todos los policías eran corruptos, pero en una buena parte de ellos se era tolerante con el extranjero radicado en la isla.

Los estudiantes de África, Asia y América del Sur fueron terminando aquellas carreras que habían empezado en los 80s. y marchando de Cuba bien a sus países, o a otros países que no eran los de ellos, pero FCR, el solidario empezó a traer de todos los continentes para el estudio de la carrera de medicina; bajo el mandato de FCR, ¿era o no era Cuba para los extranjeros y no para los cubanos?

Ante la negativa de que los cubanos estuvieron impedidos de comprar un vehículo durante décadas, estos usaban los servicios de los becarios extranjeros en tales menesteres y no serían vehículos nuevos, pero sí de los llamados almendrones y otros que se podían negociar ilegalmente en la calle.

¿Por qué el cubano tenía que hacer este trasiego ominoso de que alguien le comparara un carro? ¡Ahahahah! porque los cubanos no podían comprar un carro de los que vendía el estado aun teniendo dinero, y entonces se valían de los cándidos becarios extranjeros; es la misma razón por la que los cubanos aun teniendo dólares, después que estos fueron autorizados y que ya no tenías que ir a prisión por tener esa divisa venenosa en el bolsillo, no podían darse el lujo de pararse en un lobby, porque los hoteles eran para los extranjeros, pero no para los cubanos.

¡Qué alguien se diga si aun así se puede tener a un déspota en el poder que se cree que, porque dio la libertad de un régimen opresor, puede tener el privilegio de someter a los suyos a las humillaciones que a él se le antoje, es decir a que vivan en otro régimen opresor, el castrismo(f)!

Es una suerte muy buena, tener a un dictador que te diga que no puedes ir a los distintos lugares para civiles que a él se le ocurren, por eso los cubanos no podían ir a las "shoppings", ni a los hoteles porque el presidente del país no le daba su reverenda gana, pero además no podían ni salir para ir a los hoteles de otros países, ¿con qué iban a viajar, o a pagar el ticket y el ramillete de cartas inventadas para evitar que salieran del dichoso país?, todas las ventajas para ellos y los de adentro, ¿qué? Tal vez sea una exageración decir que para miles de cubanos la isla es una gran cárcel de la cual no se sale con, ni sin muchas facilidades.

No es exageración cuando se dice que mejor se escapaban los reos de Alcatraz, que salir legalmente de Cuba; el fidelismo ha dejado unas huellas tan nefastas en los cubanos que por los años estas van a estar golpeando a las generaciones venideras.

Ahora bien, para los cubanos de adentro que quieran tener un momento solaz, el campismo es lo mejor, así se dirigen los gustos de la población; el campismo que al principio de ser instaurado no era malo era una aceptable opción a cambio de no tener nada, pero en Cuba lo que bien empieza mal termina y pasado los 2 o 3 primeros años aquello era una **bamiersurada**, al extremo de pasar HAMBRE en el campismo, porque allí llegó la libreta racionalizadora y por ejemplo la harina de maíz para 4 personas eran 4 lb, el arroz era un poquito más, las galletas de sal, era a media lb por persona si había, si no ni hablar y eso te lo anotaban en la tarjeta de huésped para que no hubiera trampas, a algunos se le perdían de verdad la tarjeta y otros intencionalmente perdían la tarjeta de huésped, ya ud. sabe, a …. llorar.

Esta factura más otras boberías eran para una semana; esta era la opción de FCR para los miserables cubanos que no tenían dinero (pero aunque tuvieran dinero, era lo mismo) y que obligatoriamente tenían que ir allí si es que querían vacacionar con la familia; esta era la opción "de los humildes, por los humildes y para los humildes", pero además las mejores bases de campismo donde había televisores en las cabañas y cierto grado de comodidades mínimas, nunca vistas en las cabañas de los cubanos, esas bases no eran para los cubanos, ¡no que bah!, ¿estás loco? esas eran para los extranjeros y no podías ni pasar por las inmediaciones de las mismas (El Abra-Villa Trópico, son ejemplos) porque la política del fidelismo siempre ha sido que si los cubanos de la isla tienen "la libertad, salud, educación, un líder que piensa por ellos, ¿qué más les hace falta?, nada, eso es todo."

Por todos estos desmanes y arbitrariedades a FCR no se le ha hecho nunca un juicio, ni se le ha dictado pena de prisión no fecunda, ni pena de muerte, ni una simple critica, nada que se conciba; por eso los cubanos están obstinados del CJ=FCR, millones ya no lo soportan, no por los campismos, no por los que ha matado en nombre de la supuesta defensa del país, no por todos los desmanes que ha cometido, sino por su voluntariedad de querer gobernar la vida de las personas en la isla, dando un set de efectos electrodomésticos cuando a él le da su gana (solo una vez en 46 años) y después congraciándose para que la población lo alabe y lo reconozca como el salvador. Hay que soportar cada cosas, ¡qué le roncan el merequetén!, y no protestes, no digas algo, calladito es mejor.

Fidel es una leyenda engañosa, mentirosa, altilocuente, de la gran escena; del rosario de cosas que prometió ese marzo del 2005, no cumplió ni con el cafetín, ni con las juntas de ollas de presión y cafeteras, ni con el chocolatín, ¡mira que cambiarle el nombre a productos tradicionales que existían en Cuba antes de que él naciera, para congraciarse con las mujeres y la población, mientras las necesidades del pueblo se podían comparar con los abdómenes de los niños del campo antes del triunfo revolucionario, ¡a eso le zumba, se atreve ud. Cmdte.!

Por eso hay tantos opositores aunque él diga que en Cuba no hay oposición, que esta es solo del 0.002% como dijo hace algunos años en una mesa redonda; esa es otra de sus mentiras, hay mucha gente tratando de quitarse de encima esa pena, que no es de amor, que es de odio, de prepotencia, de voluntarismo, de pedirle al pueblo que hay que morir si vienen los yanquis aunque estos no tengan interés alguno en ir a buscar algo a Cuba, ¿qué van a buscar? si allí lo que va quedando es lo que el viento no se llevó porque no sirve para algo, incluyéndolo a él, al ICJ.

C-29: En Cuba se prohibió el juego de la lotería, esa que era para los pobres una esperanza; al llegar la Rev. esta cambió su forma de desarrollo y se siguieron vendiendo aquellos billetes pero lo que recaudaba era para la construcción de viviendas a cargo de una institución que dirigía una mujer que provenía de la clandestinidad y que pertenecía al M-26-7, ella que durante la guerra recaudaba fondos y los llevaba a la Sierra Maestra para las necesidades de la guerrilla comandada por FCR, se llamaba Pastorita Núñez y la institución fue el INAV (Instituto Nacional de Ahorro y Viviendas).

Varios fueron los repartos hechos a lo largo de la isla con la recaudación de los fondos de la lotería. La lotería desaparece oficialmente en marzo del 68, pero los que jugaban siguieron embullados, ahora con una actividad declarada ilegal; es decir FCR pasó el juego a ser ilegal y penado, y si te cogían, tenías que enfrentar la ley; el juego era parte de la idiosincrasia del cubano y por lo tanto siguió su curso afuera, ahora utilizando otras casas donde se cantaba la lotería como en Miami, Venezuela y otros lugares.

Cuando el CJ se entera que el juego seguía usando otras casas lo dice en un discurso y en forma jocosa dice que las autoridades tendrían que implantar la loto otra vez; baste decir que la loto ilegal cogió tanta fuerza, que los niños eran en ciudades como Sagua la Grande, los que llevaban las noticias de los números que salían, o sea lo que se había intentado frenar para los mayores se estaba extendiendo a los niños, el juego prohibido adquirió tremendo revuelo, ya no solo era la loto, sino la carrera de autos, de motos, de caballos, de gallos, de todo lo inimaginable, ¿y por qué se daba esta violación de la ley revolucionaria?, pues por la rebeldía de muchos pobladores, porque esa fue siempre una costumbre de los pobres y la opción de la Rev. no le dio nada nuevo, la pobreza siguió enseñoreándose entre los pobres por lo tanto estos no abandonaron sus hábitos de probar suerte. Además la vida ha probado que todo aquello que se prohíbe sin una razón de peso, que rompe tradiciones, costumbres ancestrales, viejos hábitos, es muy difícil que se quede sin una respuesta en el sentido contrario y por lo tanto resurge con más fuerza, con más ahínco, de forma más tenaz, fuerte, firme y rebelde que lo que anteriormente era; ¿no se quería eliminar la lotería?, pues ahora FCR tiene lotería y mucho más, para largo y fuera de control.

De forma clandestina ahora se juega más en Cuba que antes del triunfo revolucionario, créalo o no lo crea, se le juega a las chapas de los carros, a todo, —ese es el extremo de los vicios—, a las patas de los gallos, aunque esto era viejo pero se persiguió tanto que tal vez nunca se pensó regresaría con tanta fuerza, y así otros juegos nuevos que no vale la pena comentar, entre ellos las carreras de autos y de motocicletas, todas declaradas, lógicamente, ilegales.

No es que el juego sea defendible, pero su prohibición y persecución, sin que el estado haya dado otras opciones a los que les gusta esa actividad, hacen que este haya regresado y para quedarse entre los cubanos en forma definitiva; pero además, el que quiera jugar que lo haga, es su voluntad, es su decisión personal, y por otra parte, ¿qué otra opción dio la Rev. que no fueran los discursos miriamétricos del CJ=FCR, cada vez que podía?, ¡y cómo podía, cómo se esforzaba para llenar el vacío, era asombroso como hablaba el señor!

C-30: Otro record: Cuba el país más anacrónico y de más restricciones del mundo; a uno le parece absurdo cuando lee que las mujeres de algunos países no pueden manejar, o no se pueden descubrirse el rostro, ahí el machismo, el autoritarismo y el cavernismo están al por mayor. Costumbres ancestrales, pero siempre a favor de los hombres, el llamado sexo impositivo.

A veces surge la pregunta de si el querido CJ habrá nacido en uno de esos países y luego traído al nuestro, por lo dado que es a ponerle trabas a la vida de las personas, tal vez para hacerse el importante, el faquir o un emir que es lo mismo que ser un caudillo que es lo que él ha sido durante todos estos años.

Quizás por eso los yanquis pusieron el bloqueo, para ayudarlo con el número de regulaciones y limitaciones que él ha impuesto en la isla: él le dice a los yanquis, refiriéndose al bloqueo:

"No estamos apurados en que quiten el bloqueo, hemos resistido 40 años y estamos dispuestos a resistir 50, 60, 100 años más, los que sean necesarios, nosotros resistiremos".

Tras esas palabras es cuando los "revolucionarios" rompen no el bloqueo, sino en aplausos; claro a su corte y semejanza se puede resistir el bloqueo, no digo yo; pero el pueblo ya está hastiado del maldito bloqueo, se entiendo que él puede no querer que le quiten el bloqueo o lo que queda del mismo, pero se podía llegar a un acuerdo con los yanquis de forma tal que le quiten el bloqueo a la isla a la población y se lo dejen al Invicto e Intransigente CJ, para él solito y vamos a ver qué pasa.

Claro, siempre que se habla del bloqueo es sobreentendido el impuesto por los gobernantes yanquis a la isla y nunca los bloqueos impuestos desde adentro por los gobernantes de la isla, los cuales si fueran eliminados serían de un alivio incalculable para los millones de cubanos de adentro; si se eliminaran los bloqueos revolucionarios entonces se podría soportar mejor el bloqueo impuesto por los yanquis, perdería fuerza el bloqueo exterior a la isla.

Han sido tantas las privaciones que sufren los cubanos que la más dolorosa de todas no es el parto que se tiene cada día para sobrevivir venciendo las limitaciones mentales y las escaseces materiales con las que hay que lidiar a diario, sino que se ha soportado como jefe del país a un hombre que se nos auto vendió como bueno, que decapitó a la dictadura que nos ahogaba y este se encaramó encima y no ha habido la forma de tumbarlo del caballo, esa es tal vez la más mala de las esperanzas, porque aun cuando muera, cosa que no deseamos por simple sentido de decencia civilizada, aun cuando se le vaya a los cubanos de la isla, cabe la pregunta: ¿y ahora qué, habrán los cambios para poder vivir como Dios manda?, porque por otra parte el hermano no acusa ni carisma, ni inteligencia, ni tiene edad y tanto a uno como al otro lo que prefieren es estar colgado del jamón.

Cuándo y cómo salir de la presencia de quien ha provocado no solo el éxodo, sino el desasosiego y pérdida de la esperanza más profunda en el tiempo que cubano alguno haya conocido y sin tener a la vista cuando se va el castrismo, para lo cual se ha hecho de todo, tal vez no lo suficientemente fuerte, pero se han usado todas las vías incluyendo las bandas de alzados de la década de los 60s., pero los Castros no admiten ni las caminatas modestas, sin destrozar algo, solo caminatas para expresar el repudio contra la cúpula del régimen, es tanto el temor que sienten a las revueltas que ni las caminatas de las heroicas y corajudas Damas de Blanco son admitidas, ese es el temor de los tiranos, de la categoría que sea.

Lo último que proyectan es continuar el fidelismo o castrismo sin la presencia de un Castro en la primera magistratura; de todo han hecho los opositores: han tratado de conversar y no hay acuerdos, el oficialismo dice que la disidencia está subsidiada por el enemigo, los tilda de apátridas, de vende patria; se intentó la formación de otros partidos políticos para ir a elecciones y FCR volvió a exhibir su miedo, se negó haciendo mil alegaciones y enmendando la constitución para protegerse.

Nada que se le proponga para abrir la posibilidad de cambio es bueno para ellos, ya se está hastiado, harto de su presencia, pero los Castros no admiten cambios, no les conviene nada que huela a cambios y mucho menos si ellos no están enrolados en esos cambios; es mucho el amor al poder y ellos se dicen: '¿y si hay cambios, en qué plano, en qué posiciones quedaremos los actuales líderes y lidercillos de la Rev.?', además de los otros que los han seguido hasta aquí; para miles de dirigentes del mazo de collares (entiéndase UJC-PCC-CDR-MININT-FAR-FMC-CTC-ANAP, etc., y todos los demás conexos donde se sobrentiende que los principales tienen que ser revolucionarios); es mucho lo que se arriesga y para estas personas en la nomenclatura revolucionaria, la patria no es en aras de ella, sino pedestal para vivir de ella, empezando por el tambor mayor, el co. FCR.

Ese amor, ese apego a no querer irse del poder, a no comulgar con otras tendencias es el mayor anacronismo que se puede ver en Cuba; fíjese que en Cuba no existe un reinado, pero lo que sí existe es una dinastía distorsionada a la que le van a faltar miembros para mantener el poder, por lo que es de suponerse que quien "asuma" la dirección de la isla debe actuar como un títere, no del imperio sino de lo que quede de los Castros fundadores y por otra parte el "pueblo revolucionario" no tiene la disposición a salir a las calles a dar la batalla, por su compromiso tácito con la dictadura, y porque ha sido envuelto en una saliva pesada, muy densa, como la segregada por los ofidios cuando van a engullir una presa y ahí anda el "pueblo revolucionario" en ese marasmo, aletargado, en parálisis mental total, dejándose tragar generación tras generación sin hacer algo en el sentido contrario; nada de eso, sino apoyando y colaborando para ser tragado; es como si estuviera sin ganas de vivir; cierto es que de los nuevos ciudadanos nacidos dentro del proceso han surgido voces que se oponen abiertamente al curso que lleva el 'bolo alimenticio' que la super anaconda-pitón pretende degustar sin que haya oposición; ellos, estos nuevos valores, son las espinas que se han insertado y que deben hacerle incómodo la estancia a la glotona que no abandona su propósito de perpetuidad en el poder.

Los cubanos han perdido el espíritu de lucha, han sido embobecidos por FCR, de modo que "no quieren buscarse problemas" con las autoridades y mientras las autoridades siguen engrandeciéndolos, alabándolos, encumbrándolos, llevándolos al pináculo de lo divino, para que de forma sumisa se dejen tragar.

C-31: Su amigo, (de FCR) el extinto Nikita se decía fidelista, sin conocer el contenido de sistema, solo impactado por la presencia de su creador que dentro de sus aportes más negativos está el haber creado el fidelismo o castrismo como una de las formaciones económico social (**fes**) que no había sido descubierta con anterioridad.

El mundo ha conocido en orden ascendente a la comunidad primitiva, sobre la desintegración de esta se gestó el esclavismo, en algunos países este tuvo un punto de fusión con la formación económico social (**fes**) que lo sepulta, es decir con el feudalismo que no se caracterizó en todos los países y continentes de la misma forma, dentro el feudalismo surgen las bases para la siguiente formación: el capitalismo que en su etapa incipiente estaba algo cercano al feudalismo, pero con el desarrollo de los medios de producción y el desarrollo de las ciudades hicieron mucho más evidente su establecimiento, la revolución industrial inglesa lo llevó a un estadio superior y los clásicos de la filosofía marxista lo denominaron como imperialismo cuando ese desarrollo industrial rebasa las fronteras e interviene la inversión de grandes capitales, ese es en sí el capitalismo desarrollado a una gran escala donde están los países más desarrollados del mundo.

No con el mismo grado de vinculación, pero con cierta conexión los clásicos de la filosofía marxista, dicen que la formación económico social llamada socialismo surge sobre la muerte del sistema capitalista, y que la parte más desarrollada del socialismo se denomina comunismo; el llamado socialismo de laboratorio fue toda la teoría creada por Marx, con la ayuda imponderable de Federico Engels.

El socialismo científico sienta las bases para que los distintos países que se desprendieran del capitalismo desarrollado, o del capitalismo incipiente, el que tiene lugar en los países en vías de desarrollo, puedan aplicarlo con sus peculiaridades a las condiciones concretas y específicas de sus países, de manera que la China ¿Comunista? de la época de Mao Tse Tung (Mao Zedong), que se liberó en 1949 del sistema capitalista, bebió de la fuente de los clásicos y aplicó aquellos conocimientos a la práctica del socialismo en su país, esta corriente fue llamada "maoísmo" y tuvo sus errores y su idealismo y sus excesos al extremo que millones de chinos murieron por el caudillismo, el idealismo y por la persecución.

Pero el sistema de desarrollo chino ha escalado posiciones que han llevado a la nación a ser un país del primer mundo, por encima de EUA, en cuanto a su PBI, en menos de 60 años asombrando al mundo pues en 2014 estaban encabezando la lista de las naciones en ese indicador, por encima de EUA.

La Rusia de Lenin, que tenía algunas regiones prácticamente en el feudalismo cuando se lleva a cabo la formación de la URSS, fue a las fuentes de los clásicos del socialismo y a pesar de los pesares, de los errores garrafales de los dirigentes que le sucedieron a Lenin, la nación avanzó, incluso cuando el desarrollo no era semejante en todas las repúblicas que formaban la unión, pero la unión adelantó hasta su desintegración en que la república principal, Rusia, está ocupando el lugar 6 en el listado del PBI del 2014.

Vietnam que sufrió invasiones de los franceses seguida por la de los yanquis que se intensificó desde 1964 después del incidente del Golfo de Tonkín hasta que fueron derrotados el 30 de abril de 1975, el país ha tenido un desarrollo que ya quisieran los cubanos, los logros de Vietnam como país unificado después del '75 contrastan con el nivel de desarrollo de Cuba con 14 años más de independencia que Vietnam (lugar 36 en el PBI del 2014).

¿Qué decir de la Angola, lugar 64 en el PBI del 2014 por la que más de 2 000 militares cubanos dieron sus vidas para la liberación de ese país?, pero ¿qué ha pasado con el desarrollo de Cuba? ¿Qué ha pasado con la aplicación de las reglas generales del socialismo científico a las condiciones concretas de Cuba?, esas aplicaciones han devenido en lo que se conoce como "fidelismo o el castrismo", cuyo artesano es FCR.

No es menos cierto que el sistema político económico ha resistido el bloque de la mayor potencia económica del mundo, pero a la hora de analizar la etapa del desarrollo de Cuba como nación, los políticos cubanos lo cargan todo al bloqueo y no dicen una sola palabra de los tremendos errores que cometió FCR y de las regalías desmedida de los poquísimos recursos con los que cuenta el país; nada, pa' hacerse el lindo, el solidario, el dadón de lo que no es suyo, en sí, algo que le sirva para subir la parada de su ego. El fidelismo ha devenido en retraso y no auge.

Lo que sí es muy difícil saber dónde ubicar al fidelismo como formación económico-social (**fes**) novedosa, algunos piensan debe ubicarse antes de la comunidad primitiva por el nivel de desarrollo de sus incipientes medios de producción y por lo poco que producen porque realmente la sociedad desde el punto de vista productivo no avanza, sino que retrocede, involuciona, va hacia atrás, es una descendiente de los Artrópodos, en la familia de los cangrejos más retrógrados.

Otras corrientes más optimistas la clasifican como un esclavismo de trabajo voluntario, de "producción de riquezas a partir de la conciencia" y por ende esta fase de involución podría ubicarse después de la comunidad primitiva y antes del esclavismo, como una **fes** de transición, como un eslabón perdido. Ese es uno de los deméritos filosóficos de FCR, quien desconoció todas las leyes del desarrollo.

El avance económico del país es asombroso bajo el castrismo, al extremo que la palabra que definía el conjunto de bienes materiales, riquezas, fábricas, industrias, administración de bienes del país, la producción y servicios que se brindan en el país, las relaciones comerciales, el cambio monetario, etc. que recibían el nombre de **economía**, desde que apareció FCR cambió el nombre a **¡eh!konomíatuya**, que da todo lo que tiene y lo que no tiene, en regalías para ayudar a países que acusan un desarrollo como el de Cuba, poco más o menos, lo da a países subdesarrollados para promover el desarrollo de estos y el retroceso y subdesarrollo de la Isla.

De entre la lista de países por su PBI del 2014, CUBA no aparece entre las 180 naciones que se publicaron, véase si es **una nación única**, ¿por qué no está en el concierto de todas las naciones?; no se sabe, no obstante, salva la honrilla en la lista que patrocina el PNUD (Programa de las Naciones Unidas para el Desarrollo Humano) en que la isla aparece con un meritorio 0.769 que la ubica en el lugar 67 a escala mundial y el lugar 11 de las Américas incluyendo la parte insular.

Este indicador es lo que se considera como el IDH (Índice de Desarrollo Humano) que mide el bienestar de vida, la satisfacción con la que las personas se desenvuelven en sus países, este de Cuba es considerado como alto, contrastando con la fuga irreverente y desesperada de los que se marchan a raudales de la nación donde hay educación gratuita, salud gratuita, no drogas como algo que sea una amenaza, no racismo institucionalizado, seguridad social "asegurada", una expectativa de vida al nacer de más de 78 años, no proliferación de la violencia incluyendo la casi nulidad del uso de armas de fuego, una aceptable tranquilidad ciudadana, con cierto recelo pero ya la comunidad LGBTQ puede vivir normalmente, hay fuente de trabajo para todos, y otras muchas ventajas y con todo eso la gente se va de la isla, se la dejan al gladiador FCR y si acaso algo a su hermanito. Asombroso, no hay cómo explicar este fenómeno, donde aparentemente habiendo "tanto bien", la gente decide no tomarlo, no disfrutarlo, dejarlo e irse a otros lugares.

C-32: La forma particularizada de pensar, transportar e incidir con su pensamiento en la sociedad bajo su liderazgo y égida es otro de los aportes fatídicos del fidelismo como doctrina que se puso en práctica en la sociedad socialista cubana=fidelismo.

Véase esto: al Jefe de la Rev. no le gusta la sociedad capitalista y nunca perdió tiempo para criticarla y resaltar los **balores fidelistas** de la sociedad que él creó sobre el llamado capitalismo salvaje y deshumanizado; por supuesto una de las cosas que más odia es el sistema de producción capitalista basado en la propiedad privada y su economía de mercado, más en estos años en los que como él decía se ha vuelto a un neoliberalismo asombroso.

Este sistema de producción que produce crisis de superproducción que se hacen cíclicas, este sistema de producción que abarrota los mercados y por supuesto crea las condiciones para que la sociedad se transforme en una sociedad consumista (ese es el correcto nombre '**consumista**' de lo que FCR quería expresar y no 'de consumo' porque de consumo son todas las sociedades, excepto una, la cubana que es del inconsumo), es decir esa sociedad que tan pronto sale una mercancía al mercado la población va por ella sin pedir permiso a gobernante alguno, eso a él no le gusta porque se pierde la esencia revolucionaria de la población que se cree que todo es así de fácil y sencillo.

En el capitalismo la población adquiere los artículos sin pasar grandes trabajos, sin un criterio autorizado del Jefe de la Rev., eso es fatal para lograr una conciencia revolucionaria; esto es lo que ocurre en los países capitalistas y esa forma de proyectarse la sociedad a FCR no le es agradable, no le gusta, pero porque nunca podrá llegar a ella, en ella se margina el papel del dirigente, no lo tiene en cuenta como algo importante imprescindible y a FCR eso no lo hace feliz.

En la sociedad fidelista que él aún dirige, las cosas son distintas: lo que la población necesitaba (enseres domésticos, artículos de uso personal ej. relojes, etc), lo tenía que ganar en unas reuniones de trabajadores en sus centros laborales de producción y/o de los servicios; esas reuniones eran letales y siempre se salía con un sabor muy amargo de ellas, porque era dar un reloj pulsera donde había 40 médicos o maestros o cualquiera otra profesión, pero que si usted no tenía méritos suficientes no cogía el artículo que era necesario para que el maestro conociera el tiempo que había consumido en su lección o para el médico saber a qué hora le corresponde la guardia o le da el medicamento al paciente.

Los profesionales generalmente no se podían movilizar 2 o 3 o 4 semanas a los cortes de caña, entonces perdía el reloj con el trabajador de servicios que fue sacado de su puesto de trabajo y enviado a los cortes de caña por un mes, y así eran estas reuniones en las que a veces terminaban en riñas bochornosas y se creaban enemistades de por vida por un simple reloj soviético, no malo el relojito, mientras que el CJ, PM del Gob. Rev. usaba al mismo tiempo para que todos lo viéramos DOS ROLEX, lo que no tendría nada de malo si los ciudadanos comunes hubiéramos podido usar al menos uno de cualquier marca, el necesario para nuestros menesteres y no para una payasa, bochornosa y ridícula ostentación después que se le exigía a la juventud ser modesta, sencilla y no ostentosa; ¡véase qué ejemplar nivel de modestia y sencillez más asombroso nos da quien nos tenía casi en taparrabos! Vea que ejemplo de formación de **balores fidelistas**.

Años después, ya en el presente siglo el Cmdte. dio una lección de lo que es enaltecer la autoestima de sus compatriotas, y se dijo para su fuero interno: 'ni los sindicatos, ni las organizaciones sociales y de masas me reparten un artículo más, ahora los voy a dar yo mismo y los voy a dar para toda la población para que no haya riñas tumultuarias ni nada de eso, lo cual se ve muy mal en contraste con el nivel de educación que tiene mi pueblo'; "sin dudas el nivel de educación más alto del mundo".

¿Y qué hizo el JR=FCR?, pues nada más y nada menos que dar en set de refrigeradores, ollas de presión de diferentes denominaciones, calentadores eléctricos, cocinas eléctricas, y otros utensilios que la población cubana no los podía comprar trabajando entre 21 y 27 años, teniendo en cuenta que no todos tienen iguales salarios y guardando ese salario solo para esos menesteres.

Había personas que tenían que invertir más tiempo de trabajo que el señalado para adquirir esos enseres por sus propios medios; no se olvide que el salario que devenga cualquier cubano es un salario de FICCIÓN, es de mentirita, no da ni para comprar papel sanitario para el mes, duele decirlo pero con ir y probar si es verdad o no, no se pierde mucho, esa es la superioridad del fidelismo ante el capitalismo salvaje que enajena, que produce crisis cíclicas, que es muy inhumano porque produce para abastecer el mercado, porque los productos que le ofrece a la población son de calidad y no la miasma que ofrece la sociedad fidelista.

No se sabe de dónde FCR sacó el dinero para pagar todos esos equipos que entregó a la población para comprometerla en primer lugar con él y después con su invento, el fidelismo, que además la entrega festinada de esos equipos no iba a rendir un reingreso rápido a las arcas del estado, porque dentro de todas las cosas asombrosas, una de ellas era que esos efectos se pagarían a plazos.

Ante esa oferta tan poco usual no faltaron los ciudadanos que se 'plantaron' porque a ellos les quitaron sus refrigeradores casi nuevos y el estado no les dio ni un centavo como indemnización; de manera que estos ciudadanos se adjudicaron estas ofertas como un trueque, por lo que según ellos no había nada que pagarle al estado fidelista, y así lo hicieron varios cubanos, no han pagado nada.

Otro hecho asombroso de esa primera y única repartición, lo es que un país que tenía SERIOS problemas con el abasto eléctrico basado en el uso del petróleo, con apagones de hasta 16 horas y más, que incluso la población no los llamaba apagones, sino 'alumbrones', y para que se ahorrara combustible se insistía continuamente, en las escuelas, en los centros de trabajo, al sector residencial para que ahorraran los llamados portadores energéticos y ahora de súbito ya se había vencido esa limitante, de la mañana a la noche anterior ya no había escasez de combustible. ¿Es de locos o no ese país? ¿Por fin hay escasez de combustible o es una farsa falsa alarma para mantener a la población en vilo, en la zozobra de que no hay ni papel higiénico, ni juntas de ollas o de refrigeradores, ni nada?

Pues con esos hándicaps, lo más admirable lo fue la repartición de efectos consumidores de electricidad; además hacía unas semanas se había defenestrado al ministro del ramo acusado de incompetente, de autosuficiente, de ser el culpable de la situación eléctrica del país, quien fue despedido por el CJ=FCR=ADR=LHR, como si fuera un trapo de cocina, no por los problemas del ministerio sino por una revancha personal del CJ contra el ministro depuesto y ahora de la mañana a la noche anterior se resolvió la situación eléctrica del país con el nombramiento de la primera mujer que asumía el ministerio del ramo.

Véase cuán impredecible puede ser una situación cuando la dirección de la sociedad se base en los caprichos de un solo hombre al que no se le puede decir que hizo algo mal, porque además los súbditos lo consideran una estrella del pensamiento humano, algo que no deja de ser cierto, pero solo en parte, porque en lo económico es un macro desastre sin remedio, un embaucador del pueblo y decapitador de ministros de economía, a los que les echaba la culpa de las barbaridades y dislates que él cometía; él nunca se equivocaba, ¡qué lindo!.

FCR es un hombre que aboga por la propiedad social sobre los medios de producción que confiscó más por vendetta que por raciocinio, a cuyos expropietarios no les pagó el monto de las propiedades confiscadas y pensaba hacerlo a como él le diera su distorsionada gana-cubana, un dirigente que ve la bancarrota de mantener los medios de producción como propiedad social de la cual no muchos sienten por ella y les da lo mismo 'chicha que limoná' con respecto a esa colectivización, pero Fidel no puede decir que se equivocó en ese paso.

FCR es un miope que se niega a los cambios en la esfera productiva porque aceptarlos significaría el reconocimiento tácito de la **bamiersurada** que ha hecho y a toda costa quiere seguir empoderando la propiedad social sobre los medios de producción, aunque esta no rinda, aunque no dé los frutos que se necesitan y se previeron darían todas esas fábricas e industria que hoy son más que un obsoleto vejestorio las pocas que quedan con vida.

Es tremenda la disyuntiva que tiene que enfrentar FCR, para permitir el verdadero desarrollo de la nación; pero además de aquella repartición irracional de enseres domésticos, hay otra razón que se puso de manifiesto: atraer a la población, en especial al sector femenino, algo que no tendría sentido preguntarle a él porque lo negaría rotundamente, pero las directrices conductoras de las acciones que rondaron esos días lo ponen de manifiesto: clausura de un congreso femenino, ahí se lanza la noticia de la repartición y con esa "sabiduría" para engañar a ingenuos (ya este mismo ardid había sido utilizado anteriormente para la terminación de las obras de la ENA, que nunca llegaron a su fin al menos en los momentos que él pidió la ayuda), le dice a las mujeres en esa clausura: *"si ustedes me ayudan vamos a llevar a cabo una repartición de utensilios domésticos"*.

En los años que lleva la Rev. ya se sabía de estos actos altilocuentes para enhestar, encumbrar el sistema; tal acto de sensacionalismo no podía ser dado a conocer por nadie más, ni sindicato, ni Kofi Annan, ni de ninguna organización de las llamadas de masas, eso solo era prerrogativa de FCR y de nadie más.

Así lo hizo cuando en el Congreso Internacional de Pedagogía-98, que no era una reunión sindical ni nada semejante, él, delante de los asistentes internacionales al evento, sorprende a todos con aquel anuncio de casi un 30% de aumento salarial a los maestros y profesores, puede afirmarse que ni el mismo secretario nacional del sindicato sabía de la buena nueva, porque según el Cmdte., estas cosas si se discutían con los sindicatos se filtraban y perdían seriedad, perdían el golpe de efecto. ¿Qué les parece? ¿Es o no unipersonal el gobierno? Y uno se pregunta: ¿y para qué carago hace falta el sindicato en el fidelismo? Están ahí por gusto, solo para cobrarle el dichoso día de haber a los trabajadores para las MTT, y para aparentar que moviliza a los trabajadores para los actos del Primero de Mayo, Día de los Trabajadores; de ahí en fuera no tiene mucho más contenido que no sea aparentar una pequeñísima parte de la puesta en escena de la democastria fidelista.

Pero, además, ¿en qué país del mundo que se conoce, sea del capitalismo, comunismo, del feudalismo, de la comunidad primitiva o de cualquier otra organización social que exista, el jefe de estado da lo que la población debe adquirir por sus esfuerzos laborales en una forma casi gratuita? No, seguro que no hay respuesta y todo esto entre otras cosas para congraciarse con la población ante el mundo, para exhibir las "ventajas" del fidelismo; ¿y es así como se demuestra que el capitalismo es inferior al fidelismo o castrismo? ¡Vaya cosa linda!

En materia de consumo o no consumo la sociedad fidelista es una sociedad anticonsumo porque así lo quiere él, explicado esto en su desacuerdo a que la población asistiera a la compra de artículos después de inaugurado el Boulevard de San Rafael en La Habana, al manifestar en uno de sus tantos discursos que: "*la población no deja parar los artículos en las tiendas, compran grabadoras, de todo*" (esto lo dijo refiriéndose al momento en que se inauguró este lugar con nuevos comercios, pero equipos de procedencia del campo socialista, obsoletos hasta lo indecible), era lo único que podía adquirir la población por la libre, que no fuera por la cartilla de racionamiento de productos industriales, y este hecho molestaba, irritaba al Jefe de la Rev., que en opinión de muchos a él le gustaba ver a la gente pasando trabajos y que cuando se resolviera algo fuera bajo el manto todopoderoso de la Rev.=FCR.

Esas son las **hideas** y conceptos que sustentan al fidelismo, todo lo que se haga, ¡qué sea refrendado por la Rev.!, no se engañe el lector, no se crea que la expresión pronunciada en el discurso mal llamado *palabras* (insolentes) *a los intelectuales* era solo para ellos, ¡no qué bahahahah!, era para todos los que vivieran en el país, recuérdense esas lastimosas palabras repletas de prepotencia, de total absolutismo, de democastria(f), dichas a los intelectuales, que quedaron estupefactos ante la hegemonía de aquel discurso del JR=CJ=PM=FCR, esas palabras pueden ser dichas también para hacerlas más plenas a los intereses y aspiraciones del JR, en la forma siguiente: 'sin la Revolución nada', así él estaría más satisfecho.

El dueño del poder representa por muchas razones un freno, una impedimenta para el desarrollo del país, por su negativa a dejar que la propiedad privada sobre los medios de producción florezca y más que ayudar saque al país del tremendo marasmo en que lo metió FCR, pero es una retranca también al desarrollo porque cualquier invento que un trabajador descubra no lo puede poner en práctica, tiene que por intermedio de su sindicato enviarlo al almacén de descubrimientos e inventivas más conocido por la ANIR y allí duerme largos años.

En la ANIR se tienen todas las inventivas creadas, innovadas, descubiertas por científicos, trabajadores manuales, ingenieros, técnicos, etc., y su puesta en marcha depende de cuando el Gob. Rev. lo decida de acuerdo al nivel de intereses y prioridades que esta tenga; las hay muy buenas que duermen largos años sin que sean aplicadas, y seguirán durmiendo.

De seguro que ese distanciamiento entre lo descubierto y su aplicación en el mundo capitalista no pasa; cualquier inventiva, innovación, idea de nueva creación se pone en marcha en muy poco tiempo porque el interesado busca financiamiento de algún modo, con particulares, con los bancos, si es que no lo tiene y la pone en marcha, es asombroso lo rápido que cualquier aplicación relacionada con las nuevas tecnologías una vez son creadas o descubiertas son puestas en práctica inmediatamente.

Por eso el fidelismo y su líder son un entorpecimiento al desarrollo, se puede ver claramente como sirven de retranca al desarrollo de las fuerzas productivas porque conforme apareció esa suma millonaria que nadie sabe de dónde carago se sacó para financiar el conjunto de utensilios dados a la población de forma sorpresiva, de sopetón y caprichosamente, pues así podría salir también al menos una parte para financiar algunas o muchas de las iniciativas e inventivas que duermen en el ministerio de innovaciones, olvidadas, traspapeladas, perdidas en gavetas, pero bajo el control del fidelismo. Para esos descubrimientos no hay financiamiento, pero para cualquier barrabasada del LHR=CJ=PVCEM, para esas sí como no, a la orden.

Sentimientos como el odio, la impotencia, la envidia, el despecho, se ponen de manifiesto cuando el CJ=FCR habla de la sociedad capitalista y su efecto erosivo, destructivo sobre el medio, los seres, sobre todas las cosas; al decir de Fidel el capitalismo es el causante de todos los males que hay sobre la faz de la tierra, en parte razonable esa idea suya, pero no totalmente, porque lo que Fidel trata de establecer con el socialismo es la equidad, pero el socialismo y el comunismo desde su posición y puntos de vista aunque los resultados sociales y económicos de esa equidad están bien distorsionados, así lo muestran los resultados de la sociedad fidelista a lo largo de todos estos años.

FCR, ve en el capitalismo una sociedad que enajena a los seres humanos, que no los sociabiliza como se concibe en el fidelismo, su híbrido; porque en el fidelismo el vecino del frente sabe de la vida y obra de los demás que lo rodean, sabe a qué se dedican en su tiempo de ocio los demás vecinos, con quien se reúnen, lo que hacen, lo que dejan de hacer y por lo tanto pueden denunciarlo en el CDR o con la policía; eso es más difícil en el capitalismo donde a veces las personas viviendo en un mismo edificio no se conocen, no viven pendiente de la vida de los demás.

FCR ve en el capitalismo una sociedad con la que él no quería tener punto de convergencia, de contacto alguno para no contagiarse, para poder vivir aislado de los males a los que la misma acarrea al individuo, es como si se viviera en la famosa campana de cristal a la que él aludió una vez, la critica hasta la saciedad, sin cuartel, pero mírense las contradicciones como afloran en sus propias palabras:

> "*Tengo la seguridad de que en el curso de breves años elevaremos el estándar de vida del cubano por encima del de Estados Unidos y del de Rusia*"; (en vez de Rusia debió decir la URSS).

Rusia y los EUA, eran en aquel momento dos gotas de agua en planos diferentes, era capitalismo vs socialismo-comunismo, pero como la sociedad que se construiría en Cuba se llamaba ***fidelismo o castrismo***, era de suponerse que estaría por encima de las fes a las cuales pertenecían esos dos países.

Esto reitera su ilusionismo y ambición que se frustran con el tiempo, fíjese que el patrón de comparación es la sociedad del enemigo, pero también la sociedad de los que serían sus amigos y saben por qué, ahahah porque en la mente enferma, el que en ese momento se estaba convirtiendo en el PM de Cuba, concebía la sociedad que él crearía por encima del capitalismo y del socialismo; recuérdese que unos años después a esa fecha Fidel y el Che criticaban fervientemente las sociedades de la Europa Socialista, aquellas no se parecían a la nuestra y era verdad, los europeos acabaron con toda aquella basura. ¿y los cubanos? Ahí están, en lo suyo. Más viejos y más .odidos que ayer y menos joven que mañana.

Eso malo tienen las revoluciones en alguna de sus aristas, que cuando triunfan los que las llevan a cabo, los que las lideran, se creen dueños vitalicios del poder y las sociedades que han sido "beneficiadas" se preguntan cómo quitarse de encima esa pena, que en un momento fue avance tal vez, pero ya resulta un pesado fardo.

FCR se desvelaba en las criticas al capitalismo, por todas partes le veía defectos, lo que entonces algunos no pueden comprender por qué lo tomaba como patrón de medida para la que él construiría que sería totalmente fidelista, era como si el capitalismo estuviera prendado a él en alguna medida; incluso desde que era un niño de 14 años, era el capitalismo una fruta prohibida que se criticaba pero que se quería probar, o superar, no se podía expulsar completamente de sus ideales.

Unos meses más tardes, con esa divina obsesión sobre el capitalismo, que lo tentaba, que lo invitaba a medir fuerzas y posibilidades, FCR vuelve a las andadas en relación al capitalismo que él odiaba y plantea, reitera su deseo diciendo:

> *"En 10 años tendremos un nivel de vida superior al de los Estados Unidos. Nosotros convertiremos a Cuba en el país más próspero de América, Cuba alcanzará el nivel de vida más alto que ningún país del mundo porque mientras las grandes potencias tienen que invertir un porcentaje inmenso de sus energías en producir armas nosotros lo vamos a invertir todo en producir riquezas, en hacer escuelas, en establecer industrias, en poner a producir nuestros campos, en desarrollar las inmensas riquezas que tenemos en nuestra maravillosa tierra, que además de rica es también la más hermosa".* (Fidel Castro 1962). No es aconsejable ingerir Vodka y Whisky juntos antes de pronunciar discursos.

Por fin ¿es buena o es mala la sociedad norteamericana? – palabras, palabras, palabras; discursos, discursos, discursos; promesas, promesas,

promesas; metas incumplidas, frustraciones de vida, esperanzas perdidas y engaños, engaños, engaños son las cosas que hay dentro de ti. – Y si la sociedad norteamericana es mala como explica el CJ, ¿por qué tomarla como patrón en cada momento de comparación? ¡Qué haga el lector sus propias conclusiones!

C-33: Dos pilares donde se soporta la superioridad del sistema fidelista sobre el capitalismo, en cualquiera de sus fases, llámese imperialismo, o desarrollado, o en vías de desarrollo, son la Educación y la Salud.

El personal de estos sectores era a decir del excelso JR=CJ, **el paradigma de la sociedad fidelista**, por su dedicación y otros muchos epítetos que en ocasión de embriaguez política se dedicaban a este personal.

Sin preámbulos véase cómo se protocolaba con los que planeaban estudiar cualquiera de esas carreras, tanto para seleccionar al personal que accedería a las mismas como después de residido de una de estas dos especialidades:

Maestros: era cualquiera, no importaba procedencia, vocación, era necesario tener a alguien en las aulas y se subían por oleadas a las escuelas en las montañas porque el CJ, decía que allí era donde había que formarlos para que estuvieran preparados para enseñar en cualquier lugar; las "aulas" había que imaginárselas porque ninguna descripción sería lo demasiadamente buena para ilustrarlas incluyendo la ausencia de mobiliario escolar, el suelo o un pedazo de árbol eran más que suficientes para los que optaban por estudiar magisterio. El rusticismo se quedó muy por debajo de las condiciones que se tenían para recibir las clases; era un estado de despreocupación total, de descuido, de tíralos ahí que ellos aprenden.

Esa era la primera etapa de los 5 años, ya después se mejoraban en algo las condiciones; miles subieron a esa primera etapa y miles bajaron sin terminar el primer añito, no solo por las condiciones, sino por la calidad de las personas que se enviaban a estudiar para maestros a esos lugares; muchos de la más baja calidad humana, sin modales, guapos, fumadores de la hoja o flor de la campana y otros estupefacientes prácticamente desconocidos, bronqueros, en algunos casos parecían personas salidas de las prisiones y enviadas allí nada menos que para hacerse maestro, que es hacerse creador, pero en este caso era formar destructores.

No olvidarse que la Rev. era una Rev. de cifras, de planes numéricos y había que cumplirlos porque si no ¿quién le decía al CJ=FCR que no se cumplió con la cantidad requerida para llenar la loma de estudiantes?; estos después de 5 años se graduaban y tenían un salario que no se puede explicar en cifras; aun el dólar no había hecho su debut, al menos en público, por lo que no se penaba a alguien porque se supone que nadie lo tenía; no existían las dos monedas, todo era con una sola moneda pero igual de inservible, de fútil, de banal; baste decir que no había ni que comprar, ni que ponerse, ni que usar, por lo tanto la bahía del contrabando surgió otra vez como en los tiempos del comercio de rescate y contrabando cuando se trataba con los filibusteros para conseguir lo poco que se podía usar.

Era la época en que un simple radiecito Sokol (si no ha oído hablar de esta marca vea en el baúl de los recuerdos o en algún museo de antigüedades) costaba $439.00, un reloj Poljot (soviético) costaba en la calle, en la bahía del contrabando $240.00; el maestro graduado ganaba $123.35 al mes trabajando 8 horas en docencia en un internado de primaria, viviendo en la escuela interna y llenando su tiempo libre de guardias que hacía con los estudiantes becados, teniendo que dormir una noche semanalmente en albergues con los estudiantes y asistiéndolos a cualquier hora que le sobreviniera un ataque de asma o cualquier otra emergencia moviéndose con los enfermos en transporte público, a la hora que este apareciera.

Pero el que podía trabajar en la calle después de haberse graduado también tenía igual salario y a las 4:30 pm se iba de la escuela llevándose un arsenal de cosas para hacer en casa. El Plan Superación de la Mujer, dirigido por la pedagoga Elena Gil Izquierdo, ya desaparecida, puede dar fe de muchas de estas realidades, tenía sus oficinas en 5ta. Ave. y calle 110.

Los maestros que no eran graduados por el sistema regular, es decir que se graduaban mientras daban clases en las escuelas y asistían a sus clases / asignaciones / conferencias los sábados en un plan de formación emergente de maestros llamado PED (Plan de Estudios Dirigidos), esos maestros devengaban al mes $86.00 de aquellos pesos de mierda hasta que se graduaran, generalmente trabajaban en escuelas públicas externas, no internas, con ese salario los que tenían familia pasaban más trabajo que el clásico catre roto y además viejo, estas son algunas de las características de la Educación por lo menos hasta los 90s., pero hay más que no es necesario contar, y esto es parte de lo que tenía lugar en la vida de un maestro formado por la Rev., que formó decenas de miles y se le van por miles, no hay fijador, no hay gancho para mantenerlos, la profesión no tiene sexapil, no tiene pegada, no atrae, se está en ella por necesidad económica y conciencia política, pero no por vocación, esto en un alto número de maestros; la gente que la estudian la practican un tiempo y cuando ven la carga de trabajo y la miseria de salario que pagan, se dicen: "no que bah, yo no estudié pa' esto y se van pa' el caramba".

La Salud ese otro baluarte del sistema fidelista, un sistema que se creía podía ser erigido sin la inversión de dinero, ese sistema que tal vez el rebelde victorioso de la Sierra creía que era como dar órdenes y que estas harían los milagros que solo tienen lugar en su mente, por demás algo fuera de la realidad.

Los médicos eran casi militares, con unas condiciones de trabajo muy duras, los médicos y las enfermeras hacían más guardias que los soldados en las unidades militares. ¿Cuántas veces no hubo que posponerse una salida a un cine, teatro, o restaurante o cualquier otro lugar porque la novia estaba de guardia y no la pudo cambiar?, era así.

Además, el personal de salud terminaba una guardia y seguía a su turno de trabajo ahí mismo o viceversa, era realmente un trabajo esclavo, mucho trabajo y poco salario comparado con el tremendo esfuerzo que hacían. Con los médicos y el persona de salud no ocurría el éxodo que se daba en los maestros porque entre otras cosas la profesión de los médicos y del personal de la salud en general tenía un reconocimiento social muy grande, no monetario, pero sí político, impulsado por el JR=FCR, entonces los médicos no se iban tan fácil de la profesión que habían elegido, pero además la selección del personal para la profesión era bien exigente tanto en lo académico como en el compromiso con la política del Partido-Gobierno y con el CJ.

Lo más importante era el aspecto político-ideológico, ese era el que obligaba a los maestros y médicos y otras muchas personas de distintas especialidades a trabajar varias horas por encima de las "normadas", horas de trabajo voluntario, como parte de la formación comunista de las nuevas generaciones que se formaban dentro del proceso revolucionario, y de salario, ¿qué?: NADA ¿y de las necesidades?, bien ahí están cada vez más crecientes e insatisfechas, pero se resuelven con mucho amor a la Patria, al Partido y al LHR=CJ=FCR=PCEM.

Al analizar la sociedad fidelista y buscar en ella los preceptos establecidos por Marx en cuanto a las fases socialistas o comunista se verá con más claridad por qué el fidelismo o castrismo es atípico y por qué clasifica entre las formaciones socioeconómicas más incipientes de la humanidad.

Cuando se compara con los preceptos reconocidos para la etapa socialista Marx establecía: *"A cada cual según su aporte"*, ¿ha estado este precepto presente en la sociedad fidelista?; parece ser que no; por otra parte, Marx planteaba para la sociedad comunista o fase superior: *"De cada cual según sus capacidades a cada cual según sus necesidades"*, ¿en algún momento ha estado presente este concepto en la sociedad cubana?, ¡...! Por eso el fidelismo es un modelo único, atípico de sociedad y con la que se pretende respetar al pueblo, ¿es eso respeto a la población, su señoría?

La vida cotidiana lo dice a cada segundo de su existencia: con el fidelismo la isla, la nación, la patria fidelista va cada vez más, y más, y más, y más, y más, hacia las mayores profundidades oceánicas nunca antes conocidas; hasta que lo conocimos a él, vimos la vida con dolor y no negamos tuvimos momentos de felicidad, pero con mucho dolor ulterior; no si para qué, es toda una tragedia, no griega sino fidelana.

C-34: Otro de los aspectos importantes es la relación de las autoridades con ese pueblo que tanto se dice amar y por el cual se hacen todos los "¿sacrificios?" que sean necesarios hacer; para corroborar este propósito; véanse fragmentos del discurso de presentación del 8 de ene. del '59:

> *"El Presidente de la República me ha encomendado la más espinosa de todas las tareas, la tarea de reorganizar los institutos armados de la República y me ha asignado el cargo de Comandante en Jefe de todas las fuerzas de aire, mar y tierra de la nación (APLAUSOS Y EXCLAMACIONES DE: "¡Te lo mereces!"). No, no me lo merezco, porque eso es un sacrificio para mí, y en definitiva para mí eso no es ni motivo de orgullo, ni motivo de vanidad, y lo que es para mí es un sacrificio. Pero yo quiero que el pueblo me diga si cree que debo asumir esa función."*;

"…incluso cuando iniciamos esta guerra, yo consideré que si bien eran muy grandes los sacrificios que estábamos haciendo…";

"Porque la opinión pública tiene una fuerza extraordinaria y tiene una influencia extraordinaria, sobre todo cuando no hay dictadura. En la época de dictadura la opinión pública no es nada, pero en la época de la libertad la opinión pública lo es todo";

"Y a quien le pido que nos ayude mucho, al que le pido de corazón que me ayude, es al pueblo (APLAUSOS), a la opinión pública, para desarmar a los ambiciosos, para condenar de antemano a los que desde ahora están empezando a asomar las orejas"; "…jamás necesitaremos de la fuerza, porque tenemos el pueblo, y además porque el día que el pueblo nos ponga mala cara, nada más nos ponga mala cara, nos vamos…";

"…porque el poder lo concebimos como un sacrificio, y créanme que si no fuera así, después de todas las muestras de cariño que yo he recibido del pueblo, de toda esa manifestación apoteósica de hoy, si no fuera un deber el que uno tiene que cumplir, lo mejor era irse, retirarse, o morirse; porque después de tanto cariño y de tanta fe, ¡miedo da el no poder cumplir como uno tiene que cumplir con este pueblo…!"

Después de leer esos fragmentos, en los que se enfatiza el respeto y consideración al pueblo, a la opinión pública, podríamos explicarnos: ¿por qué las peores producciones se dedican a la población?, ¿por qué los cubanos en la isla no podían comprar un carro por sus medios si este no era dado por el estado?, carros que además eran de muy baja calidad, basta que exista uno como el Polski y se ha dicho todo, ¿es eso respeto a la población?; ¿por qué si se tomó la decisión de venderle carros a la población para que los adquieran por sus medios, se les engaña y se lleva a cero esa posibilidad al vender un carro usado, de no tan distinguida marca, en precios que rozan las estrellas?, ¿por qué se engaña a la población?, ¿quién y cuántos pueden pagar precios tan exorbitantes?, ¿es eso respeto a la población, señoría?; ¿por qué si tanto se estima y aprecia al ser humano el CJ=MLR=FCR, ordenó la confección de ventiladores sin caretas, rejillas, o protectores, hechos con discos de frenos como base, aspas o propelas traídas del período paleozoico, motor de centrífuga de lavadora soviética Aurika y que para ponerlo a funcionar se conectaba a la fuente eléctrica y al no tener interruptor había que accionar la paleta o propela con el impulso dado por el dedo, que si no se retiraba con agilidad podía ser cercenado por el accionar de la misma?; ¿es eso respeto y admiración por el pueblo o es que se piensa que lo que se está comandando es un rebaño de esclavos?

De aquella exposición de artículos hechos de trastos viejos, de piezas en desuso, de desechos de carros que se ensamblaron para hacer ventiladores de pie, cocinas eléctricas u ollas de presión, que fue presentada en un teatro de la capital con la participación de los que hicieron posibles aquellos engendros, con la presencia de la ministra del ramo (Industria Básica) y con el CJ=FCR=PCEM=LHR como director de aquel circo; aquello era deprimente, era traumatizante ver lo que producía en el país para darle a la población por la que se estaba, según el CJ=FCR, a hacer cualquier sacrificio; después de ver aquella **bamiersurada**, algunos quedamos en shock y por poco nos sometemos a tratamiento sicológico porque la autoestima nos bajó tanto que la llegamos a imaginar corriendo y mezclada con las aguas de las cloacas; aquella parafernalia de electrodomésticos fidelistas decía cuán baja era la estima de Vuestro Cmdte. por el pueblo de donde él sacaba a los mejores hijos para que fueran a morirse a cualquier lugar del mundo; aquellos equipos de producción nacional era lo que El Invicto tenía para su pueblo, aparte de los equipos nuevos que se habían importado para darlo a la población y que aun siendo nuevos de paquete eran de la más baja calidad en su mayoría, con la honrosa excepción de la olla reina, tal vez por ser reina.

Es mejor ni hablar mucho de estos equipos, tanto los importados como los de producción nacional, no hacer mucho ruido para que las demás personas que no son cubanos no sigan pensado que los cubanos valemos bien poco, si el primero que nos subvalora y desestimula nuestra autoestima es el caballo y no es de Troya, es un caballo con bastantes mataduras.

Se ve como una mentira lo del respeto a la población; venderle un carro usado a la población en $CUC 262 000, una moneda que está por encima del USD, es una flagrante falta de respeto; con esos precios se les está diciendo a los cubanos que NO hay carro por la libre en Cuba; todo es un engaño, una mentira cruel; ¿es eso respeto a la población su señoría?,

¿dónde está la admiración por la población que tanto se quiere y respeta? Kño no me engañes más, si no hay dímelo y ya.

Se destaca el sobreprecio de cualquier artículo que se adquiera en la isla, sea un televisor, un refrigerador, cualquier artículo es 3, 4, 5 y hasta 6 veces lo que se paga en cualquier otro país del área donde está Cuba, en el Caribe, por eso los que salen a cumplir misión de colaboración, algo también exclusivo de Cuba, no compran por lo general los electrodomésticos, ni la ropa, ni otras prendas, ni casi nada dentro de Cuba porque todo les sale más caro en unas cuantas veces que si lo compran en cualquier otro país. ¡Oh, cuánto respeto a la población!, no hay remilgos, no hay consideración, todo el mundo tiene que entrar por el mismo aro, no se mira si saliste a cumplir una honrosa misión de colaboración, o internacionalista, o estás dentro del país, no, lo mismo da: todo cubano tiene que pagar extra precios por lo que fuera de las fronteras es varias veces más barato y varias veces de mejor calidad. ¡Oh, cuánto respeto a la población! ¡Qué manera de querernos qué manera, es asombroso! ¡Gracias Fidel, gracias que te tenemos!

Los llamados colaboradores generalmente se reúnen varios de ellos y adquieren un contenedor y aun pagando el costo de transportación, todo lo que ellos llevan para sus familiares le sale infinitamente más barato que si lo compran dentro de la isla ¿es eso respeto a la población?; no, esa vaina es el fidelismo desolador, que es resistido en la isla porque muchos no saben cómo quitarse de encima esa pena de dolor o no quieren quitarse ese yugo de encima. ¡Gracias Fidel, muchas gracias!

Los colaboradores son cubanos que teniendo una profesión como medicina, enfermería, una ingeniería, o cualquier otra profesión, son llamados por la agencia que en Cuba se dedica a este tipo de contratación para trabajar en el extranjero y entonces ellos son enviados a esos países que requieren de esta fuerza calificada; en la mayoría de los casos el contrato es ventajoso para las dos partes, para la persona que sale a trabajar y para el estado, este obtiene alrededor del 60% de lo que devengue el individuo en el lugar donde se desempeñará y el 40% le corresponde al contratado, esta es una proporción que puede variar con la demanda que haya de la fuerza de trabajo solicitada, que puede variar también de acuerdo a la consideración que el estado revolucionario fidelista tenga de la profesión, esto entre otras causas; pero la regla general es que el estado se queda con la mayor tajada; muy bueno, muy considerado por parte del estado cubano.

El estado cubano, preocupado, diligente por la familia del contratado, explotador, abusador, descarado, hijo de mal padre, le deja a esta el salario-miseria que tenía el colaborador en la isla, y créalo el lector o no lo crea, solo con lo que obtiene la persona que salió a prestar sus servicios al exterior, es capaz de resolver para su familia los problemas acaecidos por años-luz y que nunca pudo resolver con la miseria-mierda de salario que se recibe en Cuba; por supuesto al sr. FCR no le agrada que se diga que el salario en su país es pobre o que es equivalente a menos de $25.00 USD eso a él lo ofende y lo pone de muy mal humor que no lo oculta, eso a él lo enfurece y entonces se pone a hacer comparaciones con China y el yuan chino, su alcance en comparación con el peso-basura cubano, otras comparaciones de lo que se podía hacer con la moneda cubana y las monedas de otros países y a hablar bamiersurada de que si en los EUA estaban pagando a $USD 8.00 la hora y que no podrían mantener esos salarios; todo eso pa' confundirnos y hacernos más come-bolas de lo que ya en sí él nos había hecho, y ahí es donde uno se pregunta: ¿es eso respeto a la población, su señoría?

Pero más aún, en la década de los 70s. se le quitó al pueblo 1lb de azúcar y otra de arroz para darlas como donación, en gesto solidario-obligado para los pueblos chilenos y los sudvietnamitas respectivamente, (esta fue una disposición que salió de la imaginación de FCR y al pueblo se le dijo lo que se iba a hacer y por qué había que hacer eso, pero en ningún momento se pidió la opinión de la población para saber si se estaba o no de acuerdo con esa orden; eso es **democastria**(f)). Las donaciones a perpetuidad eran para el Chile de la Unidad Popular de Salvador Allende y a Vietnam del Sur que se debatía contra las fuerzas invasoras yanquis.

Unos meses después el gobierno de la Unidad Popular fue derrocado y Chile fue tomado por otro de los dictador-tiranos de este continente y por oro lado los sudvietnamitas derrocaron bochornosamente a los yanquis en el abril del '75, y lo que fue un gesto solidario y de sacrificio impuesto a los cubanos que vivían racionados a 6 lb de arroz y similar cantidad de azúcar para un mes por cada persona, nunca se vieron a regresar, ni la librita de arroz, ni la de azúcar tampoco después de terminadas las condiciones que requerían el sacrificio, nunca estos productos regresaron al pueblo colmado de necesidades de todo tipo.

No olvidarse que el CJ en un discurso de euforia dio a conocer que Cuba exportaba carne de res y huevos de ave hacia Europa, algo inconcebible en un país con cartilla o libreta de razonamiento que ha estado presente por más de 50 años marcando la miseria en la que vivía el pueblo, con limitaciones no solo para comer sino para vestir, para transportarse, para obtener una vivienda, con limitaciones en innumerables esferas de la vida. Con una vida menesterosa y así el CJ creía y hacía ver que Cuba era una tasita de oro; esa fue la imagen vendida al mundo, lo que ocurre es que muy pocas personas en el mundo se han preguntado: ¿por qué se van los cubanos de esa tasita de oro? En varios lugares del mundo, hay el criterio que FCR multiplicó los peces y los panes, y eso es una imagen distorsionada de la verdad cubana porque en sí, Fidel espantó los peces de los alrededores de la isla y del pan, mejor no hablemos, lo convirtió en un 'toma uno' y ocasionalmente ácido y difícil de ingerir; un solo pancito para el día, esa es la cuota, ¡qué tal!.

Cuando se escriba la historia, estas dificultades que nunca abandonaron a los cubanos de la isla sin dudas estarán presentes, estos hechos también debían incluirse como parte de la historia de la que tanto se preocupa el CJ, no sea que se escriba a su gusto y semejanza tal y como él ve el mundo con sus espejuelos caleidoscópicos y estos avatares no se hagan presentes, como si nunca hubiesen existido mientras todos estos años los cubanos se han comido un raíl de línea.

Ahora dígame usted su señoría: ¿es eso respeto a la población? Su señoría, una de las tierras del mejor café del mundo, de la mejor azúcar de caña y del mejor tabaco del mundo, vivía mezclando muchos chícharos con un poquitico de café, los cigarrillos racionalizados, para exportar tanto el tabaco como el mejor café, ¿con qué nos quedábamos los cubanos?, con lo que menos servía en esos renglones que eran parte de la cultura nacional cubana y de las mejores tradiciones, ahora, dígame usted su señoría, ¿es esto respeto al pueblo?

Ah pero cuando se trata de pedirle sacrificios al pueblo, para eso sí FCR se pinta solo, que ni mandado a hacer; eso es lo de él, pedir y pedir sacrificios, y no dar nada, ninguna satisfacción; para pedirle al pueblo que hay que morirse, que tiene que estar dispuesto para el holocausto si los yanquis cometieran el error de agredir al país, incluso este demencial proceder lo ha manifestado por gusto, cuando en el firmamento existente entre los dos países no ha habido ningún vestigio de que tal designio fidelista ha estado presente. Lo de Fidel es hacerle conciencia a los cubanos para dar a otros pueblos lo que en el suyo apenas si hay, es pedir sacrificios, y más sacrificios, … y después, todavía, más sacrificios, para eso siempre está dispuesto Fidel; no se recuerda en todos los años al frente de la nación que este juglar de las guerras, haya pronunciado un discurso para darle una satisfacción que no estuviera vinculada a la política. No hay un momento en la historia que recoja algo semejante. Todo lo contrario, ya se conocen sus criterios sobre ese permanente sacrificio a que están sometidos los cubanos.

C-35: Bajo la influencia, liderazgo y égida de FCR otro de los aportes fatídicos del fidelismo como doctrina, que se puso en práctica en la sociedad socialista cubana= fidelismo, lo fue su afán enfermizo por ridiculizar a la sociedad capitalista frente al socialismo en general y sobre todo a ese eslabón perdido que no se sabe dónde ubicarlo, si antes de la comunidad primitiva o después de esta.

El CJ llevó a cabo una lucha sin cuartel para desprestigiar a la sociedad capitalista, en particular la del sempiterno enemigo, mostrando los logros de Cuba en salud, en cultura, en educación, en seguridad social, con la ausencia de racismo, en la agrupación de la población en sus distintas organizaciones de masas, una sociedad en que existe una voluntad hidráulica expresada en decenas de presas construidas por la Rev., en la seguridad que tenía la juventud cubana en cuanto a las ventajas que brindaba el fidelismo para los jóvenes, empezando por la sociedad que tendría más computadoras personales a partir de la década de los 10s. del presente siglo, la sociedad que en el mundo tiene el mejor per cápita de médicos, de maestros, de profesores de Educación Física, una de las mejores tasas de empleo del mundo, en la cual se desmoviliza, se desactiva la mitad de la primera industria del país y se toma una fuerza laboral de más de 10 000 personas y no se le da otro puesto en la producción o los servicios si no que se mandan a estudiar para que descubran ¿cómo los jejenes hacen el amor para producir sus huevitos?

Téngase en cuenta que toda esta fuerza desmovilizada de 10 mil personas, tenía estudios superiores y medios en más del 52%, los otros no eran universitarios, pero tenían una enseñanza general superior al 9 grado y el resto rebasaba los conocimientos de la enseñanza elemental.

Esto solo es posible en la sociedad fidelista por eso están como están ¿de bien?; la sociedad capitalista no hace cosas así, por eso están como están ¡de mal!, el fidelismo es la sociedad de los resultados, de la **¡eh!konomíatuya** que le interesa un bledo a sus gobernantes, esta sociedad que toma a los jóvenes que no quisieron estudiar cuando tenían edad escolar y que abandonaron sus estudios en nivel medio o medio superior y los pone a estudiar pagándoles a más de 124 000 jóvenes un salario de $120.00 mensuales, sin ningún tipo de respaldo productivo o de servicios, asegurándole a muchos de ellos estudios universitarios; la sociedad capitalista no hace cosas así, por eso están como están ¡de mal!

Ventajas como esas no las tiene la sociedad capitalista de ningún país, menos la de los enemigos históricos que sí saben de economía y cuando tienen que quebrarle los huesos a los obreros mandándolos para la casa porque van a cerrar algún centro de trabajo, los mandan sin importarle cuál sería su futuro ni cómo van a dar de comer a la familia, algo muy reprochable y digno de ser cambiado, porque pone en el trance de delinquir para vivir a miles de personas en detrimento de la sociedad, eso no pasa en Cuba.

Cuba mantenía el nivel de desempleo en menos 2.5% que era lo exigido por la OIT (Organización Internacional del Trabajo), para considerar al país con pleno empleo y por supuesto Cuba cumplía esa cifra, era un golpe político, para lucir bien y para asombrar a los demás en el mundo, y lo que hay que cuestionar es qué país puede mantener una economía con eficiencia cuando está en manos de una persona que tiene su cabeza en las nubes (cielo) con Lucy; para tener ese por ciento de desempleo los 124 000 jóvenes que engrosaron las filas de los estudiantes y los 10 mil ex trabajadores de los centrales azucareros desactivados eran considerados como fuerza laboral activa. ¡Qué; les parece amigos lectores!

El problema era aparentar lo que verdaderamente no es, y así ha sido siempre bajo el dominio de FCR, pero además ¿quién le podía objetar algo a las propuestas que él hiciera?, ¿dónde está esa persona llena de coraje suicida?, no existe esa persona, serio no existe, porque aun cuando alguien se atreviera a objetar sobre algo planteado por FCR, valdría la pena ver qué tiempo demora en tener un accidente de tránsito a 25 kph y que muera, o como sin ser una persona en funciones militares aparece un arma homicida y ese ser humano se suicida de dos tiros en la cabeza, no sería el primero que se pega DOS tiritos en la cabeza para suicidarse, (justo es decirlo pero ese dislate fue rectificado después y se le dejó en un solo tiro para que pareciera más creíble) o cualquier otra forma inimaginable de morir, sin contar con la desaparición física.

La desaparición física de la víctima fue reservada solo para Camilo Cienfuegos Gorriarán, esta, que tal vez fue ensayada con las supuestas desapariciones del jefe de la Fuerza Aérea y piloto personal de FCR, el comandante Pedro L. Díaz Lanz y la desaparición falaz de Raúl Castro ambas el mismo día, la de Raúl mientras aparentemente buscaba a Díaz Lanz; todo una macabra obra de teatro.

Las desapariciones de los comandantes Díaz Lanz y Raúl Castro en la Ciénaga de Zapata fueron de mentiritas, incluso la del propio FCR, fueron el pretexto y ensayo burdo para las que vendrían después, pero real, no de mentiritas: la verdadera desaparición de Camilo Cienfuegos Gorriarán a bordo de un Cesna 310 (#53), esa sí fue real, y más que desaparición pudo haber sido un asesinato que se encubrió con una supuesta desaparición, como también lo fue el accidente aéreo en otro Cesna 310 (#56) en que pierde la vida Osvaldo Sánchez Cabrera que había participado en combates y en la organización de las fuerzas de inteligencia de la naciente Revolución, el llamado G2, en "lamentable accidente" ocurrido el 9 de ene. de 1961, pero en este caso el cuerpo de la víctima sí estuvo presente y fue el Che quien despidió el duelo. Fíjense que los Cesna se convirtieron en algo misterioso, unas veces "desaparecían" y otras veces se accidentaban; no se podía repetir muchas veces la misma actuación para que no hubieran sospechas.

Salta a la vista que los Cesna se estaban convirtiendo en "ataúdes" volantes para algunos selectos dirigentes de la naciente revolución fidelista, aquellos que no le acomodaban al CJ=FCR, y hay que ver con qué seguridad le expresa a Frei Betto que la "desaparición" de Camilo Cienfuegos fue usada para culparlo a él de ese desenlace, le dice a su interlocutor que ni el cadáver se pudo hallar, pero lo dice con una seguridad, con un cinismo, con un grado de convencimiento que si hubiera estudiado la carrera de actuación le habrían sido otorgados varios Oscar por las muertes que ocasionó y la manera tan desconsiderada, despiadada y frívola con la que se deshacía de su responsabilidad. Todo un actor, tal vez le pudo robar algo al histrionismo, a la versatilidad del actor norteamericano Errol Flynn.

FCR, tenía que ir desbrozando el camino, limpiar todo lo que representara un peligro, un estorbo, una prueba acusadora que lo incriminara y que pudiera dar al traste con sus designios y aspiraciones de ser EL ÚNICO, que no había otro igual que osara robarle el escenario y mucho menos popularidad, solo él, (entre las décadas de los 20s. y los 50s. hubo una cantante cubana, muy bella físicamente y con una voz muy bien calibrada, pianista, con un histrionismo y una gracia personal, que hacía que los ciegos la vieran, ella fue apodada La Única) para formar un dueto cubano atípico en actividades totalmente diferentes, **el dueto de los únicos cubanos,** este último integrante con un bajo y mendaz performance.

De tal suerte que las desapariciones no las podían seguir repitiendo porque hubiera sido mucha falta de respeto y gran desconsideración con el pueblo y recuérdese el discurso del 8 de ene. del '59.

> *"Porque la opinión pública tiene una fuerza extraordinaria y tiene una influencia extraordinaria, sobre todo cuando no hay dictadura. En la época de dictadura la opinión pública no es nada, pero en la época de la libertad la opinión pública lo es todo";*
>
> *"Y a quien le pido que nos ayude mucho, al que le pido de corazón que me ayude, es al pueblo (APLAUSOS), a la opinión pública, para desarmar a los ambiciosos, para condenar de antemano a los que desde ahora están empezando a asomar las orejas"; "…jamás necesitaremos de la fuerza, porque tenemos el pueblo, y además porque el día que el pueblo nos ponga mala cara, nada más nos ponga mala cara, nos vamos…";*

El por ciento con que algunos presidentes estadounidenses asumían el cargo era menos del 26% de los votos de la población y según FCR, el país que él dirigía era superior al de la sociedad norteamericana, enajenada, con alto por ciento de criminalidad no visto en Cuba, con un racismo rampante, con el uso indiscriminado de drogas en la juventud, cosas que no son falsas, todo eso es verdad, y más aún, pero lo que falta por ver es que se produzca una oleada de norteamericanos negros en primer lugar, o tal vez latinos residentes o indios o blancos hacia Cuba. Cuando algo así se dé, entonces podemos decir que el fidelismo es la sociedad del futuro, pero mientras tanto ni hablar, si los cubanos están inventando construir una isla de rocas sedimentarias para perderse de Cuba, porque el viacrucis a través de América Central se le está poniendo bien duro.

Si algo así llegara a ocurrir, un éxodo a la inversa, entonces se entendería mejor que con 1000 intentos de prestidigitación el querer hacer ver que la sociedad socialista de FCR=fidelismo es mejor que cualquier capitalismo en la fase en que este, sea desarrollado, o el llamado en vías de desarrollo, o cualquier capitalismo incluso si los presidentes son votados solo con el 2% de los votos populares, lo demás son ideas y aspiraciones peregrinas de un trasnochado que se niega a ver la verdad que tiene en frente de sus ojos, el que no se resigna a perder aunque lo estén apabullando. ¡El pobre, qué clase de espíritu, es genio y figura hasta la sepultura!

C-36: Otro aporte de FCR, con el que tristemente pasará a la historia de la que tanto habló y tanto lo preocupa, lo fue elevar el autoritarismo a corriente filosófica con nuevos ribetes, admitida por muchas personas, estando de acuerdo con el mismo por ingenuidad, o por la superioridad del oponente en el terreno político ganado por él, o por no buscarse los consabidos problemas de los que discrepan, de los bizarros, cuyos problemas van desde la muerte sospechosamente "repentina", o por "suicidio", o por "paro cardíaco", o por "accidente de tránsito", incluida hasta las deportaciones, o pasando por la humillación de hacerse un "harakiri" político en frente de toda la población; FCR tenía un amplio espectro de opciones del cual seleccionar para ridiculizar, humillar, desaparecer, mandar a podrirse en prisión, suicidar o matar a quien no aceptara su mandato o simplemente le fuera un estorbo.

En Cuba una orden, una disposición dada por FCR, no admitía cuestionamiento, ni enmienda de sus colaboradores, incluso cuando se evocaba la dirección colectiva, colegiada de los miembros de gobierno, eso era mendaz, era falaz, nunca fue así; **en el país solo ha habido un mando único y no más**, es algo parecido a lo que ocurre en otro país de Asia, Corea del Norte, que tiene algunas limitaciones en la esfera económica como consecuencia de un pobre desarrollo de sus fuerzas productivas le que impide dar un servicio que estuviera en correspondencia con el tiempo que lleva como país socialista; no obstante ellos, los norcoreanos, tienen menos atraso y problemas de los que tiene Cuba.

Pártase del hecho que la guerra que dividió definitivamente a la península coreana en dos países, terminó en '53, más de 60 años y el desarrollo de Sudcorea es con creces muchas veces más imponente que lo que puede exhibir Corea del Norte, y ambas tuvieran fecha de despegue igual y si bien es reconocer que Sudcorea ha contado con el apoyo incondicional de los EEUU y de parte del mundo occidental, hay que reconocer también que Corea Norte ha tenido el apoyo de la China Comunista en los años en que el crecimiento económico de China no tenía la fuerza de estos años, incluso teniendo en su territorio la presencia de hambre, por los desmanes que se cometieron en China.

Pero no solo China ha ayudado a Corea del Norte, la URSS le proporcionaba una parte importante de la ayuda que el país necesitaba para apuntalar el comunismo en esa tierra, ya que el paralelo 38 que divide a las dos Coreas más que línea divisoria es también la línea de confrontación entre dos sistemas políticos y desde muchos puntos de vistas, todos medibles, Corea del Norte perdió esa confrontación por el desarrollo con Corea del Sur, por mucho; es como la diferencia entre el día (Sur) y la oscura noche negra, reprieta (Norte) ; es como la relación entre los vocablos antónimo (Norte) y sinónimo (Sur), son cosas totalmente opuestas.

Luego entonces, ¿qué ha pasado entre las dos Coreas? ¿Por qué esa diferencia tan abismal entre esos dos países con idiosincrasias muy similares? ¿Cuál ha sido la causa de ese desarrollo impar y podría decirse en direcciones opuestas? Las respuestas a esas preguntas tienen distintos puntos de vistas, pero cabe destacar, el caudillismo imperante en Corea Norte, algo semejante a lo que sufre Cuba y solo compárese para que se vea los niveles de desarrollo en picada descendiente de ambos países, nunca ascendente.

Desde 1948 en que asume King Il-sung al poder, quien le hace entrega del poder al hijo King Jong-il y este a su vez al nieto-hijo en orden descendente King Jong-un, el Norte Coreano ha tenido toda una dinastía. La sumisión de la población y la veneración hasta el delirio de los líderes norcoreano es algo ridículo y anacrónico, es indecente, bochornoso; la obediencia es ciega, es irracional; allí no hay razón, solo pasiones y sometimiento, algo semejante, aunque en menor escala ocurre en la Cuba de FCR.

Gracias a Dios a los cubanos no se les ha ocurrido someterse a las autoridades políticas y gubernamentales en la forma tan sumisa, rastrera y humillante en que la población norcoreana se comporta con sus dirigentes, esa actitud va formando parte de la cultura de esa población, está en sus mentes de forma casi innata. Habría que ver qué ocurre en Cuba cuando la principal figura desaparezca del panorama político y por orden dinástico lo sustituya el hermano; cuál sería la reacción sobre todo de las nuevas generaciones que han sido engatusadas, ensimismada y encantadas con las dos principales figuras de la isla, al extremo de obedecer con ceguera total, para obtener como principal beneficio estudios gratis sobre todo de nivel superior donde los que no son revolucionarios, así sean lumbreras, verdaderos talentos, no pueden pernoctar porque la "**universidad es para los revolucionarios**", lo que implica que quien no sea revolucionario allí no tiene nada que hacer.

Ver las fotos que se pueden obtener de los recorridos del actual jefe norcoreano y el séquito de súbditos con papel y lápiz detrás de él, ver a la población llorar la muerte de uno de sus líderes, llorar a caja destemplada, es recodar escenas vividas en una isla del Caribe ante la muerte de un seudolíder, ese llanto era "puro teatro", había que plañir y se buscó a la juventud para esta tarea; lo que se vio era un concierto de jóvenes que gemían al mismo tiempo como si aquello hubiera sido ensayado, tal coro que requiere de una afinación perfecta. Y a quién lloraban estos jóvenes norcoreanos, pues nada más y nada menos que al segundo de la dinastía que había fallecido y del cual se dicen cosas muy, pero muy, en extremo muy feas; tal vez una sola de las lágrimas de aquellos jóvenes que fingían hubiera sido más que suficiente para guardar tributo a un seudolíder que al parecer no lo merecía. Veremos qué pasa en Cuba cuando el LHR=FCR=CJ=PSPCC=ADR fallezca, aunque su pretensión es llegar a los 120 añitos.

En Corea Norte la dedicación a la construcción de armas absorbe parte importante de los magros recursos económicos que podrían ser dedicados a otros menesteres; la población responde a toda esta política porque las medidas represivas llegan hasta la muerte del encartado y conlleva medidas de represión a la familia. Es un terror de altos vuelos que no son derribados con los pésimos y pobres misiles de inteligencia que le va quedando al pueblo norcoreano.

La información es totalmente cerrada hacia afuera, si de la población, un miembro de una familia tiene un problema con el sistema político, ahí paga toda la familia. Los que visitan el país como turistas no pueden usar sus cámaras o celulares para tomar parajes u otros lugares de la geografía del país (esto es extraoficialmente).

Siendo justos y con grado superior de honestidad ese no es el panorama de Cuba, realmente el desaguisado de Corea del Norte supera el de la Cuba Castroniana con creces; pero véase que vínculos tan estrechos mantienen ambas dinastías; es bochornoso para el pueblo cubano ver que sus dirigentes viven en ese contubernio con los norcoreanos. ¡Qué pena! Dime con quién andas y te diré quién eres.

Pero mire lo que son las dictaduras, en el mes de abril del 2016 empezaron los viajes de cruceros a Cuba desde los Estados Unidos y saben lo que quería el régimen retrógrado de los hermanitos Castros, pues que los cubanos que nacieron en la isla, no podían ir a Cuba en esos viajes, es decir no podían ingresar al país por la vía marítima, ¡qué alguien se diga, se me hace urgente, si esto es o sí es una aberración decrépita! La chochez está vistiendo sus mejores galas con los Castro.

Las autoridades cubanas en su alta jerarquía (FCR=ADR=LHR=CJ) ya no saben qué van a inventar para mantener vivo al enemigo, no dejarlo morir, no dejarlo que cambie su estatus al de no enemigo; imagínense, si se acaba el enemigo, ¿contra quién van a luchar y a desarrollar sus intrigas?, pero lo más triste e importante, ¿cómo van a justificar el desastre económico en permanente crecimiento?, si el enemigo desaparece, ¿a quién kño le van a echar las culpas de los fracasos y yerros del sistema sobre todo en el terreno de la **¡eh!konomíatuya?**, esta desaparecería inexorablemente y entonces tal vez podría iniciarse una verdadera economía.

Buscando la razón de por qué esa absurda decisión, que ellos no pueden imponer, pues la compañía naviera no es propiedad del estado cubano, se mantenía la pegunta: por qué, por qué y una vez más por qué; las especulaciones tuvieron que ser desechadas porque los cubanos pueden entrar por vía aérea y de hecho lo hacen asiduamente, son los que aún tienen familiares en Cuba y que periódicamente van a visitar para llevarles provisiones a los familiares que aún tienen allá.

La investigación trajo algún resultado del cual no se puede dar 100% fe de validez, pero atando algunas respuestas dadas a periodistas, de las personas que hicieron ese primer viaje, la situación era motivada porque las personas que viajarían por barco eran en su mayoría los que "nunca habían regresado a Cuba después de salir de ella hace más de 40 o 45 o 50 años" y al parecer a los Castros en primer lugar no les acomodaba la idea de que esas personas que nunca habían estado en la isla desde hacía tanto tiempo lo hicieran ahora, en viaje de turismo, ellos no iban a ver familiares por lo tanto podían ver en todo su esplendor y magnitud el desastre que los hermanos tienen allá, sobre todo en la capital del país, lo que da tremenda pena.

Por la seriedad de lo expuesto vale aclarar que esta tesis es el resultado de lo que han dicho las personas que viajaron, esa parece ser la respuesta después de contactar a algunas de las personas que hacen estos viajes. ¿Qué les parece?; no es 100% seguro que sea esa la razón para la negativa inicial, pero los que fueron dicen eso y es lo que más lógica parce tener.

De ridículo en ridículo, de intrigas y desaguisados; viviendo solos, sin nadie que quiera acompañarlos, viendo el tiempo pasar y La Habana no aguanta más. Ellos no cambian, bueno allá ellos y los pobres cubanos que desfallecidos y sin ganas de vivir soportan aquella toma de La Habana por los Castros, el estoicismo de los cubanos es mil veces mayor que el de los habitantes de San Petersburgo (anteriormente conocida como el Leningrado de la extinta URSS) que estuvieron sitiados 872 días, (29 meses, aproximadamente 2 años, 4 meses y 19 días) por las hordas hitlerianas durante la Segunda Guerra Mundial; esto parecía un record difícil de igualar. Aunque no en las mismas circunstancias que los leningradenses o petersburgueses, pero no La Habana, sino Cuba completa ha sido sitiada por las hordas castronianas y llevan más de 58 años de sitio y a decir verdad, aunque muchas fuerzas se han rendido, yéndonos unos, otros comulgando con en el insípido sistema, lo cierto es que aún quedan hálitos de vida y de no admitir el castrismo de por vida.

Corea del Norte y Cuba fueron y aún son países amigos cuando el llamado campo socialista, y aún continúan siéndolo. El CJ visitó la nación en la 2da. mitad de los 80s. El liderazgo individual con culto a la personalidad sobredimensionado que vive Corea del Norte, no tiene igual dimensión en Cuba, pero si existe en la isla.

Dice una vieja tonada 'yo sé quien tú eres porque sé con quien andas'; lo positivo de esta comparación entre estos dos países, es observar como sus aberrados sistemas políticos muy similares, sus conceptos sobre la detentación del poder, casi iguales, han afectado a la población de ambos países, aunque de seguro el desarrollo norcoreano es mucho mayor que el que pueda mostrar Cuba, pero atrasado en relación con el lugar en que pudieran estar ambos países de haber empleado más racionalmente la ayuda recibida desde que se fundó la nación Norcoreana alrededor de 1948 y Cuba asumió su liberación en 1959.

Ahora el III miembro de la dinastía norcoreana en ocupar el poder está haciendo pruebas nucleares alegando una amenaza, que sí es verdad que existió en algún momento, en años atrás, pero a esta altura no se ve esa amenaza en ningún lugar, falsos pretextos para producir armas nucleares y acrecentar el peligro a nivel mundial. Norcorea, Cuba, las conozco mascaritas aunque se hagan las bobitas.

Nadie tiene idea del peligro que se corre cuando un loco irresponsable saturado de egocentrismo, como este y como lo fue FCR cuando le prestaron los 42 coheticos, estos se hacen altamente peligrosos al saberse poseedores de armas tan agresivas como estas. Ambos tienen ideas extremistas y su actitud es ser centro por cualquier vía, positiva o negativa y hacerse notar en la arena internacional; es un peligro extremo la posición de armas nucleares en poder de manos y mentes tan propensas a usar la fuerza irracional.

Ambos ejemplos de desarrollo tienen fuerte tendencia a valorar a la persona que ostenta el poder y no el apego a la ley y a los derechos de los ciudadanos los cuales deben amar y venerar a sus líderes, **no a las leyes**, sino **a los líderes** que van deviniendo en fantoches, en algo anacrónico.

Ese es el comunismo de estos políticos y su "aporte" a los preceptos de los creadores del socialismo científico. En resumen, de las dos Coreas es evidente que la del Norte es oscuridad, veneración enfermiza, poco desarrollo cabalgante cuesta abajo, represión mutilante de las mentes de los norcoreanos y un encierro al exterior que es insultante, lo que es expresión inequívoca de la ausencia total de democracia.

Los records del PIB e IDH de Corea del Norte no aparecen registrados en ninguno de los años chequeados, lo que indica que deben ser bien pobres, lo mismo hizo Cuba referente al PIB, mientras que Corea del Sur abochorna continuamente a su vecina con sus índices de desarrollo, lo universal de sus compañías de electrodomésticos, de software, la infraestructura de la que goza el país, si este país, Sudcorea, se sometiera a los designios de la del Norte, en menos de lo que cante un gallo la veríamos en el fondo de un pozo.

Allí, en la República de Corea o Corea del Sur, uno de los Cuatro Tigres Asiáticos de entre los 70s.-90s., los presidentes son elegidos en elecciones libres y gobiernan por períodos de 4 o 5 años, allí no hay dinastía, tampoco lloran hipócrita y mendazmente a los líderes que mueren, la Corea del Sur tiene un PIB que la ubica en el lugar número 13 y en el 17 del IDH entre todos los países del mundo, ellos, los sudcoreanos han publicado estas cifras del año 2014, sin miedo, entonces ¿por qué no lo ha hecho Norcorea y Cuba?, ¿a qué le temen?, ¿qué les da pena?

En Corea del Sur, si un presidente comete algún delito o bajo su mandato se produce una negligencia inherente a la presidencia durante su período de gobierno, se puede tener la seguridad de que la ley lo juzgará, incluso si ya no está como presidente y si merece sanción se la aplican y lo sancionan de acuerdo a la falta cometida y si es dentro del período de gobierno y se considera que tiene que demitir, así se hará. ¿Quién en Cuba puede llevar a FCR a un tribunal para que atestigüe sobre alguna de las barbaridades, de los asesinatos, de los desmanes que ha cometido?, no, eso es mucho pedir, ¿quién le puede hacer un simple señalamiento, sencillo por algo que haya hecho? A él no se le puede decir que renuncie al ramillete de cargos que tiene, él mismo se propone la renuncia para montar la farsa. ¿Dónde está la ley?, para él no existe porque la ley es él.

Simple: en el dilema por demostrar qué sistema socio-económico es más eficiente, el mundo socialista (URSS, China Comunista) apostó por Corea del Norte, mírenla donde está, mientras que el mundo capitalista apostó por Sur Corea, ¡saque ud. sus propias conclusiones!; a este nivel del film ni la URSS existe y Rusia no es comunista, y China no tiene ni la k en la palabra comunista.

En Cuba se puede decir que se vive una autocracia fidelista basada no en la democracia conocida históricamente, la tradicional, la que surgió en la Grecia gobernada por oligarquías para llegar a la Grecia gobernada por todos, gobernada por el pueblo, lo que constituía una auténtica democracia; no, esa no es la democracia que impera en Cuba, sino la **democastria**, la que creó FCR para hacerse viejo en el poder y morir ostentándolo; en Cuba no existe el imperio de la ley como en otros países, allí lo que hay es castrismo sustentado en la **democastria**.

Fíjese en uno de los miles de ejemplos que dan una idea de lo que es este "aporte histórico del CJ: el castrismo"; en 1983 Cuba había enviado a un grupo importante de trabajadores a construir un aeropuerto en la amiga islita de Granada, un pequeño territorio de unos 344 km²; en la presidencia de los EUA estaba el sr. Ronald Reagan; este decide que ese aeropuerto podía constituir un peligro para los EUA, algo totalmente absurdo, un argumento más que baladí, entonces este juglar de la voluntad y la actuación decide enviar la 82 División Aerotransportada a desbaratar aquel aeropuerto que estaba en construcción.

Por su parte, FCR envía al frente de los trabajadores a un militar joven que debía dirigir los combates, la lucha de los constructores para defender las construcciones del aeropuerto frente a las tropas de la 82 División Aerotransportada de los EUA; la orden era precisa, puntual: "no dejar que las tropas yanquis tomen el aeropuerto, impedirlo a toda costa, a cualquier precio". La historia ya la conocéis, pero no por conocida deja de ser menos dolorosa, aberrante, injusta e irónica. Aquello se pintaba como la clásica lucha de león y de monito amarrado de pies y manos; sería una batalla de unos 15 o 20 minutos para que los yanquis no dejaran piedra sobre piedra, ni tampoco quedara con vida un constructor devenido en soldado fidelista, por los santos órganos de FCR, el CJ quería un río de sangre y sobre todo que **todos fueran mártires**, así podría formar su alharaca, esa a la que nos tiene acostumbrado para después introducir las marchas y remarchas combatientes, la perdedera de tiempo, la no asistencia al trabajo para reunirnos en las plazas, gritarle cosas a los yanquis y formar los líos a los que nos tiene acostumbrados llamando la atención mundial con sus discursos, pero se le hizo aguas la fiesta.

Este militar joven, con alto sentido común y con respeto por la vida de los que mandaba, comprendió que la bronca era de monito recién nacido para león agresivo y abusador de fauces con colmillos punzantes y muy afilados, era el clásico guiso fácil, aquello era un suicidio innecesario, entonces el militar encargado de que **se produjera un baño de sangre** y que no quedara títere con cabeza, decidió poner a reguardo la vida de más de 700 constructores, que no eran militares ni la cabeza de un guanajo, sino simple trabajadores de la construcción.

El joven militar no cumplió con el mandato dado por el Invencible, por el CJ, por ese que dice que siempre fue costumbre del Ejército Rebelde, dirigido por él, por FCR, el hecho de *"obtener grandes victorias con un mínimo de pérdidas en vidas"* de sus soldados; claro en esta ocasión él no iba a dirigir las tropas, por eso tal vez quería un bañazo de sangre para entre otras cosas demostrar la ineficiencia del joven, pero aquella batalla no se ganaba ni con su dirección de las acciones.

El CJ, el militar más autosuficientemente que se haya conocido en la isla, quien se dice ser mejor estratega que el General devenido en Emperador, Napoleón Bonaparte (ago. 15, 1769 a may. 5, 1821), que fue un famoso militar y político francés, que llegó a tener control notorio de una buena parte de Europa y que fuera derrotado por los ingleses en Waterloo, lo cual no le hace perder todo los méritos del talento militar que acusó en su momento; o mejor estratega que el General de Prusia Carl Philipp Gottfried von Clausewitz (jun. 1, 1780 a nov. 16, 1831), quien fuera un prestigioso, destacado, talentoso y notorio teórico y militar, de gran renombre en su época por las teorías y preceptos que en el terreno militar logró establecer y que con estos conocimientos de la excelente notoriedad de estos dos hombres, nuestro hombre se diga mejor militar que ellos porque según él, Fidel, estos militares perdían muchos soldados en el campo de batalla y él no, él obtenía las victorias con un mínimo de pérdidas humanas, ya eso es el colmo de no tener una abuelita y reventarle los cordales al que escribe.

Este jefe militar de guerrilla que en sus casi 90 abriles no sabe lo que es un rasguño de perle y ahora extrañamente el LHR=CJ, el co. Fidel quería que los cubanos pusieran su sangre a raudales en tierra granadina, no cubana, él quería una masacre, para formar lo suyo, a lo que está acostumbrado, a hacer un escándalo mundial con todos los constructores muertos; él necesitaba sangre para sus "rebullones". ¿O es que acaso ya no le interesan las victorias con bajo número de bajas, ya no? Ah caramba, mire eso, era creído que seguía siendo necesario preservar la vida de los hombres durante las acciones militares.

Fue lo mismo que hizo en el Moncada que cuando sonó el primer disparo Fidel ya estaba por la Sierra Boniato; embarcó a todo el mundo y el capitán araña sin un rasguño en su piel, sin bautizarse militarmente. En sí él nunca recibió ese bautizo; tenía una brújula para coger la ruta por donde no sonaran los tiros, en el encallamiento del Granma las balas no lo alcanzaron en su camino hacia la Sierra Maestra; él, FCR nunca hubiera dado un buen capitán de barco, porque el no se habría quedado nunca a dar las últimas instrucciones, y mucho menos hundirse con el navío;

mírese su ejecutoria en la expedición de Cayo Confites, acción con la que se pretendía invadir República Dominicana y derrocar a otro tirano, a R. Leónidas Trujillo Molina; al ser descubierto el plan y coger preso al casi 100% de los pretendidos invasores, Fidel, el rápido, y otro amigo suyo que lo siguió, fueron los únicos que se escaparon nadando una gran distancia en la Bahía de Nipe hasta tierra firme. ¡Qué olfato para embarcar a otros y él salir ileso!; tal parece decir: 'la sangre que la pongan otros, yo pondré la inteligencia y los pies'.

La capacidad militar del joven enviado a morir en Granada fue puesta en la picota pública; la burla y el escarnio público se vistieron de largo, porque alguien de las altas esferas de poder se encargó en hacerlo ver como un incompetente, como un inepto; su nombre fue utilizado por el populacho en unos pares de zapatos tenis que no tenían nada de lo que uno pudiera enorgullecerse, por el contrario, eso y mucho más en contra de este joven, y todo esto fue originado porque este hombre grande, de alma buena, con verdadero amor al prójimo, fue capaz de desobedecer la orden dada por el ICJ=PCEM=FCR, que en este caso no quería una victoria como las que él preconizaba, victoria que hubiera sido imposible, él lo que quería era ver correr la sangre para justificar sus ulteriores designios.

Este joven militar que evitó que hubieran muerto allí innecesariamente más de 700 cubanos que no eran militares, sino civiles, que eran constructores, que era gente noble y humilde, sin entrenamiento militar serio y profundo, que incluso con alguna antelación al desarrollo de los acontecimientos se había dado la noticia en Cuba de que **todos los cubanos que pacíficamente estaban construyendo el aeropuerto habían muerto como consecuencia de la artera invasión**; esa era el deseo que se adelantó a la realidad, pero gracias a Dios no fue así, el pan que se pretendía servir a la mesa estaba crudo y no se iba a cocinar en la forma que quería FCR; solo murieron, y no son pocos, 25 constructores, que no era lo esperado y eso desbarataba el macabro plan que tenía el dictador de formar un gran escándalo internacional, en cuyo escándalo se ensalzaría su figura y accionar político, pero para eso él necesitaba que los más de 700 constructores estuvieran muertos.

Para él no era lo mismo 25 que el aniquilamiento total de los más de 700 obreros y constructores destacados allí, todos muertos; de manera que cuando este oficial salvador descendió la escalerilla del avión y le dijo al Cmdte. que la misión que él había ordenado había sido cumplida y lo saludó militarmente, ya el Cmdte. en Jefe sabía que había por lo menos una persona viva, el militar de "marras", que se suponía debió haber muerto en el cumplimiento de la orden dada por el dueño de la vida y de todo en el país; esto le costó al militar la mofa, la burla, el escarnio de la población que se reía de su aparente mala gestión en esa isla y para muchos en Cuba era inadmisible, intolerable cómo este joven había engañado a Su Alteza la Muerte=FCR, hubo cubanos que estaban insultados ante aquel incumplimiento.

Al joven militar se le mandó a Angola para que se reivindicara y supiera lo que era cumplir una orden dada por el CJ; los cubanos en la población se decían: "¿viste cómo el Coronel engañó al CJ?" y eran incapaces de ver como ese militar había evitado la muerte innecesaria por razones políticas, de más de 700 cubanos, que enlutarían aún más los hogares de la familia cubana, aquello hubiera sido un suicidio, los 25 constructores fallecidos como consecuencia del actuar de las tropas yanquis no fueron noticia en Cuba, la noticia y el comentario era cómo el militar había engañado al CJ. Las vidas perdidas no contaban porque no estaban en la proporción y cantidad deseada por el que perdía muy pocas vidas en los combates que él dirigía. En este caso lo esperado era que hubieran muerto todos aquellos constructores. Tal vez FCR estaba ofuscado porque el joven coronel había perdido pocas vidas y había ganado la batalla contrario a como Fidel quería; ¿qué batalla?, ah la batalla contra la muerte innecesaria de todos aquellos constructores.

Véanse las más de 2000 vidas perdidas en misiones militares y civiles a causa de las órdenes impartidas por el sr. que no quería mandar columnas, ni divisiones, ni regimientos, ni compañías, ni pelotones, la única tropa que él quería mandar, era al pueblo, pa' resalarle la vida a miles de personas de forma más directa que es lo que ha hecho para todos los que quedaron en la isla a su merced. Incluso a aquellos que fervientemente lo defienden y que son capaces de cumplir una de sus órdenes al costo de sus vidas, se les podría criticar pero ellos están convencidos que sirviendo de alfombra para que El Invicto camine sobre ellos es lo mejor que les puede pasar; pobrecitos, Dios los acoja en su regazo.

En síntesis, en este doloroso capítulo el CJ quería que más de 700 trabajadores de la construcción se enfrentaran con pistolitas de agua a la artillería y metralla de la 82 División Aerotransportada de los EUA; él sabía que era una derrota asegurada, era una **derrota pírrica**, innecesaria, fíjese en el hecho que antes de consumarse el acto ya la prensa oficialista tenía la masacre de todos los constructores y daba esa noticia a la opinión pública cubana, todo esto daría lugar a un gran escándalo ante tamaño abuso, pero no fue así gracias al talento humanista del Coronel P.B. Tortoló, que hizo como ser humano lo que tenía que hacer. ¡Qué Dios lo bendiga!

Véase como quien alardeaba de ser mejor estratega que Napoleón y que el general prusiano Carl von Clausewitz, no tiene el más mínimo pudor en compararse con estos talentos en el campo militar que aunque hayan tenido alguna que otra derrota, incluso costosa, casi nadie duda de su genio militar y ahora en un arranque de infinito y desordenado ego ausente de total modestia este hombre que parece se quedó varado en los siglos XVIII-XIX, nos está obligando a admitir que su talento militar desarrollado en condiciones y épocas totalmente diferentes, es superior al que estos dos émulos desarrollaron en su época. De tal suerte que ahora Fidelito el autosuficiente nos dice que él es mejor que ellos; le ronca el merequetén.

No se recomienda aprender de la modestia y sencillez enseñadas por el LHR=CJ= PSPCC=PCEM=FCR, porque si se le hiciera un examen sobre estas virtudes a quien haya aprendido de ese maestro, el examinado podría terminar en prisión por su falta de conocimientos y de ética tan enormes, ¿quién sería el maestro?, sería sin dudas la pregunta que se haría el tribunal examinador; es demasiado.

Nuestro hombre consideraba su genio militar por encima de los de estas dos figuras; así de sencillo y de AUTOSUFICIENTE, él se nos dibuja dando soberana lección de lo que no es ser modesto y mucho menos sencillo, algo que se le exigía a la juventud en las primeras años de la Revolución.

El triunfo de las armas norteamericanas en la invasión a Granada, con la 82 División bien agresiva, no se lo discutía nadie; así que los cubanos pondrían su sangre, sus vidas mientras que los nativos que en buena medida habían provocado parte del conflicto, no aportarían mucho a la causa; no olvidar que una semana antes de la invasión ellos habían desaparecido al Primer Ministro y a varios miembros del gabinete. ¡Qué les parece!, el actuar del rey de las vitorias con poquitas pérdidas en vidas olvidó el libreto original y ahora lo que quería era sangre y muerte al por mayor, sobre todo de procedencia cubana.

Fidel, que no perdonó nunca a Maceo por las exigencias que este le hiciera a Martí para incorporarse a la guerra, Fidel que fue el que más criticó a todo y todos, y él no tenía ni un arañazo en su piel como consecuencia de las acciones y avatares en que siempre estuvo enrolado, tales como Cayo Confites, el Bogotazo, las aventuras de pistolero que vivió en su época de estudiante universitario, los combates de la Sierra Maestra, los cientos de intento de atentados, kño y nunca le rozó una balita, uhuhuhuh, ¡qué raro eh!, eso huele a quema'o.

Los Maceos no, esos sí tenían tremendos testículos productores de testosterona; a Antonio le apodaban el Titán de Bronce porque recibió en su cuerpo 27 heridas de balas en todos los años de contienda y peleaba al frente de su tropa y no se comparaba con ningún otro militar por famoso o bueno que este fuera, y el General Antonio Maceo y Grajales con otros patriotas llevaron a cabo la hombradía de la Protesta de Baraguá; él condujo con Gómez la invasión desde Mangos de Baraguá hasta Mantua, tomó parte en decenas de combates y era modesto cantidad y no hacía alardes de su reconocido genio militar y cuando decía hacen falta 5000 pesos oro para mover la gente y empezar la guerra, lo hacía con tremendo conocimiento de causa, sin alarde ni na'.

¡Qué no se puede decir del General Antonio Maceo!, muchas cosas en bien y por qué no, algunas negativas habrán, pero quién no las tiene; en él había más de luz, que de sombras, de eso no hay dudas; allá los envidiosos que quieran negarlo; resulta que a un Sol como Antonio, no hay nubarrón que lo opaque.

Fidel, Fidel, mire este otro émulo: el Geral. José Maceo y Grajales, conocido como el León de Oriente, peleaba a 200 metros por delante de sus hombres, con centenares de combates llevados a cabo por su tropa con él al frente de la misma, este gigante que recibió 19 heridas de combate nunca cejó en sus propósitos de liberar a su patria, sufrió prisión, pasó las mil y una vicisitudes y siempre mantuvo el afán de vencer; dirigió exitosamente la fuga del hermano mayor que había sido herido y estaba en una hamaca; los españoles lo sabían y andaban pisándoles los talones con el objetivo de hacerse de esa tamaña presa, el General Antonio, casi se podía decir que un grupo sentía la respiración del otro y ya casi cuando los españoles estaban a punto de echarle mano, Antonio se hace a su caballo y los deja con las ganas de ponerle un dedo encima y esa operación la patrocinó el General Hermano, ¡cuanta belleza kño!, ¡cuánta valentía!, ¡cuánta bravura!, ¡qué manera de derrochar coraje!; los "panchos" no cogieron nada, se quedaron con las manos vacías. Eso es epopeya de verdad, hombradías y mujerías, porque alrededor de los Maceo Grajales todo el mundo, mujeres y hombres eran talla extra, ovarios y testículos para respetar y ellos no se comparaban con nadie, su patrón era el de ellos mismos, su meta era superarse a ellos mismos.

Se puede decir que sus órganos sexuales producían la misma calidad de la testosterona que la que producía su hermano mayor, tremendo Dúo de Hermanos, eso sí es un dúo para respetar, rectos, íntegros, limpios, hombres, probos, respetados y queridos por la tropa, nunca mataron a uno de sus soldados porque estos estuviesen rascabuchando; no, ni tampoco desaparecieron a quien fuera el jefe de la vanguardia, ¿ud. entiende Comandante en Jefe, no?

De José se puede adicionar que cuando los soldados españoles lo sabían en el campo de batalla, estos se discutían la manigua para ir a hacer sus necesidades fingidas por supuesta maleza de estómago, para si se encontraban con el León Maceo en el campo de batalla, que este, todo gallardía, le dejara terminar y le perdonara la vida, y eso que José era implacable, pero también era tremendo hombre y caballero.

Ambos Maceo eran más hombres que muchos que se hacen cantidad y tienen su piel virgen, ¡diga ud. Fidel! En ellos sí había gallardía, hombría, coraje, auténtico genio militar; de los Maceos no se sabe nada malo, no hay intrigas; están limpios hasta donde se conoce, aunque sus errores habrán cometido porque eran humanos, pero son, aunque le duela a quien le duela, un ejemplo, son todos ellos un paradigma de cubanos, una familia entera, puesta, dedicada a la independencia de su país: Madre, Esposa, Hermanos, Padre, to' el mundo allí era de alta valía, ¡cuida'o con eso!

Entonces, compárese: ¿qué diferencia hubiera existido entre FCR con el ex PM inglés Winston Churchill?, cuando este último siendo el Primer Lord del Almirantazgo en la Primera Guerra Mundial permitió el hundimiento del buque trasatlántico británico RMS Lusitania, con 1959 personas a bordo, entre ellas 168 niños, entre todos habían científicos, hombres de negocios, políticos; su hundimiento llevado a cabo por un submarino alemán duró solo 18 minutos por eso murieron 1198 personas, (niños, mujeres, ancianos) y solo 761 personas pudieron sobrevivir; el motivo de este "descuido" bajo la pupila de Winston Churchill era proporcionar forzosamente la entrada de los EUA en la guerra, ya que en el navío viajaban 234 pasajeros de ese país; Churchill logró su propósito.

Algo semejante pasó en la II guerra Mundial con la misma persona, W. Churchill, pero ya como PM inglés en el período 1940-45 durante la Segunda Guerra Mundial, cuando 2 días después de haberse iniciado la Guerra, el 1 de sep. de 1939 con la invasión a Polonia, fue hundido por un submarino alemán, el trasatlántico británico SS Athenia, que como el buque británico hundido en la P.G.M. este llevaba cientos de pasajeros norteamericanos de los 1113 del total de pasajeros en el trasatlántico; y mírese que casualidad, la guerra iniciada por los alemanes tiene la declaración de guerra de los ingleses el día 3 de sep. casualmente cuando el trasatlántico británico SS Athenia navegaba en aguas no confiables, donde podía ser sorprendido por submarinos alemanes y eso fue lo que pasó otra vez. ¡Cuántas casualidades!, parece un remake, una copia de lo ocurrido en la P. G. M. En este "incidente" fallecieron 120 pasajeros, de ellos 28 eran norteamericanos de los 311 de esa nacionalidad estaban a bordo; aunque los norteamericanos no entraron en la guerra en esos momentos por la supuesta macabra invitación de Churchill, lo hicieron después del ataque que los japonés le hicieran en 1941 en Pearl Harbor.

Tal vez para algunos sean justificables las dos acciones que se le atribuyen al ex PM británico, toda vez que su propósito era enrolar a los EUA para enfrentar a un enemigo agresivo y voraz que se tornaba impetuoso; para el Reino Unido de la Gran Bretaña era difícil enfrentar sola a esta fuerza y salir victoriosa, desde el punto de vista patriótico pudiera decirse que habría alguna justificación en las acciones llevadas a cabo; pero cuán diferente resulta que donde quiera que suene un disparo en cualquier lugar del mundo, hacia allí eran enviadas tropas cubanas para enrolarse en un conflicto que no constituía una amenaza para el país como sí lo eran las amenazas que se cernían sobre Inglaterra. Uno buscaba la defensa de su país con sendas acciones deleznables, mientras que el otro buscaba ser reconocido a nivel mundial a partir de la liberación de pueblos oprimidos, quería presentarse como el redentor de los pobres a costa de la pérdida de vidas humildes; he ahí la diferencia entre uno y otro.

Otro caso para comparar actitudes de políticos en las que se ponen en riesgo la vida de sus pueblos por objetivos meramente políticos que tal vez podían alcanzarse de otra forma; vean el caso del presidente norteamericano que más períodos ha regido los destinos de su país, Franklin Delano Roosevelt, este sr. que estuvo más de 12 años en el poder desde mar. de 1933 hasta abr. de 1945, permitió que sus tropas fueran masacradas por los japoneses en Pearl Harbor aun cuando él y su estado mayor tenían información de los planes de los japoneses porque el nivel de intercepción de los mensajes que salían del mando japonés era tan alto, que podría exagerarse diciendo que los mensajes cursados por el mando japonés llegaban primero al mando americano antes que al destino japonés para el cual se enviaba, así de alto era la intercepción de mensajes al mando japonés.

El presidente tenía la obligación de pensar que el ataque podía ser una posibilidad tangible porque precisamente él había firmado un embargo a las exportaciones hacia Japón y esto recrudecía y tensaba las relaciones entre las dos naciones y no era lógico pensar que los japoneses harían una declaración formal de guerra bajo esas condiciones, así que los japoneses se dejaron seducir por el señuelo, mordieron el anzuelo que le habían lanzado y después tuvieron que pagar bien caro por su osadía; pero el mando norteamericano conocía perfectamente de los propósitos del mando japonés y dejó correr los acontecimientos para tener un motivo más que sobrado y entrar en la guerra.

Los soldados americanos fueron masacrados, cogidos in fraganti y pagaron un alto costo de 2403 vidas, 1247 heridos todo esto como saldo humano que resultaba invaluable, inestimable; en el terreno militar las pérdidas fueron millonarias: 19 grandes embarcaciones entre hundidas y dañadas, cerca de 350 aviones destruidos en tierra y/o dañados; todo por actitud imprevisora del presidente que los mandó a la guerra. Este acto de perdida de vidas pudo ser evitado actuando previsoramente.

Un costo, sobre todo en vidas bastante alto, para tener una justificación de entrar a la guerra y después lanzar las únicas dos bombas atómicas que conoce la humanidad. ¿Qué diferencia hay entre aquellos y este?, lo único que a este, a FCR, las cosas le salieron en esta acción, en Granada, no como era esperado por él.

C-37: En libro hecho por uno de los ex-guardaespaldas de FCR, en que publicó lo que él había vivido durante más de tres lustros al lado del CJ nos confirma algo que era sabido para algunos que ya habían escudriñado sobre la vida de FCR: su concepto de familiaridad era muy malo, muy pobre y eso no tendría nada de extraño si no fuera su incidencia de alguna forma en la vida de la sociedad cubana.

Son conocidos sus orígenes y sus relaciones tensas sobre todo con el padre, él repite el esquema de su vida con su hija la cual ni siquiera lleva sus apellidos, de lo cual ella no tiene culpa alguna, él realmente no parece tener nada con la paternidad, otro hijo que tuvo por Camagüey nunca fue reconocido y tampoco le dio su apellido, según cuenta el ex-escolta separado de la égida y control del dictador; sin embargo por videos se sabe de los hijos que están a su lado con una mujer que no era necesario conocer y tal vez por eso la mantuvo a escondidas como algo espurio, ilegal, como si fuera un sacrilegio; con ella había tenido una prole numerosa y nunca se supo de la existencia de ella hasta que ya él cae enfermo.

Ese actuar no se ve en otros gobernantes del mundo civilizado, entonces ahora que es un guiñapo humano y está luchando por llegar a los 120 años de vida, la saca a la luz pública, para que lo ayude con la carga de los años que ya pesan, más los excesos físicos que cometió cuando más joven, más lo que debe pagar por los crímenes cometidos con gente de su staff de gobierno; todo eso pesa.

FCR, ha sido infiel a la amistad de quienes colaboraron con él como súbditos incondicionales, ahí se pueden incluir Camilo Cienfuegos, Juan Almeida, Ochoa, Abrahantes, Osvaldo Dorticós Torrado, Díaz Lanz, Raúl Chibás, Felipe Pazos, Sorí Marín, Gutiérrez Menoyo, Hubert Matos, Félix Pena Díaz y otros muchos, incluso para muchos estudiosos e investigadores, FCR, traicionó al mismísimo Ernesto 'Che' Guevara de la Serna, al leer la carta de despedida en un momento para el cual no estaba indicado se leyera esta, lo que impedía que el Che pudiera regresar a Cuba y de igual forma le fue infiel al dejarlo ir a morir a Bolivia sin que hubiera un intento de ayuda; en sí con una jugada de Gran Maestro se quitó al fiel amigo que hasta cierto punto le hacía sombra para sus propósitos. La lista es larga y muchos nombres se pierden en el tiempo, incluso presidentes de países amigos que eran considerados hermanos del pueblo cubano; entonces ahora que no puede ya con su vida y que le quedan solo 30 años para llegar a los 120, es que exhibe a la esposa para que lo ayude a cargar su pesado fardo de horrores cometidos.

A esos hijos que sí viven como no viven los hijos de millones de cubanos, algo contraproducente, porque se exige en el sistema fidelista que para tener cualquier beneficio usted debía ganárselo; un reloj, una olla de presión, un televisor, eran artículos que costaban mucho a los trabajadores que hacían vida casi de semiesclavos; costaban sangre, sudor y lágrimas obtener cualquier artículo en Cuba, desde un reloj pulsera hasta una casa.

En la constitución del 1976 se hace alusión a la familia como la célula fundamental de la sociedad cubana y en buena medida empodera a la familia y la responsabiliza con la formación de las futuras generaciones de cubanos.

Para FCR la familia no podía estar por encima de las relaciones con la Rev., era posible romper con la familia, pero nunca anteponerla ante una tarea dada por una de las organizaciones políticas (PCC / UJC) del país, ante esa tarea había que dejar, que renunciar a lo que fuera e ir a cumplir con lo ordenado por una de esas organizaciones políticas.

La Rev. y sus organizaciones también actuaron contra aquellas personas que se iban de Cuba por alejarse de su sistema político y en ocasiones tenían que dejar a sus familias en la isla por lo improvisado del viaje, a veces con medios muy rústicos en los que se corría un gran riesgo y no era aconsejable llevarse la familia, esta parte de la familia que quedaba en la isla, a pesar de las limitaciones que podía poner la OIEUA (Oficina de Intereses de los Estados Unidos de América) en los trámites para salir del país a los familiares quedados, estos también eran objeto de la presión que el aparato político cubano ejercía, para en lo posible y con sutilizas, crearle dificultades adicionales a los familiares en Cuba.

¿Cuántas familias separadas por razones de tipo político, por discrepar de la manera en que el dictador llevaba las riendas del país?; en ocasiones se ponía a un miembro de la familia preso sin ninguna razón de peso, solo por expresar ideas en contra de la Rev. y los familiares presos eran enviados de un extremo de la isla al centro del país o al otro extremo para que los familiares del preso pasaran las mil y una vicisitudes al ir a verlos.

Hubo ocasiones en que hacían sus viajes casi trasatlánticos desde el occidente al centro de la isla y al llegar a la prisión, les decían que la visita se había suspendido, solo para causar molestias, irritación y ponerles el hígado a la vinagreta a los familiares que de seguro llevaban varias horas de viaje más el tremendo desembolso económico, era una venganza baja, inmunda, soez, como la que intentaron con el piloto que se llevó un avión MIG-23 para irse de Cuba y el resto de la familia había quedado en Cuba y esta fue tomada como rehén. Lo que ocurre que su valentía, pericia y arrojo les dio a las dos partes la fuerza necesaria para burlar la vigilancia y salir airosos en una empresa preñada de heroísmo y amor; este piloto que fue retado por Raúl, sacó a su familia delante de los ojos de los hermanos ciegos de ira y de odio.

Muchos actos como estos de impedir la reunificación con la otra parte de la familia fueron puestos en práctica por la ADR=FCR=LHR=PVCEM en contra de la unión de las familias que estaban separadas; incluso la viuda de William Morgan ha estado desde hace muchos años tratando de llevarse con ella el cadáver del que fuera su esposo que está enterrado en Cuba y el camarada FCR no da el permiso.

La Rev. ha actuado en contra de la familia cubana donde quiera que esta se ha encontrado, incluyendo el hecho del envío a las misiones internacionalistas para defender regímenes de no mucha probidad tal como el de Mengistu Haile Mariam de Etiopía; enviados a exponer sus vidas sin que luego a la familia le fuera retribuido algún beneficio en caso de perder a sus familiares en esas contiendas. Cuando otros gobiernos envían a sus soldados a cumplir una misión fuera de sus fronteras, si estos caen en el cumplimiento del deber, el gobierno del país que los envió retribuye a la familia económicamente, al menos para que puedan tener una vida en correspondencia con el sacrificio que representa perder un familiar; en Cuba le daban una carta a la familia por el deber cumplido del caído y hasta nuestros días no se conoce de otra compensación; nosotros somos diferentes.

En Cuba un deportista que tuviere resultados sobresalientes en la arena internacional y que recibiera un premio en metálico por esos resultados, no podía hacer grandes planes con el mismo porque el estado le dejaba una parte muy modesta de ese premio que recibía por su actuación, y el resto era para el estado, por eso algunos se quedaban en las salidas que hacían al extranjero y otros que no lo hicieron se maldicen de no haberlo hecho y hoy son unos desconocidos dentro de la isla, dados algunos de ellos a la bebida y a una vida indigna sin recursos, no para lujos, sino para vivir como las personas; incluso muchos de ellos sin que el estado los haya premiado ni con un Moskovich > Polski = bamiersurada ambos.

(N.A. >: este es un signo matemático que se usa para indicar cuando una cantidad es mayor que otra, ej: 5 > 4, pero en el texto es usado para indicar cuando un ente es mejor que otro.)

El estímulo para ser una familia revolucionaria, admirada y querida en el barrio estaba en buena medida determinado por la ejecutoria de la familia en el lugar de residencia, de cómo fuera su actitud en la cuadra, de si participaba en la limpieza de la cuadra, de cómo había cooperado con las tareas de la Rev., ¿de cuántas personas había denunciado, por cualquier razón a miembros de la policía política?, eso es lo que se conoce como "chivatería".

En consecuencia, con esta actividad indigna, si caía bien la familia, el día de los CDR se le daba un diploma y se le nombraba familia cederista destacada; no contaba cuán decente, respetuosa, unida, bien llevada, educada con los demás fueran todos los miembros de la familia, nada, para ganarse el diplomita de bamiersurada había que tener un buen número de denuncias y si tu familia las había hecho, no importaba la decencia, u otras condiciones que enaltecen a los seres humanos. Esa era la forma de premiar a la familia cubana, mientras más chivatona, mejor.

Esos son **balores** revolucionarios aprendidos dentro del fidelismo. Lo que a la familia cubana le hacía falta para vivir desde el punto de vista material, el azúcar, el arroz, la sal, el café, todas estas eran producciones que tenían lugar en el país y no alcanzaban para abastecer a la familia, y no solo estos renglones, se puede hablar de carne de res fresca, por cierto, hace tiempo que no se ve en los platos de la familia cubana, así como otras provisiones que no había que traerlas del exterior.

Con la educación, la salud, la seguridad social, la posibilidad de trabajo para todos con ley que obligaba a trabajar a todos, aquellas cosas que eran necesarias para vivir fueron desapareciendo hasta extinguirse y la familia cubana empezó entonces un duro bregar y la lucha por sobrevivir; ¿qué ponerse? pasó a ser una pesadilla de cada mañana para la familia que no vestía uniformes.

El racionamiento abarcó todos los sectores de la vida de la familia cubana, los hombres tenían derecho a un solo pantalón por la libreta, no por el año, sino por tiempo indefinido, indeterminado, a veces un familiar moría y había que ver que ropa se le ponía, para que no llegara desarropado a su destino, pero tampoco que se llevara una buena pieza de ropa que se podía remodelar y ser usada por otros que se quedaban en el "paraíso de educación, salud y …".

Esta extrema escasez deformaba a parte de la sociedad, porque aquellos que por distintas razones podían vivir un poquito mejor que los demás por tener familiares que salían de la isla se comportaban en forma errática, arrostrando a los demás con su nivel de vida, si lo sabrá este expositor que por déficit de ropa vio dos becados irse a los puños un 13 de mar. porque un amigo ofendió al otro delante de varias muchachas a la salida de la beca, diciéndole que él tenía muy pocos pantalones y que siempre lo veía con el mismo, llegando al escarnio.

Eso dolorosamente era verdad, lo sufrí en carne propia; no había literalmente ni qué ponerse; en los mejores momentos llegué a tener solo 2.5 pantalones y uno lo había cogido hacía varios años por la libreta de mi abuelo cuando estudiaba el primer año de la carrera y en ese momento estaba haciendo el penúltimo año, el 4to. y gracias a la diligencia de mi madre y otros familiares la crisis no fue más fuerte; los que no teníamos familiares que fueran marinos mercantes sufríamos la embestida despiadada de no tener lo imprescindible para vestir.

Toda esta escasez se empezó a justificar por la agresividad del imperialismo yanqui y su bloqueo y todos en la isla admitíamos eso como una verdad absoluta e irrebatible y no pensábamos en las erogaciones que se hacían para la guerra, cosa hasta cierto punto necesaria; se desconocía lo que el país, FCR, regalaba a otros países adicionando más limitaciones, penurias y escasez para los nacionales.

Nunca se pensó que la situación pudo haber sido otra de haberse permitido que la industria del textil que existía en Cuba hubiera continuado en manos de sus dueños originales. El estado cubano las nacionalizó todas y las desgració y eso acrecentó las extremas necesidades. Estas producciones textiles fueron sustituidas por tejidos de los países amigos, los países socialistas.

La tremenda escasez a la que los cubanos más pobres no estaban acostumbrados, desarrolló la imaginación y se recuerda como las féminas, hermanas, novias, hacían trampas con la libreta de la ropa porque borraban las anotaciones de las entregas de tela que en su mayoría venían de los países socialistas, tales como el yoryé, y las dependientas le decían: "pero aquí ya cogieron esta tela, ya no te puedo despachar más por este cupón".

Estas fueron algunas de las ventajas que nos trajo el fidelismo, y no quejarse, porque si no, no eras revolucionario, y no tenías ni ropa, ni zapatos que ponerte, pero había que estar callado, como el perro que muerde calla'o; la Rev. no solo eliminó el derecho a huelga porque se consideraba un acto de hostilidad contra la Rev. y su líder, sino que ni siquiera el doliente podía quejarse de que sufría escasez porque a los revolucionarios no les estaba dado ese acto de debilidad ideológica; todo esto parece absurdo, pero cuánto de realidad se encierra en estos estamentos.

En la Cuba post triunfo de la Revolución empezó a escasear todo, lo que se hacía en el país y lo que se importaba, porque todo pasó a ser controlado por gente inexperta, con afancs, con ínfulas de grandeza; en Cuba empezó a escasear hasta las personas que tenían vergüenza, dignidad, que eran respetables, todo formó parte de la crisis. La familia cubana que otrora era pobre hasta el tuétano, hasta la médula, pero con dignidad, ahora no tenía nada, ni lo uno ni lo otro.

Quizás a duras penas algunas de estas escasez puedan entenderse, ¡pero kño, el café y el azúcar, de los cuales fuimos líderes mundiales durante algunos años de nuestras vidas!, no se concibe; el azúcar a 6 lb por persona que a veces no daba ni para hacer un dulce casero, o hacer un agua con azúcar para mitigar la hambre de media noche, ¡no, no, no, no, no, no se concibe!, y no es que se piense con el estómago, pero bueno es lo bueno y no lo fidelista, que desde hace ya algún tiempo huele mal, muy mal.

Ese era el SACRIFICIO al que el CJ nos convocaba, era permanente, no era por un tiempo, era a tiempo completo, y al final la pregunta de los $10 000, ¿pa' qué? ¿qué se lograba con tanto sacrificio?, ¡o es que el sacrificio de FCR era como el título "Vivir por vivir"!, es decir, sacrificio por el simple hecho del sacrificio ¡y ya!

Si alguna vez delante del Pastor Luciuos Walker, FCR dijo: *"!al capitalismo no volveremos jamás, no nos gusta!"*, millones de cubanos podrían decir hoy: "del fidelismo que se quiere perpetuar, queremos irnos ya, no nos gusta, tenemos que desterrarlo, ya dio todo lo que podía, busquemos la fórmula de desterrarlo, estamos hastiados, hartos del régimen y su creador, por raquíticos, por miserables, por controladores de la voluntad de los ciudadanos, por dictador de pacotilla".

El fidelismo ha estado privando a las familias cubanas todas estas décadas de una vida más acorde con los estilos de vida de otros países, siendo pobres pero sin tener que enfocarlo todo desde un punto de vista político y sin que haya la perenne sumisión al hombre que se espera que cuando muera se le siga rindiendo culto a él y a su mal legado y no debe ser, no puede ser; es hora que la familia cubana enfoque la vida como familia y no como política de estado, no todo es el estado; la familia esta primero que FCR, primero que el maldito PCC, al que en algunos momentos pertenecimos, la familia está por encima de todos los **balores** creados en la Revolución, porque son falsos. Hay que retomar las enseñanzas de las tradiciones familiares que fueron desterradas en orden de formar el nuevo engendro humano fidelista tomando como bandera al Che.

Fidel Castro Ruz no cree en la familia, ni la cabeza de un guanajo, ni en las raíces que le dieron orígenes, ni en el reguero de hijos que ha ido dejando a lo largo de su vida sin darle una atención. Fidel Castro Ruz, quedaría desaprobado en un examen de cómo formar una familia, para él eso no es una prioridad, la prioridad es él y el puñetero sistema fidelista el cual nos vendió como excelso y es tremenda basura.

En la Cuba del sr. FCR, si la familia tenía un miembro que se había ido a las entrañas del monstruo, o simplemente no era simpatizante del sistema, casi que era imprescindible el rompimiento de la familia con el miembro desafecto; parece algo de fábula pero no lo es; esto fue asumido desde el mismo ejemplo dado por el MLR=FCR al romper con la hermana indoblegable que se marchó del país, y de las que quedaron …¿?.., y del otro, del mayor … bueno, al menos estaba en el país responsabilizado con un plan agrícola, hasta que se supo de su muerte al final de feb. del 2016; pero en sí las mayores regulaciones para relacionarse con familiares que ya no residían en Cuba eran para los miembros del PCC / UJC y los miembros del MINFAR / MININT.

Hay una película cubana que aborda muy descarnadamente el trato de una familia que reside en Cuba y las distintas corrientes y puntos de vista con relación a un miembro de la familia que decidió abandonar el paraíso fidelano; esas normas y **prinsipios fidelistas** son los que imperan bajo la batuta de la Rev. y su líder.

En Cuba cualquiera que proteste algo en contra del sistema político, deviene en su enemigo más acérrimo y puesto tan pronto se pueda en manos de la vigilancia de la policía política, los ejemplos pululan, hacen olas; así se mantiene un dictador y su nefasto régimen.

A veces se cree comprar a una persona para la causa del sistema al ofrecerle algunas comodidades mínimas y esta persona sirve incluso en contra de la familia por haber recibido tal "bendición", el régimen se enrumba por los caminos del diablo, si es verdad que estos existen, cada vez que hace cosas como estas; hasta este tipo de insondable bajeza se ha llegado en un sistema falto de apego real a la población.

Descubramos que lo único que quiere el co. FCR, (así le digo yo también a él familiarmente) es preservarse en el poder por el tiempo que le falta para llegar a los 120 y nada más, es todo; no hay dudas que no llegara a los 120, tal vez se quede en los 93 o 95 pero no parece que vaya más allá de esa altura en la varilla.

C-38: FCR hizo que en el deporte se cortara la participación de los deportistas cubanos en eventos profesionales, de una forma diplomática primero e impositiva después, se les prohibió a los deportistas firmar como profesionales en cualquiera de las ramas donde Cuba tenía amplias posibilidades: el boxeo, y el béisbol.

El deportista que quebrara esta regla establecida por el LHR era considerado, un apátrida, un anélido, un rufián, un truhan, un pelafustán, un bicho extraño de la fauna, un hijo de…mala madre, un peripatos capencis. Los resultados en la esfera deportiva no se hicieron esperar y Cuba pasó de ser uno más en la constelación de naciones que participaban en eventos deportivas internacionales para ubicarse entre los primeros países a nivel mundial concitando la admiración y respeto de muchas personas en el mundo, de autoridades deportivas, de políticos y de todo tipo de personas vinculadas o no al mundo de los deportes, al ver que Castro estaba usando el deporte como embajada política de la Rev. para mostrar las ventajas del sistema.

Esto provocó que empezaran a querer llevarse a las luminarias deportivas cubanas para formar parte de los equipos élites del deporte mundial, pero sobre todo de los equipos del principal enemigo del país.

Estos deportistas que por su calidad podían haber sido millonarios en los países y equipos para los que firmaran, muchas veces eran pasto de la mala vida en Cuba, del alcohol, del tabaco, de las limitaciones materiales, pues el líder de la Rev. aspiraba a que ellos vivieran como vivía la mayor parte de la población, durante muchos años se mantuvieron como gatitos nacidos sin abrir sus ojitos en los primeros 40 días, pero ante la precaria situación del país y la falta de una mejor vida empezaron las deserciones y las fugas y las salidas de equipos que regresaban con la tropa bien menguada porque se quedaban o se escapaban de las sedes.

Hay que reconocer que la fuga de deportistas no se ha mantenido, sino que ha ido in crecento y ahora se busca la forma de legalizarla; porque a los ojos cerrados del sr. FCR una luminaria como cualquiera de las grandes que ha tenido y tiene Cuba no pueden vivir pensando en cuando viene el insulto que es el picadillo de soya o si "el toma uno" no está ácido.

FCR se apoderó de los destinos del deporte al punto de darle órdenes a los coach del equipo de boxeo de que abandonaran una determinada competencia ante la penosa y triste realidad de que los árbitros daban la pelea a boxeadores que contra cubanos habían recibido una soberana paliza, eso ocurrió en una competencia en los EUA y como tal vez este entrenador titubeó ante la orden telefónica, lo mejor fue sustituirlo por no acatar con prontitud una orden del JR.

El ego del CJ fue tan lejos en su afán de regir los destinos del deporte cubano, por el cual él había hecho tanto, que el determinó que los cubanos no participaran en los Juegos Olímpicos de 1984 en Los Ángeles, EUA, por estar en solidaridad con el campo socialista, con quien había marchado junto ante el boicot hecho a la Olimpíada de Moscú 1980 que fue boicoteada por los EEUU y varios países más; ¡66 países no fueron a esa cita olímpica!, fue una ausencia bastante notable.

Lo que aún no se entiende bien ¿por qué no se asistió a la Olimpíada de Seúl-88 donde el campo socialista en pleno fue?, con la única bochornosa excepción de Cuba, la solidaria-socialista-solitaria.

Algunos creen que la ausencia a esa Olimpíada fue porque a los santos órganos sexuales de FCR no les dieron el deseo de que los deportistas cubanos fueran a Sudcorea, porque allí fue to'el mundo, excepto 4 países, entre los que estaba Cuba; por supuesto el campo socialista que asistió al evento se ganó su buena crítica hecha por la inteligencia suprema y rey de los **prinsipios**, rey de los **balores**, el co. CJ=LHR=FCR=MLR=PCEM, él decía, basado en los **prinsipios** que, si no se fue a Los Ángeles, ¿por qué se iba a asistir a Seúl? Con esa forma de pensar tan avanzada podría ocurrir que: si no se fue a Seúl, ¿qué sentido tiene que se vaya a Barcelona?, pero al parecer alguien le curó los órganos sexuales y se pudo interrumpir la cadena negativa de no ir a los eventos deportivos por obra y gracia de los … de FCR.

¿Era eso apego a los **prinsipios** fidelistas?; véase como un caprichoso dictador creído el dueño de todo y de los destinos de todos, le rompe la posibilidad a otros seres humanos de realizar parte de sus sueños; los cubanos por la suprema decisión de FCR se pasaron 12 añitos sin ir a una Olimpíada.

Hay un organismo creado por la Rev. para atender y dirigir a los deportistas, el INDER, en su dirección se han puesto personas talentosas, historiadores, economistas que no sabían escribir la palabra deporte, pero FCR los quería allí.

Este organismo no tiene recursos para al mismo tiempo que atiende las más imperiosas necesidades de los deportistas en activo, dedicar recursos para que aquellos deportistas que fueron luminarias y dieron glorias a la isla y que hoy estando retirados reciban un mínimo de atención al grado de poder vivir como personas, sin ostentación; pues bien muchos de estos ex-deportistas de béisbol más que todo (aunque de otras disciplinas también) se les van ahora al régimen totalitario de los Castros y trabajan como entrenadores nada menos que en Miami, otros se han mudado completamente, todo lo cual nos envía un mensaje: hay que dejarle un mínimo de libertad a los seres humanos para que ellos puedan decidir por sí mismo lo que quieren, sin imposiciones totalitaristas de corte fidelista.

¡Qué pena que después de años esas glorias abandonen el país al que fueron obligados jurarle fi(d)elidad!

Hay un libro sobre un famosísimo pelotero cubano que hizo historia en el país, al cual se le sacó del equipo Cuba que se disponía a efectuar unos encuentros con equipos norteamericanos en tierras de estos, y a este ídolo cubano, más honrado, más íntegro, con más principios y valores, con más apego a su país que los que lo sancionaron, incluido FCR en primerísimo lugar, pues a este deportista lo dejaron injustamente fuera del equipo nacional en que el militaba desde hacía unos 12 años, con una conducta admirable, con un rendimiento muy alto y lo castigaron a no jugar TRES SERIES NACIONALES, por ensañamiento, por envidia, por odio, por rencor, por tiña, por soberbia injustificada, por venganza, por eso lo castigaron.

Por supuesto cuando regresó se le podía cantar con mucho dolor aquellas coplas que dicen más menos: "sombras nada más entre tu ayer y tu hoy"; ¿y cuál fue la falta descomunal, tan tremenda que cometió este joven?, este jugador querido, admirado, que fue defendido por varias personas del pueblo en desacuerdo con la tan trágica violación de que se le acusaba como se verá más adelante.

Mientras, otros que podían con su opinión dar un criterio justo, honesto sobre la injusticia sobre él cometida, nunca lo hicieron, les faltaron pantalones para expresarse y es entendible porque si estos locutores hubieran dicho lo que tal vez querían pero no podían decir, de seguro las sanciones hacia ellos hubieran sido sacarlos de la locución y transmisión de las series de béisbol, no serían los primeros, por cualquier motivo los podían poner de patitas en la calle, por cualquier bajeza, por la misma opinión que hubieran dado apoyando al jugador, ya eso era una regla.

La deshonesta falta, la grave falta, que cometió este deportista que era esclavizado por el deporte revolucionario fue, … fue …, fue …, fue tener $81.00 USD para comprarle cosas a su familia cuando viajara con el equipo nacional a los encuentros con equipos norteamericanos.

Él explicó, pero el sistema demoledor no quiso entender y fue triturado como un trozo de carne en máquina moledora, fíjese si la saña era grande y la animosidad se desbordaba, que no lo dejaban ni entrar a los estadios de su provincia, como si fuera un vulgar delincuente, un apestado, un contrarrevolucionario, un trabajador asalariado de la CIA y mil epítetos más que se usan para degradar una persona que no piensa como la ADR=PCC=FCR, quiere que piense y actúe.

Había que disciplinarlo, humillarlo, enseñarle quien era el dueño del país y a quien había que rendirle eterna pleitesía; y tal vez la base de esa sanción tiene lugar en un momento en que el equipo Cuba jugando en el país ganó ese evento internacional y obtuvo la medalla de oro, el CJ=FCR fue a premiar al equipo ganador y al premiar a este deportista, que era la estrella, este no se mostró lo sumamente solicito con él, no se mostró como para arrastrarse a los pies del Dueño del Deporte, sino que recibió su medalla y a duras penas si respondió las preguntas que el ser supremo le dirigió, se bajó del podio y fue a ocupar su lugar en la fila, todo esto ocurrió en un Latinoamericano repleto y a los ojos de toda la afición, estas observaciones podrían parecer subjetivas y de hecho lo serán, pero como buen sastre conozco el paño que corto; pero el no prestarle TODA la atención que la estrella política merece puede devenir en una ofensa, de seguro sin proponérselo, nunca se sabe.

Hubo odio, alevosía, rencor, amor propio herido; él, FCR, acostumbrado a llegar a los lugares y que la población, algunos fundamentalistas, se preocupara por tocarlo como si fuera un santo, otros que alcanzaban a darle la mano decían que no se la lavarían nunca más en su vida, otras le acariciaban la barba y él por supuesto él se dejaba (ya ese acto estaba convenido y controlado por su seguridad personal, sino ni hablar) eso es algo de paranoia-fundamentalista, y estas cosas le gustaban al co. FCR, (así le digo yo también a él familiarmente) de eso no hay dudas; a todas las personas le agradan los halagos, pero los dictadores sienten una necesidad especial. Estúdiese las personalidades de dictadores como Benito Mussolini, o Adolf Hitler, o Sadam Husein, o Francisco Franco, o Fidel Castro, o Rafael L. Trujillo, o el mismo Fulgencio Batista y otros de la estirpe y en todos estos hallarán las mismas reacciones ante los halagos, el mismo común denominador.

Mírese si es muy extraña la conducta y proceder seguidos contra este super pelotero, Pedro José 'Cheíto' Rodríguez Pupo, "El Señor Jonrón", que como burla y escarnio para enseñarle de que parte está la fuerza, hubo otro pelotero enrolado en el mismo caso de **tenencia ilegal de divisas** ese mismo día, a la misma hora, bajo el mismo techo y en el equipo nacional al igual que el apabullado (le habían encontrado unos dólares, la moneda del enemigo en el equipaje, unos $72.00 USD igualito que el caso explicado), y a este otro deportista lo sancionaron a un año natural de 12 meses y a los 6 meses y unos días ya estaba jugando; y al otro lo dejaron tres años, es decir tres series en que ni entrar a los estadios le permitían.

No hay dudas de que esto era una vendetta contra este joven, más aún: lo peor que puede hacer un deportista cubano es desertar y quedarse o intentar quedarse en la tierra de los enemigos históricos del CJ, y un jovencito prospecto del béisbol, algún tiempo después de este doloroso, bochornoso y calamitoso incidente, intentó hacerlo y le salió mal y no lo dejaron terminar el torneo que jugaba en una isla del Caribe y lo regresaron a la isla a él solito, en un vuelo casi especial y apenas si lo sancionaron y lo volvieron a admitir en la Serie Nacional siguiente al intento de querer quedarse fuera del país, aunque no lo dejaron hacer el equipo nacional de ese año pero de todas formas tan pronto como pudo le dijo adiós a FCR, a su Rev. y al querer tener la propiedad sobre todo en la isla suya de él.

Sin embargo a este Sr. Jonrón, que jamás había ni tan siquiera dado muestras de quedarse ni en la esquina del barrio, con una disciplina en el terreno que no había por dónde cogerlo para incriminarlo, era un caballero en respeto, en sus gestos; lo mataban a pelotazos intencionales y no intencionales cuando iba a batear para evitar sus jonrones, pelotazos que le hacían hematomas y nada cuando venía al cajón de bateo se pegaba más y si el lanzamiento venía en zona: ¡adiós lolita de mi vida!, nunca se vio protestar ni coger un bate e irle para arriba al lanzador como si hicieron otros y total na', no pasaba na', una sancioncita de uno o dos juegos y ya.

Este sancionado está entre los peloteros que más pelotazos intencionales ha recibido, más que ningún otro pelotero y nunca se tomó la justicia por su albedrío; llevaba 12 añitos en el equipo nacional; fíjense si era querido, respetado y admirado dentro del equipo, que en Cuba todo el mundo sabe lo que significa impugnar una decisión que haya sido tomada por el gobierno-partido, y sus compañeros de equipo, aquellos que fueron **más hombres, más valientes, los que no les importaban qué medidas de represalias se pudieran tomar contra ellos le dieron su incondicional apoyo al desvalido,** al injustamente sancionado.

De sus verdaderos compañeros de equipo, aquellos que fueron entrevistados y los que más dignidad tenían, los hubo hasta quienes cuestionaron el método utilizado para hacerles el registro en el lugar donde estaban hospedados, uno de ellos dijo que dio pena el procedimiento usado por las autoridades políticas para llevar un registro a los deportistas, cual si fueran delincuentes o terroristas; esas son las acciones que ordena FCR, así crea **balores** fidelistas; pues para sacarlos del lugar donde se hospedaban los engañaron diciéndoles que debían salir a un chequeo médico y al regreso se encontraron todas sus pertenencias regadas, los maletines, maletas abiertas, todo un desorden, un procedimiento bajo, mezquino, de poca gallardía, de poca caballerosidad, que tiene un común denominador; por el caminar se conoce la joroba y deformación que tiene el "**caballo**", al parecer todos los caminos conducen no a Roma, no, sino al Cmdte. en Jefe FCR. Así actúan los dictadores y los que estamos a la expectativa guardamos silencio por miedo, por cobardía, un miedo a que nos pase lo mismo y vemos la injusticia delante de nosotros en forma pasiva, sin musitar palabras.

No existe la menor duda de que la siniestra mano del Cmdte. en Jefe FCR estuvo detrás de toda esta asquerosidad, para humillar, que es su fuerte, donde puede optar por un honoris causa; no sería profesional ligar esta conducta del CJ=FCR con las experiencias que él vivió cuando niño, en definitiva, los padres a veces hacen lo que se les viene en ganas y son después los hijos los que pagan las consecuencias de ese actuar, eso no es justo.

Justo es decir que sí hubo otros que tuvieron los corazones para defenderlo, al menos dar una opinión justa sobre la medida dictada contra el jugador; también se comprende a lo que podían ser sometidos al emitir esos criterios favorables al deportista y en contra del fundamentalista FCR y sus acólitos, pero hay que destacar a aquellos que lo hicieron exhibiendo mucho coraje y dignidad, fueron ellos: Rey Vicente Anglada, Antonio Muñoz, Juan Castro, Luis Jova, Víctor Mesa, Julio Romero, que dio un criterio muy válido como hombre, como ser humano, él refiriéndose a Cheíto dijo algo que en Cuba es en extremo riesgoso, dijo que: *"los amigos no se abandonan cuando caen en dificultades. Y para mí, Cheíto siempre fue Cheíto"*; esas palabras son un desafío a la injusticia, decir algo así en Cuba requiere que el expositor esté listo para la reacción que provenga del régimen, que es como una fiera herida, como una serpiente venenosa y rabiosa.

Todos los que hablaron de P. J. Rodríguez Pupo, lo hicieron con encomios hacia su persona, reconociendo sus valores como persona, su parsimonia, su flema, su disciplina, su carácter pacífico ante los pelotazos a exprofeso, el ser una persona que en ocasiones era parco, pero en general con sus amigos era muy buen consejero y comunicativo, alguien dijo que en el entrenamiento hacía lo que él consideraba que le faltaba y no lo que querían imponerle hiciera, pero en sentido general figuras como Braudilio Vinent, Lourdes Gourriel, Agustín Marquetti, Antonio Pacheco, todos lamentándose de la injusta sanción, todos sin excepción elogiaban su forma deportiva, lo buen amigo que era, no hay un pelotero que haya coincidido con él en el equipo que no haya tenido palabras de elogios para PJRP.

Solo un locutor obvió de a lleno hablar de la sanción, la rozó por al lado y siguió, no se paró en ella, la mencionó y nunca dijo nada en concreto, solo la tocó de soslayo sin decir si era o no justa, si él como ser humano compartía la medida y lo que sí acotó fue que a él, a PJRP, no le gustaba entrenar fuerte y sí tomar demasiado; de todos los entrevistados, y lo que se pudo ver e investigar, fue el sr. Héctor Rodríguez Amaral, el único en señalarle aspectos negativos a Cheíto, en contraste con todos los demás que dieron sus opiniones sobre Cheíto.

El periodista-narrador Héctor Rodríguez., quien fuera diputado a la Asamblea del Poder Popular y que gozaba de las simpatías de FCR, está entre el grupo de tres exclusivos periodistas que le hicieron una entrevista a FCR a su regreso de una Cumbre Iberoamericana; ellos tres, dos mujeres y Héctor habían sido elegidos unos días antes diputados al "parlamento" y eso al CJ le gustaba mucho y Héctor hizo su elección entre la amistad efímera, fría y distante con FCR y tal vez dar una opinión sincera y limpia sobre el atleta que era querido por todo el mundo. Lo último en la vida que hubiera querido Héctor Rodríguez, era desairar a FCR, primero muerto que no merecer los favores del CJ=FCR=PCEM, por lo tanto, fuego graneado contra PJRP. En el momento de escribir esta referencia ya Héctor Rodríguez Amaral había muerto, qué descanse en paz, pero la verdad hay que decirla, aunque se ha sido discreto porque más se podría decir de una amistad espuria entre él y el FCR; porque es una quimera creerse que alguien pueda ser, no amigo, sino compañero, conocido de FCR, **este no tiene amigos**, él solo considera servidores a su persona.

Los peloteros que lo favorecieron con sus criterios, lo hicieron a costa de caer bajo mirilla de los órganos represivos del estado; fíjense en las palabras de Julio Romero, el excelente pitcher pinareño; porque en Cuba cuando una persona tenía un problema con la Revolución, lo indicado era dejarlo solo, no solidarizarse con él, abandonarlo solo en su desgracia, no acercársele, desentenderse del apestado, no brindarle apoyo porque caías bajo la mira del estado revolucionario; por eso es que tienen tanto valor las opiniones de solidaridad y apoyo a Cheíto de aquellos que tuvieron **el coraje** de apoyarlo en su desgracia, de aquellos que fueron y aún son sus amigos sin importarles lo que el Partido-Gobierno=CJ=FCR puedan considerar; aún queda gente con dignidad y buenos valores en Cuba.

Se sigue pensando que el surgimiento de Omar Linares tuvo incidencia para que las autoridades políticas y deportivas sacaran a este gran jugador del escenario porque tenían a un supuesto sustituto para la posición; detrás de esa acción está la mano y las maquinaciones de la ADR=FCR=CJ;

debe saberse que en la formación de un equipo de béisbol para un evento internacional hubo incertidumbre con una posición de cuadro y este hecho fue consultado con FCR y él dijo pongan a fulano y esa recomendación fue la que se hizo realidad. Véase el Programa Confesiones de Grandes para que corrobore lo dicho.

Nada de extraño tuviera el hecho de que se quitara a PJRP, para salir de él, tal vez por cualquier resentimiento o venganza y que no fuera solamente **la tenencia ilegal de divisas**, (¿a qué sabe eso de tenencia de divisas?) no olvidarse que FCR criticaba o defendía a deportistas según fuera el caso, ahí están los boxeadores Sixto Soria que se ganó una crítica en un discurso, otro fue 'Chocolatico' Pérez.

Sus públicas defensas a Iván "El Saltamontes" Pedroso, a Javier Sotomayor y a otros deportistas, porque FCR se creía como en todo, el Dios al cual había que consultarle todas las cosas en cualquiera de las esferas de desarrollo del país y mírese este ejemplo, estando PJRP, en sus mejores momentos y después de haber sido un factor decisivo en el triunfo de Cuba en la copa internacional del '79, uno de sus cros. de equipo, Agustín Marquetti, le dice: Cheo ahora cuando terminemos le hablas a Fidel para que te dé un Ladita, haces una escena de que te emocionaste y le dices eso, pero FCR se le adelantó y le dio, lo castigó, lo humilló con un Polski. Sin comentarios, solo que Lada > Polski = bamiersurada.

Ese es el estilo de FCR para estimular a alguien que esté llevando a cabo una obra encomiástica, fuera de lo que común, alguien que esté haciendo algo por encima de lo que él mismo hace, el CJ=FCR, no lo estimula, sino que lo castiga dándole una corbata roja, se dice que era de uso, a un cubano al que intentó homenajear, o dándole un Polski a una persona que es una celebridad en la actividad que realiza y cosas así por el estilo; lo que hace es rebajar o intentar rebajar la autoestima de la persona que el "premia"; ese es el Fidel, que no quisiera conocer.

Eso no lo merecen ni los enemigos de la Rev., regalarle un carro como ese a alguien es mostrarle la baja estima de que goza en la mente de quien regala, es considerarlo como cualquier cosa, baste decir que por su performance como jugador cada vez que salió de Cuba a cualquier lugar, la cantidad de scouts que lo seguían era asombrosa y nunca se le ocurrió desertar, un hombre que fuera de Cuba se hubiera hecho multimillonario y de seguro no hubiera tenido que pensar en pedirle, en mendigarle a este sr. lo que él por sus medios se hubiera podido ganar, por su talento; pero eso es lo que le gusta a FCR, que le rueguen, que le mendiguen a él, que lo sobrevaloren, que la gente no le pidan a los santos, sino que le pidan a él, porque él se considera el santo mayor; adora decidir sobre los demás, por eso es tirano, por eso es un dictador. La abreviatura de caballo de fuerza en inglés es hp.

Hubo otros deportistas que fueron premiados en Copas de Atletismo y compraron sus carros en el extranjero y se lo mandaron a Cuba, carros de películas, con puertas que se abrían hacia arriba y ese acto no le gustaba ni un tantico así de chiquito al Dios cubano, porque estos deportistas no fueron a rogárselo, a mendigárselo a él, total para darle una bamiersurada al atleta, porque FCR aún se cree que esos talentos pueden vivir como a él le dé su gana y con el nivel de vida que él les imponga, por eso se les están yendo las grandes luminarias, lo que él nunca hubiera querido.

Se acabó, que sí, que sí, se acabó tu hegemonía sobre todos los deportistas y otras personalidades que no tenían porqué vivir como todos los demás, a ver sí él, FCR, iba a vivir como el resto del pueblo, cuando él se hartaba de explicar en frente de las cámaras cómo se hacía la langosta que le preparó y sirvió a Frei Beto, o a unas amistades francesas una receta que no les puedo comentar, por lo difícil y poco usual de la misma.

El Señor Jonrón, como se le conocía a este extraclase, de haber tomado la decisión de jugar en las Grandes Ligas para las cuales tenía sobrada calidad, podía haber tenido un carro y un nivel de vida gestionados por sus esfuerzos sin necesidad de que una mente mezquina y raquítica le hubiera regalado algo tan humillante; él optó por quedarse para suerte de los cubanos que coincidimos en su época y para prejuicio y sufrimiento de su esposa e hijos, pero cada cual es su mejor juez, y hacer lo que uno considera correcto en cada momento debe ser respetado por los demás siempre que esa decisión personal no afecte a terceras personas.

Este hombre sobrenatural dentro del béisbol no se ha ido de Cuba, ahí está para bochorno de sus verdugos y del principal que lo privó de seguirle mostrando al pueblo la estirpe de hombre y deportista que tenía. Dentro del campo del subjetivismo, pero fundamentado por la experiencia de un actuar erróneo, zigzagueante del LHR=MLR=PCEM=FCR, a quien la envidia lo mata, cuando él ve una persona que es mejor que él, no se puede aguantar y algo le pasa a esa persona, a menos que esa persona se pliegue a sus intenciones y él se sienta con el poder que pueda tener sobre la persona; él no admite un desplante por descuido, por guajireza, por desconocimiento y mucho menos intencionalmente.

Es así como se obra en el país en que FCR, no es el presidente del país, según él, pero es más que el presidente porque actúa y tiene comportamientos de un emperador romano caligulizado, de un Zeus frustrado, de un Rey Medas non Tedoy, que todo lo que toca lo vuelve bamiersurada, de hacernos pagar por una puñetera infancia que sufrió y de la que no tenemos culpa los cubanos; es de allá que vienen sus trastornos y excentricidades insatisfechas por la que millones de cubanitos hemos tenido que pagar, kño ¿y cuál es nuestra culpa?

Por eso se van de la isla las nuevas generaciones porque no quieren seguir viviendo y oliendo el hedor que despide el dictador-rey de marras, que si bien no se parece a Trujillo, pero que de verdad apesta, ya no lo quieren muchos cubanos, ni de adentro y mucho menos de afuera. FCR se está haciendo el ciego y él no es mejor actor que quien representaba a Sato Ichi, en las películas japonesas de Samurái; Fidel dijo que cuando le pusieran caras él se iba del poder.

> *"Y a quien le pido que nos ayude mucho, al que le pido de corazón que me ayude, es al pueblo (APLAUSOS), a la opinión pública, para desarmar a los ambiciosos, para condenar de antemano a los que desde ahora están empezando a asomar las orejas"; "…jamás necesitaremos de la fuerza, porque tenemos el pueblo, y además porque el día que el pueblo nos ponga mala cara, nada más nos ponga mala cara, nos vamos…";*
>
> *"…porque el poder lo concebimos como un sacrificio, y créanme que si no fuera así, después de todas las muestras de cariño que yo he recibido del pueblo, de toda esa manifestación apoteósica de hoy, si no fuera un deber el que uno tiene que cumplir, lo mejor era irse, retirarse, o morirse; porque después de tanto cariño y de tanta fe, ¡miedo da el no poder cumplir como uno tiene que cumplir con este pueblo…!"*

Al parecer parece que se le se le olvidó o se está haciendo el extranjero, el desentendido para seguir en el poder.

A unas preguntas candentes que en el 2000 le dirigiera su eterno verdugo J.M. Cao, Fidel peleando a la riposta y sin tener cómo capear aquella andanada, aquel ataque imposible de parar le responde:

> *"Bueno espérate, espérate, yo no estoy ahí (en el poder) porque me dé la gana de estar ahí; yo estoy ahí (en el poder) porque soy un patriota, porque soy un revolucionario y porque sirvo al pueblo".*

Fidel, Fidel, Fidel yo también soy un patriota, revolucionario y quiero servir al pueblo, ¿por qué no me dejas el poder a mí o a otros que también tienen esas mismas condiciones?

C-39: En la Cuba de los 60s. bajo aquella euforia muy justificada de la población se vivieron varios años de alegría al saberse derrotada la tiranía, euforia que ya se iba poniendo vieja y entraban a jugar un papel muy atractivo el conjunto de medidas dictadas por la Rev. en favor de los pobres.

Ese hecho de expropiar a los ricos fue algo impactante, las leyes de la reforma agraria, las de la reforma urbana, las ventajas en educación, en salud, fueron hechos que tenían robada a la población, por lo tanto, cualquier desmán que se hubiera dado por la nueva administración, aunque este fuera bien negativo nunca iba a ser visto con los mismos ojos de las atrocidades a las que FBZ tenía asqueada a la población. "Escobita nueva barre bien", lo malo es cuando el dueño de la escoba se pone letal como se pusieron las nuevas autoridades, se creían pavitos pechugones.

Con este grupo de medidas, de "leyes revolucionarias" de alta aceptación social se fueron mezclando cosas a las cuales no se les prestó la debida atención y pasaron como hechos aceptados por la población, ahí caben los fusilamientos hechos a la carrera con juicios donde no había todas las garantías para los encartados, a los cuales la población respondía con frases jocosas, tal vez hechas desde el oficialismo, pero en boca del pueblo tenían un carácter mucho más auténtico.

En esos años se fue dando la salida de los que fueron despojados de todas sus propiedades, incluso lo que llevaban puesto para salir definitivamente del país, ya eso da una ligera idea de la estirpe de gente que se estaba instaurando en el poder, pero después de salir de Batista cualquier cosa era mejor que lo que este hacía, máxime si se hacía en nombre del "pueblo", y a toda esta amalgama de sentimientos espurios que generarían malos valores, la población respondió con frases de elogio a la Rev. y de impugnación a los que abandonaban, diciéndoles siquitrillados y otros términos que denigraban la condición humana y denotaban la bajísima calidad de los que se instauraban en el poder.

Un elemento nuevo llegó más menos a la mitad de esa década de los 60s. en la que se crearon y pusieron en marcha las que fueron las tétricas, las sombrías y negras UMAP; pero véase como la Rev. y su dirigencia hace participar a las masas populares en toda esta especie de ajusticiamiento, en causas que no eran del todo limpias, como para que cundiera el pánico.

Así fue el juicio a los 43 aviadores de la fuerza aérea del régimen depuesto que habían participado en bombardeos contra los rebeldes en la Sierra Maestra, el juicio se llevó a cabo por un tribunal revolucionario presidido por el Cmdte. Félix Lugerio Pena Díaz y otros tres revolucionarios con cargos de fiscal y dos vocales dentro del tribunal con distintos grados militares. Este tribunal consideró que los inculpados **debían ser absueltos**, esto ocurría en mar. del 59.

¡Ahahahah, pero a FCR no le gustó la sanción del tribunal que había juzgado los hechos acordes a leyes justas aún imperantes en aquel momento! y más que las leyes la limpieza de conciencia del fiscal, el presidente y los vocales; entonces el Cmdte. en Jefe —que ya había sido nombrado como Primer Ministro hacía unos días—, vino a su tv y dijo *"no eso no se vale, está anulado el juicio"* que ese juicio era falso, espurio, y que quedaba sin efecto y que él nombraba un nuevo tribunal formado por: fiscal Cmdte. Augusto Martínez Sánchez, presidente Manuel Piñero Losada (Barbarroja), vocales Pedro Luis Díaz Lanz (primer Cmdte. en desertar de la Rev. era el Jefe de la Fuerza Aérea Rev.), Carlos Iglesias Fonseca, Belarmino Castilla Mas y Demetrio Montseni Vaca, y por supuesto que los 43 aviadores fueron sancionados como quería FCR, por venganza y por la acción de guerra que ellos habían llevado a cabo contra los 'alzaos' o los 'muerdi-huye', como se les conocía a las fuerzas insurrectas.

Si los pilotos hubieran tirado caramelos y bombones en tiempo de guerra allá arriba en la Sierra a los insurrectos que los aviadores combatían, entonces también los hubiera mandado a prisión a cumplir largas penas de cárceles y al paredón como él lo tenía previsto de antemano; no se olvide que con FCR, no hay leyes que valgan, la ley es él, ese es FCR, que ha estado al frente del país, generando odios, venganzas, resquemores, resentimientos, virulencia, intrigas, ¿"suicidios"?

De aquel tribunal descalificado por el "mal trabajo del presidente" Cmdte. Félix Lugerio Pena Díaz quien apreció **"suicidado"** un tiempito después con dos tiros en la cabeza en su propia casa; pero hasta qué punto es la desfachatez y el descaro de querer hacer al pueblo bobo, estúpido, ciego y no más por mera decencia; algún tiempo después la noticia fue rectificada y envés de dos tiros se admitió uno solo, así que se podrá ponderar qué clase de suicidio era aquel; según el CJ=FCR, el "¿suicidio?" se produce por la vergüenza de no cumplir con la Revolución=FCR. Habráse visto descaro y desfachatez. ¡Uhuhuhuh, qué raro! ¡Uhuhuhuh huele a quema'o, huele mal!

Realmente la Rev. y sus principales dirigentes mostraron sus instintos sanguinarios y vengativos desde bien temprano y en ellos mezcló al pueblo, lo mismo en los asesinatos que en las injustas medidas de expropiación, todo este desafuero tendría sus ulteriores consecuencias en la población, a la cual se estaba envenenando con los sentimientos más sórdidos y mezquinos de los que se quedaban en la isla, muy semejantes a los que exhibía la nueva dirigencia que se asentaba en el poder.

C-40: Las UMAP, mala palabra o mala sigla, pero la población seguía de pláceme con la Rev. y sus altos dirigentes que hacían lo que querían y eran bendecidos y alabados por la población, todo con ellos estaba bien, desde apoyar la lucha contra bandidos, hasta decir el dislate de producir tanta leche como para llenar la Bahía de La Habana, ¡ah que lindo el niño!; o la intención de disecar el mayor humeral de Cuba para ganar miles de caballerías de tierras que no hacían falta en ese momento ni para repartir ni para la producción; aún no se sabe quién fue el sabio que le quitó esa idea de la cabeza a Fidel 'el profundo', el que lo hizo debió haber pagado su precio con alguna medida fidelista; o aquel hecho de que Cuba con libreta de racionamiento estaba exportando cabezas de reses y huevos a la Culta Europa, ¡qué país pobre resiste en el poder a unos locos con un jefe paranoico tantos años!, por eso lo de Cuba es ¡eh!konomíatuya a diferencia de lo que en otros países del mundo existe, así que exportando carnita y huevitos que en la isla estaban racionados desde mar. de 1962 y que la población los necesitaba para subsistir.

La creación de las UMAP, era un engendro no encaminado a los que se iban, ni a los que se solían llamar siquitrillados o cualquiera de aquellas denominaciones que todos veíamos con alegría, sin saber que se violaban derechos elementales de la convivencia entre personas de distintos estilos de vida, de diferentes creencias religiosas, con diferentes gustos sexuales, así se entró en crisis con un sector amplísimo de la iglesia, se encarcelaron clérigos, homosexuales, lumpens, personas que andaban con una guitarra, los que el régimen consideraba que representaban algo execrable dentro de la sociedad.

Las UMAP representaban un insulto a la población, eran un kño de tu madre a aquellos que eran diferentes por el peinado, por su vestir, por sus gestos, por ser afeminados, por gustarle la música de la juventud de aquella época y que era prohibida para evitar la contaminación; el principal propósito de las UMAP era corregir a la forma y semejanza del régimen, y más que del régimen, del dictador FCR, a las personas que quedaban en el país y que no tenían ciertas simpatías por la Rev., o que sencillamente la Rev. les era indiferente, pero lo que estaba sentado es que no eran enemigos de la misma y de buenas a primera, paralela a la ley del SMO (Servicio Militar **Obligatorio**), surgen las UMAP para guardar en ella aquellos que no iban al SMO.

Una vez más las masas ven este acto de agresión interna hacia los que no se van sino que permanecen en el país y otra vez más la reacción es acoger con el punto de chanza y de poco interés, en forma peyorativa, con burlas, despectivamente, con desprecio y escarnios a aquellos que iban a estos campos de trabajo forzado, porque había que homogenizarlos al pueblo trabajador que no oía ni la música de los Beatles, ni de Rolling Stones, ni aquella música venida desde las tierras del enemigo y que podían afectar el componente político-ideológico de las nuevas generaciones.

Fue la cúpula revolucionaria la creadora de estas unidades de torturas sicológica y de discriminación contra aquellos que no eran iguales, aquellos que tenían su pelo largo, algo que era altamente ofensivo para los revolucionarios, lo que no se sabe cómo el Che y otros varios guerrilleros mantuvieron su pelito largo por algún tiempo hasta que se dio la orden de pelar a todos los que vistieran el verde olivo.

Allí, a las UMAP, fueron a parar los jóvenes que no tenían una "conducta social adecuada" como quería FCR y otros dirigentes de esa camada, los que no tenían una orientación sexual de puro macho con pistolas a los lados, los que tenían creencias religiosas que no les permitían ver la Rev. como lo más importante y por lo tanto no cantaban ni Himno Nacional, ni cantos de alabanza al nuevo cristo cubano, el elegido por la palomita amaestrada. ¡Kño mira que tardamos en ver la tomadura de pelo!, por eso a algunos se nos cayó tan rápido, no, y hay millones que aún no ven a donde los ha llevado el señor de las moscas y sus malos olores.

Las llamadas y tenebrosas UMAP para homosexuales, religiosos y los lumpens fueron un suplicio en la vida de aquellos jóvenes que por razones tan estúpidas fueron a parar a aquellos lugares y cuando se estudia la historia de otras revoluciones y se ve que a los soviéticos, Stalin les causó alrededor de 23 millones de muertos por sus políticas de confinamiento en la Siberia y la Taigá bien al norte helado de la antigua URSS, por el maltrato a los campesinos y la forma despótica con que quería llevar a cabo el proceso de la producción agrícola, pero además llegar al extremo de hacer que la población, sobre todo el sector más humilde tuviera que quitar de las paredes de sus casas las imágenes de las figuras en las que creían y reemplazarlas por las del antilíder soviético, algo que era más de lo que se podía admitir; al ver todas aquellas barbaridades de los soviéticos y ver la similitud con las atrocidades nuestras cometidas en todos estos años, cabe la pregunta: ¿coincidencia o método?, ¿casualidad o propósito?.

El caso de la gran China de Mao Tse-Dung de la cual no se conoce bien si fueron 43 o 56 o 61 millones, no se sabe a ciencia cierta cuántos millones de chinos fueron los que murieron como consecuencia de los errores de un solo hombre, muertes producidas por la hambruna, por la persecución política contra todo el que no pensara o no estuviera de acuerdo con él, o por el exceso de optimismo y su miopía en la revolución que lo llevó a producir un acero de mala calidad en el país, gestión con la que embarcó por embullo a millones de chinos, total para nada y así en otras situaciones vividas en las que por su culpa al país le costó alrededor de 60 millones de habitantes o más, por todas esas causas y por otras más no dichas, y otra vez la disyuntiva cuestionadora: ¿coincidencia o método?, ¿casualidad o propósito?; no olvidarse que Cuba tenía estrechos vínculos de amistad con estos dos países.

Obsérvese como estos países comunistas que se nos pintaban como el ejemplo a seguir, tuvieron unos orígenes de espanto, de terror, de ensombrecimiento; ahí está el caso de los tres dirigentes de Corea del Norte, que desde finales de la década de los 40s., un país con carencias y gobernado al capricho de tres miembros de una dinastía, ¡y qué el pueblo no explote!; que el terror los haya hecho presa de los planes de una familia voluntariosa y medio orate por las cosas que hacen, un dirigente del Partido Comunista con no se sabe cuántas películas de pornografía, y cosas por el estilo, cuando se compara toda esa mezcla de cosas, incluso con los comunistas queriendo unificar al país es decir que fuera la Corea única que se conoció antes de la división por el paralelo 38 como parte de un acuerdo entre la URSS y los EUA; se concluye que este hecho de gobernantes locos no es patrimonio de las Antillas y el Caribe solamente, sino que se pueden encontrar en cualquier continente, entonces se puede afirmar que no es coincidencia fortuita, ni tampoco casualidad, sino métodos y propósitos para dominar a las poblaciones de estos países mediante la intimidación en las personas, las represalias, la coerción, el terror y la exterminación.

Es asombroso la cantidad de presidentes locos que existen en el mundo y los muy cabrones se dan como la verdolaga en los países subdesarrollados; los hay locos, locos, bien locos en África, que practicaban el canibalismo, o mataban a niños por razones baladíes, los hay en la Europa con desmanes y unas ínfulas de grandeza que dejan al espectador con las mandíbulas caídas. Entonces uno se dice como cubano, no contra, el que le tocó a los cubanos no es tan loco como aquellos, pero de todas formas, los cubanos deben decirse, "sí pero no lo queremos más, ya es suficiente nosotros no somos carne de carnero".

Las UMAP son un baldón para los dirigentes de la Rev. y un fardo moral que el pueblo debió deshacer y no espetar la frase con que se acompañó su surgimiento: "te va a coger la UMAP", es un bochorno que no se debe tolerar en silencio por más tiempo sin que se haya sancionado por el pueblo y en alguna medida hacerle un reconocimiento moral a los que pasaron por allí y salieron con el trauma de aquel suplicio, de aquel presidio dantesco, pero que al menos preservaron la vida, porque en aquellas mazmorras no todos corrieron semejante suerte.

¿Por qué FCR, que anda reclamando que el Presidente norteamericano pida perdón a Cuba, a Japón, a Vietnam, a Argentina, no pide él mismo perdón a las víctimas de lo que fueron esos antros de sufrimiento y tortura? ¡Qué nos enseñe su bondad, su arrepentimiento por algo tan negro y sórdido que él creó para hacer que los cubanos fueran como él quería!, ni que él fuera Dios.

C-41: Desde los inicios de la Rev. parecía que no había tirantez entre los miembros de la ADR y la Religión porque precisamente entre las personas que estuvieron en la Sierra Maestra luchando contra la fatídica tiranía había al menos una que había estado participando de ese evento aun manteniendo sus hábitos religiosos y su fe cristiana; su apoyo a la Rev. se mantuvo hasta su muerte a los 47 años de edad en La Habana, ¡murió joven!, ¿verdad?; pero además el Padre Guillermo I. Sardiñas Menéndez (may. 6, 1917 a dic. 21, 1964) también se destacó por la expulsión de los padres que le eran fieles a la burguesía y que se hicieron eco de esta en su interés por preservar lo que les pertenecía a la burguesía. Ganó notoriedad como religioso en los años que estuvo al servicio de la Religión y la Revolución.

No es menos cierto que gran parte de la iglesia, sobre todo la católica respaldó a la burguesía en esos momento de definición entre la clase pudiente y los pobres, y no se trataba de hacer política en ese momento contra los que realmente habían luchado por sacar del poder al gobierno corrupto y despótico que llenaba al país de luto y contra el cual la Iglesia Católica no tomó partido, sino que se mantuvo al margen, en ese caso la burguesía no fue a tocarle la puerta a la Iglesia para que interviniera en contra de los crímenes que se cometían en el país y que eran el bochorno y dolor de toda o gran parte de la nación.

La posición de la iglesia, que siempre fue en defensa de la clase rica, entra en contradicción después del triunfo revolucionario del '59 porque no le correspondía, ahora que se defendía a los que siempre ponían los muertos, que la Iglesia se situara al lado de los ricos para defenderlos incluso con actividades subversivas, ahí fue donde en opinión de muchos, la Iglesia perdió su labor conciliadora y de mediación, pero lo que sobrevino después por la parte de la ADR=FCR era injustificado porque se abrió fuego contra todas las religiones al extremo de proclamar dentro del país que la religión era el opio de los pueblos, desconociendo el papel social que siempre ha jugado la iglesia.

¡Ah que es verdad que la alta jerarquía de la iglesia siempre veló por la clase rica!, ah está bien, pero en ese caso es la población la que debe determinar si se acoge o no a una u otra religión, pero el hecho de satanizarla con semejante calificativo cuando se sabe que la iglesia en general ayuda a la formación de valores en la sociedad, que es además una institución que le aporta a la sociedad y no le quita, al contrario, y eso se puede ver en países del Caribe donde hay un fuerte arraigo con las iglesias de todas las denominaciones y como la asistencia a los templos, además de sociabilización, provee valores, buenos hábitos y modales a la personas que allí van; pero en la Cuba fidelana, después del '59 la biblia se trocó en los extensos e intensos discursos del CJ, ya no había que ir a las iglesias, él oficiaba los discursos en las plazas.

Ciertamente la iglesia no resuelve todos los problemas de drogas, de violencia, y otros malos comportamientos de la población, pero si la acción de la iglesia no estuviera presente los resultados y estándares de esas sociedades serían mucho más negativos de los que se exhiben actualmente, de cierta manera las enseñanzas de la iglesia evitan que más jóvenes se hagan eco de esas desgracias que aquejan a la sociedad.

En la Cuba revolucionaria se quiso encausar la formación de los valores que se fomentaban en las iglesias con la creación de las organizaciones políticas, las cuales exigían en los primeros años que para ser un miembro de ellas el individuo debía tener una fuerte vocación revolucionaria y no poseer creencia religiosa alguna, esas eran premisas incuestionables, insoslayables que no admitían discusión, después que se dieran esas se podía analizar cualquier otra cosa.

Además el valor social que le daba el régimen al ser un militante de una de las organizaciones políticas era tan grande que muchos pensaban que el estar dentro de las filas de esas organizaciones prestigiaba tanto que no era posible dejar de pertenecer a ellas y entonces miles crecieron con algo de animadversión hacia la iglesia por las actitudes asumidas por algunos feligreses contra la Rev. en los primeros años, porque no cantaban el himno de la patria, porque algunas religiones no saludaban la bandera y también porque la gente le tenía miedo ir a parar a las desgraciadas UMAP.

Pero en general las relaciones con la iglesia y con los creyentes fueron tensas desde los inicios de toma de posición de la Rev., mucha hostilidad contra la iglesia, a parte de los errores que ambas partes pudieron haber cometido; porque la Rev. aspiraba a llenar cada espacio de la sociedad asumiendo el protagonismo en todos los aspectos de la vida del país, no olvidarse que en ese discurso premier del CJ, el 8 de ene. del '59, él hace alusión a las distintas organizaciones que tomaron parte en el derrocamiento de la dictadura-tiranía, y dijo:

> *"Creo que todos debimos estar desde el primer momento en una sola organización revolucionaria: la nuestra o la de otro, el 26, el 27 o el 50, en la que fuese, porque, si al fin y al cabo éramos los mismos los que luchábamos en la Sierra Maestra que los que luchábamos en el Escambray, o en Pinar del Río, y hombres jóvenes, y hombres con los mismos ideales, ¿por qué tenía que haber media docena de organizaciones revolucionarias? (APLAUSOS.)*
>
> *La nuestra, simplemente fue la primera; la nuestra, simplemente fue la que libró la primera batalla en el Moncada, la que desembarcó en el "Granma" el 2 de diciembre".*

En esta expresión se encierra la idea que desde el principio él siempre quiso monopolizarlo todo, controlarlo todo bajo su mando y eso se transfiere a toda la sociedad y a la iglesia en particular enviando un mensaje: 'el nuevo Cristo soy yo', en mí es en quien hay que creer y como todo puede ocurrir, se vio que en este primer discurso hubo quien lo llamó Padre de la Patria, olvidando la existencia de Carlos Manuel de Céspedes del Castillo a quien por voluntad de los cubanos de años atrás se le había otorgado ese título, posiblemente si el que gritó esa expresión ni sabía que esto era así, o a lo mejor lo gritó por la euforia de esos días y porque de verdad, la población desposeída le agradecía, le reconocía el tremendo esfuerzo y sacrificio para sacarla de aquella dictadura, sin saber que nos estaban introduciendo otra dictadura; nada que en tierra cubana el que no corre, vuela.

Véase hasta el grado en que caló la presencia del artífice de la seducción y el compromiso hacia su persona, que no permitía que muchos razonaran, imbuidos por el momento de alegría, de euforia. Mírese este fragmento en que hace que le griten el padre de la patria:

> *"Sin embargo, yo sé que el poder es una tarea ardua, complicada, que las misiones y las tareas de nosotros como este mismo problema que se nos presenta, realmente es un problema difícil y está lleno de amarguras, y lo afronta uno porque lo único que uno no le va a decir al pueblo en esta hora es: "Me voy." (EXCLAMACIONES DE: "¡Viva el padre de la patria!".* (FCR, ene. 8, 1959)

El temor es que aún existan algunos fundamentalistas o embullados o personas que sinceramente lo creen y que un día lo propongan para que sea canonizado y se forme una discordia muy profunda entre los partidarios y los que se oponen a esa propuesta, esto es posible dentro de la democracia, pero no dentro de la democastria(f).

Analizando el hecho fríamente, muchos jóvenes de mi generación son ateos sin saber por qué, porque realmente no tuvieron tiempo ni de adquirir los más elementales conocimientos de religión alguna, pero además en los centros de estudios del nivel medio si te declarabas una persona con creencia religiosa te marcabas porque no podías entrar a lo que para muchos era tocar el cielo de ser revolucionario: llegar un día a ser de la juventud comunista, este acto era visto como un mérito de una relevancia y reconocimiento social de mucha significación, eso para los pobres, para los guajiritos que la Rev. había redimido, era algo sumamente notorio, así que nadie en pleno juicio iba a hacerse religioso y dejar todo aquel reconocimiento social de ser un miembro de la UJC, y ni que decir del PCC.

Era tan grande lo que estar en una de esas organizaciones representaba que no pocas personas asociaban el hecho de que una persona decente-educada (fíjese que se insiste en **educada** y no instruida, la Rev. dio instrucción, pero ¿acaso dio educación?) con buenos modales, con honestidad, en fin, con valores espirituales, morales, familiares, de buenas costumbres para relacionarse con las personas, con la posibilidad de que esa persona aludida fuera miembro o de la UJC o del PCC.

Desgraciadamente algunas personas fueron testigos presenciales u objetos de tales alabanzas, y había que aclarar que eso no se debía al hecho de ser militante o no, (ya para esta época algunos decepcionados sabían de la existencia de militantes que habían incubado el virus de la doble moral=hipocresía y no admitían ese tipo de comparación inclusiva) la condición de militante no era vinculante de ser decente, de ser humano, de ser buen hijo, de amar a la familia y al prójimo.

De manera que, si se concibe que FCR pueda ser propuesto para canonizarle, algo que desgraciadamente puede ocurrírsele a cualquier devoto a su persona, por ceguera, por fanatismo, por desconocimiento de las atrocidades que él ha cometido a lo largo de todos estos años, esta propuesta sería muy contraproducente con las muertes que cuentan a su favor de personas que tal vez debieron ser ajusticiadas pero no como un ajuste vulgar de cuentas o en ejecución extrajudicial encargando a oficiales semejante tarea, eso aunque haya sido dictado por un "Tribunal Revolucionario" huele a una ejecución extrajudicial.

Ni qué decir de los "accidentes" como el del remolcador "13 de Marzo" en que murieron 41 personas, entre ellas 12 niños, y que FCR atribuyó el suceso a:

"...un lamentable accidente producido entre los que querían escapar llevándose la embarcación y los ¿obreros? que luchaban para que no les llevaran su barquito".

¡Qué desfachatez, qué iniquidad, qué cinismo, qué falta de valor, de coraje, qué desvergüenza fidelista, qué insolencia, qué irrespeto por la vida de las personas que no quieren seguir bajo el dominio castrista!

O aquel otro crimen fidelista en que no se derramó ni una gota de sangre por los tres jóvenes que llevaron a cabo la acción de secuestro de dos turistas y en 9 días, a la carrera, de prisa y en silencio, sin comunicación previa a los familiares, sin darle tiempo al abogado de la defensa a que pudiera interponer sus oficios, en la madrugada se les quitó la vida a tres jóvenes, que tal vez el sistema tenía razón al decir que eran delincuentes, pero que no era para matarlos por el delito de intento de raptar una embarcación.

En este caso se ve precisa y claramente que la defensa de los acusados en Cuba, es una bamiersurada, no es auténtica, es una mascarada, el sistema fidelista la considera obsoleta, es en sí una gran mentira, en este caso al abogado de la defensa le dieron la notificación de la sentencia después que los jóvenes habían sido asesinados en la madrugada, de manera que él no pudo interponer ningún recurso, pero además la bajeza fidelista de enrolar a otros cuando quiere patentizar, autenticar algo, hacerlo valedero ante los ojos del mundo. ¿Qué hizo FCR=LHR =CJ=PCEM=PSPCC? Obligó a 27 intelectuales y artistas a que aprobaran la muerte de los tres jóvenes firmando un documento dando su consentimiento.

Otro hecho en extremo bochornoso, que también tuvo lugar en el mar lo fue el casi olvidado y desconocido por muchos el hundimiento mar afuera, aunque no en aguas internacionales, de la embarcación XX Aniversario dedicada a hacer tures en el Río Canímar, en Matanzas, cuando en 1980, tres jóvenes de 15, 18 y 19 años, intentaron apropiarse de la embarcación con capacidad para 100 personas, con la idea irse a los Estados Unidos; la embarcación que en ese momento estaba en funciones de trabajo tenía un número indeterminado de pasajeros-turistas que nunca las autoridades revolucionarias dieron a conocer ni con, ni sin exactitud.

La arremetida del gobierno fue brutal sin considerar que las personas que estaban en la embarcación eran miembros de la población y que nunca se les pudo establecer un vínculo entre los tres secuestradores y el resto de los pasajeros.

Las operaciones estuvieron a cargo de quien fuera el primer secretario del PCC en la provincia, siguió órdenes directas del PCEM=FCR. No dejarlos ir era la orden y fue cumplida con éxito. Para impedirlo, se enviaron dos lanchas rápidas que no pudieron lograr el hundimiento, se envió un avión de combate que los ametralló impíamente, incluso tal vez conociendo que dentro de los pasajeros iban niños, pero eso no fue óbice, el piloto descargó su metralla, no solo contra los tres, sino contra de la población que viajaba en la embarcación y que era ajena a lo que acontecía; había que evitar el secuestro y evitar que los tres jóvenes se salieran con la suya; así se arriesgaba la vida de todas esas personas.

Finalmente, un barco de mayor calado apareció y hundió la embarcación; no, no hay dudas de que FCR y el primer secretario del partido en la provincia tuvieron una victoria de esas que le gustan a Fidel;

no, no fue una victoria pírrica, fue una victoria fidelista y de Julián Rizo Álvarez, solo 56 personas fallecieron en la matanza, de ellas 4 eran niños de hasta los 15 años. Lo singular es que esta operación tuvo lugar cuando en el Mariel se llevaba a cabo la salida de los Marielitos que se extendió desde el 15 de abril al 31 de oct. de ese año 1980. Sin lugar a dudas este fue el mayor crimen en el mar llevado a cabo dentro de la Rev. y bajo las órdenes directa de FCR, teniendo como ejecutante al secretario del PCC en esa provincia; este acto por su barbarie ha sido muy bien silenciado durante todos estos años y el de mayor conocimiento de la población y a nivel internacional ha sido el del remolcador "13 de Marzo".

Vidas humanas son todas valiosas e interesantes, pero los hechos del remolcador "13 de Marzo" se hicieron más famosos tal vez por haber tenido lugar en la capital de la isla y se fueron más del control de los gobernantes, por lo que sin quererlo se divulgó más, hubo 41 muertes por el "accidente" según el cínico mayor: FCR; en cambio en este caso fue posible amordazar mejor a los que tuvieron involucrados y quedaron vivos; se dice de bajezas que no extrañan para hacer que los sobrevivientes no dijeran una palabra de lo ocurrido; de los que intentaron el secuestro uno de ellos falleció en condiciones turbio-fidelistas y los otros dos después de cumplir condenas de cárceles se fueron a su sueño dorado, fueron 56 los muertos provocados por este "accidente" de la embarcación "XX Aniversario" en el Río Canímar.

Todo esto y más en la hoja de servicios fúnebres de la Rev., incluyendo muertes de personas amantes e involucradas en el proceso que murieron en condiciones MUY EXTRAÑAS, otras muertes en "accidentes automovilísticos de dudosa factura con carros a velocidades de 43 kph", de muertes de prisioneros que tenían una fuerte relación y cargos en la Rev. y se "murieron del corazón en prisión", sin que se le hubiera prestado auxilio, ¡qué raro!; otro que enfermo, cosa que era cierta, muere en el fragor de la lucha cuando uno de sus hijos quería irse del país y como su pronunciamiento en contra de la posición del hijo no fue lo sumamente enérgica, como debía ser, de repente este histórico dirigente Cmdte. de la Rev. se muere y no hay un derecho a autopsia.

Ni qué decir de los suicidios, entre los que se cuentan el de una mujer que fue Heroína del Moncada, ¡caramba y escoge esa misma fecha para "suicidarse" uhuhuh!, eso huele a engaño!, no y después en la despedida de duelo el viudo, un fi(d)el del CJ, un súbdito incondicional, a toda prueba, dice: *"a ella* (Haydee) *no se le habían cerrado las heridas del Moncada"*, estamos hablando de 27 años después del Moncada. La cruda verdad es que su hermano fue vilmente asesinado, era el segundo del movimiento y a él lo apresaron en el asalto en la posición en que tenía que desempeñarse durante el ataque y es cierto que le sacaron los ojos y ella fue una mujer muy valiente y decidida ante el verdugo que le llevó un ojo del hermano y se lo enseñó a ella y su actitud fue más que valiente al no decir una palabra que delatara a alguno de los que habían actuado en el ataque, milagrosa y asombrosamente varios lograron salir de aquel infierno que fue un revés, pero que 'se convertiría en victoria', sí pero para los que quedaron con vida, porque a los muertos los recodaremos como mártires imperecederos en el altar eterno de la patria agradecida.

Eso de señalar que después de 27 años esas heridas, no las físicas, sino las síquicas seguían sangrando, esa tesis está bien difícil de creer para justificar ese "suicidio", si hay tribunal equilibrado que la evalúe, no le dan ningún grado al expositor, que además era su esposo; ese cuento es más largo que lo que han contado; ahí hay gato encerrado y ya es muy tarde para sacarlo a la luz.

A esa familia revolucionaria le cayó la mala suerte revolucionaria, casualmente los hijos de estos dos revolucionarios mueren en otro accidente de carretera dentro de la ciudad al chocar contra un árbol, no había exceso de velocidad, ¡no podía haberlo!, no solo por las regulaciones del tránsito para el tramo donde se dio el accidente, sino también por las malas condiciones de la 3$^{\text{era.}}$ Ave. en ese tramo; ellos mueren y el padre no hace por investigar el origen del accidente, claro el padre era fan, fan, fan del sr. FCR, pero lo más llamativo es que sobre todo la muchacha era una contestaria bien crítica del sistema fidelista, ella le veía manchas y lo había dejado saber en algunos artículos, por supuesto fuera del país, así que chocan y se mueren los dos, así de sencillo ¡uhuhuh, eso huele a engaño, huele a venganza!

Y cuántos accidentes sospechosos de dirigentes o personas que trabajaron para o muy cercanamente al sr. FCR y chocan y se murieron, ¡uhuhuh, eso huele a engaño!, uno de los últimos le ocurrió al ya desaparecido Gral. de División Pedro Mendiondo, en un momento en que el arma que dirigía estaba siendo objeto de un escándalo internacional en el Canal de Panamá y es en ese preciso momento que choca y se mueren, él, los dos suegros y dejaron viva a la mujer, ¡uhuhuh qué raro!, y cuántos "accidenticos" de este tipo no se han dado que no son digeribles, solo aceptados por aquellos que lo ven todo color de rosa.

FCR, es un traidor en cuanto a la amistad, él no conoce el concepto de amigo, solo el de quien le sirve y si un bombillo del sistema del que se ha valido puede dar una luz no nítida de acuerdo a sus cánones, él o su hermano se encargan de apagarlo o buscan quien lo haga, no son calumnias, ni mentiras del enemigo, lo que ocurre es que siempre se dice que la verdad está de parte de este gran gladiador de la mentira y los otros que tienen algo que decir son enemigos de la Rev., esos otros son los mentirosos y no el gran sr.

¡No, no, no, ya basta de esas historias sórdidas y sucias, semejantes a una persona de igual calaña de la que no se puede esperar un actuar traslúcido!, ¡y que nadie piense que él considera a alguien como amigo! FCR bueno es decirlo NO TIENE AMIGOS, solo reconoce a quien le sirve, a quien le es útil, a quien le puede dar cierto grado de notoriedad ¡y ya!

Sin hacer una imputación porque eso sería perjurio, pero el actualmente presidente de la Venezuela Bolivariana, el sr. Nicolás Maduro, hizo una declaración muy fuerte sobre la muerte del tristemente fallecido Presidente, su predecesor Hugo Rafael Chávez Frías, él dijo:

"El presidente Chávez fue enfermado de cáncer, estamos haciendo las averiguaciones pertinentes y le daremos a conocer al pueblo".

tremendo planteamiento hizo el presidente Maduro que al parecer fue llamado y aconsejado porque nunca más él refirió algo sobre ese tema. Era algo bien candente y detrás de esa cortina se escondía algo grande. Aunque Maduro es Maduro, él es capaz de confundir los penes con los peces, pero...

A pesar de los pesares, muchos creían en la gracia personal del extinto Chávez, en su singularidad, en cómo se ganó a parte de su pueblo, aunque le duela a la oposición, pero su carisma, el coraje que tenía Chávez, el maniobrar con delicadeza para salir de situaciones difíciles que le fueron hostiles, más bien que mal enfrentó a la prensa, aceptó sus críticas o las rechazó; él fue más interactivo con el pueblo que otros dirigentes que se las daban de populista, esa es la verdad, no deja de adicionársele la carga de errores que por el camino fue cosechando pero sus propósitos y resultados desde los primeros momentos fueron buenos. Tal vez su mayor error fue prolongarse en el poder sin darle oportunidades a otros, imagínense, se acercó al Castro viejo y tal vez eso lo llevó doblemente al cadalso. Al que a mal árbol se acerca, mala sombra lo cobija y el sr. es un árbol del que hay que estar distanciado, es una película para ver desde lejos sin acercársele.

Él, que se creía un amigo del Cmdte. en Jefe, y solía decirle su "how are you Fidel", no llegó ni a cumplir 59 años de edad; no lo dejaron llegar a esa edad, algo realmente preocupante ¡FCR, es como un Ave Negra del Infortunio y de la Muerte, a todo lo que valga más que él, si se le aproxima, fenece! Ya no hablar de muchos otros suicidios inexplicables, hombres que después de haber tenido un cargo por más de 16 años dado por la gracia y obra del Jefe de la Rev. se "suicida" sin saber por qué a los 64 años, porque los argumentos dados en el momento de su muerte son pocos, no pocos, más que poquísimamente convincentes, son razones irrespetuosas para los que ya ven un poquito más de lo que dentro del país te obligan a ver. Por eso hay que hacer millones de Operaciones Milagros, pero no para operar y mejorar la calidad de la visión física de los ojos de los cubanos en la isla, sino Operaciones Milagros del Cerebro para que la gente aprenda a pensar con cabeza propia y a ver a los que hacen trampas y patrañas, para que le devuelvan a la gente lo que había dentro de la estructura ósea llamada cabeza, que se usa para pensar y alguna vez tuvieron, pero que les fue robado.

Hay así decenas de casos muy-muy-muy-muy dudosos, extraños, sin sentido, no se sabe cuántos casos de muerte dudosa existen, no hablar de la "desaparición" del más carismático y agraciado rebelde bajado de las lomas, él se consideraba amigo de FCR, y no sabía que para este 'partner' no existen los amigos, a los 10 meses del triunfo, Camilo que decía que *"contra Fidel ni en la pelota"*, él que era el $(fan)^{n+1}$ de Fidel, Camilo que era hombre, amigo, de una facilidad impar para las mujeres, cubano de pura cepa, gran atrayente de las masas, todo un hombre para querer, respetar y para envidiarlo, sobre todo eso para envidiarlo por su ejecutoria; murió sin que ni siquiera el avión apareciera, y que se sepa al sur de Cuba no hay ningún Triángulo de las Bermudas, es posible que sea otro tipo de triángulo, el de la maldad.

Pero además, no es solo la muerte de ese ícono de la simpatía de los cubanos, sino los que murieron en relación con este crimen / "desaparición". ¿Por qué tuvo que morir el Capitán Cristino Naranjo Vázquez y su chofer, baleados a la entrada de Ciudad Libertad (antigua Columbia), aduciendo que lo confundieron?, ¿lo confundieron, con qué, con un batallón enemigo o con la 82 División Aerotransportada de los EUA?, ¿por qué se alzó, se insubordinó el Capitán asesino "que se había equivocado" y cuando se le captura se le hace un juicio sumarísimo y le dan paredón a la carrera?, son muchas cosas con dudas, es de pensarse que alguien que sea canonizado debe estar libre de culpas y de dudas; al menos no tantas como en este presunto caso.

Realmente pesan muchas dudas sobre las personas del Che, altamente criticado por los más de 500 muertes que se dieron como parte del ajusticiamiento a las personas que cometieron crímenes contra la población, a él, al Che, y después a Raúl se les cargan las mayores responsabilidades en los asesinatos posteriores al triunfo, y por supuesto FCR tiene su gran responsabilidad porque él autorizó toda esa masacre.

¡Kño, ni los Juicios de Nuremberg!; es de esperarse que si FCR es canonizado y tiene que ir a los cielos, de allá arriba se va a ir mucha gente huyendo y en protesta por tan desagradable inquilino, en desacuerdo por compartir espacio alguno con un hombre que ha ordenado hundir embarcaciones con niños y madres a bordo, que ordenó el derribo de avionetas civiles en pleno vuelo, un hombre que esperaba que ocurriera en Granada lo mismo que él hizo cuando dirigió la acción del Cuartel Moncada, esperaba otro baño de sangre, un hombre sobre el que pesan cientos de muertes no esclarecidas, de amigos, de enemigos; Fidel era un hombre que habla con sus subalternos y era tanta la presión que ejercía sobre ellos que por lo menos dos de ellos intentaron suicidarse sin que lo hayan logrado, mientras que otros no querían que llegara el momento de hablar con él, estas confesiones provienen de subalternos que tenían que relacionarse con el CJ.

El rey de extrañas muertes de personas que disienten de su régimen político, un hombre que quería incendiar este continente mediante la exportación de la guerra, un hombre que le da paredón a otro por el gravísimo error de rascabuchar a una mujer, a él, a FCR, se le podría dar como apelativo el de "alma exterminadora" y posiblemente los que estén en los cielos y vean que allí llegó este nuevo inquilino digan: "¡pero aquí también, esto es una pesadilla, qué kño es esto, me voy pa'el carago!" y recojan y se marchen, porque no quieran compartir con él la gloria.

Y si fuera para el purgatorio, allí hay una pila de espíritus que van a querer ir por él; no existe aval ni para el purgatorio y mucho menos para la gloria; es difícil que cualquier humano le extienda una carta-aval para ingresar a cualquiera de esos lugares.

Esto hay que decirlo para que se conozca, porque si a alguien se le ocurrió llamarlo padre de la patria, no hay que dudar que haya quien lo quiera santificar, hacerlo beato, y sinceramente, FCR no tiene méritos para eso; si aquí en la tierra dejó el record de 638 intentos de asesinato a su persona (cosa que es dudosa), allá arriba va a poner el record de 8360 intentos de sacarlo de la gloria y/o del purgatorio donde quiera que se meta. Quien siembra abrojos solo recoge estas cosechas, por eso es que él está lloroso y todo cagalitroso cuando se percata que tiene que subir (a los cielos) o bajar (al infierno), para él todo es malo, tal como él lo ha sido.

El colmo del monopolio del pensamiento lo expresó FCR, al decir en una intervención en la que estaba Lucious Walker que a él le hubiera gustado que la iglesia en su país (Cuba) se hubiera acercado más a los pobres, que hubiera sido más ecuménica una cosa que parece ser muy justa, pero en realidad lo que FCR estaba tratando era diseñar a su corte y estilo el trabajo de la iglesia en el país, en otras palabras, ponerla bajo la tutela que él ejercía en todas las esferas de la vida dentro de la isla, con excepción de la iglesia.

Sería bueno saber qué diría el sr. FCR, si los miembros de la iglesia dijeran que a ellos les hubiera gustado tener en la isla un político más sensato, sin tantas muertes, que no tuviera miedo de hacer las elecciones que en algún momento prometió y que nunca cumplió, que permitiera la libertad de expresión para sus ciudadanos, con menos intromisión en los asuntos bélicos de otros países lo que ocasionaba pérdidas de vidas en la población juvenil cubana, y en sí un gobierno que fuera con todos y para el bien de todos, y no de los humildes, por los humildes y para los humildes de lo cual él, FCR, ha sacado ventajas al someter a esos humildes a los designios fidelistas.

C-42: Una vez más la información, pero ahora desde la óptica de la internet, la red en la que se puede encontrar de los más diversos temas informativos, ciencia, historia, entretenimiento, cultura general, biografías, discursos, videos y miles de diferentes sucesos y acontecimientos.

Ahora bien, ¿por qué esa negativa a que la red de redes entre a la isla si se supone que **¡el país más culto del mundo!** busca no perder ese lugar?; porque no olvidarse: entre los tantos atributos que tiene la isla, uno de ellos es ser el país más culto del mundo con una cultura general integral para salvar la Rev., cuya cultura general integral es la envidia de todos, y por supuesto esta fue erigida por la ADR=LHR=FCR=PSPCC; sin comentarios, que lo crea el que la creó.

Hasta los servidores más sencillos en los que se puede buscar información de carácter cultural y que estuvieron por algún tiempo dando servicios en la isla, fueron terminantemente prohibidos; no se puede seguir con el argumento baladí de que el enemigo nos quiere penetrar y menos en esta época en que la LGBTQ, es algo admitido y no hay temores a decir la orientación sexual del individuo, si nos quiere penetrar que nos penetre, siempre y cuando sintamos ambos el placer de aprender y de conocer y de descubrir cosas nuevas, verdades ocultas que no quieren que se sepan.

Ese es el gran problema de las dictaduras que hacen sus cosas malas y después no quieren que estas se sepan, ni que se comente algo sobre ellas, el silencio es su mejor cofre; además para que no vaya a existir filtración alguna, los medios conocen que quien publique algo contrario a las mentiras que previamente se han establecido, ese medio queda clausurado, no sale jamás a entorpecer la "inteligencia" de nuestro pueblo, el más culto del mundo.

Gran parte de la opinión pública está completa y absolutamente segura que si parte de la juventud y los que no son tan jóvenes acceden a los servicios de internet, algunos se van a infartar y se van a caer de espaldas y nalgas diciendo que no, que no es verdad, que eso es una maniobra del enemigo para "dividirnos y confundirnos", se van a caer de bruces sin admitirlo cuando lean los testimonios que sobre muchas de las candentes situaciones que se dieron y se dan en nuestra tierra son desconocidas y que al dictatoriato no le conviene salgan a la luz pública.

El oficialismo va a decir que esos apátridas mienten y que los que tienen la verdad son ellos, los revolucionarios; usarán las palabras mágicas que nos ha enseñado el ICJ=FCR=MLR: "**patrañas del enemigo**"; esa historia es más vieja que el azúcar y el café, como si ellos nunca hubieran mentido y es lo que hacen desde el mismo primer día si se considera el discurso de ene. 8, 1959.

Ese día se dijo se evitarían los derramamientos de sangre y unas horas después esta mojaba parte de la tierra cubana, y no es que hubiera sido innecesaria algunas ejecuciones pero al parecer se les fue la mano, incluso con compañeros de FCR que "fallaron" y que no necesariamente tenían que ser fusilados, pero lo fusilaron, a otros que fueron incriminados por intento de magnicidio sirviendo a los intereses de una potencia extranjera enemiga al servicio de la tenebrosa CIA, y fueron puestos en libertad después de un tiempo de prisión no largo, a la mitad de la condena, no es fácil entender el actuar errático, zigzagueante del sr. FCR en estos casos, unos son fusilados y otros con cargos más graves van a prisión y otros que no cometen delito alguno son condenados a 20 años por decir 'no quiero seguir en las filas de la Rev.', no hay un método, no hay una regla, **no hay ley, no hay ley, no existe ley, solo el capricho maniático-voluntarioso** de FCR, pero no hay leyes en la que se pueda soportar ese sistema, lo que existe es la voluntad de un hombre, el caudillo haciendo su voluntad, es en dependencia de cómo FCR tenga la neura ese día, es de una forma errático-caprichosa-zigzagueante. Si se compara la vida del dictador español Francisco Franco, se verían varias similitudes entre la de ese asesino y la del otro asesino cubano llamado FCR o FBZ, da lo mismo, todos son iguales, verdugos de sus pueblos.

Cuando en los inicios de la Rev. había juicios importantes a comandantes —que era el grado más alto que se otorgaba o después cuando se dieron grados de general—, FCR permanecía cerca de la sala donde se desarrollaba el evento y no daba la cara (Causas #1 y #2 de los Generales Ochoa y Abrahantes) y cuando había un descanso él le daba las instrucciones a los fiscales para que la farsa pareciera de verdad.

Pero no solo eso, sino que además intercambiaba con los miembros del tribunal sin hacer acto de presencia en la sala, él no daba la cara, dice él que para no influir en los destinos que el juicio pudiera tener. ¡Qué clase de mentira Dios mío!, si ya esas personas estaban sancionadas a muerte, *sine qua non*, no había tutía; y sin dudas la dictadura le tiene miedo a que la población se entere de estas y otras muchas cosas que ellos van a negar hasta la saciedad.

FCR solo hizo acto de presencia en un juicio seguido contra un joven que había delatado a los jóvenes de Humboldt 7 y cuando apareció en la sala simulando sentirse apesadumbrado a la n, despeinado, con cara trémula, como si se le hubiera desplomado el mundo por una pérdida irreparable, juró como le dio la gana ante el juez y entonces montó una obra de teatro que sería la envidia de cualquier actor profesional; ya por aquel tiempo él había tenido un grupo de encuentros con un actor norteamericano muy bueno, con mucho histrionismo, bien parecido, de figura deportiva, que era el galán de muchas mujeres y al parecer Fidel quería mostrar lo que tiempos atrás había aprendido de Errol Flynn. ¡Qué Dios perdone, pero no es frecuente ver a una gente tan simuladora como FCR! ¡Sola vaya!

Mediante la internet la población va a tener acceso a verdades que se han guardado con el ánimo que sean olvidadas por las viejas generaciones y que las nuevas ni se enteren de la marranada que formaron los que dirigen el país.

Pero véase qué nivel de contradicción, propia solo de locos, alrededor del 2002 en un arranque de 'locura revolucionaria', se crea una casa de estudios superiores para estudiar solo todo lo que tenía estrecha relación con los medios de cómputos, estas especialidades se estudiaban hasta ese momento en la prestigiosísima CUJAE (Ciudad Universitaria José Antonio Echevarría), y se abre a toda carrera, con toda celeridad, como le gusta al CJ=LHR, se abre la UCI (Universidad de las Ciencias Informáticas) y es sobrentendido que estos ingenieros tengan que conocer las principales fuentes de comunicación e información, su almacenamiento, etc.

Esa alta casa de estudios tenía los servicios de la Google y de la Yahoo, que según decían los estudiantes no eran de los más completos webs sites porque en Cuba se limitaba su uso, pero al menos se conocía y se trabajaba hasta donde las condiciones lo permitían, pues bien, qué hizo la Rev., quitó ambos servicios, aun cuando estos servicios, estaban limitados por el gobierno; no era que se entrara libremente a la internet y ya; no, no, no ¡qué bah! Esto parece algo absurdo, pero los eliminó por completo. ¡Uhuhuhuh miedo, ahí viene el 'coco' de la información, no se puede dejar pasar!

Antes de ¡¿"abandonar"?! el poder, el co. FCR había jurado que en la segunda década de este siglo, Cuba sería el país que más computadores per cápita tendría a nivel mundial, por encima de países que en ese momento marchaban a la vanguardia, y uno se pregunta ¿para qué ocupar esa posición si no tenemos la posibilidad de acceder a los servidores que más información pueden proveer?, o es que ¿sería para oír y estudiar los discursos del LHR=FCR?, porque lo que sí él tenía claro es que acceder a la información abierta ofrecida en la red era cosa imposible, así que tener más computadoras per cápita en el mundo era más que todo un palo político que demostraba "la superioridad del fidelismo sobre el capitalismo". ¡Qué clase de beodo nos ha salido el CJ=LHR=PCEM=FCR!

Desde los 90s. de la pasada centuria el Partido, el Gobierno, llevaron a cabo un programa modesto con la intención de que la juventud aprendiera a usar las nuevas tecnologías, la computación; cierto que la tecnología era atrasadita, pero aparte de eso la juventud y los no jóvenes aprendían el abc, lo básico, lo elemental del trabajo con las computadoras, lo que permitía mayor acceso al conocimiento.

El propio CJ había dicho que los que no aprendieran computación, a la vuelta de unos años serían analfabetos así tuvieran un título universitario, por lo tanto, el aprendizaje de la computación se convirtió a finales de los 90s. y en la primera década de este siglo en algo vital e impostergable para trabajar en los distintos ministerios e instituciones del país y como parte del conocimiento general para optimizar el trabajo en cualquier profesión.

Se presumía que con esa preparación la juventud iba a estar lista para cuando 'fuéramos la nación que más computadoras per cápita se tuvieran a nivel mundial', no se sabe bien para qué si en el país más democastrista(f) del mundo, no se podía acceder a internet porque según el CJ, había mucha perdición, perversión, mucha violencia, demasiada pornografía y los cubanos debían permanecer, puros, incólumes, cristalinos, debíamos estar dentro de la famosa campana de cristal para no contaminarnos, para permanecer asépticos y todo eso es una **gran mentira.**

El sr. ex Presidente de los Consejos de Ministros y Estado sabía que jamás se sobrepasarían a esos países asiáticos en donde prácticamente cada ciudadano tiene una laptop, o una pc, ¿con qué se iban a adquirir, ya no para los 11 millones, tan solo para los jóvenes que desde el nivel primario tienen ya las inquietudes de usar una tableta, una pc o una laptop?

Mentiroso y fantasioso, creador de ilusiones y esperanza que no se cumplirán jamás, le van a crecer las orejas y la nariz, por ser un deformador de la verdad, para engatusar a tus coterráneos para que estén a tu favor, para que crean en ti como los seres humanos llegaron a creer en Jesús Cristo, con la única diferencia que las profecías o predicciones de aquel sí se cumplían, pero muy pocas veces las que tú predijiste, por eso eres un mentiroso grande, que las pronosticas, pero que no las cumples. Tu frase lanzada en los 60s., aquella en la que decías: "**el pueblo tiene que tener fe en la victoria**", se fue quedando cada vez más vacía, sin contenido, se convirtió en algo hueco que nunca los que vivimos bajo tu égida quisimos ver, ni admitir como realidad truncada, porque cuando menos corríamos el peligro de ser enemigos de la Revolución y ya se sabe lo que eso implica para los que viven en el terruño.

Las actuales generaciones de cubanos están a años luz del desarrollo alcanzado por el mundo gracias al uso de la computación, a la racionalización y uso óptimo del tiempo; la diferencia es tan grande que el hombre de Neandertal, en su época sabía más computación de lo que saben las nuevas generaciones cubanas y las inmensas posibilidades de la misma, esta realidad se da en el país más democastrista(f) del mundo y que más computadoras tendría para la segunda década de este siglo, toda una **mentira** mal elaborada.

Pero cómo se podía impugnar esa falsedad en aquel momento estando viviendo dentro de la isla, y además cómo se le hacía llegar a la población lo falso de una de las tantas mentiras que el CJ=FCR=MLR acostumbraba a decir para mantener viva la llama de la Rev. que se extinguía; tal vez ahora sí se pueda porque ha pasado más de la mitad de la década, el velo se ha corrido hasta caer al suelo y es de esperarse que nadie que tenga alguna vergüenza se desdigne en levantarlo, pero, ¿por qué medio se le dice a la población que todo aquello era otra patraña fidelista?

En uno de los discursos de 1962, FCR=CJ dijo:

> *"¿ahora que no hay censura, y que la prensa es enteramente libre, más libre de lo que ha sido nunca, y tiene además la seguridad de que lo seguirá siendo para siempre, sin que vuelva a haber censura aquí?" "Y por eso yo quiero empezar —o, mejor dicho, seguir— con el mismo sistema: el de decirle siempre al pueblo la verdad."*

Ya esta mendaz idea, deseo frustrado con que engañaría a los millones de cubanos que lo creían, él la había lanzado en el 59 en la toma de posesión como PM al decir:

"Tengo la seguridad de que en el curso de breves años elevaremos el estándar de vida del cubano por encima del de Estados Unidos y del de Rusia"; (en vez de Rusia debió decir la URSS).

Palabras, palabras, palabras; discursos, discursos, discursos; promesas, promesas, promesas; metas incumplidas, frustraciones de vida, esperanzas perdidas y engaños, engaños, engaños son las cosas que hay dentro de ti.–'¿Qué cuento era ese?'

Fíjese siempre el patrón de comparación, siempre en comparación con el mundo de mayor desarrollo y sobre todo su añorado y sempiterno enemigo: los EUA. ¡Mentiroso mayor, te van a crecer las orejas y la nariz, por ser mentiroso!, ¿o qué nombre se le da ahora al que deforma la realidad a sabiendas de que la está deformando para sacar ventaja de esa situación? Por lo menos déjenos decirle la verdad, la nuestra: usted es un MENTIROSO de MARCA MAYOR; con el respeto que por su cargo merece, pero la verdad es hija de DIOS.

¡Qué alguien se diga después de más de 5 décadas cuál es nivel de vida que tiene Cuba! Soñar es algo lindo, pero con los pies en la tierra, pero además esa dichosa obsesión de tomar como patrón, siempre que había que situar una cota superior, a la sociedad que él odia, a la que él critica por su estilo de vida dilapidador, de consumismo, entonces no se entiende si es o no es el patrón a seguir o si en sí es la **envidia** que quema y que no se puede apagar al no poder llegar nunca a esos niveles de vida con la maltrecha sociedad fidelista a cuesta. ¡Qué alguien se diga después de más de 5 décadas si el futuro de la sociedad fidelista es promisorio o más desastroso de lo que hemos visto hasta aquí!

C-43: En el pasado a un niño que siempre estaba en broncas con los demás se le daba el nombre de "pica-pleitos o pendenciero", lo que no se sabe cuál es el nombre que se le da a un líder, un jefe de un país que tenga esa condición, esa es una de las condiciones del cro. CJ, "ex-PCEM", es un personaje incendiario, violento, extremo, con él las cosas son: "o me das la bolsa o te vuelo la tapa de los sesos."

Dado a su ira al parecer no estudió mucho del Derecho en Diplomacia, pero sí en imposiciones y autoritarismo. Veamos: en fecha 20 de ene. del 2016, se cumplieron 56 años de un bochornoso incidente provocado por el PM del Gob. Rev. de Cuba con el entonces Embajador Español en Cuba, quien enfrentó en 1960 al PM que despampanaba sobre unas acusaciones que hacía a la Embajada Española donde se decía que esta apoyaba la conspiración de ciertos elementos del gobierno que eran contrarios a la política de la Rev.

El co. FCR mostró una carta acusatoria, incriminatoria de las actividades que hacía, según él, la Embajada en contra de la isla y el diplomático que estaba en su casa al ver aquel actuar, la abandonó y se fue al estudio a encontrarse con el acusador (el que suscribe tenía en el momento 8 años y estaba sentado en el piso de la sala de su casa viendo la tv y recuerda parte del incidente y lo molesto que se pusieron los dos) y lo que se formó en el estudio fue algo serio, hubo que sacar las cámaras del aire y al regresarlas ya aquello se había calmado.

El diplomático le hizo pasar tremendo susto a FCR, lo menos que se esperaba era que el Embajador se le apareciera en los estudios de su tv en plena comparecencia despachándose de la representación diplomática del país Ibérico, haciéndole a la embajada acusaciones muy serias de estar involucrada en pasos de subversión en contra de la Rev.

A decir verdad a FCR se le vio pusilánime enfrente del gallego que se veía macizo, bajetón y bien traba'o, un peso completo desde los pies a la cabeza; no creo que el Invencible haya tenido la más mínima posibilidad contra el español que se veía dispuesto a todo, si FCR no le hubiera entrado por debajo, un buen hipón no se lo hubiera quitado de encima ni la escolta porque el español, Juan Pablo Lojendio, Marqués de Vellisca, que transpiraba fabada y pierna de jamón por los poros, estaba bien molesto y ofuscado; y no era para menos, los que no hemos estudiado derecho diplomático, sabemos que cuando hay diferencias entre un país y otro, la vía es enviar una nota a la embajada y si no citar al embajador a una consulta. FCR, el guapetón, se limpió los pies con ese proceder diplomático, dando muestras de su incultura diplomática, de su guapería de esquina solariega y de que a él se le tenía que subordinar todo.

Hubiera sido muy doloroso un desenlace tumultuario entre un Primer Ministro guapo-bocón, cuando el sujeto está ausente, y un Embajador herido en su amor propio por injurias calumniosas; con dolor hay que decir que aquel combate no se dio, dejó a algunos con ganas de ver más.

¿Y el Embajador?, bueno al no poder ser enviado a Villa Marista, ni a prisión, tuvo que hacer sus maletas en menos de 24 horas, así lo exigió FCR, fue declarado persona no grata y regresó a su España; tamaño susto no podía quedar impune, pero en el fondo hubo que reconocer su coraje al enfrentar resueltamente al jefe "guapo" de la isla.

En esta línea vale aclarar que otra figura importante del Gob. tuvo también una reacción semejante en la ONU; de ahí hasta nuestros días no se tienen noticias de otra persona que se le haya presentado al más "guapo" de los jefes de gobierno, que era capaz de hacerle una crítica en público a cualquier país, a cualquier presidente, fuere amigo o enemigo, él siempre tenía la razón, el mundo era como FCR lo pensaba y lo diseñaba y no como en realidad era; él se creía estar por encima de todos cuando emitía uno de sus criterios sobre cualquier tema nacional o internacional, él suponía saber que tal país x no atacaría a y, esa predicción podría ser falsa o verdadera, pero ya él la dijo.

FCR se fajaba con cualquiera, no había distingo, ni diplomacia; sus señalamientos "revolucionarios" tenían que ser en público; que si se quedó un boxeador en Brasil porque no soportaba por más tiempo el dictatorismo fidelista, allá la emprendía con el amigo Lula; que si los soviéticos no lo incluyeron en la discusión de la retirada de los 42 cohetes nucleares, allá la emprendía con Nikita Krushov diciendo términos no muy apropiados para un PM; que si estallaba un conflicto bélico en cualquier país, él hacía una reunión con el pueblo en la terraza norte del antiguo Palacio Presidencial y les decía a los contendientes cómo se hacen las guerras; las desavenencias con la "Culta Europa" eran muy frecuentes, sobre todo con los jefes de gobiernos españoles; ya no decir con los país de América Latina donde él tenía más influencias y a donde envió a jefes militares para que prendieran la llama de la Rev. fidelista, fueron varios los países del continente a donde se enviaron fuerzas o se ayudaron para hacer en ellos la Rev.; pero de igual forma se bronqueaba con el expresidente costarricense Rodrigo Carazo, que con el mexicano Vicente Fox, o decía lo que creía de Carlos Saúl Menem, eso sin que alguien le pidiera opinión al respecto, o con el salvadoreño Francisco G. Flores, o con…, era inacabable; cualquier figura política del área le venía bien para formar sus actos beligerantes.

Su prepotencia y arrogancia fueron tan lejos, que siendo Cuba un pequeño país de Las Américas, a miles de kilómetros de Europa, FCR dio su aprobación para que las fuerzas del Pacto de Varsovia invadieran a la República Socialista de Checoslovaquia en ago. del 68; véase como Castro quiere buscar mayor influencia en los asuntos que no son de su incumbencia entrometiéndose en temas que le eran totalmente ajenos; ¿con quién contó FCR para incitar a semejante acto de violencia en un problema que no le concernía?, era obvio que estaba sediento de fama, de que lo conocieran a nivel mundial aún más de lo que ya se había mostrado durante la Crisis de Octubre. Tal vez los cubanos debamos alegrarnos de ser una pequeña isla porque hipotéticamente, si Cuba hubiera sido un país mayor hubiera sido casi seguro que FCR hubiera provocado una guerra continental, así de calenturienta y belicoso aprecio su conducta a lo largo de todos estos años; ejemplo: vea como el le trata la Guerra de Angola al Presidente Obama, en el artículo de marras El hermano Obama, cuando este visitó la isla; en un escenario que no tenía que ver nada con la visita del Presidente.

Famosa fue la fortísima crítica que le hizo el expresidente salvadoreño, ya fallecido en ene. del 2016, y que en aquella reunión dejó muy mal parado a FCR, lo petrificó, le heló las vísceras y otras glándulas, como las suprarrenales. Con los argumentos que serenamente le exponía al CJ, al LHR, al JR Cubana, al extremo que su amigo, el Presidente Hugo Rafael Chávez Frías, miraba aquel castricidio y se quedó mirando los toros desde las gradas y no le extendió ni el más mínimo gesto de ayuda, dejó que lo despedazaran, sin que él dijera una palabra de auxilio, de apoyo; y era evidente que el plenario de los jefes de estado no estaba a favor de FCR. Los presidentes asistentes a estas cumbres sentían un sentimiento de rechazo, de repulsa hacia FCR, no solo porque Cuba era un país comunista, sino por la prepotencia y el aire de superioridad exhibido por el LHR=CJ=PCEM en dichos eventos.

Esto aconteció en la Cumbre Iberoamericana de Panamá del 2000 donde intentaron hacerle un atentado; el Presidente de El Salvador,

Francisco Flores lo emplazó delante del plenario y lo acusó de haber sido culpable de la muerte de miles de salvadoreños al intervenir en la guerra de su país y se vio allí a un FCR vacilante, sin una respuesta apropiada a las cadenciosas acusaciones que el presidente le hacía, FCR quiso usar uno de sus ardides tratando de interrumpirlo para apropiarse de la escena que estaba muy caliente y otra vez el presidente lo redujo haciéndolo pasar una pena y retornarlo al silencio.

El co. Fidel estaba que echaba candela, bufaba, más aún cuando intentó interrumpir a su interlocutor, este le reprimió abochornándolo: "**espere, aún no he terminado**"; si le hubieran hecho una extracción de sangre en aquel momento hubieran obtenido lava volcánica al rojo vivo.

FCR estaba violento como él solo sabe ponerse, estaba que ardía de la ira, quería saltarle encima al Presidente Flores y desintegrarlo en mil pedazos, pero allí no podía hacer algo semejante; tal vez en su delirio de ira-rabia, se diría: "ya habrá alguna oportunidad en el futuro para tomar desquite", algo que en varias ocasiones él puso de manifiesto, Fidel no se queda dado, él toma desquite de una forma o de otra, con limpieza o con métodos poco ortodoxos, es decir, sucios, de poco caballero.

FCR anteriormente había ensombrecido el propósito de la reunión acusando al presidente de ese país (El Salvador) de darle amparo al notable criminal-asesino-inescrupuloso que hizo estallar un avión cubano en vuelo matando a sus 73 personas a bordo en el año 1976.

El ex presidente Flores fue acusado de malos manejos de unos donativos hechos a su país y estuvo en prisión domiciliaria, hasta que ¡sorpresivamente! muere el 30 de ene. de 2016 en condiciones muy, pero muy extrañas, sin que nunca se haya precisado dentro de las cuatro causas de muerte que se publicaron cuál fue la real, la más difundida fue la de un accidente cerebro-vascular, que también es impugnada; fallece a los 56 años; en sí no hay una causa de muerte de las distintas que se ofrecieron posteriormente en la que se pueda confiar, todo alrededor de su muerte está muy extraño, huele a componenda; ¡uhuhuh huele a desquite desde el exterior por criticar en público al analista de política internacional Pedro Navajas!

Era así, donde quiera que FCR viajara al exterior, le seguía un grupo de periodistas generalmente cubanos expatriados (era una especie de caza del jabalí, siendo este FCR) para dirigirle aquellas preguntas que a FCR no le gustaban y lo ponían en aprieto al extremo de perder la compostura y mostrar una reacción violenta, al borde del infarto; había un periodista de apellido Cao, que no lo dejaba respirar cuando sabía que él viajaría al extranjero, este periodista le caotizaba la estancia donde quiera que visitara; pero eran varios periodistas los que lo perseguían a todos los lugares y lo ponían en crisis.

Por muy dictador que usted sea hay preguntas difíciles para las que no había respuestas y es que en el país ningún periodista lo entrevistaba y mucho menos con pregunticas de esas que se dicen capciosas, maliciosas o contrarrevolucionarias, eso le hubiera costado el puesto, el título a cualquier periodista dentro de la isla.

FCR era querido por la población de las naciones a las que iba porque el mito de hacer una Rev. como la cubana y enfrentarse al enemigo de los pueblos que eran los EUA concita un sentimiento muy grande de simpatías, despierta la curiosidad, la atracción de los pobres y por eso donde quiera que llegaba las masas lo vitoreaban hasta el delirio, pero los periodistas conociendo que en Cuba no había libertad de expresión le hacían aquellas preguntas que de seguro esos mismos periodistas, algunos de origen cubano, no le hubieran hecho nunca en la isla, pero ya ellos habían emprendido el viaje de ida sin retorno y por eso podían hacérselas fuera de la isla.

Baste decir que después de una de esas Cumbres Iberoamericanas, al regresar a Cuba, el querido CJ=MLH=FCR, se dignó a dar una conferencia de prensa a tres periodistas cubanos, (cosa muy poco usual, esto casi nunca ocurría) y Fidel tan delicado, tan inteligente, tuvo la desfachatez de decirle al único periodista hombre que había allí cómo él tenía que dirigirle la pregunta, así de cándido es vuestro Fidel.

C-44: Si algo grande ha mostrado el régimen fidelista es el autocratismo, el voluntarismo y el libre albedrío, tal vez no visto con mucha intensidad en los 2 o 3 primeros años pero que sí se fue acentuando en la medida que se luchaba por el poder político, como delimitando el área en que se ejercería la acción y quién realmente tenía el poder; muchos hechos hay de lo voluntarioso que siempre se mostró el CJ=FCR.

La microfracción fue uno los ejemplos, producto de ella se deportó a un compañero revolucionario, "el eslabón más alto de la especie humana", porque fue acusado de ambicionar el poder, tuvo que refugiarse unos años en la URSS (le ronca el merequetén) ese proceso de la microfracción en que se acusaban a algunos viejos miembros del PSP (Partido Socialista Popular) de querer ocupar cargos y de ser muy críticos contra el co. FCR, sentó pautas referentes a quien ostentaría el poder y en la forma en que se gobernaría a los demás miembros de las llamadas ORI de las que surgió el sr. FCR como líder absoluto indiscutible, inapelable, jurisconsulto, infalible, avasallador, incriticable; ¿qué más se podría decir que lo eleve al rango de futuro dictador?

Todo este grupo de viejos militantes comunistas fue puesto en tela de juicio por pretender hacerle señalamientos de cosas que se hacían y que no daban resultados y que en el futuro serían dificultades para la nación; ellos fueron grandes visionarios que fueron castrados por Castro para no dejar una sola duda de quién sería el dueño de los caballitos, algunas de esas dificultades o señalamientos eran: *(i) el mando unipersonal de Fidel Castro lo cual se identificó como el "culto a la personalidad" que ya habían padecido otras dictaduras totalitarias, (ii) el inadecuado desarrollo de la agricultura con las características que fueron impuestas en Cuba, (iii) el desconocimiento de la ley del valor, (iv) el sistema presupuestado de financiamiento empresarial, (v) el uso y abuso del trabajo voluntario, (vi) la renuncia a la aplicación del estímulo material para incentivar la producción nacional, (vii) la desatención al sector de los servicios públicos, (viii) la destrucción continuada de toda la infraestructura económica de la nación que provocaba el vertiginoso deterioro en el suministro al pueblo de alimentación, ropas, viviendas, (ix) la industrialización plagada por el voluntarismo y la improvisación en los intentos de industrializar al país justo en ese momento del desarrollo de la economía cubana, (x) la "exportación de la Revolución" a otras naciones y la sacralización de la "lucha armada" para derrocar gobiernos y tomar el poder por la violencia, (xi) la militarización de la sociedad cubana, (xii) la conculcación de las libertades de reunión, expresión, asociación, así como el resto de los derechos democráticos, que fueron sustituidos por los derechos democastristas.*

Cuán claros estaban los viejos comunistas que criticaban lo que ya en aquella época era más que evidente y que estaría lastrando a la nación a partir de aquellos momentos hasta nuestros días, peor aún de lo que tal vez ellos previeron.

Todos estos señalamientos críticos se hacían en el 1962 dentro las ORI que era la agrupación política de las fuerzas que se opusieron a la tiranía batistiana, ellas eran: el M-26-7 de FCR, el PSP presidido par Blas Roca Calderío y el algo relegado DR-13-M (Directorio Revolucionario 13 de Marzo) bajo la dirección de Faure Chamón Mediavilla, todas ellas quedaron bajo la dirección única del co. FCR, que no aceptó ni una sola, ninguna de las críticas más arribas señaladas; el "niño" era incriticable y el que osaba hacerlo dejaba de estar en la nomenclatura; se le aplicaba un "fuera de juego", tú sobras aquí, estás demás.

¡Ni un solo señalamiento fue aceptado por 'su majestad, el sabio'!; y como se podrá ver no los aceptó por lo verdadero, por lo certero que eran, por lo atinado que eran; todo ese conjunto de errores se vivió durante los años subsiguientes al triunfo revolucionario, todos esos señalamientos estuvieron abofeteando la cara en primer lugar del tozudo y contumaz dirigente y como resultado derivado de esas supuestas infalibilidad e invulnerabilidad, también se afectó a la sociedad cubana hasta nuestros días.

Eran hechos que ya desde aquellas fechas se discutían por lo evidente que eran, pero mr. FCR, dijo hipotéticamente: 'no, a mí no hay quien me critique, yo hice la Rev., yo soy el dueño y el que tiene la razón, ¡y ya!'; los viejos comunistas creían que había llegado el momento de ejercer en el país los propósitos democráticos en los que ellos creían, que sus ideas eran de todos, pero se equivocaron, el país tenía un solo dueño, era de FCR, sino que lo diga su actuación a través de estas largas y tortuosas décadas. El que encabezó este movimiento de críticas, el sr. Aníbal Escalante fue deportado a la URSS.

Estas ORI habían sido creadas en julio 1961 como la dirección política de la Rev. y se desintegraron en marzo 26 de 1962, dando paso a la creación del PURSC (Partido Unido de la Revolución Socialista de Cuba) en esa misma fecha ya más consolidado bajo la dirección del co. FCR, y llevando a cabo el segundo proceso de la microfracción donde se consolida más aún el papel hegemónico y preponderante de FCR.

En el segundo proceso de ajuste de cuentas se terminó de eliminar los vestigios de los que creyeron que podrían tomar parte en la dirección de la nación, craso error de esos infelices creyentes, esa dirección era unipersonal y le correspondía al dueño de la Rev., al dueño del bate y las pelotas, este partido cambió su nombre el 3 de oct. de 1965, y al decir de FCR, fueron los compañeros que asistieron a ese acto los que "seleccionaron" el nombre para ese partido, algo que ya estaba planeado. Había que ver aquella obra de teatro castrista con FCR como director de aquel andamiaje y puesta en escena.

En el acto de constitución del partido FCR preguntaba al plenario, "*¿y qué nombre ustedes creen debe llevar el partido de la clase obrera cubana, de los revolucionarios cubanos?*", y del plenario empezaron a gritar 'comunista' y entonces él se viraba indistintamente a la izquierda o a la derecha y decía: "un grupo por aquí dice comunista, aquel grupo por allá ¿qué dice? 'comunista', y los compañeros del fondo, ¿qué dicen? 'comunista', 'entonces no hay dudas, nuestro partido se llamará Partido Comunista de Cuba por unanimidad'", el que quiera más democastria(f) que esa que vaya a Plutón a buscarla, ¡¡FCR se cree que la gente es boba, necia o come bolas, que como él es inteligente los demás son retrasados mentales!?

En opinión de algunas personas que vieron el procedimiento, esos gritos de 'comunista' estaban arreglados, pero de esa forma se hacía más democastrista(f) la constitución del órgano político y de esa forma la voluntad libre del secretario del PCC, estaba al máximo de sus posibilidades; ya tenía los cargos de CJ, PM y SPCC, pero no estaba conforme, aún le faltaba más.

Otro hecho dentro de los miles que tuvieron lugar, unos conocidos y otros desconocidos, está en la denominación de los municipios cuando se llevó a cabo la primera división político-administrativa de la isla dentro de la Rev. en 1976, en que se formaron 14 provincias y 169 municipios (actualmente bajo la segunda división política-administrativa desde 2011 el país tiene 15 provincias, 168 municipios).

En aquella división 18 municipios fueron nombrados con mártires de la guerra de independencia, del período republicano y del último período de insurrección. Uno de los más destacados combatientes de la guerra de independencia sin lugar a dudas lo fue el Lugarteniente Mayor General, Antonio Maceo y Grajales; para sorpresa de muchos cubanos, ni su familia, ni él fueron distinguidos con el nombramiento de uno de esos municipios con sus nombres; méritos para ello tenían; mientras que para Martí, Calixto García, Máximo Gómez, Juan G. Gómez, Frank País, Niceto Pérez, Rafael Freyre, Urbano Noris, Sandino (por Augusto César de Nicaragua), Colón (por Cristóbal), Pedro Betancourt, Ciro Redondo, Carlos M. Céspedes, Amancio Rojas, Jesús Menéndez, Bartolomé Masó,

Julio A. Mella, Manuel Tames; ninguno de ellos admite discusión, porque en su momento lo entregaron todo desde sus posiciones, es decir, todos estos y otros no mencionados tienen más que méritos suficientes para que nos honren con sus nombres en un pedazo de la tierra cubana, más que merecido, incluso faltaron figuras como la del Che y Camilo Héroes respectivos de Santa Clara y Yaguajay, más otros mártires de aquella y de esta última gesta.

Lo que era contraproducente e inconcebible es que faltara un pedazo de tierra que representara, no solo al General Antonio, toda una leyenda, sino a la Madre-Leona que decía: "**y tú, empínate**", al padre de los Maceos, a la esposa del General, al General José, a los hermanos todos; ¿dónde se quedaron los Maceos-Grajales?, toda una familia entera para defender y morir por la libertad del terruño, con un Titán y con un León y con otros que no alcanzaron a tener sobrenombres gloriosos por lo temprano que cayeron, padre, hermanos-hijos, una familia completa, con un simbolismo inmenso, con un arrojo de 27 surcos en el cuerpo donde ya no cabían más, lo que da muestra de su arrojo, con un hermano que cuando atacaba al enemigo, iba 200 m, él solo, él solito, por delante de la tropa, con 19 surcos que hablaban de su coraje.

Las leyendas que acompañaron a los Maceo-Grajales llegaron por lo menos hasta mediados del pasado siglo y eran contadas por aquellos que las recibieron de sus familiares que tal vez habían peleado en la Guerra de Independencia, como leyenda al fin eran modificadas por lo que a cada cual le llegaba, pero todo enardecía, engrandecía el prestigio de esa familia; ellos todos, los hombres todos probaron el sabor de las balas enemigas, eran ejemplos en la carga contra los españoles, su presencia en el campo de batalla elevaba la moral combativa de la tropa, ellos eran la apocalipsis en el campo de batalla; y si bien faltaron los nombres que se mencionaron anteriormente de la etapa de lucha 1957-58, pero los que no podían faltar eran los Maceos-Grajales. Siendo justo no debieron faltar ninguno de esos nombres más que emblemáticos, aunque de la última etapa revolucionaria haya al menos uno que pudiera ser cuestionado por su accionar criminal.

El de los Maceos-Grajales era un nombre imprescindible, en él había mucho de lo que hace falta para llevar una campaña como la que ellos llevaron, ¿entonces por qué no están en un pedacito de tierra, pequeño, no tenía que ser el más grande de los municipios, sino uno cualquiera para que con un solo nombre o apellido se representara a la familia?; era hacer eso que enseñó Martí: "honrar honra"; ¿y saben lo qué pasó?

Pues el municipio de La Lisa, de Ciudad de La Habana que en aquella división se proyectaba llevara el nombre de Maceo porque en este municipio está el lugar donde cayó Antonio y se rumoraba esa posibilidad entre la población; la noticia por alguna razón se había filtrado a la población liseña, y cuando se da a conocer la nueva división no aparecía ni un ápice de tierra con el nombre de un miembro de la familia, fuera Mariana, fuera Marcos, fuera José, o el mismo Antonio como símbolo que los podía representar a todos, a la familia Maceo-Grajales.

La causa de esa omisión no era que no había territorio para tal reconocimiento, sino que era algo arraigado en el pasado y que tiene que ver con las diferencias de carácter que entre Antonio Maceo y el Apóstol, José Martí existían, en cuanto a diversos puntos de cómo hacer la guerra y el nombramiento del gobierno una vez iniciada la contienda, además de unos recursos monetarios que Maceo necesitaba y que había solicitado al Delegado y que este había prometido, pero que en los inicios de la contienda Martí no los tenía, dado a que la operación del Plan Fernandina, donde se habían invertido importantes sumas de dinero en armas, había fracasado; ambos habían acordado una cantidad de dinero que de alguna forma Martí le haría llegar a Maceo para la expedición hacia Cuba y esto no era posible ante la situación creada con la pérdida del botín de la Fernandina, esto creó más dificultades en la relación interpersonal de ambos.

Este inconveniente fue superado porque Martí con su inteligencia proverbial pudo convencerlo de que él no poseía más dinero y que aun así reclamaba su presencia en los campos de batalla para el inicio de la contienda; ellos llegaron a acuerdos y Martí le dio la encomienda al Gral. Flor Crombet de llevar a Cuba a Maceo y un grupo más de patriotas que estaban en Costa Rica y así este lo hace, llegando a tierra guantanamera el 1 de abr. del 1895 siendo sometidos, acabados de llegar, a una persecución tenaz que le costó la vida al mismo Gral. Flor Crombet y a otros patriotas antes de incorporarse a la manigua, esa misión no fue nada fácil.

También fue motivo de discrepancia entre ambos la conformación del gobierno durante la guerra cosa discutida en la llamada reunión de La Mejorana; hubo puntos de divergencia entre ellos, pero en lo que no discreparon fue en llevar la guerra hacia adelante como se había propuesto el Delegado.

Sin sobredimensionar su gesta, Maceo tenía méritos sobradísimos de la anterior guerra que lo consagran en esta con la invasión al Occidente, con los distintos combates que libró que no son necesarios mencionarlos porque fueron muchas las acciones de combates de él y sus hermanos para que no se les hubiera considerado entre los mártires que se seleccionaron para designar una pequeña porción del territorio con su nombre; de todas formas la gesta de los Maceo-Grajales, amén lo que se pueda ver como negativo, porque fue un hombre normal, con virtudes muchas y también con sus defectos, pero hay que tener más que méritos personales para juzgarlo y sentarlo en el reprobatorio, hay que estar por encima de su ejecutoria y no creo que haya alguien en el país que lo pueda hacer; claro, muy claro que FCR no tiene los méritos personales ni históricos para impugnarle algo a Maceo, era Maceo mucho hombre, mucho caballero que excedía la ejecutoria del señor que se negó a reconocer el tamaño de gigante que él, Fidel, trató de minimizar.

Pues bien, estas divergencias entre estos dos patriotas le sirvieron al co. FCR, para determinar, por su santa y caprichosa voluntad que ningún territorio llevara el nombre de Maceo, una figura respetada, venerada por las hazañas que produjo, por las leyendas que lo acompañaron y es una realidad que su mística colmó, desbordó los marcos de la inteligencia y las habilidades no solo militares, sino también políticas.

Este hecho de que no fuera considerado su nombre no tiene un ribete de tipo racista, no lo parece, pero sí de sancionar o no considerar a alguien que a pesar de los errores que pudo haber cometido, por lo menos era crítico de verdad y cuando los reconocía daba unas disculpas sinceras con elegancia impar; este hecho de que Maceo no fuera reconocido para que su nombre apareciera en uno de los territorios cubanos, motivó que quien fuera el presidente del primer "¿parlamento?" cubano en aquel momento pidiera que cuando muriese su cuerpo fuera enterrado al lado del infinitamente glorioso Mayor General Antonio Maceo y Grajales, tal vez como acto de desagravio y ante la impotencia de no dar cumplimiento a algo que era elemental y vivía en la mente de los cubanos, esa petición suya era válvula de escape a la impotencia de no poder hacer algo ante una injusticia caprichosa a toda costa del dueño de la isla.

Está claro que Francisco Blas Roca Calderío era profundamente Martiano, pero también adoraba la mística leyenda de Maceo, y allí fue enterrado en cumplimiento de su solicitud, pero además, el propio FCR, en sus (i)Reflexiones de dic. 8 del 2007, escribió: *"Estoy en deuda con él. Ayer se cumplió otro aniversario de su muerte física."*, todo esto referido a Antonio Maceo Grajales.

¿En deuda? ¿Por qué en deuda?, ¿por el remordimiento ante el examen de conciencia? Habla claro camará, no dejes las expresiones a medias, entre bambalinas para que cada cual interprete lo que le parezca más adecuado, diga las cosas como son.

Tal vez sea mejor no oír su explicación, sería tergiversar la realidad y acomodarla a una salida clásica pero no realista. Así suelen actuar los autócratas, los dictadores, los que les hacen pasar penas a sus ministros en público solo para que le cojan miedo y creerse que con esos actos se granjean el respeto y admiración de los demás. Aquellos miembros de las ORI que criticaron en el lejano 1962, las posiciones de culto a la personalidad, la vía autocrática de dirigir y que sufrieron destierro por criticar lo que creían estaba mal donde había que criticarlo, pudieron ver a lo largo de esos 14 años hasta el 1976, lo certero de sus apreciaciones. Esa actitud autoritaria, prepotente, soberbia y arrogante, nunca abandonó a FCR.

Mírese hasta qué punto va el autoritarismo, que en la llamada Causa #1 de 1989, llevada a cabo contra el Gral. Arnaldo Ochoa Sánchez y otros tres militares implicados y llevados a paredón, el co. FCR, en su intervención ante el Consejo de Estado, una intervención larga como solo él sabe hacer, dijo:

"¿Tuvo Ochoa posibilidad de salvarse?, sí; Ochoa pudo salvarse en la primera conversación que tuvo con Raúl si hubiera sido franco, si se hubiera sincerado y hubiera dicho toda la verdad, ... tuvo otra oportunidad en la segunda ocasión que habla con Raúl, ...tuvo una tercera oportunidad, el día que se le arresta, pero no coopera absolutamente en nada, no fue sincero, no habló claro con el co. Raúl". (Palabras de FCR, ante el Consejo de Estado, el 9 de julio de 1989).

Dijo además que:

"El juicio fue uno de los más limpios y transparentes del mundo, que no se ejerció ninguna influencia sobre los miembros del tribunal ni sobre el co. Fiscal…, ellos tomaron su decisión sin ningún tipo de presión, … este juicio se ha caracterizado por una limpieza excepcional".

Véase lo que es ser deshonesto y mentiroso, chantajista, persona de baja catadura, de vuelo rastrero, después de eso dice:

"Yo seguí el juicio paso a paso en una habitación cercana y al terminar cada sesión me reunía con ellos y les preguntaba su opinión".

¡Amigos lectores, si esto no es presión, entonces hay que redefinirla! ¡Qué Dios nos perdone por conocer semejantes mentiras!, y no poder hacer algo para develar las verdaderas razones de ese comportamiento errático del deslíder de la Revolución Cubana.

¡El cuerpo de Ochoa debió estar revolviéndose en su tumba!; ¡cómo si no se conociera el modus operandi del CJ!; fíjese si todo eso era mentira, que al decir de FCR, a Ochoa no se le da la pena de muerte por la actividad delictiva en la que parece haber incurrido, por favor léanse sus palabras anteriores en las que él, FCR, dice que Ochoa no fue sincero cuando se sentó con Raúl por lo menos en dos ocasiones, que si le hubiera dicho la verdad a Raúl se hubiera salvado, ¿es que Raúl era su confesor, era su exonerador de culpas, era su salvador?, ¡fíjese que tamaña descoordinación con la verdad y las intenciones para mentir!; y es que Ochoa y los otros tres implicados estaban condenados de todos formas, sin decir lo que sabían o diciéndolo, lo mismo daba, Fidel los iba a matar de cualquier manera y después buscaría el pretexto más baladí para justificar el asesinato; pero además quién puede dar fehaciente fe de que este apoderado de la mentira estaba diciendo la verdad en esa comparecencia, si es que nadie lo podía contradecir.

No se negaría a esta altura que tal vez Ochoa tenía implicaciones con la droga, pero lo que es muy, muy dudoso es que ninguno de los dos no haya tenido conocimiento de esas actividades, más si FCR reconoce la eficiencia de los servicios de contrainteligencia militar, ¡caramba y con tanta eficacia que tenían no fueron capaces de descubrir algo sobre tamaño escándalo!

Lo que FCR nunca va a reconocer públicamente, que esas deshonestas mentiras nunca hubieran salvado a Ochoa, ni a los demás implicados porque ya él lo había mandado al patíbulo y esa decisión no tenía marcha atrás, ¡¿hasta qué punto se puede soportar una actitud descarada, deshonesta, mendaz sin que las venas le revienten a quien la conoce?!; los más desconfiados creen que esa es otra burda mentira del sr. FCR. En definitiva, por lo que dijo FCR, a Ochoa no lo ajustician por el delito de las drogas, sino por no ser sincero con el co. Raúl, es así como se determina el derecho a la vida de una persona.

¡Así que un juicio limpio y transparente!, él se cree que los cubanos de más edad no recuerdan el caso del juicio de los aviadores del régimen batistiano, los cuales habían participado en bombardeos a la Sierra Maestra y después del triunfo de la Revolución, FCR quería que el tribunal que los juzgó, sancionara a por lo menos tres de ellos a pena de muerte; como eso no ocurrió Fidel el Colérico destituyó al tribunal y nombró a otro tribunal pero en definitiva no llegaron a aplicar la pena de muerte.

El que no sigue las órdenes de FCR, se muere antes de que la muerte natural le toque, de alguna forma el CJ=MLR=JR se la hace llegar, sea en un accidente de carro dando marcha atrás en que el encartado choca y se muere, o bien sea porque en un día soleado de ago. o jul. en que el cielo limpio, despejado, sin que hayan nubes en el cielo cae una centella o rayo y se muere el que Fidel necesitaba que se muriera, o se pierde un avión dentro de la isla y este no se puede encontrar ni en los centros espirituales; hay 3 o 4 formas de esas muertes extrañas diseñadas para mandar a un incumplidor o a un ex-escolta traidor que escribe un libro señalando todos los males de la desastrosa economía cubana y su líder, y el escritor se muere de la noche a la mañana; son incontables las distintas formas de poner a un indeseable fuera de juego sin que aparentemente haya una mácula para el dueño del país.

Con esa posición, con ese empoderamiento que FCR otorga al hermanito sin talento, lo que está haciendo es dar un norte de a quién hay que seguir en el futuro si él desapareciera, y así ha sido en la realidad de nuestros días; por otra parte, el Gral. Ochoa representaba un fardo muy pesado en las aspiraciones del talentoso y taimado CJ=PCEM=FCR, dejarlo con vida significaba una espada de Damocles sobre la pretendida victoria que él se adjudicaba había obtenido al dirigir las tropas desde La Habana, en su lucha por adjudicarse las glorias de la Batalla de Cuito Cuanavale. Fíjese si de lo que se trataba era de demeritar a este competente militar, Héroe de la República de Cuba, miembro de lo que en Cuba se conoce como parlamento, participante en varias contiendas militares fuera de su país en las que obtuvo resultados positivos que ahora son escamoteados, a los que no se hace alusión alguna como para tratar de ensombrecer, de quitarle brillo a sus dones y habilidades como militar.

Pero además Ochoa estaba presto, listo y nombrado en ese momento para recibir la Jefatura del más importante de los tres ejércitos en que se divide el mando militar en la isla, todo eso es pospuesto en esta lucha por ensuciar la imagen de Ochoa; FCR dice:

> *"Y debo decir que, en todo su período como jefe de la misión, hizo cuatro proposiciones estratégicas y las cuatro fueron rechazadas. ¡Y las cuatro fueron rechazadas en el Estado Mayor! Cuatro veces propuso decisiones estratégicas y en ninguna de las veces se aceptó. Las cuatro se las rechazamos porque no nos parecieron buenas, al final nosotros tuvimos la razón en relación con los combates que se dieron en el sur".*

Vaya observando el lector cómo se allana el camino para que los resultados de la victoria de Cuito Cuanavale tuvieran otro dueño. Casualidad que Cuito Cuanavale, al que se refiere el ICJ=FCR, está al sur de la nación angolana. No hombre no, no sea mal pensado; pura casualidad.

La Gramática en la época revolucionaria se ha incrementado haciendo pequeños cambios en el uso de los pronombres personales, algo novedoso, progresivo; antes el YO era usado para la primera persona del singular, pero después que llegó Fidel, existen dos pronombres personales para designar a la misma persona del singular, ese otro pronombre es NOSOTROS, que en voz de FCR y la nomenclatura revolucionaria de la alta esfera, describe a la misma persona que el YO, lo único que el uso del NOSOTROS, da una idea de que quien lo usa es en extremo modesta y no quiere señalarse diciendo 'yo' en primera persona; por eso los revolucionarios en vez de decir 'yo' dicen 'nosotros' para indicar la persona que habla, tal si dijera 'yo'.

Como se puede ver ya "no había" talento militar en el otro hombre que no paraba en Cuba porque siempre estaba destacado en cualquier país de América, África o de Asia, donde quiera que se había creado un compromiso y que fuera de interés militar, no para Cuba, sino para el ICJ, o estudiando en la extinta URSS que, dicho sea de paso, el encartado y defenestrado por el LHR=CJ=FCR, hablaba y entendía muy bien el ruso y esto le permitía acceso directo con los amigos de la Isla en aquella época.

Para no perder la ofensiva destructora contra el "otrora compañero", lo acusaron de poco serio, de bromista, de guasón, de .odedor, todo para ensuciar su imagen, pero con eso y todo tenía méritos más que relevantes que lo hicieron acreedor de la admiración y respeto de los que lo conocieron, se le acusó de no escribir informes de las acciones militares, todo esto según Fidel, el impúdico, el saca trapos para desprestigiar a quien tiene más luz propia que él.

Fidel entra en la fase de intriga, se le monta o le baja el santo de la desacreditación, entra en trance y empieza a ver visiones, a imaginar cosas que le son transmitidas desde el más allá y como gran vidente que es, él ve lo que los demás ni se imaginan, todo dado al estado en que está, es el momento de hacer las insinuaciones, pa' que to' el mundo se pregunte: ¿qué será lo que es desagradable que el jefe no quiso se publicara?; dice FCR que hubo cosas que **no** se publicarían, que tienen que ver con **cuestiones morales**, para no afectar a familiares y allegados, haciendo simulacro de una gala que NUNCA estuvo en las arcas del CJ=PCEM=FCR=ADR=PSPCC; en esa intervención Fidel deja caer una bomba sobre la moralidad e integridad de Ochoa, al decir:

> *"Solo no se publicaron algunas cosas, porque son desagradables, que tienen que ver con cuestiones morales, que pueden afectar a personas inocentes, que resultan demasiado escandalosas y decidimos que esas no se publicaran."*

El LHR=FCR golpea una y otra vez en cosas y situaciones que al cubano le interesan sobremanera, máxime proviniendo de un proceso como el que tenía lugar:

> *"… y los problemas de tipo moral no los quisimos sacar, nos parecía que iba a afectar a la familia y no quisimos que se expusieran en público".*

En estas palabras haciéndose el buena gente, el familiar, el santurrón, ¿y el alma de asesino dónde la dejó?) dando muestras de una indulgencia que nunca ha tenido, siempre fue implacable, bajo, soez; esto era para hacerse el bueno a los ojos de los que verían la puesta en escena que él dirigía y protagonizaba.

Fíjese qué forma tan poco caballeril de golpear bajo, ¡qué suciesa, qué falta de hombría el estar sacando o insinuando cosas para desprestigiar a un hombre por el cual se podía meter las dos manos en la candela y que se achicharraran antes que meter una uña de cualquier falange por Fidel, al que como persona y hombre le falta clase! Esto refleja más a las claras la bajeza como ser humano, no ya como hombre, sino la poca catadura moral de Fidel Castro Ruz, es como decimos los cubanos: "eso no es de hombre, eso no se le hace a un hombre" (léase ser humano).

Pero ese método de ensuciar a las personas que habían caído en desgracia ya había sido usado en otros casos públicamente. Recuérdense los casos del Gral. Del Pino, el de Luis Orlando "landy" Domínguez y otros tantos; con esa bajeza de *"los problemas de tipo moral"* amenazó al menos en cuatro ocasiones durante su exposición en el Consejo de Estado; él no debe tirar piedras, su techo es de vidrio y muchas cosas han salido, ahí están en la dichosa internet, en libros escritos de testigos presenciales, de actitudes de la vida de estos dueños de poder, ahí están en los testimonios ofrecidos por los que se le van de su lado.

Después de valorar estas formas inteligentes de demeritar, de desprestigiar, de enlodar, de manchar a una persona, de denigrarla, viene a nuestra imaginación los "atributos" que deseáramos tuvieran **nuestros enemigos**, cómo quisiéramos que fueran de taimados, cuán rastreros, cuán arrogantes y prepotentes, cuán bronqueros, cuán soeces, cuán saca trapos sucios e inmundicias de los demás, cuán llenos de **prinsipios** y **balores** enseñados y aprendidos dentro del claustro de la Rev., cuán egocéntricos, cuán voluntariosos e impositivos, cuán desleales a los amigos, que no sean tan inteligentes, pero sí lo suficientemente astutos para que nos obliguen a andar con los ojos y las mentes bien despiertas; con todas estas características y otras que se dan por sobreentendidas, si se nos preguntaran cómo quisiéramos que fueran nuestros enemigos, respondería sin lugar a dudas, ¡qué sean como FCR!, Fidel encierra como nadie, él encarna todas esas desvirtudes anteriormente señaladas y las potencia a un grado inalcanzable por los normales. Así queremos que sean nuestras actuales y futuras generaciones de enemigos y es que FCR, tal vez sin proponérselo es enemigo de todo lo que aspiramos sea bueno, positivo para que el ser humano pueda tener una vida normal, sin depender de políticos neurasténicos, ni de nadie; así queremos y concebimos a nuestros enemigos más cercanos, ¡cómo Fidel!

Los cubanos limpios sabemos que así no se obra. ¡Qué lindo, amarro al león y entonces guapeo, eso es de pendejo, de pusilánime, de rastrero y este es el tipo de conducta exhibida contra el expresidente de México cuando FCR expuso a la luz pública una conversación privada provocando un conflicto en las relaciones con ese país, solo porque el Presidente Mejicano le había dicho: "Comes y te vas", y Fidel sin tener en cuenta lo que representaba ese país para Cuba desde el punto de vista histórico se sentó sobre todo eso y protagonizó aquel bochornoso escándalo. Él, FCR, hizo lo que hacen los bebés de meses sin avisar y que después uno se entera por el olor, que el de un niño, no es tan fétido como cuando la persona es adulta como lo es Fidel, pero que además si come cabrito invitado por un colega que le pide que al terminar, por favor, se marche, entonces ese cabrito se pone carbón y da un mal olorrrr, ¡que para qué les cuento!; así que Fidel formó una embarrazón que aquello daba pena, no se sabe si por el cabrito que comió en México antes de que tuviera que irse, o por qué, el caso que el hedor era insoportable, Fidel ya no es un bebé, así que imagínese ud.

Así lo hizo con varios de los que fueron miembros importantes en la nomenclatura de la Revolución, estos al ser separados o al abandonar el país y marchar al exilio, eran vituperados por la virulencia que le producía a FCR que lo dejaran o por tener que separar a un cuadro de la dirección revolucionaria.

El mismo Fidel lo había dicho, lo que era México para el pueblo cubano y su Revolución, desde que a Cuba la expulsaron de la OEA en Punta del Este, Uruguay, México había sido el único país del área que no le dio la espalda a Cuba, pero además fue el anfitrión de los revolucionarios cubanos comandados por él mismo, cuando estos se preparaban para venir a liberar a Cuba de una dictadura para imponer ellos la suya; de México, lindo y querido salió el Granma, y el señor Fidel Castro se hizo heces en todo ese arsenal histórico por vanidad personal.

Fidel es anti diplomático, anti político, mal hablado, violento, descortés; se fajaba cual Pedro Navaja en las reuniones con los demás presidentes o se mofaba de ellos delante de todo el plenario para en alguna medida ridiculizarlos; lo mismo tenía desacuerdo con Carlos Saúl Menem de la Argentina, por su neoliberalismo, que con el ex-presidente Óscar Arias de Costa Rica quien obtuviera el Premio Nobel de la Paz en 1987 por todo lo que hizo para pacificar Centroamérica donde Nicaragua era un bombillo bien candente; Fidel decía que los Sandinistas habían perdido las elecciones por culpa de las gestiones de paz del ex-presidente Arias.

En los años en que se ha venido lidiando con la persona de FCR=ADR=LHR=CJ, no hay data de que él haya hecho un acto de enhestar a uno de sus colaboradores, con las honrosas excepciones de su hermano Raúl, y la del Che después que este fuera asesinado en Bolivia y cuando Fidel se proponía tomar a este engendro asesino para que los niños cubanos lo honraran diciendo la consignita: "Pioneros por el comunismo seremos como el Che"; este Che que fue quien le disparara a quemarropa a la cabeza a Eutimio Guerra porque, aunque después de juzgarlo, no le habían probado que era traidor de delatar a los rebeldes en la Sierra Maestra, el Che decía que quedaba la duda y "ante la duda, hay que fusilarte" y lo mató a sangre fría aun cuando había sido juzgado por un oficial que en aquel momento tenía mayor graduación "militar de guerrilla" que la que tenía el Che y este desobedeciendo el dictamen del tribunal lo ajustició delante de todo el resto de la tropa y no fue el único asesinato, hay otros casos de personas que dan fe de que Ernestico Guevara de la Serna hizo lo mismo en varias ocasiones en la Sierra Maestra y en el Escambray.

En la totalidad de estos ajusticiamientos llevados a cabo por el Che hay ausencia de un proceso judicial y ni qué pensar en pruebas que incriminaran a las víctimas que eran matadas sin una investigación previa que probara su culpabilidad en la falta que se le imputaba, que por lo general era haber sido ser desleal a la Revolución o haber cometido asesinatos en la población civil; para ellos un disparo en la cabeza, en múltiples ocasiones proporcionado por el mismísimo Che en persona; pero si eso no fuera suficiente, hay que decir que durante su estancia de unos cuatro meses en La Cabaña, hasta abril del 1959, se ganó el sobrenombre de El Carnicero de La Cabaña por la cantidad de muertes de personas que no tenían un juicio justo y mucho menos cargos probatorios que lo hicieran aparecer como culpables por lo que iban a morir.

Entonces el voluntarismo fidelista le impuso a maestros y profesores, a padres y familiares, el estilo de hombre que FCR quería para la sociedad cubana al decir:

> *"y si queremos expresar como quisiéramos que fueran las nuevas generaciones, debemos expresar sin ningún tipo de dudas, sin temor a equivocarnos: queremos que sean como el Che".*

Y ya al día siguiente empezó la escuela primaria a decir el lemita de los niños pioneros cubanos, aunque no les gustara, ¿quién podía refutarlo y cómo?: "**pioneros por el comunismo** (al tiempo que levantaban su mano derecha para saludar la bandera) **seremos como el Che**", este lema surgió porque para FCR, no había modelo de revolucionario, de hombre cabal, de hombre más íntegro que el Che; si eso era para los criterios de FCR, entonces ¿por qué se lo impone a padres, maestros, niñas y niños que no saben en verdad lo bueno y lo horroroso que hizo el Che?

Era como si con esta acción el eximio Castro estuviera pagando la deuda con el Che por haberle cerrado la puerta y dejarlo fuera de la casa, lo que ocurrió al darle lectura a la carta dejada por el Che que se suponía fuera leída en caso de que muriera en sus aventuras por África, pero nunca si estaba en vida y Fidel hizo todo lo contrario, por eso el Che tuvo que regresar a Cuba prácticamente en clandestino y a regañadientes.

Dése por descontado que era una deuda suya, de Fidel Castro para con el Che y no de los niños, ni de la sociedad, entonces no enrole a los hijos de toda la nación en esa campaña, o ¿es que ese es el pago por tener escuela pública aparentemente gratis?; o ¿es que esa determinación suya es tomada en nombre de la democastria(f) que todos TIENEN que acatar sin rezongar?

Los padres, los abuelos, las familias no quieren que su descendencia hagan las cosas malas, más que malas, horrorosas, que hizo el Che; solo valórese los más de 500 muertos que se dieron entre la Cabaña y otros puntos del país con la participación de sus señorías Ernesto 'Che' Guevara de la Serna y la del actual Presidente de los Consejos de Estados y de

Ministros, el sr. Raúl Castro Ruz todo con la venia de FCR; ¡no señor mío, diga la verdad y al menos déle la opción de elegir a la familia!

Esta fue la persona que FCR eligió como ejemplo, como paradigma para que los niños cubanos fueran como él; ¡le zumba el fidelato, sola vaya!

¿Qué diferencia hay con el oficial sudvietnamita que durante la guerra de Vietnam saca su pistola y le da un tiro a la cabeza a un prisionero que tenía sus manos atadas a la espalda?

Qué alguien se pregunte cuál es la diferencia entre el general sudvietnamita que en feb. de 1968 asesinó en plena calle a un prisionero acusado de ser un luchador en contra del régimen saigonés y los crímenes que con ese estilo de disparar a la cabeza que el Che cometió, y los del Che fueron varios, tal vez el primero sobre Guerra fue lo que hizo que su "taimado amigo" FCR, tomara nota del momento para más tarde designarlo como el primer comandante por él nombrado en la gesta "libertadora" de la Sierra Maestra.

Realmente no hay diferencias sustanciales entre los dos anteriores asesinatos que no sean que de una hay un testimonio irrebatible, una foto, y que del otro hay una confesión personal del asesino en su diario de campaña; otra diferencia podría ser que el general sudvietnamita cometió su crimen a plena luz del día en una calle de Saigón y que las ejecuciones de ese tipo que el Che llevó a cabo fueron en lugares montañosos y durante su estancia en La Cabaña.

Al decir del extinto Comandante de la Revolución Juan Almeida Bosque, fue al Che a quien primero Fidel le otorgó los grados de comandante en la Sierra Maestra y los hechos hacen pensar que la génesis del otorgamiento se debía al instinto inescrupuloso y asesino de Ernesto Guevara de la Serna, ese fue aval más que suficiente para que se ganara aún más las simpatías del asesino que tenía FCR dormido dentro de sí; por eso fue él quien primero fuera distinguido con los grados de comandante; primero que Raúl, que Ramiro, que Almeida, que cualquier otro. Ese es el paradigma que nos impuso FCR para que la niñez y la juventud lo tomaran como bandera, ¡qué **balores** fidelistas tan sórdidos!

¿Por qué entonces tender un manto encubridor sobre los crímenes cometidos por él y hacer que los niños cubanos juren que quieren ser como el Che? ¿Y por qué no como el jefe de policía sudvietnamita? Asesino es asesino sea de la nacionalidad que fuere o lo vistan de las galas que algunos le ponen para hacerlos pasar por hombres de bien.

Recuérdese que en la escuela revolucionaria a la que todos tenían obligatoriamente que asistir, iban religiosos de las distintas denominaciones y ellos no podían asistir a otro tipo de escuela, no las había, esa era la única y se determinó fuera laica, lo cual quiere decir que en esa institución no había derecho alguno para ningún tipo de religión; ¡ah, no religión alguna, pero sí politiquería en favor de los intereses suyos de ud., de FCR!, ¡qué lindo, ehehe!, **¡qué democastrista!**

Ese es uno de los tantos estilos de mentir que FCR acostumbra a usar, dice las cosas hasta donde le conviene a él y nadie lo puede corregir y mucho menos contradecirlo; tal vez si Raúl pueda corregirlo, pero bajito pa'que no se entere nadie, en susurro, pero por lo que el ICJ nos dice del Che este puede subir a los cielos sin dificultades, Che no tiene pecado alguno de que arrepentirse, según el punto de vista de Fidel.

Si la familia cubana conociera las cosas horrendas que hizo el Che, muchos no estarían de acuerdo que su descendencia fuera como el Che, menos mal que la consignita de marras les resbala a los niños y no se la cogen en serio, al contrario, tan pronto como pueden se van y se olvidan del Che, de Fidel y de toda esa pesadilla autocrática e impositiva que lastra la vida de millones de cubanos. Así son los dictadores inteligentes, como lo es FCR, los que son más torpes ni se diga.

El no reconocer las aptitudes, los valores, las habilidades, las destrezas y capacidades de los subalternos tiene un hedor a e n v i d i a, a traición e ignorancia hacia los subalternos, así se limpiaba el camino de pajas para el futuro. En las múltiples ocasiones que FCR se refirió a alguno de sus subalternos era para destituirlo, para defenestrarlo, para injuriarlo en público, para hacerlo reconocer su inoperancia, su falta de capacidad para desempeñar la tarea asignada o en el peor de los casos enviarlo al patíbulo; es suficiente decir que en los inicios de la Rev. quien fuera ministro del trabajo Cmdte. Augusto Martínez Sánchez sostuvo una conversación telefónica con CJ=FCR y al terminar esa conversación el hombre se pegó un tiro en el pecho del cual desafortunadamente no murió, pero el régimen lo enterró en vida, porque si no tuviste pulso para quitártela entonces te dejaré con vida pero nadie sabrá que tú existe; la Rev. lo sepultó en vida, podría pensarse que se había ido del país, sin embargo vivió todos estos años y murió en Cuba.

La persona más inocua, la más sana, la más tonta, la más inocente, la más pueril, la más zamaracuca, ¡vaya la más mentecata!, la persona que haya alcanzado el nivel de alfabetizado en 1961 durante la Campaña de Alfabetización y que no haya ido a la Batalla por el Sexto Grado, ni por el Noveno y mucho menos a Universidad para Todos, ese tipo de persona de seguro se percatará que a Ochoa no lo asesinan por los delitos que supuestamente cometió, ¡noooooo, que baaaaaah!, a ÉL, Fidel lo manda a matar porque no se sinceró con el hermanito de marras, porque no le dijo la verdad, porque no cooperó con Raulito cuando en dos ocasiones este lo llamó; si Ochoa hubiera sido sincero con Raulito, según Fidelito "¿el bueno?", hoy los cubanos no tuvieran que lamentar el asesinato infame e innecesario del Gral. Ochoa, pero falló y por eso hubo que matarlo, que asesinarlo.

Todo esto huele no solo a peligro, sino a MENTIRA FIDELISTA, a efectos de flojera intestinal y para colmo como siempre Fidelito solo haciendo los descargos sin que el encartado pudiera decir algo porque lo tenían ausente; Fidel no quiere pasar otro SUSTAZO como el que pasó en ene. de 1960 frente a las cámaras de televisión con el Embajador de España.

Esto no es nuevo, desde la Sierra Maestra, el co. FCR hacía estas barbaridades de juzgar a quien de acuerdo a su ley estaba haciendo algo que afectaba a la guerrilla y él lo mandaba a fusilar, más rápido que tomarse un jarro de agua.

Del juicio y en la voz del sr. FCR, se vio a las claras un oportunismo inaudito de un líder político de la altura se pretende sea este sr., mírese este otro planteamiento:

> *"lo enviamos al frente de la misión militar en Angola, pero no le teníamos mucha confianza, por eso después enviamos al co. Polo, (así le digo yo familiarmente) al sur que era allí donde estaba difícil la situación, porque no confiábamos en Ochoa."*

¡Contradicción!, no, ese planteamiento no es una contradicción, sino una re-contra-super-contradicción; ella extirpa de raíz, la más mínima duda de una componenda fratricida; ya Ochoa no era un hermano, ni un compañero, sino un bicho malo de la tierra, un 'alien', un extraterrestre y como tal había que tratarlo.

Ojo, mucho ojo, estése al acecho con el desparpajado planteamiento de que *"no confiábamos en Ochoa"*; kño y así sin confiar en él lo habían nombrado Jefe del Ejército Occidental, por favor Fidel, dime dónde queda tu verdad que de buscarla sin encontrarla estoy cansado, hastiado y no la veo por ningún lugar; o quizás fue que ud. no se estudió bien el libreto con el monto de mentiras en la diatriba que tenía que pronunciar ante el Consejo de Estado; ¿ve ud. lo fácil que se coge a un farsante, a un mentiroso?

No obstante, para su dolor ICJ=FCR, en el plano internacional a quienes se le reconocen los méritos de la victoria de esta batalla no es a usted, sino a los generales Arnaldo Ochoa Sánchez, en primer lugar, y a Leopoldo Cintras Frías, o 'polo' como familiarmente usted suele llamarlo.

¡Ay mi Dios, apiádate de mí y no me dejes caer en la tentación de ser tan hipócrita y vestir ropa de ovejo cuando debajo lo que hay es un **rottweiler** dispuesto a despedazar a quien no piense y se someta a mi voluntad!

Mírese este otro punto que entra en contradicción total con la actitud de un "inepto" como el enjuiciado, mire lo que dice el propio CJ=FCR: *"a su regreso de Angola se le tenía designado el puesto de Jefe del Ejército Occidental"*, caramba, aquí hay algo mal, si este General de División, Héroe de la República de Cuba, miembro del "¿parlamento?" cubano, del Comité Central del PCC, que no paraba en Cuba porque siempre estaba cumpliendo misión en Venezuela, en Etiopía, en Zambia, en Nicaragua, en el Congo, y en otros lugares según se ha dicho sin que se hayan especificado esos otros lugares, ¡kño si era tan malo, cómo lo van a mandar a Angola para asumir la jefatura de la misión en ese país, **incluso cuando no se confiaba él**!; porque cuando se le envía a ese país se hace habiendo un grado de desconfianza sobre ÉL, sobre Ochoa; entonces, ¿ pa' qué lo mandó al frente de esa misión?

Todo esto refleja una mezcla de mentiras, intrigas a lo fidelato, traición hacia la confianza que se espera se le tenga a un subordinado, es que cuando se trata de una relación con el MLH=CJ=LHR=FCR, el subalterno es bueno hasta que no cae en desgracia con FCR; porque no necesariamente se tiene que ser amigo en una relación de este tipo, pero baste aclarar que el LHR=PSPCC, no considera a nadie como su amigo, para él solo existen los que le sirven a sus intereses y lo demás no cuenta, no importa si se es un presidente de una nación, o un miembro de una organización internacional o lo que fuere, o un intelectual eminente, o un religioso de reconocimiento mundial, lo mismo le da.

No hay la menor duda de que los errores de la droga pudieron ser o no ciertos, pero en el fondo lo que había era ENVIDIA al genio militar y como se rumora, el no darle el mérito por los éxitos de la famosa Batalla de Cuito Cuanavale, cuya victoria se la auto-atribuye el genio militar de FCR, quien dice que dirigió la batalla desde La Habana.

No es un secreto que Su Majestad Fidel Castro Ruz ha mentido en varias ocasiones, a veces premeditadamente para crear un estado de opinión favorable, y en otras después de pasado un temporal ocultando la verdad; ¿mandar al que menos confianza me merece a una tarea de tanta responsabilidad?, ¡kño! ¿y después lo voy a premiar dándole la jefatura del ejército donde está la capital de la República?, ¿quién es el incompetente?, ¿quién es el envidioso?, ¿a quién realmente se debía remplazar desde hace tiempo para que no siga haciéndose pasar por bueno?, ¿a quién hay que darle una lección de ética, de decencia ciudadana, de civilidad?

En ese juicio como cosa colateral hubo un planteamiento del co. FCR, (así le digo yo también a él familiarmente) en que él dice:

"Durante la batalla de Cuito Cuanavale aquí no se atendían ni las cosas del gobierno, por lo menos yo no; estuve desde nov. del 87 hasta oct. 88 pendiente de la guerra de Angola, ...todo ese tiempo lo tuve que dedicar a la guerra de Angola, no hice otra cosa, me consagré a esa tarea".

Díganse ustedes mismo, qué se ve. Una primera persona dice: "Veo, veo", y la otra persona se pregunta: "¿qué ves?" Respuesta: a un jefe de estado de una isla que está embarcada, pendiente de asuntos y situaciones de guerra de otros país, que él las creó para enaltecer su ego; así ocurrió con el costoso rescate del niñito Elián González, donde El Invicto tomó el asunto en sus manos para obtener una victoria que acrecentara su fatuo orgullo personal de gran estratega. Uhuhuhuh ese jefe de estado anda buscando glorias fuera de su país porque él sabe que dentro no hay algo que pueda hacer para ensalzar y encumbrar su vanidad.

No pero siendo justos el ICJ=FCR=SPCC se merece los méritos, los créditos por la victoria en la Histórica Batalla de Cuito Cuanavale, fíjense que se pasó, si se consideran meses completos, 12 meses = 366 días dedicados a esa tarea, kño, a mí me parece que se le puede dar el mérito, no sé que piensan los lectores.

Una vez más, como demócrata, el que lea puede estar 100% en desacuerdo con el escriba.

FCR pendiente de la guerra en Angola durante un año, sin hacer otra cosa en su país que no fuera la atención a esa guerra que lo cubriría de gloria, no lo dice nadie que no sea él mismo, el LHR=MLR=ICJ=FCR, véase la desfachatez de cómo el "niño" andaba por la libre y nadie tenía la "autoridad moral" para decirle: 'Jefe, ¿cuándo le va a dedicar algunas horas a la isla que está hundiéndose?'. ¿Es que Angola era la provincia número 15 de Cuba en aquel momento? ¿Y con qué permiso un presidente de un país está metido en la guerra de otro país?, ¡He ahí por qué no se le podía dejar el triunfo de la Batalla de Cuito Cuanavale al Gral. Ochoa! ¡Eh, me van a considerar todo ese tiempo perdido, sin un resultado que encomie mi labor de ser mejor estratega que Napoleón y Clausewitz!, y se diría el archiconocido fan de la guerra: "no señor, conmigo tienen que contar de verdad. Esa victoria es Mía, Mía y solo Mía". Póngale el lector el nombre del dueño de la victoria; alguien dice un nombre casi imperceptible; ¿qué dice ud.?, no se oye, / … / ¿qué dice?, hable más alto por favor, / ¿eh?, no se oye, sigo sin oír, / casi en susurro se oye: Fidel, / repita que no se escuchó, / **Fidel**; / ah Fidel; / ¿qué Fidel?, ¿qué?; / ¡ah Fidel Castro Ruz!

No se entiende bien esa posición del sr. CJ; durante todo ese tiempo no atendió los problemas de Cuba, por eso el país estaba en tan malas condiciones. ¿Quién podía hacer eso en Cuba?, pero bueno eso fue hasta el final de los 80s., ahora no se sabe qué pasa que la ¡**eh!konomíatuya**, sigue siendo una **bamiersurada**; ¿será que ahora sigue atendiendo los problemas de cualquier otro país?; porque lo que ha dejado es un salpicadero que tiene tremenda hediondez que hace rato no se soporta y los habitantes de la isla salen a airearse los pulmones en otros lugares y algunos tan desleales, sinvergonzones, no regresan, se quedan respirando otros aires que no tienen ni remotamente la hediondez que FCR le ha impregnado al modo de vida de los cubanos de la isla.

Para Angola, como consecuencia de su voluntarismo se enviaron más de 50 000 mil soldados, equipos de construcción, camiones, comida, de todo, cemento, bloques y arena, azúcar, sal, caramelos, chocolate, de todo como si a la isla no le hiciera falta nada y al contrario, le hacía falta de todo, o como si Angola hubiera sido una provincia cubana más; se le dejó de cobrar lo poquísimo que pagaban por la asistencia técnica en las áreas de salud, educación, y en otras áreas de los servicios con menos participación.

¿Es eso ayuda? Está por ver que algún país del mundo haga algo así por otro país, más si el país que da es pobre, casi miserable; por eso los gobernantes nuestros son malos administrando los recursos del país y en específico El Invicto=FCR es de lo peorcito que se pueda ver en ese menester; los EUA apoyaron y ayudaron con armas, alimentos y otras vituallas a los ingleses durante la Segunda Guerra Mundial, pero el acuerdo estipulaba que una vez terminada la guerra el Reino Unido de la Gran Bretaña, tendría que pagar por toda la ayuda recibida en tiempo de guerra; como se puede ver 'regalado' se murió, menos para El Invicto sobre todo si es para dar a otros países lo que en la isla no alcanza para mal vivir; por no dejar de dar este fanático de la guerra da hasta las vidas de los más jóvenes en contiendas que dejan mucho que desear, ejemplo la Guerra de la Etiopía de Mengistu Haile Mariam.

Haría falta saber si en algún momento del desarrollo económico de dos dígitos de ese país, Angola, liberado con la ayuda de las tropas cubanas a costa de las vidas de muchos de los soldados cubanos, lo que habría que ver si los angolanos y su presidente en algún momento han tenido en mente dejar, no 11 o 12 meses de sus obligaciones al frente de su nación, sino una semana para dedicársela a Cuba, a la que tanto le deben los angolanos, y decirles a los cubanos: "Cubanos, miren, sé que a ustedes les hace falta de todo, excepto dignidad, coraje, independencia, soberanía, patriotismo, **hideas, prinsipios, balores** fidelistas e internacionalismo, de todos esos méritos ustedes tienen de sobra; pero de lo que les falta, ¿en qué les podemos ayudar?, ¿en papel sanitario o yuca, o cualquier otra cosa que necesiten?, menos petróleo, lo que necesiten vamos a mandárselo como gesto de solidaridad y reciprocidad; al menos solo en una ocasión.

Después de ver las fatídicas exposiciones del co. FCR, diciendo que la URSS era 28 veces mayor que Cuba, no hay dudas de que el verdadero objetivo era demeritar, degradar, deshonrar la trayectoria del militar-compañero en desgracia, había que erosionar el prestigio de Ochoa como gran estratega militar y que los resultados de la famosa victoria de Cuito Cuanavale fueran de él, de FCR, y que Ochoa estaba allí no haciendo las cosas para las que fue designado jefe de la misión de Angola, estaba allí perdiendo el tiempo y dedicándose a lo que no tenía que dedicarse, convertido en un candonguero, en un trapichero de productos por unas cuantas kwanzas (moneda angolana).

Para fortalecer la decisión de pena de muerte usó otra estrategia, le pidió la participación para esa decisión, al Comité Central, al Buró Político, a la Asamblea Nacional del Poder Popular y terminó con la reunión del Consejo de Estado, para que todos dieran su opinión sobre la pena de muerte, para que todo el mundo tuviera responsabilidad en tal asunto (recuérdese la película "El hombre de Maisinicú": en que Cheito dice: "*y tú, pínchalo también coño*"). Para que todo el mundo se embarrara, se manchara de sangre, ese es el concepto de democastrismo del señor de las moscas, en estos menesteres donde hay sangre sí busca el apoyo de artistas, o de los órganos del estado; o están conmigo o están conmigo.

Otro caso de que el voluntarismo es preponderante se vio durante la preparación de los expedicionarios del yate Granma en México; las medidas eran bien estrictas en cuanto a la disciplina, discreción, entrenamiento, uno de los expedicionario había cometido algunas indisciplinas al ausentarse de los entrenamientos y para corregir la falta, el jefe de la expedición, decide aplicar la pena de muerte al encartado, sin tribunal de ningún tipo; este joven que era uno de los asaltantes al Cuartel Carlos Manuel de Céspedes de Bayamo, se nombraba Calixto García Martínez, llegó a ser General recibiendo varias condecoraciones y tuvo diferentes responsabilidades dentro de las FAR antes de morir en el 2010 a los 82 años.

Sin embargo, había corrido el riesgo de haber perdido la vida por disposición del CJ=FCR a sus 28 años por cometer algunas indisciplinas durante el entrenamiento, existiendo otros recursos como ponerlo preso hasta que se saliera para Cuba, u otras salidas que no fuera la pena de muerte; pero…, pero…, para FCR, la vida de un ser humano no es importante cuando algo pone en tela de juicio el campo político que él defiende, aun cuando haya otra salida que no sea la pena de muerte.

Han sido miles los muertos bajo su dirección; a los cubanos no les gusta mucho tener un jefe de gobierno o dueño de la nación que sacrifique vidas humanas por objetivos políticos y otros subterfugios para enmascarar ambiciones personales pérfidas, pero los cubanos no tienen la decisión de cómo salirse del sistema y de su jefe, porque le han hecho ver, a partir de la pérdida de su capacidad de pensar y de parte de su inteligencia, que el campismo no, sino que el fidelismo es lo mejor; pobres tontos, no saben lo que se han perdido, no saben lo que es vivir en libertad y sin el tutelaje de una figura tan aviesa de mente como inteligente.

No eran necesarias las tremendas penas solicitadas para los encausados en las Causas #1 y #2, aun cuando hayan tenido culpabilidad en algunos de los hechos imputados; se podía elevar el número de años en cárcel, la cadena perpetua, u otras penas extremas; y como ellos cuántos otros no han muerto innecesariamente por el capricho del sr. FCR, desde los que cayeron en Angola, en Etiopía, o en el Congo, o en Nicaragua, o en Chile, o en Bolivia, o en Venezuela, o en Argentina, o en cualquier otro lugar tal vez desconocido para los cubanos.

Ninguno de estos jóvenes que fueron enviados a las "honrosas misiones internacionalistas" tenía la opción de decir no voy a donde me mandan, porque el costo que hubieran tenido que pagar por esa negativa, los hubiera obligado a abandonar el país; los corajudos que tuvieron la dignidad de votar en contra de la pena de muerte para los encausados de la #1, de seguro fueron fichados y de hecho FCR se refirió a ellos no en términos de loas o elogios sino que estaban en su derecho de negarse, y él lo decía apesadumbrado, como si sintiera pena por ellos, por los que no estuvieron de acuerdo, de todas formas él le llevaba el récord de su negativa. Recuérdese que a él le gusta que todo el mundo se le someta.

Sobre el autoritarismo y la falta de democracia (sinónimo de democastria(f)) puestos de manifiesto en el fatal juicio de la Causa #1, FCR puso de relieve que él dirige la isla como le parece, como le da su gana, defendió a su hermano, primer vice-presidente de los Consejos de Estado y de Ministros, 2do. secretario del PCC, Ministro de las FAR, sustituto vitalicio por si a FCR le pasaba algo (todo eso en aquel momento), lo defendió como él quiso defenderlo, a como le dio su gana-cubana, sin pena, ni pudor, a cara destemplada, incluso diciendo palabras no muy decentes para una figura que representa a su país ante los medios de comunicación, a toda costa puso a buen resguardo la figura del hermano, no podía dejar algún tipo de dudas, lo limpió de cualquier lastre que sobre este pudiera haber caído, dijo que Raúl no estaba mezclado con nada de esa porquería y que el MINFAR, era ejemplo de disciplina bajo la exigente dirección del co. Raúl. ¡Ay por Dios, qué ignominia!

Ahí aflora otra contradicción, ¿cómo se puede explicar, con lógica, con tino, que se hayan producido eventos de drogas involucrando a miembros del MINFAR y que la contrainteligencia militar, creada para fisgonear a militares, no hubiera olfateado algo?; si en verdad la contrainteligencia militar es tan efectiva como dijo El Invicto, ¿cómo no fue capaz de detectar algo que es de tanta prioridad para los cuerpos militares y para el estado en su conjunto? Sin tener la ayuda de los servicios de inteligencia más prestigioso del mundo a mi favor, todo parece indicar que si la contrainteligencia militar no descubrió algo sobre este caso es porque nunca existió nada que involucrara a los encartados, entonces queda pensar que todo parece ser una patraña castroniana a dos manos para deshacerse de personas que les quitaban brillo a su ejecutoria y que amenazaban el statu quo; puede que haya sido un caso creado por las mentes enfermas de los Castro.

Dijo la ADR=FCR que el MININT no podía compararse con el MINFAR, que no eran las mismas cosas, que el MININT era hijo del MINFAR, que nunca se podrían comparar, que no son lo mismo, que ahora mismo se iba a limpiar el MININT (estaba anunciando que le iba a caer arriba a la gente de esa institución; era un período de purgas y él era el Dios) y que sería apoyado con los cuadros del MINFAR. ¡Qué manera de hablar bamiersurada pura, si los "cuadros" del MININT son los mismos del MINFAR que son mandados a cumplir en esa entidad!

Al parecer el MININT fue traído de otro planeta y no gozaba, por supuesto, de las prerrogativas que sí tiene el MINFAR, pero además si los cuadros del MININT son todos proveniente de las FAR, ¿cuál es el miramiento especial de ese apuntalamiento distintivo que se le hace al MINFAR que no puede ser extendido al MININT?, si todos los altos oficiales de este cuerpo son provenientes del MINFAR, ¡ahahah porque la imagen del hermano hay que mantenerla incólume, inmaculada y eso tiene que saberlo todo el mundo.

Lo otro que nos enseñó el ICJ es la democracia en su nueva concepción, a lo FCR, o lo que es lo mismo la **democastria(f)**; esta se hizo presente cuando él explicó que en este caso se tenía una opinión amplia sobre que la población no participaba de la decisión tomada (eso quiere decir fusilar al Gral. Ochoa y a los demás que fueron enrolado en la causa de muerte), pero que eso no importaba porque:

"…se hará lo que tengamos que hacer aun cuando la población no esté de acuerdo, porque nosotros tenemos que actuar como dirigentes y saber lo que le conviene al país, de manera que si la población no está de acuerdo, la sanción acordada se cumplirá en la forma en que estaba prevista".

Digan algo los entendidos en temas democráticos, a partir de que Cuba es una sociedad fidelo-socialista, no capitalista. Esa expresión del todopoderoso FCR, da una prueba de lo que es un dictador, compárese con otros dictadores para que se tenga una referencia más clara.

Desde cualquier posición política esta disposición, pauta, obvia, subestima, considera irrelevante lo que la población piense, a FCR=CJ=PCEM, le importaba un bledo, un carago lo que la población pensara, él se limpiaba los pies con la opinión de la población; y aun cuando un dirigente tenga que actuar de forma en que no considere la opinión pública, la inteligencia, la prudencia, lo político no aconseja tomar la opinión de la población como una basura y dárselo a conocer al pueblo como tal. Véase el nivel de prepotencia-insania-mental del jefe, tirando a la basura lo que la población crea y saben por qué, ahahahah porque se siente seguro, se siente por encima del nivel, al extremo de no importarle nada; **él es todo.**

Con este planteamiento FCR reafirmaba su vocación dictatorial y de poco valor a esa opinión pública que él enhestó el 8 de ene. del '59; eso solo se hace cuando el político-dictador de que se trate **se siente dueño del país, se siente por encima de todo lo que le rodea, se cree superior,** esa ha sido la situación de FCR, allí dijo mentiras, entró en contradicciones, obligó a votar a todos los miembros en voto directo con sus manos levantadas, algo innecesario pues ya todos habían dado su opinión en sus respectivos discursos y por presión o por lo que fuera estaban de acuerdo con la pena de muerte, por lo tanto esa doble votación no era necesaria, pero los hizo votar a mano alzada delante de todo el mundo y de las cámaras, como para que no hubiera dudas, hizo lo que le dio su deseo enfermizo.

Se equivocó en cálculos numéricos inconcebibles para una figura que se las da de ser muy hábil en los cálculos matemáticos, hizo otros cálculos de dudosa probidad, pero quien se los podía cuestionar, además no hubiera sido político delante de los demás corregir un error como ese.

Él se siente en el cielo, no hay quien lo critique y si lo hacen te deporto, y si no, te empapelo y te meto en Villa Marista, y si no, tienes un accidente automovilístico en tu carro a una velocidad que tiende a cero y te mueres, y si no,… ¿se tiene una idea de cómo opera la **democastria(f)**?

El poder no solo corrompe, sino que enferma a los que lo detentan por tiempo indefinido, casi a perpetuidad, sin límite de tiempo; quienes ejercen el poder en esta forma tan desproporcionada, hacen trizas a la democracia, aunque en el caso cubano la ADR=LHR=PCEM se empecine en decir que: *"Cuba es el país más democrático del mundo"*, faltándole el respeto a todas las naciones que al menos conocen lo que es democracia; todo eso es una vulgar mentira de FCR, es una insolencia, es una desfachatez con la que intenta cubrir todas las barbaridades antidemocráticas que han tenido lugar en el fidelismo.

No es obligado estar de acuerdo con lo que aquí se expone, pero use su intelecto y llegue a sus propias conclusiones sin que alguien lo presione, eso también es parte de un ejercicio democrático.

Ahora bien, después de saber y más que saber recordar algunos de estos episodios dolorosos para muchos cubanos y sus familias, tal vez algunos de ellos olvidados, ¿alguien puede creer que se puede sentir lástima o pena por un anciano todo depauperado que se presenta en la clausura de un congreso a decir con voz trémula, llorosa, achacosa, poco entendible, de dolor ante la evidente partida definitiva?, al decir que: *"Pronto cumpliré 90 años"*; (está bien ¿y qué?, hay muchos que ud. no los dejó llegar a los 30s., y a ud. le faltan 30 para llegar a la meta deseada, ¿llegará o no llegará?, ojalá …); *"Pronto seré ya como todos los demás"*; (¿y es que hasta ahora ud. no era como los demás?, ah mire eso no se sabía; es evidente que ud. nunca fue como los demás, ud. se consideró superior, pero se acabó).

Era sobreentendido que un jefe de estado nunca va a vivir igual que los ciudadanos de su país, pero cuidado, hay ejemplos; esa frase está un poco-bastante incoherente, ambigua, difícil de desentrañar; ¿qué quiso decir el autor de la frase?

Una persona tan autoritaria, no se conforma en partir él solo, —sin nadie que lo defienda para donde va, nada más que él solito como le corresponde—, se propone, quiere amargarle los días a los que se quedan, esa siempre ha sido su enfermedad, .oderle la vida a los demás, perdón, perdón, perdón; pero véase la cuota de veneno-envidia-frustración de una persona que ha hecho con su pueblo lo que le ha dado su real gana; ha gozado como no hemos podido hacerlo millones, entonces ahora no satisfecho con la partida se complace en recordarle a los que se quedan que todos ellos van a ir pa'llí, ese es FCR, **el envidioso.**

No, no, no, no crea los juicios emitidos aquí, solo piense si ud. en la hora final le va a decir a un amigo, familiar u otro ser allegado que a ellos les queda una afeitadita na'ma' en este mundo, que pronto irá pa'llí; ¡piense, piense, para que vea!, y le adelanto, si ud. dice que sí, entonces ud., sí ud. amigo lector es igualitico que el ICJ=FCR, me perdona por la comparación, pero ante tal evidencia no hay otra respuesta.

"Tal vez sea de las últimas veces que hable en esta sala"; (eso es pa'que la gente rompa a llorar desde ya, para que acumulen lágrimas suficiente para el día de su muerte, para que se pongan histéricos y quieran cortarse las venas, para que la gente entre en shock, y debo recordarle que ud. no es un actor que lleve a los espectadores a la locura, al éxtasis.

A es sr. ya se le conoce, que lo compre otro; ese fue el mismo tono que empleó el 8 de ene. del 59 para sumarse gente, lo único que ahora sí es de verdad y eso lo entristece porque sabe que la mujer vestida de negro es tan inclemente como él, ella cumple con su deber, él cumple con un placer sádico, sórdido, aun cuando no fuera a matar a alguien; tanto como gozó y tuvo de todos los tipos de placeres y ahora dejar todo eso sin saber qué se va a encontrar para donde le despachen el boleto de ida y de no regreso; ¡y qué bueno que fuera la última vez que hable en cualquier lugar porque para seguir oyendo mentiras, tergiversaciones, triquiñuelas, como las que dijo en el artículo de marras al Presidente Obama, es suficiente, no más!; siga sus discursos allá a donde vaya.

¡Qué Dios perdone a los que piensen en sentido del escritor!, ¡pero no lástima!, váyase cuando lo reclamen del infierno o de los cielos, porque ud. nunca sintió lástima ante sus víctimas sean para privarlas de la vida o para despojarlas de sus pertenencias, o para sancionarlos a incruentas y cruentas penas, ¡¿a cuántos mandó matar?!, ¡¡pena, lástima, ahora que van a bajar los alquileres?! No sr. enemigo, no penas, no lástima, arrivederci, bye bye, sayonara, adieu.

Se recuerda de la desaparición de Camilo Cienfuegos Gorriarán y la muerte del Capitán Cristino Naranjo Vázquez ante el temor que este descubriera la verdad, ¡¿lástima, pena, ahora?! ¿y no se acuerda cuando le pedían clemencia para un condenado y ud. prometía a la madre (el caso de Sorí Marín) que no le pasaría nada y después lo mataba?, ¡lástima, no lástima, no aflicción por ud., no venganza, pero tampoco dolor, ni tristeza, ud. no las merece, ¡qué bah!, si ud. no las tuvo, no las tiene y no las tendrá jamás!, fíjese que hasta en el adiós se deja ver su odio, su envidia, su sin sabor, su frustración (no se sabe si por los dichosos 42 coheticos o por qué otra razón o porque ud. nació así torcido; y sabido es que: 'comandante en jefe que nace torcido jamás su ruta endereza').

Debía prohibírsele a los que ya no son jefes de estado legalmente, aunque sean los que mandan, y que estén muy viejecitos, que no emborronaran cuartillas, si total nada se le entiende. Obsérvese lo que el co. FCR expresara al saber que los demás van seguir vivos y que a él presumiblemente lo viene a buscar la mujer de la guadaña: *"A todos nos llegará nuestro turno"*; (se fijan, no conforme con su partida le recuerda a los demás que ellos también van a ir para allá, como diciéndole que no se crean que se van a quedar aquí para semillas, reflejando el dolor en la voz llorosa, achacosa, cagalitrosa; ¿son esas buenas intenciones?, o demuestra la esencia envidiosa de quien las dice).

Tal vez su ausencia de compasión, de piedad, el no ser altruista, el no querer al prójimo, el no ser compasivo, el ser soberbio, bueno perdón ¿de qué le hablo, si esas asignaturas ud. nunca las estudió?, pero tal vez esa sea la razón de sentirse tan apesadumbrado, porque no se fue ni someramente benévolo con los demás y ahora la vida lo pone en este trance; porque se ha conocido de muchas personas que han esperado la muerte con tranquilidad sin querer que los demás sufran por una partida que ciertamente nos llegara a todos, más temprano que tarde.

Lo único que no aprobaría en ninguna circunstancia es ayudar a su desaparición física, ni violenta, ni de ningún tipo, pero si el diablo se lo quiere llevar, ¡chchch, vaya con él hombre, no hombre no, no sea bobo, vaya, vaya!, y lo único que duele es que este libelo como de seguro ud. lo llamaría no esté listo para cuando vengan por ud., no importa que no pierda su valioso tiempo leyéndolo, pero me hubiera gustado que estuviera en la calle como el Opina y si sale a la luz en estos momentos y no antes, no fue por miedo a ud. sino por el tiempo invertido para que lo que se dijera tuviera un alto por ciento de credibilidad, rigurosidad y cientificidad, todo eso lleva tiempo, no bastaban los manuscritos que tenía desde Cuba, hacía falta más, corroborar, estar lo más seguro posible, que nunca es 100% porque hay secretos muy bien escondidos y el tiempo pasa, y ud., y yo, porque nos vamos con él, también pasamos.

Se duda que tenga algún lugar al que pueda ir, en caso de que muriera, y sentirse como se sintió acá en su isla de ud., suya de su propiedad, pero se acabó, se acabó; a otra cosa mariposa; entiendo su preocupación al partir; personalmente no creo que ud. haya cumplido la parte de la obra que le tocó en vida, tal vez una mínima parte sí, pero la demeritó con el tanto odio, mal sabor, la amargura, las vicisitudes que sufrimos y a las que nos quiere condenar después que ud. haga sus maletas.

Fueron muchos malos momentos, mucho sacrificio, sacrificio, y más sacrificio, y sacrificio por aquí y sacrificio por allá, mucho ruido y muy, pero muy pocas las nueces; ahora llegó la hora en que no hay regreso y por muchas lágrimas que la gente empiece a derramar desde ahora, su mortuorio será como el de un vecino suyo que fue infinitamente más malo que ud. y al que ud. combatió desde mismo inicio de la Rev., a solo 6 meses del triunfo le mandó una expedición para derrocarlo y él más malo que ud. la destrozó y asesinó a todo el que entró en el país.

Cuando este ex-vecino suyo fue ajusticiado (lo convirtieron en un colador, pero el viejo era guapo de verdad, no tenía miedo, no se daba por vencido), para su velorio se buscaron plañideras para que lo lloraran durante y después del mismo, pero no hacía falta porque la gente que este engendro cegó de ojos, de sentimientos e intuición lo lloraron de corazón, como el sátrapa no lo merecía, sin tener en cuenta los crímenes que cometió, de todo tipo; ya le digo, ud. comparado con él no le llega ni a la suela de los zapatos, porque además allí no había inteligencia, solo brutalidad y mucho coraje para amedrentar a un pueblo durante 31 años.

Ud. fue más afortunado que él, sus coterráneos lo hicieron a él un colador y ni aun así pagaba lo que hizo, para que tenga una idea el Pinochet le daría a este ejemplar de la jungla, poquito más arriba de la rodilla, y bueno conocimos al Pinochet, tal vez me quedé un poquito corto con el

Pinochet; de los golpistas argentinos hay uno que se desapareció de su país, se burló de la justicia, no se sabe de su paradero, su nombre era Bossi o algo semejante, unos dicen que 30 000 muertos, creo que una vez él reconoció solo 6000, este era criminal nato, de pura cepa, pues bien comparado con el bardo de más arriba, este carnicero le daría a ese tal vez si por la cintura, para que tenga una idea.

Es lógico, se admite la voz nerviosa y el sufrimiento suyo al partir por las cosas que se hicieron mal y que aún en estado calamitoso se quieren seguir haciendo mal, pero eso había que pensarlo antes, ya es tarde, muy tarde para que ud. difícilmente halle la paz, ni en los cielos, ni en el infierno, ni el purgatorio.

Mi recomendación más sincera es que se vaya al mar, que allí, donde supuestamente está Camilo, él no le va a hacer ninguna reclamación, en primer lugar, porque ud. sabe que él no está allí, y por otro lado porque ese era un hombre, fi(d)el, tanto que a él fue a quien traicionaron sus "amigos y compañeros", además ud. sabe nadar y de seguro cuando la morena que una vez lo vio y quiso atacarlo, si lo ve ahora, ella va a salir echando un nadado más que rápido para alejarse de ud. por lo tétrico y deformado que va a llegar allá abajo. ¡Vaya con … D, vaya, vaya, no hombre no, no sea bobo, vaya que él lo llevará por el camino correcto, por el que ud. se merece, por el que ud. labró!

C-45: Este aspecto cae en el campo de lo subjetivo, no hay algo que se le pueda inculpar directamente a FCR, pero sí es algo a considerar como nota extra-curiosa el hecho de que muchas de las personalidades políticas, culturales, de las ciencias, deportivas y de otras esferas de la vida conocidas por FCR, hayan fallecido y él aún esté en vida, aunque bastante macilento. Es posible que un fenómeno paranormal mantenga a este ser con vida mientras muchas personas, incluso más jóvenes que él ya no estén; véase algunos de los ejemplos más relevantes. En sus años en el poder, FCR se relacionó con varias personalidades, que algún tiempo después de interactuar con Fidel, estas fallecieron; tal parece ser que fuera como un hado maligno que ejerciera su influencia maléfica sobre estos conocidos, en otros casos Fidel se hacía sospechoso de la muerte de la persona en cuestión o "jocosamente" manifestaba su deseo de darle un tiro al "amigo" que le dijo mejor me llevo los coheticos; por eso uno de los apelativos que no tiene equívocos y que encaja en ud. a la perfección es el de Ave Negra de la Muerte o el de El Ángel Negro de la Muerte, cualquiera de los dos le vienen bien; ud. no da vida, ud. las quita; veamos algunos de ellos:

Errol L.T. Flynn (jun. 20, 1909 a oct. 14, 1959) fue un carismático actor y guionista **estadounidense**, que conoció a FCR en el '59 y establecieron una amistad efímera en que primaba el interés de hacer un documental a la figura del rebelde triunfante, se dice que la expectativa y simpatías fueron mutuas; no se hizo el documental a FCR, pero se logró hacer un film corto titulado Cuban Rebels Girls; cierto que la vida disoluta y de excesos del galán norteño atentaron contra su vida, pero es singular que en unos meses después de conocidos todos los males de este hombre se acentuaron y falleció de infarto al miocardio apenas con 50 años.

Su entrañable amigo, el **colombiano** y Premio Nobel de Literatura **Gabriel García Márquez**, El Gabo (mar. 6, 1927 a abr. 17, 2014), ambos establecieron una amistad de varios años, además visitaba Cuba con asidua frecuencia por invitación de FCR, su vida se troncha por la existencia de un cáncer que se la arrebató a los 87 años.

El famoso, bizarro periodista y novelista **norteamericano**, excelente narrador, participante en las dos guerras mundiales como corresponsal de guerra y además en la guerra civil española, quien por su prolífera obra fue galardonado en 1954 con el Premio Nobel de Literatura, que además vivió algunos años en Cuba donde tenía una modesta finca llamada La Vigía, incautada por la Rev. La finca devino, a su muerte, en el museo homónimo. Conoció y se relacionó con FCR y dio su opinión favorable sobre el derrocamiento de la sangrienta tiranía de Batista por los rebeldes. **Ernest M. Hemingway** (jul. 21, 1899 a jul. 2, 1961), se suicida casi a los 62 años en su país natal después de salir de Cuba casi un año antes de su muerte, se fue de Cuba en jul. del '60, no se tuvo noticias de que su relación de amistad con FCR hubiera continuado, su última actividad en conjunto fue en may. del '60; en cambio Fidel le pagó confiscando su finca después de abr del '61.

Un gran amigo de FCR, lo fue sin dudas el dibujante, escultor y pintor **ecuatoriano**, **Oswaldo Guayasamín** (jul. 8, 1919 a mar. 10, 1999), quien le hiciera un cuadro icónico en que las manos de Fidel aparecen en un primer plano indicando que esas son las manos con que Fidel lo da todo gentilmente a otros lares aunque su pueblo esté pasando las de Caín; el busto aparece por detrás de las manos que han sido magnificadas; tal vez para el pintor ese cuadro tenga otra interpretación, pero para los cubanos necesitados de muchas cosas, el cuadro no tiene otra interpretación que la explicada. Famoso por su fundación y por su proyecto de "La Capilla del Hombre" fallece unos meses antes de sus 80 años de un infarto al miocardio. Por la universalidad de su obra, por lo menos se sabe que hay museos que exponen su obra en España y en La Habana.

La estrella **norteamericana** del boxeo mundial, conocida primero como **Cassius M. Clay, Jr.**, posteriormente como **Mohamed Ali** (ene. 17, 1942 a jun. 3, 2016), visitó la isla en dos ocasiones en 1996 y 1998 cuando la enfermedad de Parkinson lo aquejaba y por supuesto que Fidel lo conoció y conversaron sobre el hipotético encuentro entre el norteño y el cubano Teófilo Stevenson (mar. 29, 1952 a jun. 11, 2012), que llegó a ser Campeón Olímpico en tres ocasiones e igual número Campeón Mundial Amateur y Fidel y un grupo más de soñadores pensaban que se podía enfrentar a Ali, se estuvieron haciendo las coordinaciones para ese combate del que difícilmente el cubano hubiera salido airoso. Stevenson muere a los 60 años de un ataque al corazón, mientras que su hipotético contendiente fallece a los 74 años por problemas respiratorios.

Maurice Rupert Bishop (may. 29, 1944 a oct. 19, 1983) PM de la pequeña isla del Caribe, **Granada**, FCR desarrolló una gran amistad con él y visitaba a Cuba asiduamente, con una frecuencia que denotaba la formación de una gran amistad, fue asesinado por elementos de su propio partido y su cadáver desaparecido, murió a los 39 años de edad. Tal vez esa estrecha relación con una persona no muy bien vista en la región por su posición política y por la tendencia a la formación de grupos guerrilleros en la región latinoamericana y caribeña, incidiera en esa muerte prematura del líder granadino.

De **Panamá** el General **Omar Torrijos Herrera** (feb.13, 1929 a jul. 31, 1981), fallece como consecuencia de un "accidente aéreo", pero el criterio generalizado es que la mano de la CIA, estuvo en ese "accidente", su política de beneficios a los campesinos y en general a los pobres de su Panamá no era bien vista por los círculos de poder norteamericanos, pero antes de morir había logrado uno de los acuerdos más importantes de la historia para su país, los Acuerdos Torrijos-Carter donde se establecía la devolución del Canal para finales del siglo XX, además con esto se eliminaba la llamada "quinta frontera" como él la llamaba; murió a los 52 años, siendo amigo de Cuba a donde por lo menos estuvo en par de ocasiones y era muy querido por los cubanos.

Presidente de **Chile, Salvador Allende Gossens**, gran amigo de Fidel y de Cuba, algo que fue mal visto por la derecha chilena y por la CIA, esta relación en alguna medida incidió en el golpe militar dado por Augusto Pinochet el 11 de sep. del 73 y frente al cual mostró gran coraje ante los acontecimientos que lo llevaron a la muerte, FCR había visitado el país y en la misma los dos presidentes fueron objeto de un intento de atentado con una de las cámaras de televisión de algo que parecía una película de ficción, la trama, el libreto escrito para ese hecho y posteriormente comentado por Fidel, tenía todas las características de ser una patraña para realzar la "valentía" de Fidel. Se ha especulado sobre la forma en que fue asesinado Allende y se involucra a parte de su seguridad personal donde había presencia de cubanos muy cercanos a su persona; son varias las versiones de como apareció su cadáver y aunque ciertamente tenía gran oposición interna y el arribante al poder tras el golpetazo de estado tenía grandes visos de asesino, no es 100% seguro que Salvador Allende haya caído como resultado del enfrentamiento con los asaltantes del poder.

De **Mozambique** el Presidente **Samora Machel** (sep. 29, 1933 a oct. 19, 1986) fallece en un controvertido "accidente" aéreo; gran amigo de Cuba, admirado por FCR, en la actualidad se admite que su muerte fue un atentado, así es que fallece a la edad de 53 años en el fatídico "accidente", después de haber dirigido a su país desde que se independizó en 1975; su discurso era muy fuerte contra los países que se oponían al desarrollo de Mozambique; lo que sí es un hecho que su muerte fue el resultado de una conspiración.

De la desaparecida URSS fueron varias las primeras figuras con las que interactuó el camarada FCR, que ya fallecieron:

Nikita Jrushchov (abr. 15, 1894 a sep.11, 1971) gran amigo de Cuba, y en especial de FCR, fue la primera figura de la **URSS** entre sep. de 1953 y oct. del 64, fue él quien dijo, "yo no sé si Fidel es comunista, pero yo soy fidelista" él quedó prendado de la figura de Fidel, al extremo de invitarlo a la URSS en visita de trabajo y descanso por 40 días, para curar las heridas y el diferendo que se había creado cuando los soviéticos inteligentemente decidieron llevarse los 42 jugueticos nucleares; años después en una conversación su amigo latinoamericano haciendo "bromas", que entrañaban verdaderos deseos reprimidos expresaba un sentimiento que hubiera añorado se hubiera hecho realidad, FCR decía:

"... ¿qué pasaría si yo en una de esas cacerías le hubiera dado un tiro a Jrushchov y ..., ustedes se imaginan?"

Y su amigo latinoamericano se reía, ese era un sentimiento reprimido desde la crisis de los misiles donde Jrushchov y Kennedy se pusieron de acuerdo y no llamaron a la "imprescindible" figura de FCR a que tomara parte de las conversaciones, eso nunca se lo perdonó al líder soviético. A final de la jornada gracias a la sabia decisión de Jrushchov, aún la humanidad existe, porque de seguro que si esos jugueticos se hubieran quedado en Cuba, FCR ya los hubiera gastado todos contra los yanquis o contra cualquier otro país o continente que le cayera mal, por la peregrina idea de creerse importante, de ser una potencia militar; esos artículos tan peligrosos no se dejan en manos de irresponsables con presunciones de grandezas; Jrushchov fue destituido en 1964 por Leonid I. Brezhnev y A. Kosygin, fallece de una cardiopatía a los 77 años.

Anastás H. Mikoyán (nov. 25, 1895 a oct. 21, 1978) fue presidente de la **URSS** entre jul. de 1964 y dic. del 65 en que presentó su renuncia, algo poco frecuente en este tipo de partido político, visitó a Cuba cuando tenía el cargo equivalente a primer ministro en 1960, muere de causa natural con casi 83 años.

Nikolái V. Podgorni (feb. 18, 1903 a ene. 12, 1983) fue presidente de la **URSS** entre dic. de 1965 y jun. del 77, durante este período las relaciones comerciales y lazos políticos entre soviéticos y cubanos se elevaron a un alto nivel, muere casi a los 80 años de edad.

Leonid Ilich Brezhnev (dic. 19, 1906 a nov. 10, 1982) fue el primer secretario del PCUS desde oct. del 64 hasta su muerte de infarto al miocardio; actuó como Presidente de la URSS desde jun. del 77, hasta su muerte a los 76 años de edad, visitó Cuba y con su presencia en la más alta posición política de la **URSS**, las relaciones políticas, comerciales y militares con Cuba siguieron en ascenso vertiginoso.

A la muerte de Brezhnev, le sucedió en el cargo **Yuri Andrópov** (jun. 15, 1914 a feb. 9, 1984) desde nov. del 82 a feb. del 84, hasta su fallecimiento de una insuficiencia renal, a los 69 años; su estancia en la alta jerarquía de la **URSS** fue muy efímera, de alrededor de unos 15 meses.

Konstantin Chernenko (sep. 24, 1911 a mar. 10, 1985) asume la dirección de la **URSS** entre feb. del 84 a la muerte de Andrópov y fallece a los 73 años por cirrosis hepática en mar. del 85; si apenas se mantuvo en el poder por unos escasos 13 meses en que fue sustituido por Mijaíl S. Gorbachov en mar. del 85 hasta ago. del 91, en que se desintegró la URSS.

Con todos estos jefes de gobierno y/o partido soviético las relaciones fueron muy buenas y ventajosas para Cuba, sobre todo en lo económico, excepto con Gorbachov, que fue el último y quien le "subió el precio a las peras", este visitó Cuba y se le hizo un gran recibimiento al estilo de los mejores tiempos, pero nos dejó su "socialismo que había sido asesinado por la espalda", al decir de Fidel en discurso en el que no se le vio tan resuelto a inculpar a Gorbachov de la desintegración de la URSS; sin saber por qué, fue dúctil con el secretario destructor aun cuando este se había acercado mucho a las posiciones políticas del occidente capitalista.

Se dice que Fidel ante la imposibilidad de eliminar a Jrushchov como él hubiera querido, consultó a un potente brujo de un país africano y le hicieron un trabajo fortísimo para llevarse a los dirigentes de la extinta URSS, en períodos de menos de cinco años, pero ya a la llegada de Gorbachov, este potente trabajo había perdido efectividad y no se lo pudo llevar en la golilla. Esto es lo que dice la gente en la calle, no se ha podido verificar la autenticidad de esa teoría.

Angola que logró su independencia el 11 de nov. del 75 tuvo que ser asistida por Cuba, quien le enviara a lo largo de más de 15 años decenas de miles de soldados, para consolidar la independencia, enviando suministros para construcción de infraestructuras, de Cuba salió cemento, acero, alimentos, parque militar considerable, ayuda técnica, de todo, incluso artículos que escaseaban en el país, lo cual no ha hecho solo con Angola durante más de 15 años, sino que se hizo con otros países. FCR no da lo que le sobra al país que no tiene casi nada para su población, sino que también de lo que no alcanza para la población, por eso el país parece un paria miserable.

No hay cifras de lo que le costó la provincia de Angola a Cuba, no se sabe los viajes de barcos que hubo que dar en este empeño, los vuelos con escalas en otros países cuando la situación lo requirió, pero al parecer su primer presidente, el extinto Dr. **Agustino Neto** (sep. 17, 1922 a sep. 10, 1979) comprendió que la vía de subdesarrollo cubana no era la que serviría para aplicar en su país y no tuvo en cuenta todo lo que había aportado Cuba en primer lugar y la URSS como segundo apoyando la liberación de ese rico país.

El presidente Neto enfermó de una pancreatitis y lo llevaron a "curarse" es decir a morirse, él debió haber sido llevado para curarse, pero no fue así, "extrañamente" **lo murieron** en ese país, en la URSS, de allí salió para el cementerio, a la edad de 57 años con una **causa de muerte no totalmente esclarecida**, algo en extremo insólito y poco común, un hombre que además de haber sido médico se sobrentiende debía tener una asistencia médica de primera línea cosa en la que Cuba generalmente aportaba a sus mejores profesionales en la rama. No hay muchas dudas que la muerte del Dr. Agustino Neto, tiene un trasfondo político y esto se infiere de la nebulosa de no tenerse un diagnóstico claro en el momento de su muerte; parece que no convenía vivo, lo que es difícil determinar el origen de la componenda y quien la lideraba, si la dirigencia soviética o la cubana.

En la **Venezuela** del extinto **Hugo R. Chávez Frías** (jul. 28 del 54 a mar. 5, 2013) fallecido a los 58 años, el gran amigo de Cuba y de su líder, carismática figura, que a pesar de la gran oposición de la burguesía, luchó por los derechos de los oprimidos de siempre; asombrosa y repentinamente un cáncer le tronchó la vida demasiado temprano, algo que debió ser investigado un poco más, esa enfermedad fue bien rara, sumándole lo que dijo el presidente sustituto "de que Chávez había sido enfermado de cáncer", mientras que en otras notas se había informado que su muerte había sido provocada por un infarto. Contra todo lo que se pueda especular sobre la muerte de Hugo R. Chávez Frías, vale la pena llamar la atención sobre su carisma, su arrastre de grandes multitudes y la focalización para bien o para mal que sobre su persona había donde quiera que hacía alto de presencia en escenarios nacionales de su patria o internacionalmente; hay que decir que sobre todo en los primeros años de su surgimiento Chávez se robaba el show donde quiera que hacía alto de presencia.

Hubo otro gran luchador de los derechos de su pueblo que se había identificado con la Revolución Cubana, él fue un militar del ejército guatemalteco devenido en comandante guerrillero del Movimiento Revolucionario de **Guatemala**, que se dio a conocer en la llamada Conferencia Tricontinental de La Habana en ene. 1966, donde se había lanzado la consigna por el Che de crear dos, tres, cuatro Vietnam, en la idea de que los regímenes y dictaduras oprobiosas no tuvieran descanso; **Luis Augusto Turcios Lima** (nov. 23, 1941 a oct 2, 1966) muere próximo a sus 25 años como resultado de un tremendo atentado al automóvil que conducía en Ciudad de Guatemala.

Todas estas primeras figuras de los países referidos fueron conocidas por FCR, y ya todos están descansando, y no se insinúa ni mucho menos que la mano, o acción de FCR pudiera estar presente, como tampoco hay pruebas fehacientemente contundentes para afirmar que en 1948 durante el Bogotazo, fue él quien causara la muerte del candidato presidencial **Jorge Eliécer Gaitán Ayala** (ene. 23, 1903 - abr. 9, 1948) y él estaba en medio de todos aquellos disturbios; incluso la tarde de la muerte, el entonces joven FCR tenía una entrevista con el candidato a la presidencia y su muerte se produce media hora antes de la entrevista, que era para la 2:00 pm, ¡qué coincidencia!; pero no se pueden hacer imputaciones donde no hay pruebas, eso sería difamar de una figura política de algún prestigio mundial; no, nada de eso; pero tal vez su **aura**, su mística, su halo, su influencia negativa a no dejar que alguien brille por encima de él han incidido de alguna manera en esas muertes; se puede pensar que todo lo que se le acerca, y que tenga valores excepcionales, fallece, se vuelve mustio, se va de la vida o del cargo.

Es un aspecto subjetivo, pero parce ser que los que se acercan a esta figura, si son personas de muchas habilidades que tal vez puedan emular con él en cuanto a inteligencia, o en cualquier terreno, esas personas sufren de algún modo el efecto del hado negativo de la personalidad de FCR, simples conjeturas y nada de científico en esa opinión, pero algunas veces el traje hace al monje.

Hay un caso que dentro los muchos que recibieron el padrinaje de FCR, llama la atención y este es uno dentro de los tantos y tantos, y tantos casos: en La Habana el Hospital Miguel Enríquez, no paraba de sonar y sonar mal en todo durante la década de los 80s.; ponen a un director nuevo de apellido **Caballero**, un médico de entre 30 y 35 años, eso era lo que aparentaba, aquel Hospital dio un cambio tremendo en un breve tiempo, el nuevo director adquirió una fama de alto revuelo.

Al enterarse el Ángel Negro del Infortunio, lo mandó a buscar y fue él, el mismo FCR, quien lo presentó a la población en un acto de esos que se llamaban "revolucionario", a partir de ahí el Dr. Caballero estaba más tiempo con FCR, que lo que paraba en el hospital, cada acto que se daba en aquella época y no eran pocos, ahí tenía que estar el Dr. Caballero, hasta para ir a dormir el Dr. Caballero se tenía que ir con el LHR=FCR, era demasiado, era fiebre de Dr. Caballero durante las 25 horas del día del MLR, estando en el pináculo de la fama.

De repente el Dr. Caballero, que era un negro más o menos de la estatura del CJ, quizás si un poquitico más alto, se perdió, desapareció, se esfumó, se evaporó, se desintegró, nadie sabe dónde se metió, ¿se fue en una lancha?, ¿fue tronado en silencio?, ¿cometió algún error capital?, ¿quiso ser más famoso que FCR?; si lo intentó, falló, ¡eso ni pensarlo, kño!, ¿pero cómo, si él ni hablaba?, nada, se desvaneció; no se supo, ni se sabe de él, si alguien tiene alguna noticia de su paradero que la reporte a la revista Opina que la van a poner de nuevo en la calle para que siga siendo la publicación más popular y deseada de Cuba.

Además, es sabido lo dado que es el co. CJ en la aplicación de la pena de muerte, es algo que está en su fuero interno, es una tentación irresistible, quizás sin que ni él mismo lo sepa, es tal vez materia de estudio para personal parasicológico, pero algo hay detrás de este ser perturbado.

En ene. del 59, en lo que fue su primer viaje al exterior después del triunfo, FCR visitó Venezuela y al regreso de ese viaje, fallece en el aeropuerto de ese país el Jefe de su escolta, el Cmdte. Francisco (Paco) Cabrera Pupo, destrozado por una de las hélices del avión que los traía de regreso a Cuba, ¿se fija el lector cómo el hado de la muerte lo circunda? Parte de su vida ha sido quitar las vidas de otros sin muchos miramientos, por lo menos desde la Sierra Maestra y el placer con que lo dice:

"…y robaron y en aquellas circunstancias no se podía hacer otra cosa que no fuera aplicar la pena máxima, los fu-si-la-mos". (FCR ante el Consejo de Estado en jul. de 1989).

Con que tranquilidad se dispone de la vida de un ser por la razón más superficial que pueda existir y que además provoca un efecto aleccionador en el resto de los observadores; por eso se merece el mote del Ave Negra de la Muerte.

Más aún, en el Moncada, cogen presos a unos cuantos asaltantes, los asesinan, sin contar los que cayeron en combate, a él no, ni lo hieren en esa acción, ni lo cogen preso inmediatamente, sino después de 5 días más o menos y no le pasa nada; algunas personas son de la idea de que él no estuvo allí, otros piensan que cuando sonó el primer disparo y el vio que aquello no se podía ganar abandonó y se perdió de los escenarios de combates y es que realmente resulta raro que a él no le haya pasado nada, ni tampoco al hermanito; otros piensan que él provocó esa masacre para inculpar a Batista y dar a conocer más aún la entraña malévola y perversa del régimen que debía ser derrocado. Él diría después que: sus hermanos fueron asesinados vilmente como revancha de la tiranía, pero ¿y usted dónde estaba?, porque por allí no se le vio por mucho tiempo.

Después del triunfo de la Revolución se hizo un álbum de postales que recogía algunos de los eventos más importan registrados después del golpetazo del 10 de marzo en la lucha de los cubanos por su independencia, están las acciones del 13 de Marzo, el ataque al Cuartel Goicuría de Matanzas, la Expedición del Corinthia, el ataque al Cuartel Moncada (no se hacía alusión al Cuartel Carlos M. de Céspedes); lo curioso y sobrecogedor es que el dibujante representa en una de los postales a FCR, con un fusil en la izquierda y convidando, convocando al combate al resto de la tropa; ¡¡FCR en primer plano!!; Dios bendiga al diseñador de esa postal, seguro debe estar disfrutando los millones que recibió por tamaña mentira; ¡qué Dios lo coja confesado, pero alejado del mentiroso mayor!

Pero en la misma Sierra Maestra cuántos combates no se libraron, incluso batallas cruciales como la de Guisa que él dirigió con una fuerza 25 veces menor y los rebeldes le dieron nalgadas a los soldados de papel y plomo de Batista; tal vez si fue esta la batalla que lo hizo pensar que él era mejor estratega que Napoleón Bonaparte y que el General Clausewitz, porque sus victorias *"desde la Sierra eran con un mínimo de pérdidas"*; pero han sido muchas acciones, Girón donde lo vimos montarse en un tanque que no se sabía si iba o se alejaba de los combates, él dice de la limpia del Escambray a donde iba cada dos semanas y dice que se reunía con las tropas y daba órdenes, instrucciones y disposiciones a los combatientes, y el mismo acto de Cayo Confites donde todo el mundo se embarcó y él no, él y otro compañero, según su hermana Juanita, salieron a salvo de aquella acción; no, FCR es un verdadero fenómeno para tener suerte. Baste decir que casi en 70 años de tropel a FCR, hoy día nuestro vitalicio CJ=PCEM=LHR=ADR=MLR, no lo ha tocado ni a sedal un perle de escopeta. ¡Oiga usted!, ¿qué es eso, suerte, buen reguardo o cobija?

Mire cuántas muertes de personas que interactuaron con él se han dado, de manera inesperada, imprevista, en algunos casos algo misteriosa:

Abel Santamaría Cuadrado (oct. 20, 1927 a 26 de jul., 1953), era el 2do. jefe del asalto al Cuartel Moncada, muere en la acción con 26 años, después de haber sido torturado, de habérsele extraído uno de sus ojos por las hienas que lo ultimaron.

Frank Isaac País García (dic. 7,1934 a jul. 30, 1957) fue el jefe de grupos de insurrección en el llano, unió su organización al M-26-7, tenía una gran personalidad y decisión de llevar a cabo la liberación de la isla, lo matan en las calles de Santiago de Cuba, por una delación antecedida por una llamada telefónica de Vilma Espín Illinois al lugar donde estaba escondido, para algunos muy, muy sospechosa; es asesinado cuando solo contaba con 22 años.

José Antonio Echavarría Bianchi (jul. 16, 1932 a mar. 13, 1957) había firmado con FCR la Carta de México, en la que ambas organizaciones se comprometían en la liberación de la isla por vías diferentes, fue el fundador del DR, deja su joven vida en la acción que lo inmortalizaría al intentar ajusticiar al tirano en su propia madriguera en las acciones del 13 de Marzo del 1957, él tenía la responsabilidad de difundir el supuesto ajusticiamiento a través de la emisora Radio Reloj; tenía 25 años al morir.

Juan Manuel Márquez Rodríguez, (jul 3, 1915 a dic. 15, 1956) fue el 2do. Jefe de los expedicionarios del yate Granma, se destacó en la recolección de fondos entre los emigrados para llevar a cabo la expedición, cayó en combate con 41 años.

Otro caso fue el de **Eduardo 'Eddy' Chibás Ribas**, quien intentó suicidarse o llamar la atención (sobre el desorden existente en la nación), disparándose a la ingle (aunque algunas versiones señalan que se disparó a la cabeza) el 5 de ago. del 1951, no logró morir en el acto y fue llevado al hospital en condiciones graves, allí estuvo por 11 días, hasta que fue visitado por Fidel y Chibás fallece el 16 del propio mes por supuesto después de la visita de Fidel; ¿casualidad?, ¿influencia negativa?, ¿acción que se desconoce?, no se sabe, pero la coincidencia siempre ahí presente. Y así son unos cuantos los casos en que cuando llega el comandante se acabó la diversión; ¡qué Dios perdone al escritor si es que ocasionalmente esto pareciera una atrocidad, pero…, por sí o por no tome sus provisiones!

¡Se oye, se siente, el espíritu de Fidel está presente! ¡Sola vaya, pa'llá, pa'llá! Son muchas las casualidades con muertes coincidentes con la presencia de FCR, eso aparte de los crímenes que directamente ha ordenado, ¡el hombre es como para cogerle miedo, de solo acercársele! A su lado casi todos mueren, excepto aquellos que le van a sacar las castañas del fuego y ahí se le puede ver luchando por llegar a los 120 añitos.

C-46: El desprestigiador, es uno de los calificativos creado para el co. FCR, (así le digo yo también a él familiarmente) tiene gran experiencia en esta profesión con ex-colaboradores suyos algunos de los cuales se fueron a otros lugares y otros tuvieron el coraje de quedarse en la isla; de los que se fueron sin lugar a dudas uno de los que más le dolió fue el Gral. Rafael del Pino, Héroe de Playa Girón, Jefe de la Defensa Antiaérea de Cuba, una de las reliquias de la aviación de combate de la isla, de referencia obligada, que junto a los pilotos Luis A. Silva Tablada, caído en combate en Playa Girón, el Cronel. Álvaro Prendes Quintana otra de las reliquias de Playa Girón, quien se fuera del país con su familia en el '93 y el Gral. Enrique Carreras Rojas hicieron leyenda en las memorables jornadas de esa batalla, él solo, Del Pino, tuvo más de 25 misiones y se dice que ayudó en hundimiento de algunas embarcaciones durante las jornadas de combate.

Hágase un resumen de cuántos líos ha tenido FCR desde su asunción al poder como PM el 16 de feb del '59 y se verá que todos los caminos conducen a que es un ser **v i o l e n t o**, carente de una conducta y ética propias de quien pueda ostentar un cargo para representar al país; FCR no tiene clase de persona decente y eso lo denuncia los actos protagonizado por él contra otras personas. No se conoce jefe de estado que haya sido tan beligerante contra otros jefes de estado como lo ha sido Fidel, aleas 'el guapo'. Ni intentar listarlos, sería una larga lista de querellas, de desencuentros.

Tal vez si los que pudieron ver los acontecimientos referidos a Hubert Matos, un Comandante que era toda una personalidad, serio, respetuoso, con principios, hombre, amigo de ética probada, limpio, patriota de verdad, sacrificado, querido y admirado por sus subalternos, que pensó que hablando claro con FCR obtendría su liberación de los cargos que tenía; tal vez si los testigos de aquellos hechos, nunca supusieron que esos terminarían de forma tan trágica en la que se perdieron DOS excelentes Comandantes: uno preso por 20 años y el otro "desaparecido misteriosamente", ¡vaya habilidad de Fidel para quitarse de encima lo que le hace sombras y él salir airoso, es un maestro en este boxeo de golpes bajos!; como abogado aventajado, sabía que sin pruebas no había posibilidad de que lo culparan de la desaparición física de Camilo y por eso se lanzó a tan deleznable y mendaz misión.

Probablemente los más cercanos espectadores pensaron otro final no tan trágico y que el solicitante podía obtener su liberación de sus cargos sin mayores problemas, pero por ser honesto pagó 20 años de cárcel, más todo el descrédito que el CJ quiso atribuirle, mire ud. lo que cuesta la honestidad cuando se trata con personas de baja catadura, de mala calaña, que no admiten la libertad de pensamiento, que no son ni compañeros, ni tienen en cuenta la trayectoria de los que han trabajado junto a él y encima tienen un egoísmo que no tiene límites, así es el Fidel del que se habla.

Al conocer de la carta de Hubert Matos Benítez, en la que le solicitaba su liberación, FCR montó un escenario para resolver dos problemas de un solo tiro, empezó una tremenda campaña ofensiva demeritando, insultando al aludido, dando calificativos de la peor estirpe, como traidor, vende patria, agente del enemigo, y otras cochinadas propias de la mente de FCR, como para que los ánimos de su regimiento camagüeyano se fueran caldeando; según se conoce eso fue durante todo el día 20 de oct. y parte del 21.

Para el macabro plan concebido, FCR le da la orden de arrestar a Matos a un amigo de aquel, al Señor de la Vanguardia, a Camilo Cienfuegos Gorriarán, quien acompañado de dos escoltas va a su difícil misión, no pensando quizás en que podía morir, sino en la calidad humana y categoría de a quién iba a detener. Mientras Matos Jefe de la provincia de Camagüey permanecía en ella con toda su tropa, que lo respetaba, lo admiraba, lo quería y había estado siempre de su parte; la tropa estaba muy molesta con lo que se había dicho de su Jefe durante esos días a través de la radio.

El plan concebido era que cuando Camilo arribara a detener a Matos, la tropa de este molesta por todos los insultos e injurias proferidas se cayera a tiros con la exigua escolta que llevaba Camilo y que la sangre corriera, pero esto no sucedió y Matos le hizo ver ese detalle a Camilo y se entregó sin resistencia y sin que hubiera un solo tiro, ni un tirito así de chiquitico; se .odió en plan maquiavélico de FCR; esto frustró los planes de eliminar dos potentes objetivos en un solo paso. Hubo que redefinir la aviesa y maquiavélica estrategia.

Camilo apreciaba altamente a Matos por su trayectoria, fue Matos quien llevó el grueso de las armas con las que se libró la ofensiva final al bajar de la Sierra Maestra. Era Matos uno de los comandantes con mayor reconocimiento en la población y sobre todo en Camagüey; su prestigio y leyenda ganados en la gesta de la lucha en la Sierra Maestra, eran su aval más fuerte. Era querido, admirado y respetado por la población.

Al ser abortado ese maquiavélico plan, FCR fue al Camagüey y en tremendo discurso descargó todo lo que quiso sobre el detenido que cuando intentó pararse para ir a la tribuna para rebatir lo dicho por FCR, este fue parado en seco por Camilo al ver que Ramiro Valdés Menéndez amagaba con extraer su pistola fuera de la funda; así se llevaron a Matos preso hacia La Habana, por manifestarle a FCR que él quería su renuncia porque no quería participar de una Rev. comunista, así fueron los hechos, ya después hubo que rehacer el plan para que Camilo Cienfuegos Gorriarán "desapareciera sin dejar rastros" y lo desaparecieron.

Uno de los descargos más bochornoso, absurdo, rabioso, furibundo, contradictorio, envidioso, desatinado, intimidador, para hundir a una luminaria que tenía luz propia y que el energúmeno quería opacar, lo fue el tristemente descargo llevado a cabo contra el Gral. de División Arnaldo Ochoa Sánchez.

Otro caso fue el del joven Luis Orlando "landy" Domínguez que dirigió la UJC en los inicios de la década de los 80s., este al terminar su trabajo en la 2$^{da.}$ organización política de la isla fue enviado a otro trabajo de responsabilidad administrativa y cometió algunos errores de mala administración de los recursos financieros y fue llevado a prisión, esto motivó la presencia de FCR en su tv de él y dijo todo lo que le dio el deseo del muchacho, tal como hizo con el piloto Del Pino y con otros.

Lo penoso y lamentable es cuando se exponen las particularidades del enjuiciado delante de todo el mundo, a la luz pública, cosa que no es limpia; la vida personal de los que tienen un problema con la Rev. no es material de exposición ni de sanción, pero así es FCR, como si su vida personal fuera un crisol, y por lo que se escapa de su baúl-cofre, que él no deja que nadie toque y al que nadie puede acceder, de ese se han saltado cosas de una vida algo desordenada: una hija fuera de matrimonio con otra mujer casada que incluso esta muchacha es la única hembra dentro del séquito de varones que ha tenido y ella no lleva ni su apellido, cosa totalmente anormal, no le tires a los demás si tu tejado es de vidrio; ¿por qué no lleva el apellido del padre biológico?.

Otro caso lo fue el hijo que tuvo en otra relación extramatrimonial en Cuba y que tampoco le ha dado su apellido ni lo cuenta entre el grupo de hijos predilectos tenidos dentro de la unión que actualmente sostiene y estos hechos han saltado del baúl-cofre donde se guardan otros secretos relativos a hijos que nunca han sido reconocidos; como el caso del hijo que tiene en Colombia que fue presentado por una emisora de Florida, y que no tiene que decir que su padre es FCR, porque cuando muera FCR, cuando esta se produzca, él podría sustituirlo perfectamente, porque para colmo tiene la barba larga igual que el padre y no hay nada más parecido a una gota de agua que otra; eso ocurre con el hijo colombiano, no lo puede negar, es igualitico, es copia fiel de su padre, le puso su cuño en la cara; pero además este hijo lo reconoce y plantea que su madre antes de morir le dijo que Fidel Castro Ruz, de Cuba, era su padre.

Este hijo de Colombia que está reclamando su paternidad, y que no es necesario decir que es su hijo, porque quien lo vea dice: 'mira a FCR', porque si no es de él debe ser del hermano mayor de los Castros los cuales tienen cierto parecido, pero además Ramón, ya fallecido, no estuvo en Colombia cuando los hechos del Bogotazo. Este sr., ya algo avejentado por las necesidades y maltratos de la vida, dijo ante las cámaras que él no quería ninguna retribución, ni nada semejante, que solo lo quería era comprobar lo que le dijo su madre: "hijo, FCR es tu padre", por su apariencia debe ser mayor que todos los anteriores, seguro de la época del Bogotazo; de eso parece no haber dudas.

¡Qué decir cuando secuestró o le quitó el hijo que tuvo con Mirta Díaz-Balart y sin informarle algo a ella se lo llevaron a México donde él preparaba la expedición del Granma!, lo hizo por sus pantalones, de a pepe, irrespetando la consideración que al menos se le debía a la madre del niño y cuando vino en el Granma, como no podía traerlo lo dejó con alguien allá en México, ¿de quién se está hablando?; ¿es ese el que vitupera de cualquier miembro de la Rev. que deserta de la nomenclatura? FCR no tiene techo de vidrio en este terreno de la moralidad concebida como él trata de hacerla ver en los que depone, sencillamente, él no tiene techo, está a la intemperie.

Habría que preguntarse si cuando a él se le sancione algún día su acusador podría decir de estas y otros deslices de este "ejemplar paradigma del buen vivir". Tiene un rosario de hijos por todas partes, hasta internacionales y todo, y eso que está prohibida, hasta donde se conoce, la exportación del semen; bueno uno nunca sabe si acaso él exportó algún semen porque si en tiempo de racionamiento por libreta él exportaba carne de res y huevos, cualquier cosa pudo ser, nunca se sabe; ¡ahahah pero es que no se cuidan, no usan condón y van regando muchachos por todas partes!, ¡qué pena!, ¡qué dirán nuestros amigos colombianos!, ¡qué dirán nuestros amigos rusos!, pensarán que todos los cubanos somos iguales de irresponsables. Se puede decir que el primer Rosafé Signet que tuvo el país fue el querido CJ=FCR.

Hay otros casos que fueron objeto de los descargos en público de la ADR=FCR, como es el caso de sr. de la raza negra, que tuvo una carrera política ascendente meteóricamente; de la noche a la mañana empezó a sonar su nombre en los medios debido a la posición que ocupaba, por las responsabilidades políticas que le habían dado, llegó al buró político de una forma tan rápida que los que más menos seguían desgraciadamente el accionar de las personas vinculadas a la política en Cuba decían: "¡que rápido sube este muchacho negro!, ¿será por eso que asciende tan rápidamente?".

En la población de la provincia donde se desempeñaba en la más alta posición política, se decía que le gustaban mucho las fiestas, y que era un donjuán, dado a los tragos los cuales parece lo sacaban del comportamiento que se esperaba que tuviera una figura de su alcurnia política, y tanto los traguitos como las damas lo excitaban un poquito, se le insinuaba a las esposas de los subalternos y no subalternos, en fin, un desastre como persona, un verdadero desastre el 'niño'.

Este sr. fue sustituido como secretario del partido de la segunda provincia en importancia en Cuba y se lo llevaron a trabajar al organismo central manteniendo su estatus de miembro del buró político, esto es el techo del dirigente en Cuba.

Se insiste en lo de la raza negra porque en la Cuba donde FCR es dueño ocurren estos absurdos, era un propósito grande llevar personas de la raza negra a las mayores posiciones dentro de las diferentes estructuras del PCC, del Gobierno, del "parlamento", es decir subir a personas de la raza negra para que no siguiera progresando el criterio de que el racismo iba creciendo, pero metieron a este tanque de dinamita, sin analizarlo, sin estudiarlo, o tal vez SÍ, tal vez analizado y estudiado a sabiendas de que el joven negro reventaría; ¡cosa rara, muy sospechosa!, ¡no os asombréis de nada!, porque en el país cuando usted va a optar por algo, los medios de la policía política y secreta le muestran un resumen de su vida que le dice al encartado las veces que se baña en la semana, si ronca o no al dormir, si las prefiere rubias, negras o trigueñas, si padece de estreñimiento, si usa papel sanitario o el periódico Granma, si es homosexual, si le gustan los productos del enemigo, todo, todo, todo se lo llevan contralado; sin dudas debe ser una vigilancia controlada y coordinada con los CDR cubanos, los servicios de inteligencia de la KGB, el Mossad, la Scotland Yard para saber tanto de las personas que investigan.

Entonces ¿cómo se puede creer que un sujeto de tan pésima conducta social, comentada en la provincia donde ejercía el más alto cargo político, donjuanesco, sin mucha ética, que al ser sustituido en su provincia en vez de ser llamado a contar se lo llevan a la capital del país, no en cargo de tanta relevancia, pero dentro del politburó?; es difícil creer que algo así pase en Cuba cuando se trata de una cuestión política, primero falla la carne de la libreta que fallar en algo así.

¡Y pasó lo que se sabía pasaría desde los primeros momentos, la bomba explotó!, ¡cómo tenía que explotar!; el sr. fue llevado a los tribunales por malversación en grande y varios cargos más, debía no se sabe cuánto dinero de solicitudes que hacía y no pagaba, no se sabe cómo, porque en Cuba mr. Credit se murió el 1ero. de ene. del 1959. Para los que hace rato perdieron la fe en la Rev. eso se parecía una componenda, se sabía hasta en la población de los errores de este sr. y no fue llamado a contar, al contrario, todo siguió igual, se dejó correr e incluso, ese capítulo de las deudas monetarias resultaba bastante extraño porque en la Cuba revolucionaria, si ud. no tiene el efectivo no adquiere lo que desea.

Moraleja: ahora los negros no pueden decir algo, porque se le dio oportunidad a varios de ellos y el "negro o la hace a la entrada o a la salida", con honrosas excepciones.

Cuando FCR hizo los correspondientes descargos ante los medios dijo todo esto y más, en verdad era un gigantesco desastre, fue separado del politburó, se le sancionó usando los estatus de la organización política y fue enviado a los tribunales donde lo sancionaron a 13 años por la responsabilidad penal de las faltas en que había incurrido y así parecía acababa la vida política de este fantoche, de este farsante; algunos en el país pensaron que se había tratado de un señuelo, es decir para que la población o el segmento que era participe de que existía racismo, o marginación de las personas de la raza negra en acceder a puestos de importancia en el partido, el gobierno, o el estado no pudieran decir nada ahora porque las personas de la raza negra que eran propuestos, no cumplían con los lineamientos de la política de la Rev., algunos de los que se habían propuesto para ocupar importantes cargos políticos explotaban de forma bochornosa, y más que estruendosa.

Sorpresa de harina con boniato: hace un tiempo este señor apareció en un teatro, en el 2013 entregando unos reconocimientos a unas empresas. ¿Quién dice que todo está perdido?, yo vengo a traer al excomulgado, al castigado de vuelta a casa.

Se hizo alusión a raíz de ese desastre de la existencia de otra persona de la raza negra que había trabajado en esa provincia (la 2da. en importancia del país) y había sido promovido por los resultados de su trabajo y FCR en uno de los discursos elogiaba la trayectoria de esta pieza de ébano, porque dice que vivía tan pobre que ni muebles prácticamente tenía en su casa cuando años atrás había sido promovido a las distintas instancias del partido, fíjense en la filosofía, o sea que vivir como un paria es una buena señal de que tú puedes ser un buen revolucionario.

Existen otros casos de personas que fueron removidas de sus cargos, los hay en abundancia; no tienen que ser enemigos de FCR=ADR=CJ, basta que se destaque mucho en la actividad que realiza, es decir que sin querer o queriendo, intente robarse el show, más temprano que tarde ese cae, basta que la persona que está al lado de FCR, le haga algunos señalamientos, honestos, sinceros, lógicos, incluso creyendo este que es amigo, o mejor, compañero del Jefe, porque le está indicando hechos que son realidades; nada, se remueve de todas formas, primero porque Fidel no tiene amigos si es que estos trabajan con él y después porque el hacerle un señalamiento al jefe en privado o en público es para FCR una señal de que el subalterno se cree que puede tirarle piedras a las estrellas, y eso, eso no puede ser.

Es muy probable que algunos hayan sufrido accidentes mortales por cometer tal acto de coraje; hay otros que pueden ser removidos por no tener la suficiente habilidad para las funciones que le asignaron, estos no son vapuleados tan fuerte como ocurre con los anteriormente señalados; lo cierto es que decenas, cientos y cientos de personas jóvenes que han accedido a cargos importantes, han despuntado como prospectos, como figuras descollantes, con muchas posibilidades y no se sabe cómo, pero siempre tenían un problema y había que removerlos del cargo; si esto parece mentira obsérvese la composición de las personas del poliburó, 50% de la vieja dirección que bajó de la Sierra Maestra y 50% que nacieron después del triunfo de la Rev., esta composición cambio después del 7$^{mo.}$ Congreso del PCC en que de los 17 miembros del Poliburó 6 son de la vieja dirección que descendió de la Sierra y los 11 restantes son de los que se han promovido dentro del proceso.

Ahora bien, ¿cuál es secreto de los que eran muy buenos prospectos y cayeron?; varias pueden ser las razones, pero cuando se estudian los jóvenes que han sido removidos o defenestrados algo resalta que los hace común y es el poder de comunicación de esos jóvenes, su expresividad en público, compárese con los que aún permanecen en el CC, o en politburó, que fueron miembros del Ejército Rebelde, estos apenas hablan, su función es aprobar, asentir, oír lo que el jefe diga, ellos no están diseñados para decir, sino para ejecutar lo que el jefe piense, es él quien piensa y dice, los subalternos solo oyen y ejecutan, por eso han durado tanto en esos puestos, ellos son sumamente obedientes y son incapaces de hablar alto, o con autoridad, con altisonancia, solo lo hacen en voz baja y a los subalternos que le rodean.

Ellos han aprendido que si el jefe dice una mentira por error o con intención, esa no se critica, no se le señala, así fueron enseñados y así han actuado por más de 55 años y jamás han tenido una dificultad, al menos que se sepa; ellos saben cómo mantenerse y si además le adiciona una ración de lo que el cubano llama guataquería revolucionaria o "la ceniza presidente", también conocida como lisonja, adulación, entonces ese "cuadro revolucionario" es difícil que se caiga algún día del cargo.

Los más jóvenes que no estuvieron en la Sierra Maestra, no aprendieron y no saben este secreto y por eso cuando son seleccionados por sus méritos, por su inteligencia para trabajar con los principales jefes, ellos dicen 'voy a deslumbrarlo', craso error, ¿y qué pasa?, hablan y dan entrevistas, llaman la atención, hacen discursos que ponen a pensar, se van robando el show y ellos no saben que los líderes históricos son hombres de carne y huesos, no son dioses, entonces estos que no son dioses, les dicen de buenas a primera, se acabó, y los jóvenes dicen ¿eh y yo qué he hecho, cuál fue mi error?, y los jefes le sacan un file conteniendo todo lo que ellos han hecho y más, le dicen baja del Olimpo que se acabó tu tiempo.

Hay algo que le falta a la ADR=FCR=PCC=PCEM=Gob. Rev. y es que los funcionarios que son removidos, siempre en problemas, nunca reciben una palabra de agradecimiento por la ejecutoria que han desarrollado al frente de la entidad que les fue asignada, porque en primer lugar la inmensa mayoría de los "cuadros" bajan de la nomenclatura por haber sido "tronados" y los otros que salen sin esa deplorable condición pasan como si nunca hubieran sido algo.

En otros países cuando un secretario o ministro es depuesto, o pide su renuncia, el presidente o jefe de gobierno le da **su agradecimiento** por el tiempo que ha dedicado a sus funciones, ellos no forman la asquerosidad, la cochambre, la obscenidad, "la sacadera de trapos sucios", ni la marranada que ha formado FCR, al cual le sigue faltando ética, gallardía, limpieza, pulcritud, respeto e inteligencia para tratar a las personas que son depuestas. Esa cochambre que tiene formada en Cuba el ICJ es otra cosa distinta a la que viven los funcionarios en cualquier otro país civilizado, aquí el "cuadro revolucionario" tiene que vivir con la zozobra, con el sobresalto de qué pasará mañana, dependiendo de la neura de los jefes.

Fíjese si la ADR=FCR es poco ética, que en Cuba, bajo su poder, se deportaron personas a la antigua URSS por razones políticas, pero también se deportaron a otras personas como artistas de la cancionística que eran algo excéntricas en su decir y gestualidad a la que FCR mandó a buscar y le dijo que se tenía que ir del país; así lo hizo tal vez con otros que nunca han dicho algo sobre ese particular, —al menos que se conozca o se haya publicado—; pero de Cuba además del éxodo de artistas muy famosos de la música popular, de otras ramas se tuvieron que ir también escritores que eran homosexuales y que fueron perseguidos y que se vieron obligados a esconderse para sobrevivir, arquitectos, locutores de la radio y la tv, que al régimen no le gustaba nada, ¿es esto justicia su señoría?, ¿puede un dictador pedirle a un ciudadano sencillo, o de cualquier tipo que abandone el país en que este nació?, ¿es esta la democracia del "país más democrático del mundo" o esta es la **democastria**?

Disculpen, esa pregunta es una redundancia, porque para los dictadores cualquier cosa es posible, disculpen lectores, pero está claro que puede no pedirle que abandone su país, sino que puede obligarlo a que se vaya, por eso es dictador.

De tal manera que si esto se hizo con personas que no eran la lacra de la sociedad, ¿qué pensar con los mayores delincuentes y que ya no se podían llevar a las inexistentes UMAP?

Por eso, aunque FCR se caiga de nalgas diciendo que no sacó a la lacra que tenía en las cárceles en el año 1980 cuando los Marielitos, otra de las bochornosas jornadas de abandono del país, es mentira, él sabe que miente y que está usando la cara para sentarse y abusando de la bondad de su pueblo que se lo permite todo; es una mentira más entre las decenas que ha dicho, y SÍ se enviaron personas que cumplían por delitos comunes y eso lo atestiguan aquellos que no se pueden oír, ni en la radio ni en la tv, al decir los familiares de los que cumplían condenas que no tuvieron tiempo ni de despedirse de las personas que se les fueron de Cuba en esa jornada; eso demuestra que además de mentiroso, es tramposo.

¡Qué bien se la hizo al tonto de Fox!, este creyó que FCR era un caballero y trató de llegar a un acuerdo entre caballeros, quizás pensando que como él conoce la idiosincrasia mexicana, no habría problemas, pero el acuerdo era endeble y humillante tanto para uno como para el otro, pero más para el expresidente mexicano ya que el cubano acostumbrado a defenderse a toda costa violó los sacrosantos estatutos de las normas entre caballeros y tiró contra la opinión pública del país amigo al infeliz presidente, ¿cuál fue el resultado?, congelamiento de las relaciones con el único país que no nos abandonó cuando todos en la OEA nos dieron la espalda, lo importante no era el país, ni las históricas relaciones entre las dos naciones; FCR se olvidó de todo eso y enfrió los lazos con México, por puro orgullo, por egocentrismo, por ser noticia a toda costa, ese es el FCR que nos tocó, no se pudo escoger otro y ahí está dando quehacer aún y desgraciadamente estará.

FCR por no perder en algo tan sencillo como un juego de béisbol, le hizo impúdicas trampas a un importante amigo "muy estimado" por él y por los cubanos, al fallecido Presidente venezolano Hugo Rafael Chávez Frías, ¿qué hizo en esta ocasión el mago de Oz?; nada nuevo que no sea otra de sus trampas, debe estar enfermo al creer que se lo merece todo. En juego de béisbol de veteranos de ambos países, donde se incluirían a los mejores deportistas ya retirados, el sr. Castro disfrazó con barbas, con enormes abdómenes a la flor y nata del equipo nacional que reunía una constelación de los mejores peloteros de todos los tiempos en Cuba, y cuando el sano de Chávez y su equipo se percataron de la impúdica treta, el sr. Castro le dijo: *"no te pongas bravo que fue una broma"*, ay, ¡qué jocoso el niño, tramposo de …!; pero ya Fidel había ganado el juego.

Así FCR se ha pasado la vida mintiendo, haciendo actos de magia, de promesas que nunca se podrían cumplir, de trampas con palomas, con planes de café como el Cordón de La Habana, con Bahía Habanera llena de leche, con zafras de 0.10 millones de lb, de ocho millones de vacas y sus terneros, de 300 000 puercas de raza para producir manteca y sustituir la cuota que los yanquis nos habían quitado, con planes de cítricos más grandes del mundo para superar los planes de los yanquis, diciéndonos que los norteamericanos pagaban $20 USD por entrar a un estadio de béisbol y compararla con la entrada a los estadios en Cuba, que ellos no podrían pagar por muchos más años los salarios que pagaban a los trabajadores de ese país, que esos salarios se derrumbarían como castillo de naipes, esa fue una maniática y obsesiva idea que tenía contra los norteños, para demostrar que el sistema fidelista era superior al capitalismo salvaje y brutal de los EUA, no pasó lo que él quería y puso la cola dentro de las piernas y dejó todo aquello de la comparación de salarios, de confort de vida y de varias basuras más, a un lado, lo dejó al olvido. Todo un señor, un empoderado de la MENTIRA, pero quién le podía decir esa gran verdad y quedar vivo para contarlo, nadie, absolutamente nadie.

Ese es el prepotente FCR, él sabía que esa colección de mentiras no la ganaba, que en este caso no tenía como hacer acto de magia, no podía engañar, pero alentaba los ánimos de los bobos que algún día cometimos el error de creer en él, de ilusionarnos con las predicciones de su falsa bola de la verdad. Imagínese el lector a un hombre que le propone matrimonio a una mujer que ha estado esperando por casi 50 años encontrar a alguien para casarse y de buenas a primeras este hombre le propone casa, mejorarle el nivel de vida al estilo de las esposas de los países más desarrollados del mundo. ¿Cómo se pondría de alegre esa mujer? ¿Y cómo se pondría de triste y apesadumbrada al ver que el tiempo ha pasado y de lo prometido nada? Ese es el caso de Cuba y el Deudor de promesas.

La historia de la Rev. es bien negra más de lo que se conoce, algunas historias se olvidan, pero al hacer un esfuerzo se recuerdan nombres de escritores que sufrieron persecución al extremo de esconderse porque lo perseguían como si fuera un vulgar asesino, son varios los que tuvieron sus desacuerdos con la Rev. fidelista-feudal que se encargaba en someterlos y ponerlos a escribir en favor del Jefe y de la Rev. y al no aceptar, el exilio o la prisión solía ser una buena opción.

Hubo un caso muy doloroso que suscitó la atención de todo el mundo de las letras porque el encartado no se plegó al principio a lo que el régimen reclamaba y exigía, lo pusieran preso en el antro donde las personas pierden su dignidad y lo pierden todo, el nombre del lugar es tenebroso, de espanto; de ese lugar proviene la tristemente célebre frase de los cubanos referida a los que son llevados allí: "habló tanto que hubo que darle, pegarle para que se callara"; el régimen dice que no hay tortura física, pero eso no lo cree los que han visto como salen los que entran allí, y si no hay tortura física, entonces la sicológica es bestial, brutal.

Por este joven, Heberto Padilla (ene. 20, 1932 a sep. 25, 2000), excelente escritor, poeta, inteligencia natural, que dominaba 7 idiomas, con estudios en periodismo, derecho, humanidades y Lenguas Extranjeras, por él, la intelectualidad mundial se lanzó contra la dictadura y en favor del atrapado en las fauces del fidelismo al saber de su encarcelamiento por criticar al régimen, había entrado erguido a la tenebrosa Villa Marista y el régimen lo sacó de prisión cual serpiente herida de muerte, así de inmensa debió ser la humillación sufrida.

Un total de 62 escritores que reclamaron en carta escrita al tirano la libertad del poeta, después escribieron pidiendo una investigación de lo que se había hecho a este hombre en los 38 días que estuvo en prisión, FCR lo obligó a retractarse de todo lo que había escrito y lo presentó públicamente leyendo su autocritica, se hizo un "harakiri" político en favor de la sociedad fidelista, todo lo contrario, a lo que él había dicho y por lo que había ido a la cárcel.

Este joven no solo vendió su obra, su alma, su espíritu, su dignidad, sino que vendió su orgullo como ser humano, jamás volvió a ser aquella figura brillante que era, altanera, enhiesta y se convirtió en un guiñapo, eso hace Fidel Castro Ruz a los que se le oponen y lo **manifiestan**, sí porque si ud. está en contra del sistema fidelo-feudal, pero no dice nada, y permanece en silencio, calladito, no tiene muchos problemas, lo más malo es manifestarse en contra del sistema haciéndose enemigo público del líder y por añadidura del sistema.

Otros escritores han sufrido más menos las mismas presiones por no estar de acuerdo con el régimen y manifestarlo en su obra o en sus exposiciones, o por ser homosexuales, algo que en las décadas de los 60s.-80s. era un pecado capital, imperdonable; contra esas "debilidades" y contra ellos cargaba la dinastía.

Está el caso del poeta, dramaturgo y novelista Virgilio Piñera (ago. 4, 1912-oct. 18, 1979), toda una personalidad en el mundo de las letras cubanas que fue arbitrariamente detenido sin que mediara una causa de peso, que no fuera la patraña de ser agente del enemigo, por eso recibió golpes y mientras estuvo preso la policía política le saqueó su casa llevándose los manuscritos de sus obras y le sellaron la casa (este procedimiento consistía en que el Instituto Nacional de la Reforma Urbana le ponía un sello a las entradas de la casa que no podía ser violado cuando ellos declaraban que el dueño de la casa había perdido el derecho de propiedad.) y él tuvo que pernoctar en casa de unas amistades por un tiempo. En realidad dos faltas había en esta persona, el no dejarse adoctrinar por Castro y el ser homosexual.

Pena debe darle, vergüenza que ausente está desde los mismos inicios de la Rev., cuando la ADR=FCR habla de que en Cuba no hay censura, como si eso no hubiera sido lo que se hizo con la obra más importante y universal del poeta, novelista y ensayista José Lezama Lima (dic. 19, 1910 a ago. 9, 1976); cuánta pena y malos momentos tuvo que pasar para que le publicara su obra maestra PARADISO, de la cual se hizo una edición limitada y cercenada, mutilada por los "horrores" que en ella se abordaban, total después fue recogida porque los revolucionarios tan puros quedaron escandalizados con el contenido de la obra. Esta novela fue tan descomunalmente bella, erótica, compleja, profunda, que le valió a Lezama Lima la inmortalidad y prestigió con creces las letras cubanas.

Sea el caso de Reinaldo Arenas (jul. 16, 1943 a dic. 7, 1990) que tuvo que vivir casi clandestinamente en el país, escondido en distintos lugares después de haber cumplido prisión por la obra y gracia de la Rev., con una obra extensa para su corta existencia que es conocida en algunas partes del mundo porque fue traducida a varios idiomas, pero que los cubanos no saben quién era este escritor. Estos casos citados tenían un factor común que ofendía, no a la Rev. sino a su creador, y es que ellos no eran iguales, eran diferentes y con todos estos y otros escritores FCR entró en abierta confrontación porque su deseo es que todos estos talentos se sometieran a sus reglas y que por supuesto escribieran para y sobre la obra revolucionaria; esta conducta no es propia de la Rev. cubana, así ocurrió en la RDA, en la URSS y en otros países del llamado campo socialista donde se aspiraba a que la pluma de los intelectuales escribieran sobre el sistema imperante en el país.

Pero con cuántos y cuántos escritores y artistas las autoridades revolucionarias han entrado en contradicciones, no solo por ser distintos, lo que en nuestros días se le puede decir ser homosexuales o lesbianas o cualquier otra preferencia sexual que el ser humano tenga, el LHR=FCR entró en contradicciones fundamentalmente porque muchos de estos escritores y artistas no se han dejado someter a las directrices trazadas por él; en la mayoría de los casos si ellos hubieran puesto su pluma y talento al servicio de la obra fidelista no hubieran tenido problemas para vivir en Cuba. Escritores de la talla de Guillermo Cabrera Infante (abr. 22, 1929 a feb. 21, 2005), Severo Sarduy (feb. 25, 1937 a jun. 8, 1993), Zoé Valdés (may. 2, 1959-presente), José Ángel Buesa (sep. 2, 1910 a ago.14, 1982), no han podido desarrollar su obra dentro de su patria y han tenido que marchar a otros países, si ellos se hubieran plegado a lo que la ADR=FCR quería de ellos, es muy probable que estuvieran viviendo en Cuba; o sea que el problema básico no lo constituye la preferencia sexual de la persona, sino su apego y amor a lo que creó la Rev., actualmente hay escritores que viven en Cuba, son homosexuales, pertenecen a la UNEAC, les publican sus obras y con ellos no hay problemas, hay otros que no pertenecen a esa asociación y no han brindado su pluma para ensalzar a la Rev. fidelista y están ahí, resistiendo las dificultades a que son sometidos, sobre todo al ostracismo revolucionario.

Los efectos de la política de la Rev. y su jefe han hecho que decenas de escritores y artistas vivan permanentemente fuera del país, es sabido que los artistas son asiduos a salir a los grandes centros culturales del mundo a exponer su obra, pero tienen la posibilidad de regresar a su país, pero en Cuba el escritor o periodista, el artista que escriba algo contra la Rev., es presionado, casi obligado a irse del país, aunque algunos han resistido a pie firme y se han quedado, pero tienen que sufrir el hecho de que sus obras no sean publicadas en su tierra, por esa, entre otras razones, decenas de los mejores escritores y artistas del país viven permanentemente en el exterior en porciento bastante alto. La Rev. castrista ha sido un espanta artistas de la isla a otros lugares, fundamentalmente porque estos no han comulgado con las **hideas y prinsipios** por esta establecidos.

Uno de estos escritores, no muy conocido en Cuba, que cumplía prisión, llevaba 22 años en la cárcel y FCR decía que no era nada como escritor, que era un escritorzuelo, fíjese el estilo soez, sucio, bajo, poco gallardo, falto de ética, poco caballeril para degradar empleado contra todo el que no es su simpatizante, sea escritor, sea un presidente de un país amigo al que mucho se le debe, sea un pelotero que se quedó en la tierra de los enemigos y ha cosechado grandes triunfos, o sea quien sea, el caso es destruir al que no piense como yo, como FCR, al que no esté conmigo, pero a cuenta de hechos: ¿qué carago sabe FCR sobre crítica literaria?, si él lo único que sabe es politizarlo todo desde su punto de vista, y dar la verdad de los hechos a través de su opinión, de su óptica; para él solo es válida la opinión que él emite, el mundo que se pueda describir desde su punto de vista, lo demás es falso porque no lo dijo, no lo procesó su talento algo enfermizo.

Para atrapar a este sr., que había sido de la policía secreta del régimen anterior y cumplía larga prisión, el CJ se pone de acuerdo con el personal del hospital donde estaba recluido este preso y que simulaba tener una dolencia en sus extremidades inferiores que no le permitían caminar, se movía en una silla de ruedas, pues FCR, le tiende una trampa y lo filma, caminando o valiéndose por sus medios dentro del baño del hospital cuando se iba a bañar, enseguida con la cinta en mano se fue a su tv y dijo todo lo que le dio su gana-cubana del hombre, desprestigiándolo, desacreditando, vituperando todo lo que quiso, despotricando de él como escritor, en fin, hizo carbón del hombre que había sido derribado y hecho leña.

Algunos pensaron que después de esa desacreditación no podría publicar ni una página, pero no, todo lo contrario, publicó al menos un libro de poemas y además cumplió misión diplomática para el servicio exterior de los EUA; es posible que este sr. haya tenido un pasado nada halagüeño durante el régimen del batistato, él no es defendible, pero en esencia, a FCR le faltan valores éticos, de esos que él exige, pero que no los tiene en su menú; es torpe, implacable, envidioso, soez, falto de toda ética cuando se trata de dar un criterio sobre una persona que no es afín al fidelismo.

Los cubanos acostumbran a decir que las actuaciones de este tipo no son de hombre, de caballero, le falta clase comparado con los estándares y actuaciones de otros jefes gobernantes que nunca se ven involucrados desacreditando a ministros, escritores, generales, pilotos, la madre de los tomates, deportistas, miembros del partido, artistas, periodistas, médicos, o cualquier tipo de funcionario que haya servido en su aparato político-administrativo, esto es solo peculiar en la Cuba de FCR; no importa que ud. haya peleado en la Sierra y no tenga ni un arañazo de bala, no importa, pero la gente tiene que ser valiente y no hacer descargos de gente que están ausentes, eso suena a pusilánime y el Jefe acostumbraba a eso; para El Invencible el único bueno es él mismo.

Se recuerda a un joven que jugó béisbol con el equipo de la capital, era bastante efectivo como lanzador y no se le podía batear fácilmente, fue durante varios años, sino el mejor, uno de los mejores lanzadores del equipo Cuba, donde quiera que jugó, ganó y su balance de ganados y perdidos era muy favorable, en Cuba todos lo conocían porque su apodo era también un título 'nobiliario'.

Este joven se cansó de lo que FCR le ofrecía y decidió quedarse en la tierra del enemigo, ¡alabado, pa' que fue aquello!, al Jefe de la Rev., le dio por decir que el 'título nobiliario' no era tan bueno nada, que en Cuba ya no dominaba a nadie, que no tenía ya casi nada en la bola, que le bateaban con facilidad, que hasta él mismo le podía batear, etc., etc,; estas declaraciones las hizo a un grupo de 75 editores, empresarios y personalidades del mundo de los negocios americanos que visitaban Cuba.

¿Qué nombre podría dársele a ese actuar de quien es una persona se sobrentiende tenga además de instrucción, cierto grado de educación y cultura?; pues bien ese acto protagonizado por el LHR=PCEM=FCR, es lo que algunos cubanos le llamamos cochiná, una marranada, no se pueden emplear otros calificativos para ese pésimo estilo de actuar; a esta altura y desde mucho antes, tengo la impresión de que si FCR fuera un ofidio venenoso, a él no le haría falta arrollarse sobre la presa y clavarle sus colmillos acanalados a la víctima, ese es demasiado, solo le bastaría mirarla y ya el veneno le quedaría inoculado como para matarla, no más que eso le haría falta.

¿Y por qué Fidel el envidioso o el dolido, despampanaba en forma tan irracional de quien hasta los momentos en que permaneció en Cuba era alguien querido por todo el mundo beisbolero?

Ahahahah porque... Él, el 'título nobiliario', había firmado inicialmente con los Yanquis de New York un contrato por 6 millones y después esa suma se iría incrementando, estas **hideas** fidelanas sobre este pelotero casi excepcional que salvó a los equipos cubanos en más de una ocasión de una derrota, ahora, de la mañana a la mañana "ya no tenía nada en la bola" y con autosuficiencia rampante, FCR decía que hasta él era capaz de batearle al 'nobiliario', ¡qué clase de ilusionista más miope!; a no ser que arreglara el lanzamiento que el "nobiliario" le hiciera para que entonces él pudiera batear y lucir sus habilidades deportivas.

Algo semejante hizo una vez en una simultánea de ajedrez en la Plaza de la Revolución José Martí, en que hizo tablas con el comisionado nacional de ajedrez que tenía el título de GM, pero no era político que el LHR=MLR=FCR=CJ= PCEM, perdiera en el ajedrez, eso pudiera entenderse, pero de ahí a demeritar a una persona, quitarles sus valores por razones políticas, ¡le zumba, se atreve ud. Cmdte.!

FCR es así, oportunista, autosuficiente, revanchista, en el fondo cobarde, que no admite perder, por lo que es capaz de hacer trampas a conocidos para ganarles y a los enemigos los puede mandar a matar, de lo que tampoco se libran los conocidos si es que le están haciendo sombras nada más. Es repugnante saber de la existencia de seres tan faltos de sal para la vida, tan desaliñados, con tan poco condimento, si hipotéticamente FCR fuera un plato, este sabría a estiércol; ¡kño, qué malo eres!

No se sabe a cuántos artistas, escritores, políticos, médicos, deportistas ha desacreditado FCR, verdaderamente problemático, conflictivo, lo único que vale en este mundo es él; ¡qué lástima!, el otrora mozalbete de la política mundial se cree aún el ombligo del mundo, el centro de la verdad mundial, al extremo de determinar si la conducta de un presidente que visite la isla es o no correcta si este presidente decide no reunirse con él, con FCR, 'el guapo', así de sencillo es el accionar del hombre que ha regido los destinos de una isla que él ha convertido en miserable.

C-47: La doble moral, algo que parce difícil de definir porque quizás los padres de esa terminología seamos los cubanos, es un concepto conocido tal vez en la mayoría de los países como hipocresía, pero los cubanos con ese vicio infinito de denominarlo todo de forma diferente, pues le llaman doble moral, así fue aprendido del CJ; los cubanos son distintos, los que más "beneficios" e índices sociales tienen a nivel mundial y ni se diga a nivel de continente, somos los mejores, al extremo que casi nadie se va del país Maravillas de Fidel, sin Alicia por supuesto, porque esta se cansó de ver tantas barrabasadas y se fue del país y se lo dejó para él solito.

¿Qué es la doble moral? Esta es la forma que tienen los cubanos de estar bien con Dios y el diablo, con la Realidad que vive la isla y con ADR=FCR=Gob. Rev.=PCC=Organizaciones de Masas; es sonreírle a los discursos de FCR, aun cuando no estás de acuerdo con lo que él está diciendo, es decir a todo que sí aunque en el fondo sientas que debes decir no; es contracción, es no ser lo que tú quisieras ser, es jugar el juego político a favor del LHR=CJ=FCR, aunque ese juego te sepa a pura mierda; es ser deshonesto, cobarde porque presumes que si te enfrentas al sistema, es como si amarraras a tu familia a una roca y te la tiraran al mar, es …, es …, es tantas cosas malas juntas que … .

La doble moral es decirle a cualquier persona nacional o extranjero que el país tiene índices de analfabetismo de 0.04% según estadísticas del 2007, con una seguridad social creada en el período revolucionario y que viene de las oscuras sombras de los gobernantes que en la seudo-república se robaban los fondos de las llamadas cajas de resarcimiento con las que se le pagaban a los que se retiraban y que siempre estaban vacías, con una tranquilidad ciudadana bastante aceptable porque la población no tiene armas de fuego a su alcance, país con una tasa de desempleo menor al 2.5% exigido por la OIT y que lo hace estar entre los países con tasas de empleo aceptable, aunque, aunque en los centros de trabajo tengas a 7 o 9 personas en una posición o plaza de trabajo que solo lleva una persona, pero nosotros por ser fidelistas ponemos a muchos pa' que no estén en la calle sin trabajar; de más está decir que los perversos capitalistas no hacen eso. La doble moral es mentir para quedar bien, sobre todo en lo político; la doble moral es sepultar tus sentimientos para darle paso a la mecánica nacional que se vive en el país; es ..., es ..., es tanta bamiersurada junta que apesta. Con una cultura integral que excluye a los cubanos que se fueron del país y no se pueden escuchar en los medios de los dueños de la nación, ni verse en los teatros, ni en los museos; así ocurre con pintores, escritores, que abandonan la isla, en el deporte ocurre igual, no se admite que un deportista pueda pertenecer a un equipo profesional porque ese es el deporte rentado, el deporte esclavo donde ellos pueden hacerse millonarios y eso no le gusta al CJ=FCR=ADR, él es tan bueno que a los deportistas que son estrellas los premia con un vehículo Polski, ¡de una calidad que ya quisieran...!, y entonces el cubano que recibe tal "beneficio" dice sentirse bien con la basura de carro que le han dado cuando él sabe que por su ejecutoria podría tener algo que valiera más la pena, pero ante tal situación ese cubano dice: "gracias a FCR, al CJ y a la Rev. tengo un carro de bamiersurada"; él está mintiendo, está aparentando sentirse bien, está expresando la doble moral a su nivel más alto.

Con estos beneficios y otros desde el punto de vista social, hacen creer que el cubano se sienta bien en el país propiedad de FCR, pero ese cubano tan pronto se le presenta la oportunidad se dice me voy del país a probar suerte en cualquier parte, hasta en Haití.

Es que la situación en la que se encuentra el cubano en la que no pueden dar una opinión política contraria al régimen, a la figura de FCR, o algo que exprese discrepancia con el sistema político, lo obliga a la doble moral; es decir todo tiene que ser aceptado como se dispone por la ADR=FCR=Gob. Rev.=PCC=PCEM, y muchos cubanos se meten casi que obligatoriamente en esa camisa de fuerza donde se producen sentimientos encontrados en miles de compatriotas al no poder expresar de forma diáfana y sencilla lo que ellos piensan. Se manifiesta así la doble moral como origen del miedo de decir las cosas que piensas, de ir contra una muchedumbre que a lo mejor piensa igual o peor que tú, pero que por quedar bien delante de las autoridades y socialmente, no las dice como son, se las calla y hace mutis aparentando que todo está bien; y es que está mintiendo, se sabe que está mintiendo para quedar bien con el sistema, pero mal consigo mismo.

Ella deviene en represión interna de tu opinión y represión real si llegaras a expresarla, es simulación, es falta de democracia, es sentirte humillado y aplastado porque la gente sabe que cuando el aparato político marca a un cubano por no estar de acuerdo con la Rev. esa desgracia le sigue hasta que tiene un accidente automovilístico o te mandan un rayo y te electrocuta, o te da un infarto, o te ocurre cualquier absurdo de esos que los amigos y familiares se quedan atónitos, mirándose unos a los otros y preguntándose qué tipo de 'brujería' fue la que le echaron.

No hay dudas de que FCR no admite lo abandonen, hay que estar con él, no te puedes mantener al margen completamente si tienes que depender en algo del régimen, hay que tomar partido y permanecer con él, si quieres dejarlo porque no te gusta, eres evaluado de traidor, gusano, apátrida y hasta tu madre te mencionan y en el vecindario se da a conocer tu posición para que vecinos, amigos y enemigos lo sepan y no se crea alguien que se escapa del mitin de repudio tipo 1980 en frente de tu casa gritando groserías, improperios, acusándote de traidor, dando vivas a FCR, la Rev., al Partido, a los mártires y héroes de la nación, etc., etc., etc. y si te cogen descuidado te dan una paliza que te salen más hematomas que si te cayera encima la placa del techo de la casa que lleva más de 50 revolucionarios años cayéndose y cuando se cae te deja en mejores condiciones físicas que como lo dejan a uno los salvajes "revolucionarios" que te dedican ese último adiós, pa' que te acuerdes de la Revolución Cubana, pa' que tú sepas como son las cosas.

El aparato político mueve sus resortes y te tira para encima al barrio y sales bien si no coges golpes, o no le caen a piedras a la casa, o si no te la pintorretean y no hay autoridad que impugne algo, porque al decir del proceso y sus dirigentes, quien está reaccionando es "el pueblo indignado, dolido por los traidores que comieron de la cuota de arroz y frijoles que mensualmente da el flamante Gob. Rev." y ahora dicen no estar con la Rev. Tal pareciera como si el lema fuera: "el que come de la cuota de mierda mensual, tiene que estar con la Rev."

En Cuba no se perdona que uno de sus ciudadanos pueda pensar diferente de la carta que le pone el Gob. Rev.=FCR=PCC para que seleccione su menú, es bien sencillo, no hay mucho de donde escoger: o eres revolucionario o eres, si no lo eres siempre va a haber un cederista o el vigilancia del CDR, o un militante del núcleo de los retirados que son revolucionarios a toda costa y que no admiten ni que se te olvide una guardia cederista, tienes sobre ti más de 5 o 6 pares de ojos que saben hasta la hora en que se tienen relaciones sexuales silenciosas en tu casa, si se comió o si se desayunó, si comiste carne de res **guarda el recibo de la shopping** donde la compraste, porque cuando los informantes se lo digan a la policía política y vengan a revisar tienes que tener una coartada bien definida.

Toda esta chivatería tiene un común denominador: la envidia, sí esa misma que alimenta los más bajos sentimientos del sr. FCR, de no dejar que alguien sea mejor que él, que alguien lo supere, es algo enfermizo y por supuesto, el ciudadano que piensa en algo diferente tiene el temor que una turba soez se le cuele en su casa y le destruyan todo lo que en ella hay y que ha costado el sacrificio de muchos años, encubiertos en **"prinsipios revolucionarios"** cuando la verdad es que la miseria espiritual ha superado ampliamente la miseria material de estas personas y cubren su triste realidad haciéndose pasar por "revolucionarios" y acabando con la existencia de los desgraciados que ellos pueden pisotear y ultrajar sin que las autoridades intervengan, porque son autoridades "revolucionarias" para defender al pueblo trabajador "revolucionario" y no a "escorias" o "gusanos" o "mercenarios" o "vende patria" o cualquiera de los tantos nombres empleados por la Rev. para denigrar a los que no piensen en la línea de la Rev.

La sociedad cubana es una de las sociedades más intolerantes que al menos existe en el hemisferio occidental desde el punto de vista político, ese es el resultado de la Rev. fidelista, porque según él, la Rev. tiene que defenderse y para quienes van a defenderla las **hideas**, los **balores** y los **prinsipios fidelo-revolucionarios** tienen que estar muy fuertes en sus defensores.

C-48: CUBA, no es un país con apego a, o basado en la ley, en CUBA lo que impera es la voluntad de los hombres, el criterio de quien ejerce el poder en forma unipersonal, no hay tampoco la división de poderes que existe en muchos países desarrollados y civilizados, incluso países no desarrollados; en Cuba el poder es uno, se llama FCR=CJ=ADR=PCC=Gob. Rev.="Parlamento"=Tribunal Supremo Popular=PCEM=PSPCC=FCR. FCR significa desde el punto de vista de los poderes del país: YO SOY TODO.

Los cargos no se dan por la inteligencia y competencia del individuo, aunque esporádicamente estos factores se puedan tener en cuenta, sino por la afiliación e inclinación de estos a los dirigentes de la ADR=PCC=Gob. Rev.=FCR; se asignan a aquellos hombres que son fi(d)eles 1000‰ a los dirigentes de la nación, a FCR; ese es el elemento más importante a tener en cuenta; por ejemplo un médico que no sabe cómo funciona la banca, ni conoce la interrelación de esta con las esferas de los servicios y la producción, puede devenir en ministro-presidente de la banca por su probada Fidel(i)dad al PCEM. Ese fue el caso de Ernesto "Che" Guevara de la Serna, quien reemplazara al dr. en economía Felipe Pazos Roque de amplios conocimientos y experiencia en el terreno económico pero que no compartía los dislates que Fidel cometía; entonces FCR, después que Pazos presenta su renuncia dice que *"el Dr. Felipe Pazos no estaba preparado políticamente para ser el presidente del Banco Nacional de Cuba"*, ¿qué le parece?, muy fácil, ¿no?

Un profesor de Matemáticas, que es inteligente, muy inteligente, aunque no haya creado teorema alguno, o no haya descubierto ley matemática, puede convertirse de ya para ya en Ministro de Relaciones Exteriores, solo con el beneplácito del PCEM=CJ y el anterior ministro en esa plaza, aun cuando todos los demás miembros del gobierno, del partido, del comité central que fueron consultados hayan dicho que no era bueno para esa posición, sin embargo el hijo de un excelente y talentoso Canciller de la Dignidad que estudió Derecho Internacional, que tuvo en su padre al mejor maestro, que además se veía competente, lejos de ser nombrado en la plaza lo desaparecen de viceministro del ramo, es así, en Cuba la antilógica anda siempre bien vestida de largo y de cuello y corbata; el público no lo entiende pero es así.

Revolucionariamente un viceministro de salud que diga que la neuritis óptica se produce por una insuficiencia alimentaria o por insuficiencias de vitaminas en los alimentos que se ingieren, cosa que puede ser cierta, lo quitan de su puesto porque ha perdido la confianza del CJ=LHR=FCR=PSPCC, porque este viceministro dijo una verdad, pero que no podía decir; de manera que la competencia y la capacidad para el cargo no son condiciones necesaria y suficiente para ser designado para un puesto a cualquier nivel, lo primero que hay que garantizar es la Fidel(i)dad, lo demás se aprende en el camino dando tumbos, 'cortando rabos y orejas'. Esta es la tesis enarbolada por Fidel cuando al nacionalizar festinadamente todo el potencial productivo y de servicios de la nación en oct. del 1960, dijo que no importaba que los nuevos administradores a quienes se les encargaban las empresas, fábricas, centrales, etc., no supieran mucho de cómo funcionaban esas industrias, que lo importante es que fueran REVOLUCIONARIOS, ¡y ya!; es suyo, de usted, del lector, el comentario sobre tan "atinado" razonamiento fidelista. Así como este él haría muchos, muchos, pero muchos más, en todos los terrenos de la vida del país incluyendo la religión; pobrecito, qué Dios lo perdone y lo acoja en su seno cuando esta pieza inmisericorde tenga que partir.

Otro ejemplo de desconfianza revolucionaria se daría con quien fuera ministro de educación desde 1990-2008; este sr. en las despedidas que le hacía al personal que salía a colaborar a otros países solía expresarle que él *"era un esclavo de la Rev."* y además le decía a los colaboradores que *la remesa de dinero que ustedes envían a Cuba no tienen ningún peso en los gastos que el país hace en las distintas esferas de la economía, lo más importante era la acción política que representaba el cumplimiento de la misión a los lugares donde eran enviados*; pues bien, este acérrimo defensor del sistema fidelista hacía algunos viajes al extranjero, al parecer producto de sus funciones de ministro y no sabía que lo estaban cazando y en su deposición como ministro le aducen que durante los últimos años había salido 60 veces del país; en su (i)reflexión de despedida el CJ=FCR, expresaría que *"ya no le teníamos ninguna confianza"*; una vez más la falta de confianza sobre un "cuadro revolucionario", que en este caso había servido más de 18 años a la causa fidelana. ¡Qué les parece! ¡Qué clase final! ¡Qué despedida más linda y fidelista, de película!

Está el caso de un Gral. de División con méritos más que suficientes atesorados en los años de lucha fuera de su país ayudando a la formación de grupos guerrilleros que dieran al traste con los "malos gobiernos" de los países a los que fue asignado este Gral.; este Gral. puede ser designado Jefe de la Misión militar en un país de África donde se libraba una guerra *"en la que la Rev. Cubana se jugaba su existencia"*, vea qué profundidad de pensamiento, tan profundo que por poco lo liga con las heces; sobra el comentario, porque está claro que si aquella guerra no se ganaba la Rev. cubana podía fenecer, dejar de existir. ¡Válgame Dios, y qué existan tantos neófitos, lerdos sin ver ni comprender nada!

Con todos esos méritos, fíjese bien un militar que antes de los 60 años ya tenía todos estos méritos personales, pues bien, en menos de lo que un reloj digital da el segundo 60, el JR=FCR es capaz de decir que este hombre que ha acumulado todo este tren de méritos en unos cuantos años, con un sacrificio e inteligencia demostrados en las escuelas militares por los resultados obtenidos, capaz de hablar bien el idioma de los amigos soviéticos, con todo eso a su favor el Jefe dice, advenedizamente: *"lo teníamos en Angola pero no le teníamos absolutamente ninguna confianza"*, dando muestras de una tremenda **envidia**, ratificando ser uno de los mentirosos más importantes del hemisferio occidental; es asombroso, cuando la dirigencia no tiene confianza en una persona que ha demostrado ser fi(d)el al país, pero si no convence al sr. FCR, no hay nada que se pueda hacer.

Solo prestándole atención a aquellos casos que son más conocidos por la población; el de un deportista ejemplar un émulo del británico Sebastian Coe aunque no coincidieron en el tiempo de competencia, le dio a Cuba dos medallas de oro olímpico en Montreal '76 "con el corazón en la mano", este caballero del buen decir, con cultura, con elegancia, con porte, con prestancia y presencia, con instrucción universitaria, con carisma, querido por su pueblo, que ha ejercido cargos de importancia en la Asociación Internacional de Federaciones de Atletismo de la cual es miembro y en su país, siendo un hombre con preparación, educado, no ha sido designado para puesto alguno durante muchos años, todo esto sin tener algún aparente punto desfavorable para seguir negándole una posición dentro del país.

Moralmente obligado, en el 2012 FCR escribió una (i)reflexión dando su "consentimiento" y aprobación para que ese ex-deportista de alto prestigio ocupara un importante cargo nacional en el deporte, pero para nombrar a esta figura para este puesto hubo que consultar el genio del CJ y él escribió: *"no veo razón alguna para que Juantorena no pueda ocupar el cargo de presidente del COC"*, es decir, dijo que SÍ en el 2012, estando en el 2016 aún no se ha materializado ese nombramiento; algunos piensan que están esperando que este talento deportivo que nunca ha tenido problema alguno, (al menos que se conozca) cometa un error, para crucificarlo; pero en el fondo está la falta de confianza además del compromiso con quien ocupa ese puesto en la actualidad; otros ejemplos de botellas revolucionaria los hay, pero con los mostrados es más que suficiente.

Así que fue nombrado Presidente del COC, pero solo en nominación porque hasta el 2016 aparece en los documentos internacionales el predecesor que ya no puede con su vida, está cerca de los 93 años, parece un hollejito de naranja exprimido pero no lo sustituyen de ese cargo porque es incondicional de Fi(d)el, al CJ=JR; no quiere decir que a FCR no le guste el nuevo candidato, pero no lo traga, no le da toda su aprobación, no tiene por dónde cogerlo, por donde tacharlo, pero no le da su total visto bueno porque el predecesor fue más cortesano, más sumiso y por eso lo mantiene en el puesto.

Fue este predecesor quien lo acompaña en 1961 cuando Playa Girón en la escenita de Fidel abordando un tanque de guerra que no se sabe para dónde iba, porque lo que sí queda claro que ni ese tanque y mucho menos Fidel iban para el frente donde estaba la balacera, ¿está usted loco o es bobo?, de eso nada, monada; fue este nonagenario quien se dedicó a encumbrar la participación de FCR en esas jornadas, ha sido ese predecesor quien lo ha acompañado a la premiación en algún evento deportivo donde ha dado muestras de un servilismo incondicional, y eso al CJ=FCR, no se le olvida; tal vez la nueva figura asuma en ese cargo cuando ya uno de los dos, FCR o José Ramón Fernández no estén ya entre nosotros, mientras tanto que siga, el predecesor, recibiendo los pagos por tanta adulación.

C-49: LOS DERCHOS HUMANOS: este es uno de los capítulos más polémicos de la Revolución Cubana, hay muchos aspectos que deben quedar establecidos con claridad en este capítulo múltiple para que se comprenda mucho mejor el punto de vista de quien expone.

Primero que todo es válido esclarecer qué se entiende por derecho humanos, más allá de su definición dilucidada en la Declaración de los Derechos Humanos o en cualquier enciclopedia, es por lo tanto primordial conocer cuáles son los aspectos más relevantes que están comprendidos en esta definición, lo que a las personas de a pie, al menos en Cuba, necesitan saber para que puedan entender qué se defiende o se critica en la isla cuando se habla de DH.

Como segunda situación de los DH, es reconocer lo difícil que tiene que haber resultado para todos los cancilleres cubanos, aparecerse en Ginebra para los períodos de sesiones de lo que fue la Comisión de los Derechos Humanos, para defender y exponer sobre los "avances de la nación en este campo", fueron batallas campales las libradas sobre todo por los últimos tres cancilleres que corrieron con el período en que más se había focalizado este tema sobre Cuba desde 1990 hasta el presente cuando más había aumentado el número de críticas sobre el asunto en la isla.

A ellos tres nuestros mayores respetos, incluso cuando dos de ellos fueron destituidos de sus cargos, ellos fueron verdaderos gladiadores de lo que defendían, tenían un corazón a prueba de balas, contra infarto, contra sismo-maremotos, contra huracanes, todo eso para poder resistir los distintos niveles de presión a que fueron sometidos sus sistemas nerviosos sin que estallaran; había que tener mucha voluntad y convicción para defender los DH en la isla, o sencillamente había que querer mucho el puesto que se desempeñaba, porque era una tarea harto imposible. Era el cargo de canciller el más estresante, el más agobiante y eso que tales reuniones tenían lugar una vez al año; sin lugar a dudas, si este cargo se hubiera pagado de acuerdo al esfuerzo que requería, los cancilleres cubanos se hubieran convertido en multimillonarios (000 000 000 000) de doce dígitos.

La tercera tesis que hay que establecer es que desde 2008 la isla no se rige directamente bajo la demencial comandancia del CJ=FCR y aunque este esté detrás del poder no es menos cierto que el país ha dado algunos 'pasitos' que ni remotamente bajo la pupila insomne de FCR se hubieran dado, ni pensar que lo poquitico que se ha logrado hubiera sido posible con el sr. de las (i)reflexiones, si él estuviera en la primera magistratura estuviéranse pagando los $40.00 USD por cada mes de estancia fuera del país cuando se sale a una visita en el extranjero, las casas de los que abandonan la isla hubieran seguido siendo confiscadas por el Gob. Rev., estuvieran los cubanos envueltos en conferencias magistrales de la **moringa oleífera y la morera** para mejorar el fondo alimentario de la población y de seguro que el papel higiénico que se estuviera usando sería el producido con los desperdicios / residuos de la industria azucarera, un papel que asustaba desde el orificio anal todo el tracto digestivo hasta la boca, por lo feo, rústico y por lo que arañaba durante su uso. Esas son las producciones para los cubanos de la isla, esas y otras como los ventiladores armados con llantas de carros y lavadoras soviéticas que habían sido tiradas a los vertederos de basura.

De haberse seguido al pie de la letra la corriente más ortodoxa del fidelismo, después que este "salió del poder", los cubanos estuvieran "trabajando arduamente y a toda celeridad, de día, de noche, de madrugada, por la tarde, a todas horas" (esas son palabras y teorías de Fidel) las 25 horas del día fidelista, trabajando para llevar a vías de hecho los planes que él dejó y que el hermano, menos inteligente, pero más realista, más conocedor de la realidad nacional, no los continuó, cosa que parece absurda pues todos coinciden que FCR es inteligencia pura, profunda, manipuladora, de usar a la gente cuando le hace falta y después los tira, o tienen un accidente si él nota que le pueden hacer sombras; sin embargo, parece ser que el actual presidente es más sensato que el hermano.

Lectores que se adentran en el capítulo, no es obligatorio pensar de esta forma, pero FCR es un ser perverso, es por eso El Ángel Negro de la Muerte, bajo sus alas están los nombres de los que él sabiamente ha eliminado, los que ha mandado a ejecutar, sobre todo de aquellos talentos más allegados a él, porque ni pensar que él se pueda acordar de los nombres de los que asesinó en el remolcador 13 de Marzo, ni de los tres jóvenes que privó de la vida por obra y gracia de sus células sexuales, o de las personas que murieron en la embarcación XX Aniversario en el "accidente" del Río Canímar, ni de tantos, y tantos, y tantos, y tantos otros que misteriosamente murieron, o se suicidaron, o desaparecieron, o ... para qué seguir.

Así que la tenue e incolora presencia de Raúl en alguna medida ha hecho más viable el camino de los DH en Cuba, sin contar los años luz a los que se está de que sean más cercanos a lo que se pide y necesita la isla, algo difícil en muchos países; considerando que aún quedan centenares de presos políticos, que las Damas de Blanco son cargadas como vulgares mamíferos al final de sus caminatas porque los hermanitos no pueden dar una brecha de tolerancia porque lo que se les viene encima es algo grande y el más viejo quiere pasar los últimos 30 años hasta que llegue a los 120 en paz, sin huelguitas ni nada que le perturbe el largo período de incubación de su muerte, son 30 años, así lo espera él, ¡le zumba el merequetén!.

Si las Damas de Blanco hicieran sus recorridos sin ser molestadas por las autoridades, reclamando la libertad de sus esposos, verdaderos presos políticos, eso podría irse desfasando a otros grupos que están ansiosos por hacer algo en contra de la sociedad fidelista; de manera que el tema de los DH no ha mejorado, pero no ha habido más muertes absurdo-fidelistas, ni algo que se parezca. Pero de forma general los DH no se cumplen en Cuba, con ninguno de los dos hermanos.

Para fortalecer el primer punto del tema DH, obsérvense algunos renglones de lo que se comprende por DH, porque a veces cuando se le pregunta a un ciudadano común en la calle sobre cuáles son los derechos humanos, se nota desconocimiento a la hora de dar al menos un ejemplo de lo que son estos y este hecho en sí recuerda a un canciller cubano muy carismático, joven, de mucho talento, que explotó, hubo que sustituirlo de la noche a la mañana, como suele ser en Cuba, no lo dejaron ni llegar al nuevo milenio, él decía, en uno de sus discursos en la otrora Comisión de los DH: "**en el mundo hay humanos que no saben ni que son humanos**", lo que equivale a decir que al no saberse humanos, menos sabrían de la existencia de los derechos que como humanos tenían, y en Cuba hay que reconocerlo que todos los humanos saben que lo son, pero lo que muchos no conocen es cuáles son sus derechos como humanos, que no deben confundirse con los derechos civiles.

Algunos de los derechos humanos, hélos aquí: *(i) el derecho a la vida, a la existencia con dignidad, (ii) el derecho al trabajo, (iii) el derecho a la educación, (iv) el derecho a tener una nacionalidad y/o tener doble nacionalidad, (v) el derecho a viajar y poder regresar a tu país cuando lo entiendas, (vi) el derecho a crear una familia, (vii) el derecho a tener una vivienda digna, (vii) el derecho a un sistema de salud, (ix) el derecho a ser libres, (x) el derecho a la libre expresión, (xi) el derecho a la libertad de culto, de religión que cada cual desee, (xii) el derecho a pensar políticamente sin ser presionado, (xiii) el derecho a tener un matrimonio libre, legítimo y no por previo acuerdo, (xiv) el derecho de identidad de género, a inscribirse ante la ley con el nombre y sexo que cada cual elija, (este derecho ha sido reconocido más recientemente y no es gala de muchos países), (xv) el derecho a recibir tratamiento médico para adecuarse al sexo de la preferencia de cada cual (también de lo más reciente), (xvi) el derecho a elegir la forma de vida que cada cual desee sin que esta sea impuesta por alguien o algo, (xvii) el derecho a ser protegido por la ley, (xviii) el derecho a un trato justo, respetuoso en las entidades estatales y privadas, sin maltratos, sin torturas, sin vejaciones, sin tratos degradantes a la dignidad del ser humano, que no haya asomo de discriminación por género, color de la piel, religión o cultura.*

Esos son de manera general los aspectos más frecuentemente socorridos en cuanto a materia de DH se alude. La mayoría de todos estos aspectos, los más universales tuvieron su génesis durante la Revolución Francesa entre 1789 y 1799 en que termina la contienda como consecuencia de la toma del poder instaurándose un régimen autoritario bajo el mando de Napoleón Bonaparte.

La predecesora de la Declaración Universal de los Derechos Humanos que se llevó a cabo en Francia en 1789, fue la Declaración de Derechos de Virginia, en las Trece Colonias de Norteamérica, esta se había dado en 1776, 13 años antes que la declaración reconocida en Francia, sin que aquella, que fue primero que la francesa tuviera el alcance y la universalidad que tuvo la francesa que fue adoptada como la más completa por su universalidad.

Tal vez FCR, hombre de cultura, de gran conocimiento, quiso para su isla una Declaración diferente a la que hicieron los franceses o hasta la misma que se dio en las Trece Colonias y entonces como su Revolución Fidelista es mucho más moderna, él, FCR, ideó crear la Declaración de Derechos Humanos Fidelista y entonces ahí podría encontrarse la génesis del porqué hay tantas contradicciones entre los temas y asuntos que Cuba considera como derechos fidelistas y los derechos universalmente reconocidos.

Quizás esa sea la razón por la que los cancilleres pasaban tanto trabajo en Ginebra para hacerse entender con los especialistas en esta materia en la Comisión de los DH; aquellos defendían la declaración establecida en la Francia de 1789, mientras que los pobres cancilleres cubanos llevaban una versión mucho más moderna, mucho más "revolucionaria" y fidelista, que gracias a Dios no es universal ni nada semejante; tal vez en la diferencia de formulaciones entre los mundialmente conocidos y la versión fidelista, esté la razón por la que a los cancilleres les era tan difícil defender su aplicación en la Cuba Castroniana(f). El capítulo de los DH en pleno, está desaprobado en la isla, es negativo lo que no quita que algunos renglones estén cumplidos como se pudo ver en la parte de Tantos a Favor de este volumen.

C-50: Una afectación muy grave, si se juzga por el número de los que han fallecido o perdido la vida como consecuencia de la influencia revolucionaria, lo es *el DH referente a la vida, el derecho a existir*; a los que fueron ajusticiado después de triunfo revolucionario hay que sumarle los muertos por luchar contra la Rev., los que suman miles, más los que cayeron en las misiones internacionalistas, más los que murieron como consecuencia de representar un peligro competitivo para el jefe, léase por ejemplo Camilo Cienfuegos Gorriarán; de manera que el derecho a la vida o a la existencia es algo que en tiempo de dictadura, está en manos del dictador, así que este derecho es bien cuestionable en el país después del 1959.

En lo que sería su discurso póstumo el Héroe de Yaguajay o Señor de la Vanguardia, dijo desde del balcón norte del antiguo Palacio Presidencial:

> *"De rodillas nos pondremos una vez, y una vez inclinaremos nuestras frentes, y será el día que lleguemos a la tierra cubana, que guarda veinte mil cubanos, para decirles: ¡Hermanos, la Revolución está hecha, vuestra sangre no cayó en balde!"* (Camilo Cienfuegos Gorriarán, oct. 26, 1959).

De seguro que para dar estas cifras Camilo Cienfuegos fue tal vez informado de esos dígitos y fue uno más en propagarlos; fíjese como se crean situaciones para inculpar a los demás para justificar ulteriores acciones, la cantidad de muertos ocasionadas por las diferentes vías, ya dentro de la Rev. es bien alta, se calculan alrededor de 3500 las víctimas del terrorismo más los que ha eliminado el propio sistema de las personas que le fueron fieles y que se decepcionaron del mismo, ni sumando todas esas cantidades, de seguro que no se aproxime a la suma con la que los "revolucionarios" querían ensombrecer más al batistato.

La mentira rondando siempre la ejecutoria de los revolucionarios patrocinados por FCR, véase las cifras utilizadas por Camilo, mentira para ajusticiar con mayor impunidad, porque sino qué sentido tenía enrolar a los directivos de Bohemia en aquella falacia, no era necesario el mentir para incriminar al régimen tiránico de Batista, él se incriminaba solo; pero en el fondo del accionar de los revolucionarios presididos por FCR, siempre ha estado el justificar sus pasos ulteriores tomando como base situaciones que no han sido en muchos casos 100% verídicas.

El derecho a la vida ha sido algo relativo en la Revolución de los Castros, porque no ha sido el derecho refrendado e inherente a cada ser humano

JACOBICH MILETO ALEXANDROPOULOS ZAITSEV

con independencia de su afiliación política, para los cubanos bajo la tutela de la Revolución el aspecto político es un componente indispensable, incluso FCR decía que cuando se hacía una operación de corazón o alguna intervención quirúrgica en la se salvaba una vida, no se averiguaba si el paciente era o no revolucionario, que lo importante era salvar la vida del ser humano; eso parcialmente era cierto porque la procesión iba por debajo, la operación no se le negaba a nadie siempre que la necesitara, pero si era una persona revolucionaria, mucho mejor.

C-51: El *derecho al trabajo* está en parte logrado, en Cuba se hizo una ley para obligar a las personas trabajar, la llamada "ley contra la vagancia', con el eslogan que rezaba, "el que no trabaja no come", años después esta ley fue eliminada por democastrista(f), porque lo que justificaba era una especie de esclavismo revolucionario, ya que al no existir la propiedad privada, de ningún tipo, la única vía era trabajar con el estado recibiendo la miseria de salario que se pagaba, además de la cantidad de trabajo que se hacía que no era remunerado; era una versión libérrima de la plusvalía socialista, con una cuota altísima de trabajos voluntarios, al decir del Che "piedra angular de la juventud". Con la cantidad de trabajos voluntarios que en el país han tenido lugar es para que fuera un país rico y no tan harapiento como se puede ver en un simple recorrido por las calles de cualquiera de sus campos y ciudades, y ni que decir la capital del país, compáresele esta con La Habana de los años 50s. y se notará el retroceso abismal en todo.

Dentro de las bondades del sistema estaban los jóvenes que terminaban estudios y para que no se aburrieran en sus casas sin hacer algo se les daba empleo en centros con la plantilla cubierta para que al menos jugaran baloncesto tirando papeles al cesto de la basura.

Otro punto muy importante dentro del derecho al trabajo es que nadie podía tener un doble empleo, eso era totalmente ilegal, quien lo hacía no incurría en una falta como para ir a la cárcel, pero no lo podía tener; es un DH que es cuestionado porque sobre todo los resultados que se obtienen del trabajo honesto no le da a la familia cubana para vivir decentemente de sus pecunias.

Con el fidelismo como sistema económico-político-social y las concepciones impuestas de lo que debía ser el trabajo, así como los nefastos beneficios que de sus resultados se obtenían, era más que suficiente para que el ser humano que trabajaba y que ilusamente aspiraba a mejorar su renta, su entrada, para vivir mejor, terminara frustrándose y volviéndose un delincuente obligado por las circunstancias derivadas del enclaustramiento a que eran sometidos por el estado revolucionario y pa' colmo de males, este inducía, llevaba a la sociedad al paroxismo de sistema fidelista que como bien se ha podido comprobar in situ, ha sido una enorme basura, aun cuando se consideren las cosas que de positivo pudo tener en sus inicios y a lo largo de todos estos años.

C-52: El *derecho a la nacionalidad* es uno de los DH con el que se ha tenido dificultades, empezando por el pago del pasaporte, uno de los más caros del mundo, valorado en más de $300.00 USD en total, incluido el pago de dos renovaciones o actualizaciones en los 6 años de su vigencia y por otra parte la doble nacionalidad no era admitida todavía en el 2016 lo que es equivalente a decir que para entrar al país solo se podía hacer con el pasaporte cubano, este es una de las particularidades que hacen a la isla única, no deben haber muchos países en el mundo que requieran tal aberración. Sin embargo, referente a la doble nacionalidad el "querido" CJ=FCR, años atrás en un viaje que hizo a España, reclamaba algo en broma y muy en serio su derecho a la nacionalidad española, tenida cuenta que su padre era nacido en esas tierras y había emigrado a Cuba; Fidel tan fidelista como de costumbre solicitaba en aquella mezcla de chanza con seriedad algo de lo que él nunca haría uso, pero la reclamaba como un derecho que creía tener mientras que otros hasta el sol de hoy ni soñarlo.

C-53: El camino al infierno está menos empedrado que el camino que tiene que seguir un cubano para salir del terruño, este DH de **viajar y poder regresar a tu país cuando lo entiendas** es algo muy serio, es una misión más que imposible, lo que pasa es que al cubano después del triunfo rev. se le hizo creer que salir de la isla era una situación de inconsistencia revolucionaria, algo que podía verse como una traición a la Patria y otras explicaciones todas baladíes para evitar la salida de los cubanos de la nación, así fuera una salida para ver a familiares que estaban fuera del país, eso no era bien visto por la Rev., lo correcto era que se rompiera con la familia que había abandonado el país, por traidores a la patria=FCR.

¡Cuántas cosas se podrían aducir para expresar lo mal visto que era en la isla salir de sus confines!, eso amén de las investigaciones que posteriormente se le hacían en la cuadra con la pupila insomne de la Rev., es decir con una de ellas, en este caso con los "queridos y mil veces gloriosos CDR"; incluso viajar a los llamados países socialistas era posible para aquellos que sin tener muchas obligaciones de desembolso familiar podían darse ese super lujo, pero hasta ese tipo de salida a los países hermanos era de preocupación para el estado revolucionario.

Sacar un pasaporte era visto como un acto punitivo, al extremo que si en algún momento de su vida como trabajador ud. era seleccionado para integrar "las filas de la gloriosa UJC o del PCC", una de las preguntas obligadas de la entrevista que se le practicaba al aspirante antes de ser aceptado era saber si el encuestado había sacado pasaporte, si este decía que SÍ había sacado pasaporte, podía decir que ya había terminado el propósito de entrar a cualquiera de las organizaciones políticas de la nación; de lo contrario se iniciaba una ardua y tenaz investigación de cuáles fueron las causas por las que se obtuvo ese pasaporte.

El retraso mental de las autoridades cubanas llegaba tan lejos que era mal visto quien sacara pasaporte porque enseguida era vinculado con la actividad del enemigo, fíjese si eso era algo serio; pero si había obtenido pasaporte había que dar una explicación muy contundente del porqué lo tenía, porque no podía quedar dudas en ese sentido, si había la sombra de que ud. quería viajar al exterior no hacía falta más, ud. quedaba automáticamente eliminado de ese proceso, eso era algo bien serio; de Alcatraz solo era posible salir si Zeus Todopoderoso lo autorizaba, lo que permitía que la persona en cuestión pudiera regresar en un futuro si así lo quería.

Sin embargo, las personas que salían de la nación para realizar una misión internacionalista o un contrato de trabajo recibían un pasaporte oficial y al regreso de ese período de prestación de servicios se recogía el pasaporte en el aeropuerto antes de usted ver a su familia. Un pasaporte de ese tipo en la mano de un cubano dentro de la isla era algo muy serio por el número de posibilidades que se le abría de poder visitar lugares que con la tarjeta de identidad de los nacionales ni pensarlo.

La verdad es que la obtención de un pasaporte en Cuba era vista con recelo, de alguien que potencialmente podía ser contactado por el enemigo, la persona que lo obtenía era objeto de preocupación para la policía política y para todo el aparato de control interno del país. Esto era con la adquisición del pasaporte nacional, algo que se podía ver normal en cualquier país del planeta Tierra; ya un segundo pasaporte de otra nacionalidad, ¡ohohohohoh!, eso era objeto de análisis hasta en la misma ONU con exageración incluida; no se entendía que un cubano tuviera esa posibilidad.

Quizás después que el JR=FCR, en un viaje que hiciera a la tierra de origen de su padre, lanzara la indirecta de que él tenía derecho a la ciudadanía española porque esta era válida o autorizada hasta la tercera generación de descendencia, la obtención de un pasaporte de otra nacionalidad no empezó a verse como algo más normal, lo que no quiere decir que para los cubanos de a pie la imposibilidad de obtener un pasaporte de otra nacionalidad pasara como algo natural, pero al menos se conoció que esa posibilidad existía. De hecho, un cubano no puede entrar a Cuba si no tiene un pasaporte CUBANITO como la palma real, el tocororo o la flor la mariposa; es decir si tienes otro pasaporte siendo cubano, NO ENTRAS. La película se llamará Anacronismo Fidelista. Él sí puede aplicar por una segunda ciudadanía, pero los otros, aunque la hayan obtenido allí en sus predios ni hablar. En la Cuba fidelana, ¿de qué les vale tenerla?

El pasaporte en la isla es algo que aún, solo por el elevado precio es un atropello, no es un derecho bien respaldado. Los cubanos que se van del país saben que ese puede ser un viaje sin regreso, el Zeus dueño del país no admite ese desorden de que las personas puedan salir y regresar cuando ellos quieran e insertarse otra vez en la sociedad, esto no es un relajo, si te fuiste, perdiste, ¿ah que qué perdiste?, pues olla arrocera, olla para cocer carne, refrigerador, hornilla eléctrica, junta de refrigerador, aunque la junta de la cafetera, "te digo ahorita", no ahora no hablemos de esa, más tarde te digo porque desde el 2005 durante la repartición fidelista de esos enseres, la promesa de juntas para ollas y cafeteras está totalmente incumplida por el CJ=FCR.

El próximo plan de entrega de efectos es cuando el CJ cumpla los 120 años, es decir en el 2046 y solo se le entregaran los efectos a los que hayan cogido la primera ronda en el 2005, ¡ah, y que estén viviendo en el país!, no puede haber el mismo relajo que hubo en la primera ronda del 2005.

Son por estas y otras razones más que el LHR=FCR, considera que el regreso está vetado porque esa gente que regresan a quedarse de forma permanente alteran lo previsto, la planificación de las lb de arroz, de frijoles, etc., que se dan por la libreta, por eso NO a los regresos, en casos extremos hay que analizarlo y saber si los familiares de la isla le van a dar de su cuota porque el país no puede sostener una boca más, si no ¿qué se les va a dar a los extranjeros establecidos en el país y a los turistas?, ¡a esos sí hay que garantizarle lo suyo incluyendo su carnecita coloráááá!

En 57 años o más de Rev. han sido muy pocos los casos autorizados a regresar, tal vez el más notorio lo haya sido el ex comandante y prisionero del fidelismo Eloy Gutiérrez Menoyo quien fue a morir en su país, otros casos han sido autorizados, pero muy en silencio pa'que nadie sepa na', no conviene que esa mala actitud de regresar de donde te fuiste se propague. El dueño del país establece las reglas porque esas ovejas descarriadas por tanto tiempo fuera del corral pueden traer gérmenes que compliquen al rebaño que se ha mantenido en el ruedo todos estos años con sus ojitos bien cerrados, estas están en condiciones de asepsia y el patriarca de la isla no quiere que se las contaminen.

Por regla general los que abandonan la isla para establecerse en el exterior no regresan para morir en ella, regresan a ver a su familia, a los amigos, por la nostalgia, pero no para quedarse, porque cuando ud. se va de la isla definitivamente se lleva un **sabor tan amargo**, que es difícil olvidarlo, los de más mala cepa juran no volver y hasta se olvidan de los seres que atrás quedaron, cortan el vínculo con ellos.

Los de mejor calidad humana no se olvidan de las vicisitudes de los que atrás quedaron y tan pronto se establecen tratan de lanzarles un hilo conector o bien para una ayuda económica o bien para llevarlos consigo tan pronto como se pueda, pero lo cierto es que para algunos que regresan al menos a ver a la familia se les oye cantar las coplas de una vieja y linda canción que decía: "el cuartico está igualito como cuando te fuiste, ..." y otros en idioma cubano le dicen: "no que bah, ahora estamos peor, ¿no te das cuenta?"

La situación de los cubanos que viven fuera de la isla y que regresan en paz para ver a sus familiares se hace cada vez más difícil porque desde hace algunos meses se está dando la modalidad de que algunos cubanos llegan al aeropuerto, en su primer viaje a la isla después de largos años de ausencia y en el aeropuerto le dicen que **no puede entrar al país**; las razones mueven a la especulación y pueden ser porque ud. cumplió prisión, salió, se fue del país y ahora regresa pacíficamente a ver a los suyos; o puede ser también porque ud. ha mostrado desde el exterior su apoyo a alguna de las justas causas que defienden los llamados grupos de la disidencia y que tienen su campo de batalla dentro de la isla, entiéndase como ser solidario con las Damas de Blanco, o alguno de los grupos que dentro o fuera de la isla luchan por abolir la **democastria** y llevar la nación a un estado **democrático**, o por cualquier razón que las autoridades dueña de la isla se inventen para que esas personas seleccionadas por ellos no entren en la isla. ¡Es el colmo del despotismo y este no es ilustrado!

C-54: A nivel mundial no hay muchos argumentos sobre la violación al DH de recibir una *información verídica e imparcial*, no manipulada, porque es bien difícil admitir que hayan lugares en el planeta en que algo tan sencillo para cualquier nación sea un problema a considerar, aunque ciertamente se da en algunos países, sobre todo en los manejos de la política; pero en Cuba es única, por ser potencia mundial en algunos renglones de carácter social, según el LHR=FCR, el manejo de la información constituye un serio problema porque es manipulada por el régimen de acuerdo a su antojo, en correspondencia con lo que el MLR=LHR=FCR=PCEM=PSPCC=Gob. Rev. piensa que el pueblo debe conocer.

La información brindada a la población es valorada por el departamento del CC del PCC encargado de administrar lo que el pueblo debe conocer, entonces la información no es libre, es dosificada como a alguien le conviene y así lo reconocía FCR frente a la periodista norteamericana Barbara Walters al preguntarle sobre el tema en distintos momentos en que se encontraron.

El llamado departamento ideológico, es quien administra lo que se publica en el sistema de prensa plana, en noticieros radiales y televisivos así como las mesas redondas como otro eslabón muy importante para desinformar a la población; en ellas los periodistas no hablan si no hay un libreto por el cual regirse; lo que debe saberse o no es determinado por las autoridades a cargo de este renglón y por FCR que desde los primeros momentos determinó los pasos a seguir, fue él quien eliminó todo tipo de propaganda de los medios, porque como él ha dicho esa propaganda comercial entorpece la capacidad de pensar, es aberrante y limita la inteligencia revolucionaria; por eso la eliminó por una propaganda revolucionaria en la que él fuera el actor principal, el protagonista, el Errol Flynn o el Alain Delon de la película.

Al final del proceso de eliminación de la propaganda comercial, solo quedaron dos propagandas: "Consuma productos cubanos" y la otra "Esta es tu casa Fidel" las cuales simultanearon con los discursos del hablador al pueblo, discursos en los que todas las emisoras de televisión y radio se encadenaban y solo transmitían esas comparecencias miriamétricas, y si algo sabe hacer FCR es hablar, hablaba hasta por los codos, más que cuando llevan a un detenido a Villa Marista o a 100 y Aldabó, en que le aplican algún procedimientos de tortura sicológica o física al detenido y cuando este empieza a hablar, habla tanto que después hay que darle algo para que detenga la delación-dilación; bueno pues en esa forma brutal y descomunal hablaba y habló el CJ=FCR; era algo enfermizo, menos mal que ya se apagó un poco y de cuando en cuando usa las desgraciadas irreflexiones, para recordarnos que está ahí, vivito y coleando.

Ese procedimiento de tortura física y/o sicológica lo empleaban con los que eran detenidos y llevados a estos antros, pero en el caso del ex PM no había quien lo detuviera, hablaba tanto que algunos sobrenombres se ganó desde los primeros años; en eso de hablar no había quien lo mayoreara; en la ONU, en 1960 FCR desarrolló un discurso de 4:29 h ante el plenario, constituye un record hasta nuestros días en ese organismo, que se duda haya loco que lo pueda romper, ni autoridades que le permitan ese desafuero, desde allá hasta acá ningún primer mandatario ha hecho tal proeza.

En Cuba durante la repartición de electrodomésticos dados por él, se realizó un conjunto de reuniones vespertino-nocturna-madrugada en marzo del 2005 y en una de ellas tuvo una intervención de 8:23 h, parado en el podio tomando "chocolatín" y haciendo todo lo que le daba su gana fidelana; en un momento de la historia de estos discursos el JR llevó a cabo el discurso más largo del que se tenga noticias en Cuba lo cual no ha sido debidamente validado, fueron 12 h, hablando de esto y de aquello y hasta sus hecitas fecalitas habló; solo haciendo una pequeña parada a lo largo de toda esa terrible verborrea.

Los cubanos de la isla no pueden leer la literatura que se produce o provenga de Miami; en una ocasión en que un grupo de personas de origen cubano querían enviar unos libros para la Feria del Libro de La Habana, el CJ se molestó, más que molestarse se puso cabrón y todo porque él presuponía lo que de Miami podía ser enviado a la isla, entonces en el programa televisado la Mesa Redonda y dando golpes autoritarios en la mesa que él ocupaba dijo que al país no entraría ningún libelo de esos que la Mafia de Miami trataba de enviar a nuestro pueblo, y decía en ese programa: *"No, aquí no entrará ninguno de esos libelos. ¿Qué le van a enseñar a nuestro pueblo?"*; claro está, ¿qué se creen los cubano-americanos de Miami?, en Cuba el único que enseña = embrutecer, a no pensar en forma independiente, a creer ciegamente en la Rev., en su partido y en el líder que nos engaña; en Cuba, esa acción de cambiar la mentira en verdad y viceversa, quien único lo hace es el LHR=CJ=FCR. Y por supuesto que el dueño del país no dejó que los "libelos" entraran a su nación de él solito y de nadie más, no faltaba más.

Lo que ocurrió con la información brindada por la Revista Forbes en el 2006 referente a que FCR era uno de los hombres más ricos del planeta, a partir de la riqueza personal que este acumulaba en bancos, cuya información fue desmentida categóricamente por FCR; ese capítulo de la historia de la Forbes devino en un gran fiasco porque a FCR no se le podía adjudicar dinero en bancos ni nacionales y mucho menos extranjeros, sino que había que adjudicarle la propiedad, la tenencia de la isla, de la que él dispone a su antojo, esa SÍ es su propiedad desde el Cabo de San Antonio hasta la Punta de Maisí. Nadie que no ostente una propiedad puede conducirse con ella como lo hace FCR con Cuba. A los directivos de la Forbes les faltaron: inteligencia, agallas, coraje, empuje, sabiduría para conducir la investigación y ver que el dueño de Cuba es FCR, porque lo otro que pudiera ser toda esa trama es el montaje de una obra ficticia para afianzar la autoridad de FCR en la isla.

Algunos, y no pocos, piensan que fue una obra, un montaje que había comenzado su preparación en el 2003 y que ya para el 2006 estaba madura; este "error" de la Forbes le dio a la ADR=CJ=PSPC=PCEM=MLR=FCR la posibilidad de hacer declaraciones expresando su supuesta molestia dando manotazos y puñetazos que le propinaba a la mesa al decir que si los de la Forbes probaban que él tenía una cuenta en el exterior de 900 millones, de 1 millón, de 10 millones, de 100 mil, de 500 mil, que si eso era probado: *"yo renuncio al cargo y las funciones que estoy desempeñando, ¡vean!"*; (ese *"¡vean!"* lo dijo con dedo índice de su mano derecha tocando a degüello).

Daba lástima la posición en quedó la Forbes, pobrecitos fueron a meterse en la jaula del león solo arropados con un trajecito de baño y al caérsele este dentro de la jaula y quedar en cueros, el león se los merendó. ¡A la Forbes se le otorgó en ese año el meritorio Premio E.P.D.!

La figura de Fidel se solidificó ente la opinión de su pueblo y del mundo también; pero la verdadera propiedad, la isla, quedó intocable, incólume y él se santurreaba, se enseñoreaba se ponía pavito pechugón porque verdaderamente acabó con los ingenuos de esa revista que no sabían con quién estaban jugado, fue un mate super-pastor en DOS jugadas.

Solo actúa así quien se crea y se sepa es el dueño de una nación, quien decide por la vida de los demás, que los manda a guerras en distintos lugares del mundo y sobre todo en África *"para pagar nuestra deuda moral con ese continente"*, solo actúa así quien se sabe dueño de sus predios y prohíbe a algunos de los que se fueron y que habían nacido en la isla, que puedan regresar a la misma porque están en desacuerdo con el fidelismo; solo actúa así quien se crea y se sepa es el dueño de una nación y dé, regale, una, dos, varias veces lo que al pueblo y al país le hace falta, sin que a cambio haya beneficio alguno para la población.

¡Qué alguien se diga si en el mundo hay más de un gobernante preocupado con lo que la población lee o deja de leer! Eso de manejarle, de guiarle la vida a una población haciendo uso del poder político o de cualquier otro poder, solo tiene un nombre y es Fidel, sinónimo de voluntarismo, democastria, autoritarismo, desconocimiento de las necesidades crecientes de la isla a partir del momento en que él se encargó de la nación, dando una versión diferente de lo que es ser un DICTADOR, con inteligencia.

¡Qué decir de los periodistas independientes!, de esos que creen en la verdad de las cosas que hay que informar y no en la manipulación que el departamento ideológico del Comité Central del PCC hace de la verdad, esos periodistas que por decir lo que ocurre en el país cumplen cárcel, no tienen forma de cómo publicar sus informaciones en el país, esos que son atropellados y maltratados físicamente por grupos de "revolucionarios indignados" que son mandados por las autoridades cubanas para que se crea que es el pueblo en defensa de la Rev. y le dan a los periodistas independientes una de golpes técnicos bien colocados, que solamente viéndolo uno puede creer que algo así pueda ocurrirle a personas pacíficas, de las letras, escritores que a lo mejor nunca han practicado un deporte de combate. Esa es la violencia revolucionaria que ha enseñado el CJ=LHR=MLR=PM=FCR, quien quiere resolverlo todo a la fuerza, a los golpes, por la vía violenta, sobre todo cuando las circunstancias lo llevan a un punto donde él se encuentra perdido, sin razón para argumentar o convencer; si lo sabrán los periodistas de origen cubano residentes fuera de la isla, que lo han entrevistado a duras penas cuando él ha salido del país y ha tenido que responder a preguntas de verdad y no a las bicocas que le presentan los periodista cubanos que residen en la isla por razones obvias.

Y ese hipócrita accionar en contra de personas inermes, recuerda al CJ=LHR= MLR=PSPCC, cuando en una entrevista dada a un periodista norteamericano, le decía:

"Cuando triunfó la Revolución fue un ejemplo de orden, no hubo saqueos, no hubo gente arrastradas por las calles como ocurría en otros lugares, no hubo asesinatos, no hubo crímenes, todo fue en un orden perfecto."

Claro, estas turbas que dan golpes a los que se van del país, o a los que no se van y se quedan pero que están en desacuerdo con la política fidelista, o a los que dicen sus verdades fuera del marco enclaustrador de la información manipulada del gobierno-partido o las bochornosas jornadas vividas y sufridas en la Cumbre de Panamá donde Presidente Obama y Raúl se encontraban por segunda vez, y en otras tantas ocasiones en que las turbas revolucionarias enardecidas por ese falso amor patrio le caían a golpes a cualquiera que manifestara una opinión no favorable a la obra revolucionaria, esas acciones para FCR no ocurrían en Cuba, sino en otro planeta del sistema solar.

Solo recuérdense las soberanas golpizas, cabillazos, palizas, dadas a las personas tildadas de "escorias" en las salidas de 1980 y ya se ha dicho todo. Toda esta violencia "revolucionaria" la engendró, la incubó y la parió el CJ=FCR; y si ciertamente cosas como esas no ocurrieron al triunfo revolucionario donde contra toda lógica las personas eran más humanas, sí ocurrieron años después aprendidas de ud., del ICJ=FCR, y enseñadas por ud., para que esas, ya no tan personas, aprendieran a "defender" a su Rev. de una manera fiera; tremendo maestro de la violencia que es ud., solo verlo en la gesticulación durante sus discursos da una idea de cuán violento es el LHR=CJ=FCR=PSPCC=ADR.

Esas son las enseñanzas de FCR, puestas en escenas desde que los Marielitos empezaron a irse del país de Maravillas de FCR, en aquella bochornosa ocasión molían a golpes a las personas que se iban, a los que no querían seguir siendo fidelistas, o mejor, los que nunca fueron fidelista y recibían en sus casas aquellas golpizas, en los centros de trabajo, en las escuelas, en las cuadras, en las calles, dondequiera que los cogían los acribillaban a patadas, palos, cabillas envueltas en periódicos y otros instrumentos contundentes; en estos tiempos extrapolaron esa práctica contra los periodistas no afines al régimen y dejan a esos pobres periodistas como tomates apolismados, magullados, heridos; así lo hicieron en la Cumbre de Panamá del 2015 contra unos cubanos exiliados que fueron a plantear sus puntos de vista y fueron atendidos por estos anfitriones del maltrato y la violencia, los dejaron de hospitales; ¡da o no da pena que algo así pase por razones netamente políticas!

Existen muchas cosas oscuras y sucias, que FCR=LHR=CJ hace para aparentar que es el pueblo revolucionario, desde disfrazar agentes del orden que han sido entrenados en Artes Marciales y que se visten de civil y dan ¡una de golpes que es asombroso!, ¿entonces de qué valores se puede hablar dentro del proceso revolucionario, si este actúa de forma tan baja y soez?; no, no hablen de valores, bajo la égida fidelista solo se puede hablar de **balores fidelistas**.

Hay muchos cubanos dignos que no quieren esos **balores fidelistas** y todo esto se hace en aras de defender una Rev. que no es "por todos y para el bien de todos", sino que es "de los humildes, por los humildes y para los humildes" y el que no se considere dentro de esa categoría que recoja y se vaya, esa es la verdadera historia de Alejandro Navajas, siempre desde su juventud fue así, lo que pasa es que esa parte de la historia no se cuenta, por eso no conviene que la internet, que los periodistas independientes le digan al pueblo sobre esta vida oculta.

C-55: El derecho a ser libres pasa por no tener país extranjero que socave la independencia del tuyo, por poder hacer lo que tu fuero interno te dicta sin que esto afecte lo estatuido como normas lógicas en la nación, como las regulaciones más elementales de la convivencia, el poder ir al lugar del mundo que desees sin ser cuestionado o que te miren al regreso a tu país como si fueras un microbio, el poder pensar y dar una opinión respetuosa de los desgobernantes que rigen tu país, es el no sentirte reprimido por una opinión que tengas que sea contraria a la de las autoridades.

En ese contexto, en Cuba hay muchas personas, incluso del propio Gob. Rev. que no son libres porque escuchar decir a la persona de mayor cargo en la nación que:

"Para la guerra en Angola se estaba dispuesto a mandar todo lo que había en el país y hasta el mismo país si era necesario".

Todo esto en aras de un territorio que no pertenece a la nación, que no es un pedazo de Cuba, oír decir eso solamente por el ego de quien se supone rige los destinos de un país y no poderle expresar algo en contra de lo que parece a todas luces un disparate; es doloroso escuchar decir algo así a la persona que ejerce el máximo poder en el país y no poder expresar un criterio de disparidad, porque no es verdad que todos asienten con ese tipo de ideas locas; ni qué decir de esta otra en la que muchos se devanan los sesos y no logran alcanzar el porqué, el verdadero significado de este otro desatino: *"en Angola se jugaba la propia existencia de la nación cubana"*, allá llegaron a existir 50 mil combatientes y un número aproximado de 3000 colaboradores civiles entre médicos y personal de educación; pero que por tal razón, el triunfo o no de aquella contienda, se hunda la propia existencia de la isla, uhuhuhu, huele a locura, huele a manía de grandeza, huele a querer aparentar lo que no es, huele a querer confundir la opinión de los tontos que le seguimos pensando que siempre FCR tiene la razón, que él nunca se equivoca; pobres infelices los que pensábamos así.

Escuchar decir semejantes barrabasadas y que algunos con discreción se miren a las caras pero que no digan ni una palabra de reproche a semejante DISLATE propio de un orate que no tiene bien enfocados los deberes para con un país que después de enhestarlo parcialmente, él ha ayudado a hacerlo miserable, lo ha empobrecido con su falta de visión, con su desamor por los cubanos al ofrecer y gestionar para el pueblo lo que él considera de menos calidad; él piensa que por haber decapitado a la sangrienta tiranía predecesora y haber instaurado otra ya le daba el derecho a hacer lo que le diera su gana-cubana y como tal los nuevos esclavos debían responder a sus demandas y criterios, incluso dejando sus vidas para cumplir con sus retorcidos propósitos; ¡y que no haya alguien que pueda disentir de semejante insania, sopena de ser tildado con calificativos denigrantes!, ¿se puede decir que se es libre así?

Una nación ávida, menesterosa, miserable, carente de lo necesario para vivir dignamente, porque este insano se creía el dueño del país y daba lo que él quería cuando le daba su temperamento; oír decir que:

"si hacía falta asfalto para la República de Angola se llevaría de Cuba o se compraría en Europa, donde fuera".

Caramba y nuestras calles año tras año llenas de baches donde caían vehículos que sufrían serias averías en calles super céntricas de la capital del país y escuchar que para Angola sí había asfalto y para arreglar una de las calles cubanas NO LO HABIA, calles cubanas que solo se reparaban si la figura, Su Majestad FCR iba a pasar por esas vías, si no, nada, sin poder comentar nada en un sentido reprobatorio de cosas como estas, todo tenía que ser en susurro, para no señalarte, entonces, salta la pregunta ¿es eso libertad su señoría?

Nadie podía decir que ese no era un actuar lógico porque el dueño (beodo de poder) de un país piense más en otro país que en el que tiene a su cargo, ¿dónde se ha visto algo así?, ¿o es que este demente piensa en dirigir ese país al cual envía todo lo que se necesita para la isla?

De toda esta amalgama de cosas no hay quien pueda decir algo porque puede ir a parar a Villa Marista, o es acusado de traidor; ahora ya no se puede deportar a la URSS ni a ningún otro país socialista, aunque quizás, si la Corea del Norte aceptara, con quien los dirigentes de la isla tienen extrañamente unas muy fructíferas relaciones bilaterales, bah y …, vaya usted a saber.

En esencia, en Cuba no hay libertad porque si esta implica decir algo en contra del ADR=PCC=GR=FCR, entonces quien haya osado semejante acto, será sancionado por estas autoridades, y si no es algo que sea ponderable para una sanción, entonces te señalas y te siguen la pista, te siguen todo lo que hagas, adonde vayas, para tan pronto puedan involucrarte en algo sucio, en algo espurio, sancionarte; cientos, miles de ejemplos hay aunque solo salgan a la luz aquellos que por particularidad rebasen las fronteras; ¿es eso la libertad o es que esta es la libertad al estilo de FCR? Es lo más probable.

Esta libertad, al contrario de lo que se dice en los versos, nació inválida, sin alas, sin ningún medio de locomoción. El sr. FCR, creó en la mente de los cubanos un mecanismo de que contra la Rev. fidelista NADA, con ella TODO, así se esté en desacuerdo con el proceder errático del LHR=FCR; lejos de libertad, el sabor que se degusta es a represión, a coerción, a limitación del pensamiento; es la imposición de la voluntad de quien ejerce el poder; entonces que no se haga tanto el lindo y admita que el sistema es autocrático y no hay derecho ni espacio para libertades.

C-56: Hay que ver como el creador del fidelismo decía *"este es el país más democrático del mundo"*, ¡qué sinsentido, qué desfachatez, qué insulto a los que conocían lo que era la democracia!, para aquellos que por lo menos tenían una noción de lo que era el verdadero contenido de la democracia, ese DH sobre *la libre expresión* solo es verdad para FCR; nadie de la población puede decir lo que piensa si este criterio es en desfavor del sistema y va en contra de la democastria, sino véase una vez más lo expresado por FCR a la periodista norteamericana BW, véalo por favor para que tenga una idea más cabal de FCR.

En discursos y otras intervenciones se ha escuchado a FCR decir disparates, errores abismales en cálculos y otros deslices, mentiras lecheras, cafeteras, citrícolas, de carne roja y de huevos de aves, etc., etc., etc., etc., etc., etc., todo incluido, de mejorías del país que ningún otro país del mundo podría tener incluyendo a los EUA, de ventajas en la cultura, en la salud, en la educación, solo existentes en Cuba, y uno se pregunta, ¿todo esto es referido a Cuba o será el país de sus sueños, el país que él quisiera erigir pero que no puede?

Ante todo este rosario de "ventajas", de "bonanza", de "holgura de todo tipo", los dirigentes que lo acompañan, lo escuchan en esa perodota de infinitas mentiras y deseos que solo subyacen en su mente senil, frustrada y desquiciada, y nadie le ha dicho, ni se atreve a decir algo, ni en el momento, ni después, y los que alguna vez osaron decirle algo sobre errores cometidos, en forma sana, en forma constructiva, no han sobrevivido, han tenido un accidente automovilístico fatal en sus vehículos que se movían a una moderada velocidad de 45 km/h o han desaparecido de la luz pública, sin que necesariamente esta desaparición implique la muerte, no en todos los casos se utiliza procedimiento tan drástico porque aunque no se crea la dictadura tiene un jefe muy inteligente, esa es una de las razones para sobrevivir tanto tiempo, y no se auto incinera tan a la ligera, no, no, eso no es así, tiene que haber un control sobre las barbaridades que se cometen.

En Cuba no hay libertad de expresión porque los escritores que no están con la Rev., así sean excelentes escritores, si no han dicho: "gracias Fidel, tú eres mi hombre", entonces están en contra de él y de la Revolución, y eso no se hace, lo enseñó el oso Prudencio, no pases aunque este puesta la luz roja, porque con FCR siempre existe el peligro de que te mueras sin saber por qué, ni cómo; en el sistema fidelista, la falta de expresión libre sobre los sucesos políticos y sociales que acontecen en la nación son la fuente generadora del miedo que la Rev. ha sabido administrar muy bien y sacarle partido confundiéndolo con falso amor a la misma.

Ese miedo a la fuerza destructora de la Rev. se fue creando en la población desde los primeros días de la misma en el poder, primero le fueron arriba a los que habían cometido crímenes, así fueran de menor cuantía, había que ajusticiarlos y en ese derrotero ajusticiaron a cientos de personas sin que se dictara prisión en casos en que no era necesaria la pena de muerte, parecía que no había cárceles en Cuba; después o al unísono FCR arremetió contra sus propios compañeros de lucha y por lo menos en el año 59, entre "accidentes" aéreos provocados, fusilamientos, desaparecidos, "suicidios", etc. el fidelismo se deshizo de por lo menos 17 comandantes, por lo menos, todo esto en el año del triunfo, en 1959. La turba populachera enarboló en la época un lemita muy fidelista, este decía: "Fidel sacude la mata y déjale un gajo a Raúl", lo cual era referido a los fusilamientos, vea como se hacía al pueblo partícipe de los ajusticiamiento-crímenes liderados por los tres inquisidores: Che, Fidel y Raúl.

Como toda época revolucionaria se ha caracterizado por una música, por un grupo, por un himno, un autor; hay que recordar que en esos primeros años de Rev. ese roll lo desempeñó el Cantor de la Rev., Carlos Puebla y de los tantos temas políticos apoyando al proceso hubo uno que irradiaba respeto, más que eso, temor, terror a los que llegaran a pensar o a actuar en contra de la rev., mírense algunas de las coplas:

Al que asome la cabeza duro con él, Fidel, duro con él / Quien piense seguir aquí conspirando a todo tren, que recuerde por su bien que el paredón sigue ahí / Y para la gusanera ni una solitaria toalla, metralla mucha metralla para la conspiradora. (Duro con él).

La letra lo dice todo por sí sola. Esto era un mensaje sobrentendido hacia la población: dale duro, metralla mucha metralla y el paredón esta ahí.

¿Es posible discrepar, disentir de algo que se ha hecho mal, oyendo esos truenos? Lo que crece es el terror, el pánico y el miedo en la población que tiene que reprimir cualquier inquietud o duda que tenga; esta forma de atemorizar a la población tuvo un punto muy cimero en la Francia de Luis XVI durante la Rev. Francesa, donde se llevaba a la guillotina por las banalidades más simplonas.

Todo esto sembró un sentimiento de miedo-respeto-terror en la población, porque si por cualquier razón se le daba paredón a un ciudadano e incluso a los mismos que lucharon contra la anterior tiranía eran fusilados o se "suicidaban" o morían en condiciones muy raras, entonces poco a poco se fue entronizando el miedo, más que el respeto, el terror, el pánico, más que la admiración y sobre todo el saber que por cualquier cosa la revolución te daba paredón; esta conciencia de miedo-terror-pánico dura hasta nuestros días y es por eso que las personas saben de los problemas por los que atraviesa el país pero no hablan, no dicen algo, evitan responder preguntas en las que tengan que criticar al sistema, usan señas para referirse a algunos miembros de la Rev. en vez de mencionar sus nombres y todo eso es por el miedo que subyace desde los primeros días de la Rev. en el poder; además del compromiso tácito de la población hacia sus dirigentes por todo lo "bueno" que trajeron al principio y que la población no quiere desairarlos.

Entonces, ¿de qué libertad de expresión se puede hablar en un sistema tan cerrado, tan autocrático?; esta en Cuba no existe, porque FCR, a sabiendas de que hay descontento se empeña en decir que el pueblo defiende y ama a su Revolución y que en Cuba no hay oposición, sino contrarrevolucionarios, *"si lo sabré yo, la llamada oposición en Cuba es de menos del 0.002% de la población"*, esto lo expresó en una Mesa Redonda cuando analizaba las medidas a tomar por los efectos del huracán Michelle en nov. del 2001. Parece ser que las más de 11 200 firmas recogidas por el desaparecido Oswaldo Payá en el Proyecto Varela, así como la serie de organizaciones que han ido surgiendo y que expresan su desacuerdo con la hegemonía de un partido único, no son personas opuestas a la dictadura, al parecer ellos no cuenta para FCR.

C-57: La visita del Papa Juan Pablo II a Cuba fue una tremenda oportunidad para poner de manifiesto la hipocresía y la mentira del régimen fidelista, lo falaz del *derecho a la libertad de culto, de religión* que cada cual desee; ese DH en Cuba es una farsa.

Un régimen que se la pasó desde su triunfo diciendo que la religión era el opio de los pueblos, concepto recogido de los más acérrimos defensores de la filosofía marxista-leninista, y entonces ante la visita del Papa Juan Pablo quería llenar las plazas de militantes como para dar a entender la identificación del sistema político y el pueblo con la Rev.

Tal actuación ante la visita papal, así como la permanente conducta con la religión, siempre se han movido por intereses políticos, todo con un trasfondo político, por eso hubo algunos militantes del PCC y de la UJC que no fueron a ninguna de las actividades ofrecidas por el Papa Juan Pablo II, no como nota de ofensa, de agravio o descortesía al ilustre visitante, sino de desacato a las autoridades políticas que le exigían a las personas que querían ser militantes el no poseer creencia religiosa alguna para ser miembro de cualquiera de esas organizaciones y ahora de la noche a la visita Papal eso había cambiado, ¿de qué valores puede hablar FCR y su Rev. que no sea todo una mentira y un juego político del cual él resultaba siempre beneficiado actuando como protagonista único? En todo caso, FCR podía hablar de los **balores revolucionarios** creados dentro del sistema de represión que fundó.

Dictador que prohibió la celebración de nochebuena, pascuas, fin de año, año nuevo por la fallida zafra de 0.1 lb del 1970 y después nunca más las repuso y no las repuso por el componente religioso que estas fechas encerraban y para las cuales el pueblo hacía un esfuerzo por desentenderse de todos los avatares del año para pasarla en familia, festejar y brindar por la vida, pero eso no lo podía permitir el egocentrista que estaba al frente de la isla, porque eso implicaba que la gente no lo iban a tener a él como prioridad en esos días y eso no podía ser, el émulo de Rosafé Signet no tiene que ver nada con lo que se refiera a la familia, tanto la de sus padres de la cual él proviene como la que ha sido creada por él.

Un individuo anti-familiar, que la familia en la que él creció le importaba un **carago**; ¿qué hizo el ICJ=FCR?, pues eliminó todas esas festividades excepto la del 1ero. de ene. porque a esa se le dio un viso de fecha patriótica, la fecha de la victoria, entonces sí podía seguir como festividad, pero con un contenido revolucionario; ante tal muestra de prepotencia fidelista que después de algunos años lucía obsoleta, entonces para congraciarse con la iglesia, él las fue reponiendo poco a poco con las visitas Papales, para que se viera que este régimen fidelista no es opuesto a la iglesia.

Hubo una cantante rockera en Cuba que hizo una canción que desde que se escuchó se sabía que era dirigida al CJ=FCR, miles percibíamos ese mensaje pero éramos incapaces de hacer un comentario sobre esa canción y la realidad que representaba; ella salió del país por algún motivo y se pasó 20 años sin regresar al país; el bis de la canción decía: *"ese hombre está loco"*; cuánta razón tenía, pero se podía decir ese hombre es un egocentrista, un excéntrico, que lo que quiere es que "lo miren" saber que sobre él pesan las miradas de millones de personas que están pendientes de él, así es el Fidel que nunca conocí.

C-58: Como parte del mutismo al que es sometido el pueblo cubano, **el derecho a pensar políticamente** sin ser presionado tiene las mismas limitaciones que el derecho de poderse expresar libremente, o a recibir una información real y verídica, esos derechos en CUBA NO EXISTEN; en la isla nadie se expresa libremente sin que después tenga una consecuencia con la familia o personal, **¡existe terror!**, un terror solapado, donde se hace creer ante el mundo que el ciudadano es libre de expresar su opinión y esa es una gran deformación de la realidad y el que ingenuamente lo dude debe remitirse al discurso bochornoso propio de la época fidelo-feudal, en la que dijo: *"Con la Rev. todo contra la Rev. ningún derecho"*; oído esto queda bien poco por decir en materia de democracia, de libre expresión, en materia de libertad; nada de esto existe en la Cuba donde FCR es dueño y señor; lo otro es una ficción, una fantasía, un mundo de mentiritas, de engaños; el que no baile la suiza al estilo, semejanza y velocidad imprimidos por LHR=FCR, que haga la cruz donde quiere caer.

En la Cuba revolucionaria de FCR, **el derecho a pensar es en una sola vía, en la vía fidelista**, que él eufemísticamente dice que es comunismo;

el que piense distinto anda en problemas; todo el mundo tiene que pensar igualito al jefe, para que los yanquis no nos desunan, no nos dividan **"porque cada vez que nos dividieron nos vencieron"**; esa era parte de la retórica del LHR=CJ=FCR=PM, para mantenernos uniditos en torno a él sin ni chistar.

El terror en Cuba no es ese que se ve, por ejemplo, en algunos países latinoamericanos en que a veces no se sabe si los que actúan son los carteles de la droga o las autoridades del país en forma solapada. En Cuba no aparecen periodistas ultimados de un tiro en la cabeza, o no se lanzan volantes desde avionetas con textos terroristas, o no se tiran cuerpos de personas desde helicópteros u otro cualquier tipo de terror con ese estilo, en Cuba el terror es más atípico, es más refinado, dosificado con inteligencia; es la presión sobre los que tienen opiniones diferentes y que su manifestación básicamente es reprimida con las golpizas propinadas por "el pueblo enardecido defendiendo su Rev." y nunca por las autoridades, porque cuando estas toman parte directamente, se disfrazan de civil y ese es el pueblo enardecido.

¿Qué DH, puede estar refrendado por una sentencia como esa? (*"Con la Rev. todo contra la Rev. ningún derecho"*); el que crea que se puede dar más tripas por un real que ni lo piense, el sr. de las moscas no da para más, no hay matices, ni opciones de colores, es uno solo y no más: verde que te quiero verde, ni amarillo, ni azul ni nada que se parezca, solo una vía; por eso son tantos los que lo odian, el odio hacia su persona se expresa en los 638 intentos de atentados, si es que estos fueran verdades, pero aun no siéndolos, nadie ha recibido semejante baldón; incluso líderes mundiales más importantes que FCR, y no llegaron jamás a algo semejante, ¡qué horror!, ¿por qué será esa persecución implacable?, ¿qué habrá hecho para que lo busquen con tanta saña?, ¿será que habrá comido y bebido y se fue sin pagar?; vaya ud. a saber, nunca se sabe como son esta gente que le gusta apropiarse de lo ajeno y después no quieren pagar; esa es verdaderamente una muy mala maña.

C-59: En Cuba NO existe la división de poderes que hay en la mayoría de los países, donde se pueden distinguir el poder ejecutivo (gobierno), el poder legislativo (el parlamento) y el poder judicial (la Suprema Corte de Justicia y los circuitos y cortes de los distintos territorios) en Cuba existen simulacros de estos poderes, imitaciones de esos poderes, mejor aún, ficciones de esos poderes con los nombres de Gob. Rev. encabezado por el Jefe de Gobierno, está la llamada Asamblea del Poder Popular ("el parlamento"), está el Tribunal Supremo Popular (administrar justicia) y está el Consejo de Estado, todos estos órganos e instituciones aunque en papel representen instituciones diferentes, en la práctica no se cumple, no son diferentes, funcionan como una sola entidad puestas de acuerdo por los mismos objetivos y tareas que responden a los intereses del Partido, que es la fuerza dirigente superior de la sociedad y del Estado cubano, según el Artículo 5 de la Constitución de 1976, todo bajo la batuta directriz del CJ=FCR=LHR=ADR; es decir todas ellas responden a una persona, que es en sí quien administra la justicia, el que gobierna, que es quien le dice a un tribunal con que urgencia hay que trabajar para mandar al cadalso a un reo, a un acusado, que es quien dice si una ley se aprueba o no, es en sí quien decide lo que se hará en cualquiera de las esferas del país.

¡Qué nadie se crea el cuento que la Asamblea del Poder Popular en esas reuniones semestrales aprueba ley alguna!, ellos lo que hacen es correr las comas y ajustar los puntos para que la ley se entienda mejor; ellos, los diputados reunidos en comisiones son como unos revisores de estilo, ellos NO DECIDEN ALGO, NADA, SON UN CERO A LA IZQUIERDA de FCR=LHR=ADR=PCC.

Jamás ninguna de estas instituciones fantoches serán capaces de impugnar, de objetar, de discrepar, de desobedecer algo que emane del único y verdadero poder que existe en Cuba por más de 57 años, ese poder lo ejerce el Benemérito FCR, él decide qué hacer en cada uno de esos cuerpos, él decide cuándo un reo tiene que morir y no el tribunal, los abogados de la defensa más que ser de oficio son de por gusto, eso se ha demostrado en sinnúmero de casos; por eso el DH a **ser protegido por la ley**, es una tremenda mentira, es un pésimo chiste de malísimo gusto, en la isla ese derecho debe ser enunciado como el derecho a ser protegido por Fidel, que es quien de verdad decide y no lo que se supone se haya legislado y nada más evidente que el llamado juicio de los aviadores donde él estuvo en desacuerdo con la sentencia dictada por el tribunal calificado que corrió con el caso y él, él solito nombró a otro tribunal para que repitiera el juicio y sancionara a los aviadores; afortunadamente ninguno de los tres para los que se preveía la pena de muerte llegaron a recibirla; él no quedó del todo satisfecho pero ya no se podía seguir con la letanía de aquel bochornoso suceso.

…Y el que crea que ese deleznable abuso de poder ocurrió en 1959 y que jamás se repetiría u ocurriría otro atropello, que busque lo ocurrido en las causas #1 y #2 de 1989 en los juicios contra los generales Arnaldo Ochoa Sánchez y José Abrahantes Fernández y otros sancionados y si esos casos no le fueran suficiente podría verse el fusilamiento de los tres jóvenes que intentaron llevarse la embarcación "Baraguá", con dos turistas como rehenes y en cuya acción no se derramó ni un ml de sangre y en menos de 11 días la ADR=FCR=LHR=PCEM=PSPCC, decidió que los jóvenes debían morir, incluso después de haber hecho una presentación en su tv y en la que parecía no habría pena de muerte y de repente ¡BAM!, los tres fueron asesinados por órdenes, no del Tribunal Provincial, ni del Supremo, sino por órdenes del mandamás de la isla. El abogado de **por gusto** (no es abogado de oficio, sino de por gusto, para defender nada, ya allí todo esta determinado, así que no hay defensa que valga) en este último caso se quedó atónito ante tal acto de preponderancia y prepotencia fidelista; ¡ahí llegó y paró, se acabó la jurisprudencia y toda lógica imaginable en el derecho de los reos!; ¡tronó el Zeus del Caribe!

Fidel es la ley en Cuba y no los panfletos esos que se aprueban en el llamado "parlamento" que en más de 40 años siempre ha votado que SÍ a todo y por todo, ahí no hay discusión, no hay debates, allí las leyes entran y se aprueban tal vez con alguna modificación insignificante de un error ortográfico, una coma o un punto y seguido o cosa parecida, de manera que este es otro derecho que está en crisis; después el sr. FCR solía decir:

"…a veces nos vemos obligados a tomar decisiones por nuestra cuenta porque los compañeros piensan que tenemos suficiente experiencia y confían en nosotros"

Todo eso era refiriéndose a su persona, si se quiere más modestia, …, que se compre en Modestialandia. Además, nosotros ya no es un pronombre de la primera persona del plural, desde que FCR cambió el YO y lo trocó por el NOSOTROS, que es él solito en ambos casos.

C-60: Hay derechos que por lo vulnerable de su cumplimiento se violan con frecuencia en entidades del Estado y su violación no constituye motivo de asombro, ese es el caso del DH de **recibir un trato justo, respetuoso en las entidades estatales y privadas, sin maltratos, sin torturas, sin vejaciones, sin tratos degradantes a la dignidad del ser humano, que no haya asomo de discriminación por género, color de la piel o por religión, cultura.**

Este derecho es bien cuestionado en las prisiones, no porque las torturas dejen huellas visibles con las que se podría interponer una demanda baldía que nunca se ganaría, sino porque al menos se sabría a ciencia cierta que hay maltrato en las prisiones, que tal vez no sea en todas, pero de las oficinas y prisión de Villa Marista y del otro antro que es 100 y Aldabó no hay dudas de que algo violatorio hace el régimen que las personas no es solo que hablen y delaten como cotorras, sino que el estado en que salen del lugar, es tremebundo, deplorable.

Y se sabe que Fidel no es confiable, no dice la verdad cuando de defender su sistema se trata; él se hartaba de que en el régimen JAMÁS se había torturado a un preso y decía:

"Emplazo a que nuestros enemigos puedan mostrar uno, uno solo al menos que dé fe de las calumnias y acusaciones que en ese terreno le hacen a la Revolución más generosa con el adversario que haya existido".

Después que CJ=FCR=MLR, dijo semejante improperio la nariz automáticamente le empezó a crecer y sobrepasó una vez más las dimensiones de la de Pinocho, otra vez este se enojaría con el ICJ=FCR que no cumplía la palabra empeñada a Pinocho de no decir otras mentiras a fin de que la nariz de este siguiera siendo la mayor del mundo; para detener el crecimiento de la de FCR=MLR, este tuvo que operársela por vigésimo sexta ocasión; después de esta cirugía Pinocho recuperó su añorado primer lugar por encima del Invicto; pero el tiempo se encargaría de otras discusiones de Pinocho por los reiterados incumplimientos de Fidel que a toda costa quería también tener la mayor nariz del mundo como símbolo de ser el mayor mentiroso de la humanidad.

Los que han estado en las diferentes prisiones juran que han sido torturados, vejados, maltratados, sin importarles derecho alguno, mientras que FCR jura en forma enfática, amenazante, vehemente, ¡que jamás ha habido un asesinato, una tortura, una conducta impropia contra un preso!, en ni sabe cuántos años. ¿Cómo rebatir semejante mentira del LHR?, úsese sus propios discursos y planteamientos en los que desde los primeros momentos del triunfo ha estado mintiendo, ¿lo haría distinto ahora, que trata de dar fe de la "acrisolada" conducta de su régimen para con los presos?, ni pensarlo.

Pero además, fue este FCR, siendo jefe de los guerrilleros en la Sierra Maestra, quien autorizó el fusilamiento de un hombre porque este había rascabuchado a una mujer, esto dicho de su propia boca, no que alguien lo contó, sino que fue dicho por el mismísimo FCR ¿se quiere más prueba del irrespeto y trato injusto a un ser humano? Y en todos estos años FCR no ha cambiado un ápice en dirección opuesta en que se refleje el respeto a la vida de sus conciudadanos.

A esta altura de los hechos ya no se le podría preguntar al poeta Heberto Padilla sobre aquellos sucesos que provocaron un escándalo internacional en que famosos escritores de diferentes partes del mundo tuvieron que interceder por la seguridad del artista, u otros tantos escritores u otras personas que guardaron prisión en las cárceles castristas, pero no puede ser real que todos los que se han quejado de malos tratos sean unos vulgares mentirosos y que el único que tenga la "verdad absoluta" sea Fidel, que podría ser apodado además como el Rey de la Mentira. Una cosa sí está clara: el único que tiene todos los medios de prensa del país para que publiquen todo lo que él quiera es FCR=CJ= PSPCC=PCEM=LHR=MLR, ¿con qué medio cuenta un excarcelado, un desafecto a la Rev., un desarropado, un contrarrevolucionario, un gusano, una escoria, un opositor, un periodista independiente para emitir un criterio en Cuba?, saque ud. su cuenta y vea como la definición que FCR le dio a Barbara Walters se ajusta perfectamente con el democastrismo que se vive en la Isla; véase una vez más como prueba irrefutable de lo que es la democastria; ¿se necesita más prueba de lo que es una dictadura?

Solo acotar que la URSS era el espejo en el que Cuba se miró durante muchos años y de uno de sus líderes, Iósef Stalin, nunca se dio a conocer de los crímenes y asesinatos que cometió, incluso estando estos a miles de kilómetros de las costas de la URSS (León Trotsky fue asesinado en México por la expresa orden y voluntad de Stalin, tal vez si guiado por la envidia que siempre le tuvo a este excelente orador); de los juicios sucios que arregló para deshacerse de sus enemigos; se puede decir que FCR es un descendiente de este tipo de política hacia sus enemigos, lo único que es más inteligente.

C-61: ¿Hay LIBERTAD en Cuba?, ¿y tú me lo preguntas?, y mi respuesta rauda y veloz más que Aquiles se precipita, se apresura a salir de mis labios; es evidente que no hacen falta diccionarios si todo está definido y la respuesta es sencilla: NO, claro que NO hay LIBERTAD en Cuba, si la hubiera no se fueran las personas de la isla como si fueran indígenas siguiendo las corrientes de la muerte desde hace más de 58 años.

NO, NO hay libertad porque fue secuestrada y la lanzaron a la calle disfrazada y los eternos neófitos creen que es la libertad y no es ni tan siquiera una versión degenerada de ella; NO hay libertad en Cuba porque solo se puede hablar el lenguaje del Yes Sir, Sí Castros, en ese discurso no es posible decir No Castros, porque los que han osado contradecirlos algunos han pagado con la vida.

NO hay libertad en Cuba, porque al pájaro que la representaba, los Castros les cortaron las alas, y además han amordaz'o su pico para que ni trinar pueda, está sin alas y prácticamente sin pico, este solo para la bazofia que se come en el país.

NO hay libertad en Cuba porque solo hay un partido político al que siempre también hay que decirle Yes, Seguro que Sí; NO hay libertad en Cuba porque los cubanos que nacieron después del '59 solo tienen ONLY ONE WAY, no hay otras opciones que no sean serles fi(d)el a Fidel, como si este engendro fuera un dios.

NO hay libertad en Cuba porque el dueño de las llaves donde se encerró la libertad, dice que *"Cuba es el país más democrático y más libre del mundo"* (N.A.: FCR quiso decir en esa expresión que Cuba es el país más **democastrista** del mundo y con menos posibilidad de que los ciudadanos digan **libremente** lo que piensan y creen). Después de aquellas palabras pronunciadas por el LHR=MLR=CJ=FCR, es evidente que las otras más de 200 naciones del globo terráqueo están equivocadas de todas,

todas, que la libertad se llama Cuba, y ese es el modelo que hay que seguir para hacer las cosas políticamente bien, quien no lo haga así, igualmente está equivocado; pregúntenle a Fidel, él es que más sabe en el mundo de lo que **no es la libertad.**

La libertad fue apuñalada por la espalda como el socialismo europeo, al decir de Fidel; lo único que aquellos que lo asesinaron mejoraron hacia la libertad, los que aquí aún no han podido asesinar, deshacerse del fidelismo como la cosa más mendaz, autocrática y democastrista que existe, están y estarán sufriendo los resultados de no haber tenido éxitos en el empeño de desterrar al fidelismo de la tierra cubana; hasta que no se pueda inscribir en nuestras banderas la expresión "**NO 'stoy contigo Fidel**", no habrá libertad en Cuba.

Esta es una respuesta corta a la pregunta de si hay libertad en Cuba, mientras veo que te dispones a abordar la lancha que aún no sé si es lo suficientemente segura para llevarte a que al menos conozcas la Estatua de la Libertad.

C-62: El fidelismo como fuente teórica que sustenta a la Revolución cubana, es El Arte de hacerle la Vida un yogurt sin azúcar al cubano, hacérsela Infeliz, Imposible, Difícil; .odérsela, Salársela, Resignársela a Vivir en la Miseria, Preñársela de Vicisitudes y Pletórica de Sacrificios Inútiles, de Luchas Inservibles, de Esfuerzos Decisivos Baldíos, de llenarle la Vida a los Cubanos de Sueños y Aspiraciones que nunca se cumplieron ni podrán ser cumplidas, de estándares de vida por encima del de los Estados Unidos y el de Rusia que solo fueron hipótesis-ideas en la mente enferma de Fidel Castro Ruz, de Bahía de La Habana llena de leche cosa que solo el LHR soñó en una noche de orgasmo frustrado, y así, ¡cuántos sueños, cuántas mentiras, cuántas esperanzas y expectativas llenaron las vidas de los cubanitos de adentro!, todas ellas sin medios para hacerse realidad, nacieron truncas, inválidas; hasta que algunos despertamos fuera del claustro fidelano y pudimos ver que la vida es algo más que soñar a lo fidelista, que es como decir soñar a lo pura mierda; todo eso pa' na', por el capricho de un individuo que se le metió entre los cuernos romper con su familia de origen para subyugar a un pueblo, y lo logró, fue tanto el embrujo, que les puso en sus mentes palomita engañosa y todo, fue tanto lo que los embobeció, que después de muchos años aún hay millones de ellos que piensan dolorosamente que el sueño que nunca existió, ni existirá jamás, es posible, les han robado a estos infelices la capacidad de pensar y de poder opinar en un sentido o en otro. Este Mago de Oz les robó a los cubanos, más que su inteligencia natural, el cerebro, los privó de poder pensar, los convirtió en zombis, en masa amorfa, que se mueve al ritmo de la nefasta música tocada por este insípido y desafinado concertista, que no conoce los acordes ni de La Bayamesa, ¿ y entonces, entonces qué?.

El fidelismo es la doctrina de lo imposible, de lo inalcanzable, de la esperanza perdida, de las postergaciones una y otra vez, y su líder, ya muy mayor, aún le sigue haciendo creer a los ciegos que él cegó y que no les dio la verdadera Misión-Operación Milagros y sobre todo a los tarados mentales a los que él les cercenó la masa encefálica y no les da la posibilidad de pensar, que ahora ¡sí vamos pa'rriba kño, cómo no!; si hubiera alguna duda de las premisas planteadas, mire el contenido de la frase dicha a un periodista norteamericano de la Revista The Atlantic: "*El modelo cubano ya no funciona ni siquiera para nosotros*". ¿Por qué no se lo dice cara a cara a su "querido, abnegado y bizarro pueblo"? ¡Qué verdad más dura, amarga y difícil de digerir, a 58 años de un barco que se ha estado hundiendo sin que haya dado fondo aún!, ya va por más de las 20 000 leguas referidas por el escritor francés Julio Verne; y que después de todo este tiempo El Invicto se aparezca con semejante frase de desaliento, ¡a esta hora!). (1 legua = 4.828 km).

¡Qué sí se puede cará!; ¡ahora sí vamos a alcanzar el desarrollo de que les hablé en ene. del '59!, ¿quién dice que todo está perdido?, el que lo diga, está diciendo verdad, pero ¡qué cuide su vida!; de todas formas, tenemos que seguir pa'lante dando muestras de que sí se puede y transmitir a los demás pueblos del mundo que el sueño cubano no es imposible y les dijo en ese 7mo. Congreso del PCC:

"*A nuestros hermanos de América Latina y del mundo debemos trasmitirles que el pueblo cubano vencerá.*"

Kño sí, qué sí, qué sí, qué vengan para que vean lo desvencijado y destartalado que estamos por el fidelismo, transmítanle a nuestros hermanitos que el fidelismo es un enorme tanquero de miasma, ¡y cómo hiede!

Han sido SIETE los congresitos del PCC y ni se sabe cuántos de todo el mazo de organizaciones revolucionarias, y vendrán SIETE congresitos más del PCC y de todo ese aparatoso creado por El Invicto y al final de la jornada la vida no seguirá igual, sino que peor; si no se cree en esta predicción, vivir por ver; ya para ese entonces los que crecimos con la Rev. y creímos en ella, estaremos del lado allá, no en Norteamérica, sino en el más allá y si es cierto que los espíritus sobreviven a la destrucción de la materia, veremos con mucho dolor ¡cómo se ha perdido tanto tiempo sin que hayamos tenido el coraje de decidirnos a morir un día y no a morir cada día un poquito!

Él, FCR, le dijo a su pueblo, cuando lo empezó a vacunar contra la inteligencia para hacerlos bobos al 1000‰, eso fue en los inicios del 1959, él les dijo: *"¡Pa'trás ni para coger impulso!"* y ahora los bobos que él formó no saben cómo frenar la marcha atrás, en retroceso en el mismísimo Everest cuesta debajo de ese tranvía llamado Fidel Castro Ruz.

Y ahí los tiene, porque cuando la mayoría de los pueblos del mundo rompieron con su pasado de miseria, sumisión socialista-comunista y penurias, los cubanos no pudimos, no nos alcanzó el coraje, no lo intentamos siquiera y quedamos varados en Año #1959 e/. Deuda por confiscaciones $26 000 000 000 y Déficit Presupuestario -$26 006 550 000, esa es la dirección donde los cubanos nos encontramos varados.

Si alguna de las cosas que ha dicho el carismático, ecuménico, realista y sabio de verdad, Papa Francisco, en materia de política, es certera y ha sido demostrado en el decursar de estos años es que *"el marxismo es una ideología equivocada"*; esas son palabras de una autoridad que en la trayectoria que ha seguido ha tenido muchísimos más éxitos, aceptación e impacto en grandes masas poblacionales, que los cosechados por FCR, y si el Papa es capaz de llegar a esa conclusión donde se suponía descansara la ideología de la Revolución Cubana, imagínese cualquiera, si el marxismo es una ideología equivocada, ¡qué no será del fidelismo, considerado una derivación decadente del marxismo!

Todos los países que hundieron al Bismarck del Socialismo-Comunismo Europeo, basado en la ideología marxista, a la que aludió el Papa Francisco, han mejorado sustancial y ostensiblemente de acuerdo al desarrollo que anteriormente habían alcanzado; solo quedan embarcados hasta los tuétanos, dos países, de comunismo dictatorial puro, en los que se detentan el poder porque sí, porque a sus gobernantes les da su real gana y voluntad, ellos son, con fanfarrias y todo: Corea del Norte y Cuba.

¡Qué nadie piense que la China, ni que Vietnam son comunistas puros!, los únicos que se mantienen en ese anacronismo, en esa reminiscencia del pasado son los señalados: la Cubita donde los Castros son los dueños y Corea del Norte donde la dinastía de tres generaciones de King tiene a aquel país como la gran basura que nadie puede penetrar, porque hacia fuera no se puede transmitir nada, ¡allí sí es verdad que la rumba es más cerrada que en la misma Cuba, donde esta, la rumba, fue creada!

Mírese, ¡qué casualidad! Corea del Norte y Cuba son AMIGOTES, inseparables. Los norcoreanos tienen una dictadura dinástica desde 1948 formada por King Il-sung que le dio paso al hijo King Jong-il y este a su hijo y nieto de aquel, del primero, y que hora, este tercer eslabón perdido en las relaciones entre las naciones en forma respetuosa y civilizada, King Jong-un, detenta peligrosamente el poder de esa dinastía; ¡eh y véase qué casualidad!, los cubanos también tienen una dinastía desde 1959, en línea horizontal porque el hermano más viejo le cedió el poder al hermanito menos joven y menos capaz; no, no es por nada malo sino para que no se pierde la esencia del fidelismo porque el poder según FCR, "*no se entrega*", según le dijo a los sandinistas cuando estos fueron derrotados en elecciones libres y soberanas y perdieron el poder conquistado por la fuerza de las armas en 1979.

Más casualidades: FCR ama el arma nuclear, cuando en oct. de 1962 tuvo el arma nuclear en sus predios, 42 cohetes nucleares cedidos por la URSS, se sintió el dueño del mundo porque ahora había que contar con él y la posibilidad de soltarle aquellas 42 bestias destructivas a sus enemigos para destruirles el país, y si no se quiere creer baste decir de su reacción de fiera cuando Nikita Krushov le dijo me llevo los coheticos porque bajo tu influencia se puede .oder el mundo, y se los llevó; a Fidel por poco le da un infarto masivo y es famosa la patada de rabia, de impotencia, que al decir del Che, dio contra el piso; FCR lo quería matar, porque lo dejó en cueros, sin poder guapear como él acostumbra; entonces, son o no son peligrosos estos como aquellos dictadores, envidiosos de basura, ellos no buscan conversar, sino la destrucción de lo que los demás tienen porque saben que nunca bajo su régimen nefasto de miseria, censura y egolatría, jamás se podrá alcanzar semejante nivel de desarrollo. ¡Que les parece!

FINAL: ¿En qué lugar del desarrollo se encuentra la sociedad fidelista, después de más de 57 años de fidelismo o castrismo(f)? ¿Qué se ha resuelto en el país con la presencia de una revolución fidelista? No se tiene idea, ¡el país ha registrado un avanceeeeeeeeee, qué para qué contar, algo asombroso!, por más de no se sabe cuántos años teniendo problemas con la vestimenta, con el calzado, con la alimentación, con la transportación, con las llamadas conquistas que fueron creadas dentro de la Rev. como la salud, la educación, con la "gastronomía", con las viviendas, con los valores éticos y morales que atesoraba la sociedad en tiempos de capitalismo no salvaje, sino un capitalismo en desarrollo-tiránico-pobre, esos valores que sufrieron una metamorfosis regresiva deviniendo en **balores revolucionarios**, en fin, con todo, en la isla hay problemas con todo, no hay un dichoso renglón con el que la población más humilde se pueda sentir plenamente satisfecha, realmente no existe ese renglón, ni papel sanitario hay para brindarle a un visitante que ante una imperiosa necesidad necesite usar el retrete; este saldría bien parado si se le puede ofrecer un pedazo del órgano oficial del partido, si no, ya ud. sabe. No comentarios.

En casi todos los renglones de la vida cotidiana se han agravado los problemas; en Cuba antes del '59 había grandes problemas y limitaciones sobre todo para los pobres: había una tasa de analfabetismo del 23%, una mortalidad de un 60‰ (por mil nacidos vivos); un campesinado sin tierras, siendo las mejores de estas, propiedad de la UFC, un desempleo alto en las ciudades, había una mafia en progreso que se apoderaba de la capital de la República y otros males que afectaban a segmentos más pequeños de la población.

Pero la realidad es que con todos estos males los pobres vivían, e iban al médico, no había un sistema de salud como el que vino después con la Rev. pero más menos se vivía, es verdad que los niños en el campo nacían con sus vientres preñados de parásitos que en algunas ocasiones les causaban la muerte, no había programas de vacunas que inmunizara contra 13 enfermedades desde que se nacía, enfermedades con las que los niños no se iban a enfrentar en todas sus vidas, aquello era otra cosa diferente a lo que trajo la Rev. que verdaderamente se ocupó de la educación creando cientos de escuelas con acceso para todos los niños y dando trabajo a cientos de maestros que estaban desempleados; en la salud extendieron los servicios de la misma a los lugares más recónditos, tal como hizo con la educación, y en ambas ramas se creó la posibilidad de estudios para la formación del personal necesario; eso es una verdad irrebatible, que a muchos les pesa, les duele reconocer, pero hija de Dios a pesar de todo.

Al principio la Rev. aseguró en lo posible trabajo para que todos pudieran llevar el llamado sustento a sus casas; ni qué decir de las reformas en la legislación referente a la propiedad de la vivienda, que se la adjudicaban a los pobres que habían estado pagando alquiler de una vivienda más menos decorosa; es verdad que esas viviendas se lograron a costa de arrebatárselas a sus propietarios legítimos y originarios, es verdad que se planeó un desarrollo basado en expropiar a los dueños de sus fábricas, de centros de servicios, de todo, y en definitiva todo ese arsenal se destruyó casi por completo; es verdad que en todos estos años el país lejos de avanzar ha retrocedido en casi todos los aspectos por los que se miden el desarrollo de una nación.

Ese bienestar social nunca se podría medir por el número de revolucionarios, ni por el apego a los principios "fidelistas", ni por el número de cederistas, ni por las horas de trabajo voluntario, ni por la cantidad de ciudadanos que abandonan el país sin una explicación muy convincente para los que no viven dentro, ni por las marchas del pueblo combatiente, ni por los días que se dejan de producir por esas marchas, ni tampoco por la enfermiza idea de que el ciudadano trabajador no tenga dinero disponible a su alcance para lo perentorio y que tenga que vivir pendiente de lo que el estado subsidia, o de lo que el CJ=FCR da cada 45 o 50 años, eso es miseria, pobreza, dependencia política, tampoco podría medirse por el número de ajusticiados como parte de la vendetta política contra los vencidos.

El bienestar social se mide por el confort, la salud, los niveles de educación, por la posibilidad real de empleo y la rentabilidad neta que este produce al trabador, por los medios que se utilizan para la producción de los bienes materiales con que viven los pobladores del país en cuestión, por viviendas fuertes y confortables, por las construcciones, las carreteras, las comunicaciones, y al analizar esos renglones en la isla hay que reconocer que todos ellos retrocedieron en unos cuantos años.

Quien vea solo **la capital** del país, si la conoció en la década de los 50s., de los 60s. y quizás hasta inicios de los 70s. y la compare con lo que ha quedado de la misma, seguro filmaría una película cubana de **Lo que el fidelismo destruyó**, como remake del clásico norteamericano **Gone with the wind** (Lo que el viento se llevó); y en cuanto a carreteras, ni se diga, da pena, solo reinsistir que la construcción de la "flamante" autopista nacional se quedó como en municipal, no llegó en muchos lugares ni a provincial; si personalmente fuera el presidente de los consejos de estados y de ministros, complacería a mis fanes suicidándome, total, sería uno más de los tantos que sospechosamente se han dado, de las muertes sin explicación lógica y coherente, de las personas que han saltado por la ventana del piso 16 del famoso Hotel Riviera se matan ahí y después su cadáver aparece como que había saltado por una ventana de su casa y el cadáver de la misma mujer aparece supuestamente muerta dos veces en dos lugares distintos; ni Sherlock Holmes y Hércules Poirot trabajando juntos hubieran resuelto este super caso.

El suicidio de una persona más, bajo esas condiciones de la Revolución Cubana hubiera sido algo intrascendente, y que Dios nos perdone, un alivio, tal vez para la gente que tanto ha pasado y que no saben cómo quitarse de encima esta carga.

Pero en cuanto al desarrollo del país, apena tanta vociferación y tan pocas nueces, realmente no las hay; pero nuestro sentido del internacionalismo nos dio la posibilidad de enviar a Angola decenas de miles de bolsas de cemento y en Cuba ahora la bolsa cuesta lo que cualquier cubano no puede pagar, ese internacionalismo enfermo como su creador que decía que si para construir en Angola una pista de aviación había que llevar el asfalto desde Cuba, o comprarlo en Portugal, en Europa, donde quiera que fuere, se iba y se compraba y se construía la pista mientras que en Cuba se empezó una Autopista Nacional alrededor de 1968 y nunca se terminó. Alguien puede facilitar una escalera para bajar al mazo de mentiras de la cruz donde han estado desde el 59, es hora que sus cuerpos descansen ya.

Para esa autopista no se podía invertir ni en cemento, ni en asfalto, ni otros insumos, porque era para el país, por eso es que se justifica la aseveración de que FCR, el LHR, el MLR, el ICJ **es candil de la calle y oscuridad de la casa**, él da a cualquier país lo que tiene y lo que no hay en el suyo propio, porque es creído que con haber llevado a cabo el derrocamiento de una dictadura despótica y asesina que precedió a su dictadura castrista ya con ese hecho era suficiente y por ende "los nuevos esclavos de la miseria, los nuevos siervos del perenne agradecimiento" no tenían de qué quejarse, no podían protestar ante esa sumisión; a esa falta de espíritu nos llevó y educó "el pedagogo más retrógrado que ha tenido la nación", ese es el sr. FCR. ¡Qué lo veneren los que aún viven en las sombras y no se dan cuenta, no se han percatado del accionar del dueño del país, en beneficio de otros pueblos y en detrimento del pueblo cubano!

El cubano de a pie suele decir: "no porque los jefes sí viven bien, esos no hacen cola, ni tienen que recondenarse la vida todos los días con el transporte, ni tienen problemas para poner la mesa, etc., etc." y es normal para algunos que eso sea así; nunca, en ningún país, los dirigentes, las primeras figuras van a vivir como lo hace la plebe, el pueblo, eso es lógico que sea así, aunque en Cuba revolucionaria es de esperarse que los dirigentes sean discretos en su estilo de vida.

Principalmente de FCR se ha conocido de la distancia existente en el estilo de vida que practicaba con lo que le pregona e induce al pueblo sobre "una vida austera, sin lujos, sin consumismo", mientras la que él lleva está bien lejos de estar en esas inmediaciones y así se conoce de los suculentos platos de langosta que le prepara a figuras que han venido a entrevistarlo con el fin de producir un libro, o del viaje hecho a la isla Cozumel en el estado Quintana Roo en México en el yate que en aquel momento tenía llamado Pájaro Azul, o de su viaje alrededor del mundo, por gusto, por entretenimiento, cuando salió a una reunión de trabajo en Europa y de ahí fue a un país asiático y no regresó por esa vía sino que siguió hasta llegar a Norteamérica completando un periplo que muy pocos podrían hacer y de todo esto uno se enteraba por su propia voz mientras hacía alusión a lo confortable de los IL-62, que era el tipo de avión que él podía usar en sus salidas al exterior. Él era fiel devoto de: "haz lo que te digo y no lo yo hago".

Al cubano de a pie que se le hable de langosta lo primero que hace es rectificarte diciéndote que se dice Lacoste, porque lo más cerca que él conoce es una marca semejante a ese nombre; y si le intentas aclarar que es un crustáceo familia de los cangrejos, entonces si tienes que llevarlo a universidad para todos para que le den un curso completo de lo que es una langosta, un crustáceo, un artrópodo; es decir la inmensa mayoría de los cubanos no saben, ni han visto nunca una langosta, el que la haya comido ha sido producto del contrabando y por ello usted puede ir preso unos cuantos años.

No es de interés del cubano si el CJ=PCEM=LHR=FCR=ADR come langostas o camarones si por lo menos los cubanos tuvieran acceso con alguna frecuencia a la carne de res, o al pollo, al pescado, pero si a un cubano se le ocurre comprar un pedazo de carne de res en la calle, aparte del riesgo que pueda correr por el estado del producto y la no autenticidad de su procedencia, tanto el que vende como el que compre pueden cumplir unos cuantos años en prisión; hubo momentos que esa sanción podía ser hasta de 25 años de prisión por matar una res así fuera de su propiedad. Tal vez la muerte por homicidio de un ser humano no era penada tan duramente como cuando se mata una res o un caballo para comercializar su carne. ¡Qué horror!

Eso es fidelismo: tú no eres dueño ni de lo tuyo; ¡y qué alguien diga que eso es falso, que no es así!, lo que pasa que Raúl a su toma de poder cambió, no esa referente a las reses y el ganado mayor, pero sí otros engendros anacrónicos instalados por FCR.

Y en cuanto a viajar o darle la vuelta al mundo, por gusto, por hobby, como lo hizo El Invicto, esa era una misión imposible; para salir de Cuba tenía que ser invitado por alguien y ya eso era un problema porque los cubanos que salen a cualquier lugar del planeta, lo primero que están pensando es en ver cómo se quedan, así sea en Haití, o en cualquier cayo o islote, el caso es salir de la Cuba castroniana, para por lo menos poder respirar otro aire que no sea el del "paraíso fidelano".

En cuanto a la tenencia de yates u otros vehículos, eso es otra misión imposible de las tantas que se viven en la Isla, los medios motorizados de transporte por tierra o mar son muy controlados por el estado, por eso es difícil que haya cubano que posea un yate, a lo mejor lo hay, pero ese puede ser solo el CJ=FCR, porque cubano que tenga, no un yate, sino un barquito de papel lo primero que hace es irse de la Isla hasta donde le dé el combustible y después queda a la deriva en espera que alguien lo rescate.

Cuba podría llamarse muy bien la Isla de los Absurdos, de la Unicidad, o de los Anacronismos, o de todo lo que la haga diferente del resto de las naciones del mundo, pero no diferente en cuanto a avances, sino en cuanto acciones retrógradas, anacrónicas, obsoletas.

Entonces se puede apreciar en estos aspectos (salud, alimentación y educación) de los que el CJ se vanagloriaba en una comparecencia televisiva, cómo es que los cubanos de abajo lo viven, en penurias, con miles de vicisitudes cada día para poder llevar algo de alimento a la familia, para ir a trabajar, para vestir, para todo, para todo, para ir a un evento de diversión, de entretenimiento, en Cuba fidelana se pasa trabajo para todo, hasta para hacer sus necesidades biológicas más perentorias, es más, hasta para morirse se pasa trabajo en Cuba, al extremo que usted le dice a la mujer de la guadaña, la muerte: "anda chica ven a buscarme por favor" y ella le responde: "tú estás loco y después cómo salgo contigo hecho cadáver de allá, no mejor te dejo para otro momento", es así aunque no se crea y mientras tanto su Majestad Fidel hace alardes de las cosas que solo él puede disfrutar en su isla de él; ¡así cualquiera, veeeea!

Las nuevas generaciones de cubanos no han aprendido del todo que la generosidad fidelana ha sumido a la nación en la época de las cavernas, él y su internacionalismo a toda ultranza, ese que un día un pintor latino llevó al lienzo magnificando y poniendo sus manos por delante, quizás para significar que es un dadivoso de lo que tiene y de lo que no tiene, no importa, es el pueblo quien se afecta y no él; un país ex productor de azúcar de caña y desde que se puso la libretica de racionamiento nos la pusieron en ella y después para ser solidario donamos una libra a un país latinoamericano cuando había un presidente amiguito de FCR y esa librita que nos quitó Fidel el Magnánimo, nunca la regresó al pueblo, incluso cuando este presidente fue asesinado tras un golpetazo de estado y con cuyo gobierno ya no había relaciones de ningún tipo.

Si se comparan los niveles de vehículos que había en Cuba antes del '59, el número de equipos de televisión por familias, con los que actualmente hay en el país, de seguro que llorarás, las edificaciones de aquella época, algo que se puede ver en películas de la época, las fábricas, las producciones agroindustrial, etc., se verá que la nación no avanzó en los años de Rev., eso es mentira, no ha progresado, y si lo ha hecho, si ha progresado, ha sido al estilo del fidelismo, a la inversa, pa'trás como el cangrejo, o como la cola de la vaca: pa'bajo.

Este señor tan modesto decía en una de sus millonarias intervenciones que en el mundo existía la tendencia a individualizarlo todo y que a él le achacaban los ¡¿éxitos?! que se habían obtenido en Cuba como cosa personal y que eso no era así que los éxitos habían sido obtenidos por el pueblo y no por su esfuerzo personal, que a él más bien le gustaba que le achacaran los reveses y no las victorias y éxitos. Ay Dios mío perdónanos, él no sabe lo que dice y nos está embarcando a todos. ¡Éxitos!, chchchchch, ¿de qué éxitos habla este señor?, ¿de los que se obtuvieron en salud y educación en los primeros años de su revolución?, de eso ya ni me acuerdo porque desde allá hasta acá ha llovido tanto que sombras nada más es lo que queda entre la ficción que se tiene ahora y la realidad de ese ayer de casi 60 abriles.

FCR concibe el desarrollo en la mente de las personas, teniéndolo a él como paradigma, pero en el mundo material que se viva en el entorno fidelista, el desarrollo se expresa en el uso de cocinita eléctrica de una sola hornilla apodada 'tubo de desodorante', de carretones de caballo como transporte en varias ciudades y pueblos de la isla, Polski, Aurikas por lavadoras, Krim y Caribes por televisores, ventiladores ensamblados en la isla sin careta protectora, con motor de lavadora Aurika, con disco de freno de carros soviéticos como base y sin interruptor para encender o apagarlo, este artefacto-engendro-asesino se ponía a trabajar impulsando el aspa asesina con el dedo; ah, y nada de propaganda comercial, ¿para qué?, ¿qué hay en Cuba que se pueda publicar, propagar que no sea política y más política? Así es como el señor concibe el desarrollo y los estándares de vida por encima de los EUA y de Rusia.

Lo último que se conoció en cuanto adeudos del régimen cubano para las personas que expropió, o para los que sufrieron perjuicios por el uso indebido de marcas y nombres, fueron las demandas establecidas contra FCR, por el desodorante (sin marca o nombre reconocido que lejos de atenuar el olor a sudor lo acrecentaba), el nácar (jabón de tocador) y la perla (pasta dental), todos estos de producción nacional revolucionaria; esa demanda fue establecida por el desprestigio causado a esos nombres que fueron usados en tres antimaterias creadas por la Revolución. ¿Representan estos cuerpos extraños evolución o involución? Saque ud. sus propias conclusiones.

Cuba es un país que no ha tenido ni lo imprescindible para darle a la población en más de 55 años y ha dado a varios países del mundo lo que nos ha hecho falta para vivir malamente, argumentando la condición de internacionalismo que solo practicó la Cuba de FCR hacia afuera pero nunca hacia adentro. FCR en una de sus acepciones significa Santoma todo lo que en el país hace falta, y ese nombre de FCR es antónimo de Sandame todo lo que el pueblo cubano necesita y no lo tiene para vivir malamente y que en este período revolucionario no ha sido facilitado al pueblo.

Un país que lo envía todo al exterior, guerras, soldados, tanques de guerra, avituallamiento, logística, de todo, azúcar, café, médicos, maestros, enfermeros y otros técnicos, de todo, hasta el pan nuestro de cada día, es decir "el toma uno", y por estos servicios el país no recibe por lo general pago alguno de los gobiernos a los que exporta mano de obra barata y cuando recibe algún pago y los gobernantes vienen a ver al Espléndido y Bondadoso, Al Toma Todo y le dicen: "mire Cmdte. no podemos pagar por los servicios que le está dando a nuestro país", (por cierto, bien baraticos, nada de tarifas o cantidades abusivas o exorbitantes, sin lugar a dudas la asistencia técnica más BARATA DEL MUNDO, esa es la cubana) entonces el LHR=FCR le dice: "ok, no pagues nada, te seguiremos dando el servicio de forma gratuita", ¿qué le parece?

Pocos años después la hija de ese presidente-dictador, el cual le había pedido a FCR no pagar la miseria que debía pagarle al pueblo cubano por los servicios civiles que el CJ=FCR=ADR brindaba a ese país africano en guerra; la hija de ese presidente apareció como la mujer más rica de toda África y su padre, Jose Eduardo dos Santos, el presidente angolano, el que no podía pagar la deuda, según había dicho FCR, ha permanecido en el poder de aquel país por más de 27 años y eso que no tenía dinero para pagar la miseria por los servicios recibidos; allí el pueblo cubano dejó la vida de más de 2000 de sus hijos. No es fácil de entender tal acertijo, pero bueno, ¿qué se va a hacer? Gracias Fidel.

¿En qué forma el Estado cubano puede recibir algún beneficio de eso que los gobernantes cubanos llaman colaboración? (y que no es el internacionalismo fidelista de regalar las cosas). ¡Ah pues mire ud., mediante el salario que se supone reciben los colaboradores que Cuba envía a países que solicitan ayuda técnica u otros servicios!; de ese salario que esos países les pagan a los colaboradores, el bueno del gobierno cubano se apropia aproximadamente de entre el 55 y 60%, ¿qué les parece?, esto se hace entre otras cosas para que esos colaboradores no se vayan a "volver ricos", que es la lucha de FCR para que todos los cubanos dentro de la isla, su isla, tengan semejantes niveles de pobreza, de indigencia y sobre todo de dependencia del gobierno.

El apropiarse de parte del salario de los colaboradores, no solo impide que estos colaboradores, que son manejados por el estado-gobierno cubano se vayan a enriquecer, sino también que se considera como el 'diezmo' que se retribuye al gobierno con el cual se agradece la oportunidad dada de salir a trabajar al exterior bajo la tutela del estado-gobierno cubano; pero además el país en cuestión paga en su moneda, sea cual fuere, pero los colaboradores solo tienen acceso a una parte ínfima para los gastos de comida y renta, el resto del estipendio los colaboradores lo reciben en Cuba cuando van de vacaciones o al terminar el período previsto del contrato; ¿eh y por qué?, ah bueno mire, así los colaboradores se ven obligados a regresar a su tierra natal, sin que muchos puedan pensar en quedarse en cualquier otro lugar.

El otro hecho importante es que se evita que los colaboradores hagan esas grandes compras para la familia porque si no esa familia se pierde en la abundancia, se vuelve una familia consumista abandonando así la condición de *con-su-misma(o)* a la que se ha visto obligada por la carencia material en la isla; y eso no le gusta al CJ=FCR, que prefiere una sociedad austera, anticonsumista, que no gaste, así ciertas partes del cuerpo cogerán telas de araña, porque la política económica de Castro es ahorrar a toda costa, sin consumir, para que se le dé el desarrollo en su isla de él y ni aun así saca a la isla del ostracismo a donde la ha llevado.

Las compras que un colaborador puede hacer en el país donde brinda su colaboración las hace ahorrando de la exigua pecunia que recibe, estriñéndose a lo máximo para comprar todo lo que puede en ese país donde está y no en Cuba por lo cara que son las mercancías en la isla, pero además por la poca variedad y la poca calidad de las mismas.

Ahora díganle a Castro(f) que niegue esas verdades, ¡qué diga que son mentiras!, ¡qué son campañas contra la "sagrada familia revolucionaria"!, ¡qué diga que son injurias, calumnias, **patrañas del enemigo**, ¡qué lo diga, si tiene lo que tenía que tener: coraje para asumir el gran descalabro que nunca ha querido admitir!

Es así como se manejan las pecunias de los que salen a cumplir misión no internacionalista, sino de colaboración, es esta forma descarada de manejar lo que cada cual devenga en un contrato de trabajo por colaboración para que estos trabajadores no se vayan a "volver ricos"; ese ha sido el desvelo, el insomnio, la pesadilla de Fidel Castro Ruz, desde 1961 cuando se desarrolló el canje monetario para quebrar la columna vertebral de la exigua burguesía que quedaba en la nación, congelándoles en bancos las cantidades hasta los $10 000 a todas las personas que cambiaban esa cantidad y de ese dinero podían extraer solo $100.00 por mes, además el exceso sobre $10 000 fue decomisado, no reconocido, se acabaron los ricos en Yateras, ahora el único rico sería FCR.

Véase bien lo que esto representaba para el que tenía dinero; si alguien tenía medio millón de pesos en el banco, se decomisaban $490 000.00 y los $10 000.00 que se canjeaban se dejaban depositados en una cuenta en el banco y el dueño podía extraer $100.00 mensuales, exactamente 8 años y 4 meses para sacar ese dinero porque a FCR le daba su gana-cubana que exhalaba por **sus pulmones**.

¿Qué son $100.00 para personas que gastaban esa cantidad tal vez en un día?; pero además por qué FCR tenía que administrar el dinero de los demás, o de lo que quedó de los ricos, en esa forma; véase el espíritu revanchista de afectar a la clase adinerada por todas las vías posibles, pero además el hábito de administrar el dinero ajeno se mantiene presente cuando los colaboradores no pueden disponer de su dinero donde ellos quieran sino que el estado le regula dónde hacerlo; pues bien, aquellos vientos fidelistas trajeron nuevas moralejas para estos tiempos.

¿Qué ha pasado?, pues en el 2013 se anunció se haría otro canje de dinero, (como si eso sirviera para arreglar los desniveles y trastornos de la economía fidelista, perdón, de la ¡eh!konomíatuya; en esta ocasión el propósito era la de eliminar la dualidad monetaria, puesto que al parecer es la única nación del mundo en que circulan dos monedas nacionales, una falsa con la que se paga a los trabajadores por la labor que hacen, y otra efectiva, válida, verdadera, con valor de verdad, que no está al alcance de los que trabajan, pero que es en la que se venden muchísimos de los productos y servicios que se necesitan para vivir como personas, baste decir que si un ingeniero o médico tiene un salario de $1000.00 CPC al mes, salario que es muy difícil tenga el 95 o 96% de la población, pues ese salario de $1 000 CPC = $40.00 CUC, este cambio se hace sin la venia del CJ=FCR, que no le gusta, que critica fuertemente se haga este tipo de conversión en el país; las cosas tienen que ser como él diga, como a él le gusta se hagan las cosas y no como verdaderamente son.

¿Cuáles fueron las consecuencias del canje del '61 y las limitaciones impuestas a las cantidades depositadas en bancos en aquellos tiempos?

Pues ante el anuncio del nuevo canje los cubanos que tenían algún dinero en los bancos en estos tiempos (años 2014-16), con independencia de que el estado revolucionario-apropiador de lo que no es suyo, ofertador de miseria, ese mismo estado que había jurado, rejurado y recontrajurado, que ahora las cantidades en banco serían respetadas íntegramente, que no se afectarían, pero la población que ya sabía de la Ofensiva Revolucionaria traicionera del 1968 y de cómo los dueños de negocios y propiedades lo perdieron todo porque al señor de las moscas, FCR, lo quería todo para él, para él solito y para nadie más, ese FCR que hizo lo mismo que Gorbachov, que puso el intermitente izquierdo y de buenas a primera dio un giro brusco hacia la derecho y dejó al fidelismo de Fidel colgando de un hilito, pues ese pueblo más acostumbrado a lidiar con este personaje solapado y traidorzuelo, dijo: "no, ¡qué bah Fidelito!, tú no nos vas a coger para tus cosas"; había dinero y cama, pero no pa' tanta gente y a este convite de canje para eliminar la doble circulación no se le podía permitir al Mago de Oz que hiciera de la suyas como en el '61 (canje monetario) y en '68 (la nefasta ofensiva revolucionaria); ¡de eso nada!, no más fideladas que hacen daño y acaban con los ahorros de la gente que tiene algún dinerito.

La población en esta ocasión no le tuvo confianza alguna a lo expresado por las autoridades y dijeron: "ahora tú va' a ver lo que va a pasar, ahora tú verás; a mí no me van a coger a mis aviones y otras naves aéreas en tierra", ¿y qué hicieron los depositantes de dinero en los bancos?; los echaron al vuelo, empezaron a sacar dinero y aunque en enero del 2016 no se tenía una cifra exacta de cómo se habían movido esos capitales y hacia dónde (se afirma que fueron a parar a las casas de los dueños), lo cierto es que los pocos que lo tenían, no pueden haber sido muchos, dejaron las arcas con una fortísima baja.

Más de tres años, 2013-14-15-16 y de canje nada, posiblemente llegue el 2017 y el gobierno-estado-partido-Fidel-Raúl no tengan nada listo para el canje, de canje nada, al paso que van las cosas los billetes les van a coger traza en los cajones donde los tienen guardados, se les van a echar perder, todo eso por mala entraña que son los Castros; van tener que hacer una sopa de billetes nuevos para que al menos lo puedan aprovechar en algo.

Esa dualidad monetaria fue la que implantó FCR en 1994, porque había que buscar una forma de que los yanquis no bloquearan donde quiera que se iba a hacer una operación de compra y venta de nuestras producciones o de la adquisición de mercancías y cuyo pago tenía que ser en divisas; el CJ no encontró otra forma de burlar la persecución económica y le puso al país esa camisa de fuerza que no ha podido ser removida desde que se intenta salirse de ella, por lo difícil y los trastornos que causa a la ¡eh!konomíatuya en todo los terrenos, tanto para llevar a cabo una inversión del extranjero, como los consabidos contratiempos internos con un cambio brutalmente desigual que perjudica a la población trabajadora y en sí a toda la población.

La gente no CONFÍA en la posibilidad de que se respete, aun cuando es Raúl Castro Ruz el que está "al frente del país", las cantidades en los bancos, porque el fantasma que se burló de aquellos cubanos que tenían su dinero en los bancos en 1961, ese fantasma está ahí todavía, está escondido detrás del trono y puede tirar otro zarpazo; por eso los cubanos de estos tiempos no quisieron correr riesgos y pusieron su capital a volar; resultado: el canje que se esperaba hacer en el 2015, y que desde el 2013 se planeó, aún en 2016 estaba en espera de llevarse a cabo y no se ha dicho una palabra.

A todas estas con el dinero nuevo impreso desde hace un buen tiempo guardado en las arcas, pero sin que se ejecute el canje; hay miedo a que FCR=LHR=MLR =ADR, se vuelva a empachar por el hartazgo que cogió con lo que no era suyo. La historia de estos años de Rev. así lo demuestran, FCR es amigo de apropiarse de lo que no es suyo y después todo lo justifica con sus "leyes revolucionarias" que siempre le favorecen.

Obsérvese como cada tarea que se plantea la ADR=PCC=Gob. Rev., si tiene problemas para su cumplimiento, alguien debe responder por ese incumplimiento; no se puede aducir que la sustitución del ministro de economía por segunda vez (en el 2016) se deba a que no ha llevado a cabo el canje de dinero, pero lo cierto es que fue sustituido, y al primero que hay que sustituir por ese descalabro es a FCR, el culpable mayor del descalabro económico cubano y padre en jefe de la ¡eh!konomíatuya, invento 100% fidelista.

Un país que era de los primeros en el mundo en la producción de azúcar y de café, con resultados loables en la producción de viandas, de arroz y otros productos de la agricultura, lo que permitía el autoabastecimiento de la población, pero llegó Fidel y no solo se acabó la diversión, sino que ¡zas! se acabó todo, el Rey Medas non Tedoy, las tocó y desapareció todas esas producciones, no quedó donde amarrar a un mosquito para que pastara.

Años después se apareció con el cuento de dar café sin chícharos, como si fuera una cosa nueva, obra de la Revolución, eso era lo que había tomado la población por años antes de que él llegara a escena para deslumbrarnos y resultó otra más de sus mentiras, lo mismo sucedió con el chocolate, llamado eufemísticamente 'chocolatín' por su majestad, otra mentiraza más, y así siguió insultando lo que quedaba de inteligencia en aquellos que se habían resistido a perderla toda o comprometerla con en el fidelismo.

Cuando FCR lanzó del litro de leche a un centavo de dólar, la gente fue detrás de él como jauría detrás de una presa, pero nadie lo encontraba en lugar alguno, no existía, no era real, era ficticio, era un deseo que nunca fue realidad y él con su arte se lo hizo creer a millones de sus acólitos feligreses; esa fue otra de las más impúdicas y flagrantes mentiras; en fin de este mentiroso enfermizo, irrespetuoso, impúdico, que se insulta, se pone bravo y quiere mandarte a matar cuando dices cosas como estas de su persona; de él no se sabe cuál es el récord de la mentira más grande.

Un país que producía leche que alcanzaba para la población y la desapareció cual ave negra de quitar lo poco que tenía la población, después se apareció diciendo que su sistema produciría tanta leche que se podría llenar la oquedad de la Bahía de La Habana con ella, ¡ay por Dios busquemos a otro mago u otro rey menos fantasioso y que nos haga ver más realidades porque este es un mal farsante, que sube a escena sin estudiarse el libreto, empieza a improvisar lo que se le ocurra y después si te he visto no me acuerdo! ¿Qué tú dices?, ¡Qué yo dije eso!; yo creo que tú estás equivocado porque eso parece ser una Mentira Gigante y yo no las digo tan pequeñas, así que búscale padre a esas mentiras; que yo soy como el periódico que fundé: el "Granma que nunca miente".

En la Cuba anterior al fidelismo se comía carne roja, sin libreta, hoy es totalmente desconocida en muchos hogares y oír que en sus discursos de los 60s. el LHR=CJ=FCR=ADR le daba ajo a morder a los gobernante norteamericanos al decirles que Cuba estaba exportando reses y huevos de aves a Europa; debe decirse que no parecía embriagado cuando hacía esta comparecencia televisiva, no estaba ebrio cuando decía semejantes desafueros, se le veía sobrio dentro del estado de insania-grandeza que permanentemente sufre; por eso es que la ¡eh!konomíatuya de la nación está como está porque por donde pase este tsunami-tifón-huracán, se .ode todo, perdón, perdón, perdón.

Cuba era un país en el que los huevos se recibían sin libreta, la carne se compraba en los comercios sin libreta, los víveres de la canasta básica sin libreta de acuerdo a las posibilidades de cada cual, pero to' el mundo se 'bañaba', bebía de la fuente sin muchos remilgos, todo hasta que llegó quien tú sabes, que puso a todo el mundo a chapear bajito.

Después, ya lo sabéis, todo se nos puso gris con pespuntes negros, qué digo negros, negrísimos; nos iniciábamos en el internacionalismo y éramos un país que desde la URSS recibía todo el petróleo que quería la niña linda de los soviéticos en el Caribe y FCR reexportaba 90 000 toneladas periódicamente que no entraban a Cuba sino que iban directamente a la querida Nicaragua, favores, favores, favores, favores y los cubanos pasando las mil y una escaseces, limitaciones, pero nada, éramos internacionalistas, sin derecho a decir algo sobre esta política loca porque te acusaban de enemigo de la Rev., de agente al servicio de la CIA, de…, de tantas cosas que la persona se acomplejaba y terminaba loca, con alucinaciones, no solo por los electro-shocks que le daban en prisión, sino porque se decía: "yo estoy mal lo que veo con mis ojos no es la realidad, son alucinaciones, estoy delirando".

¡Cuándo se diga que en un país apenas si se puede comprar papel sanitario!, se ha dicho bastante pero no todo, ¡cuándo se diga que en un país el Jefe de Gob.-Partido, tiene que ocuparse de la solución de las juntas de los enseres domésticos, para congraciarse con la población y en particular con las mujeres, y ni aun así aparecen las dichosas juntas, ¿qué es lo que quedaría por decir?

Estas cosas NO se pueden decir sin ser tildado de rata inmunda, escoria y todo ese diccionario ofensivo que se buscó Fidel Castro Ruz para ofender, menoscabar, menospreciar, ultrajar, hacer sentir como un gusano gordo de la tierra al que diga que algo está mal en Cuba, ¡ah si no quieres que se digan estas cosas, kño cambia y haz las cosas bien, usa la democracia y depón la democastria; acaba de retirarte de una vez y por todas a tus habitaciones privadas y no .odas más!, perdón, perdón, perdón. ¡Deja que los otros vivan fuera del fidelismo!

¿Qué les queda, de qué pueden enorgullecerse los cubanos? ¡Ahahah de que tienen un importante destacamento de pioneros en las escuelas hasta la enseñanza media básica que dicen: "pioneros por el comunismo seremos como el Che!", esos pioneritos tampoco creen en el ramillete de mentiras que le enseña la Rev., o bien se pueden enorgullecer de que forman al hombre nuevo que quiere el CJ, sí de eso sí se pueden enorgullecer, hombres llenos de "**balores**" revolucionarios.

Estos son los nuevos hombres que se van del país a exhibir los "**balores**" enseñados por la Rev. a la tierra de los enemigos, los "**balores**" que la Rev. les inculcó, de ser revolucionarios, de ser comunista, de no fallarle nunca a Jesús Cristo, no, mejor dicho: a Fidel Castro, el artífice del castrismo.

Las personas debían ser devotas de FCR, ya que por su accionar en el país esos valores que se aprendían en el seno familiar cuando niños, gracias a la obra revolucionaria se fueron transmutando en los "**balores**" revolucionarios de robar, de no tener una fe religiosa, de mentir al decir sí somos revolucionarios y escaparnos de la isla en el primer chance, de ser unos magníficos simuladores, de denunciar a nuestro vecino por la envidia de no poder vivir como él y engañarnos diciéndonos revolucionarios, de apropiarnos de las cosas de los centros de trabajo si en definitiva no son de nadie y son "de todos", se las quitaron a sus dueños originarios y ahora "son nuestras" por lo tanto se pueden 'llevar-robar' furtivamente, lo que se le antoje a cada cual.

Si no los hay ya, habrá personas que en el futuro se encomienden a San Fidel en vez de a Dios u otros santos y deidades ya conocidos; así de grande ha sido la entronización de la doctrina fidelista y la ingenua idea de que ese sistema resolverá los profundos problemas que se han creado y agudizado con FCR al frente de la isla; no ven que no habrá soluciones, ni a corto, ni a ningún plazo; tiempo al tiempo y veremos lo mierda que está por emanar del fidelismo.

"**Balores**" de no admitir que pueden haber personas que piensen diferentes, que actúen diferentes y no por eso tienen que ir a parar a las UMAP, "**balores**" de que no todo el mundo tiene que ser igual y revolucionario para ser bueno, "**balores**" de golpear inmisericordemente a un vecino o amigo porque quería irse del país, "**balores**" de desidia, de poco interés, de irrespeto a todo, de me da lo mismo total si esto no es mío, de maltrato a los demás y no pasa nada, de ser guapetón contra los vecinos sobre todo si son del norte, de no ser fi(d)eles a los amigos que nos prestan 42 cohetes y después que nos los quitaron pensar en matarlos accidentalmente, más en serio que en broma, "**balores**" de ser ganadores a toda costa sin considerar reglas de cortesía, limpieza y honestidad, sino siendo y actuando como vulgares tramposos; esos son "**balores**" revolucionarios, los de humillar al que no piensa revolucionariamente, "**balores**" que posponen la familia ante las demandas de sistema podrido, distorsionador de todo lo que se había aprendido en el seno familiar, primero era la Rev. y después la Rev. otra vez, la familia no cuenta, esos "**balores**" fueron aprendidos dentro de la Rev., en ella se crearon y fueron enseñados por el pedagogo FCR.

Pero a Dios gracias que hay muchas personas que no creen en esos "**balores**", son esos los que impulsan para irse del país, provocando el éxodo más grande que se haya vivido en la isla en toda su historia, mucho más grande que cuando Batista estaba en el poder asesinando jóvenes, sacando ojos, quebrando testículos, desfigurando jóvenes, acribillando a balazos para mantener un orden que se caía a pedazos, como se cae ahora el sistema fidelista que "**ya no funciona ni siquiera para nosotros**", al decir del propio creador, pero según El Invicto tenemos que seguir ahí de pie al lado de la horca.

No se entiende cómo ahora que no hay gansterismo, ni muertos en las calles, ni en los solares, ahora que no hay desaparecidos, ¡ah sí perdón, al menos existe uno: Camilo Cienfuegos Gorriarán!, ahora que no se sacan las uñas, ni los ojos, "ni se torturan a las personas", ¡oh sí, perdón!, ¿y todos esos presos que se han quejado de ese delito?, bueno pero ¡no se aplica la picana eléctrica en encías y testículos!, y sin que hayan todas estas atrocidades, los cubanos se van, se van de un país en que tienen 'salud', ¿'operación milagros'?, educación, seguridad social y otras "ventajas" y no se sabe por qué se tiran al mar a retar inclemencias del tiempo, a la corriente asesina del Golfo y a tiburones; o buscan otras vías para salir de aquel paraíso fidelano, es algo increíble, ¡esos cubanos deben estar locos como su exlíder y por eso se van para dejarle a él solito la nación!; se calcula que por lo menos el 20% de los cubanos se han ido de la isla. Es muy probable que esa cifra esté por debajo de la realidad, sin que haya cifras a la mano que puedan corroborarlo.

Las cifras que se manejan en los medios de los EUA, no reflejan que los cubanos son los latinos que más emigran, primero que los cubanos están mexicanos, salvadoreños, dominicanos, hondureños, guatemaltecos, y otras nacionalidades; pero es tanto el arrojo y la persistencia en dejarle la isla al CJ y a su séquito, que hace pensar que los cubanos son los que más emigran en busca de, si no la verdadera libertad, al menos una mejor que la disfrutada en el país más democrático del mundo al decir del LHR=CJ=MLR=FCR=PSPCC. Esta es otra de sus impúdicas mentiras y ay del que ose discutirle algo al respecto, ¡qué se despida de la vida! Esta nación cubana se hizo grande ante el mundo y al mismo tiempo criticada por muchos en el mundo, incluso fue incluida en la lista de países que eran promotores del terrorismo, porque en cualquier país aparecía un grupo de militares cubanos participando de la guerra de esos países; hubo islas en el Caribe a las que Cuba le envió armas para crear grupos que hicieran una revolución como la cubana, por la vía armada, menos mal que esos intentos no progresaron, fracasaron y provocó un reguero de armas muy grande en toda esa isla. ¿Qué necesidad tenía Cuba de verse enrolada en un problema de ese tipo?

Ya en el mismo 1959, en junio, FCR dio riendas sueltas al plan contra el tirano-sátrapa-dictador-violador-enfermo mental de la República Dominicana, antes de cumplirse el medio año en el poder revolucionario y a partir de ahí donde quiera que se formaba un grupito de 2 o 3 que querían tumbar al gobierno que había en ese país, ahí estaba FCR y su banda; esa es la verdad, él había devenido en una especie de nuevo Mesías Latinoamericano-africano, una especie brava, de bronca, de armas tomar, de armas entregar para que se forme la guerra, esa es la verdad.

Después de esos intentos con la isla vecina y al pasar los años estos países mantuvieron su sistema político social y ambos establecieron relaciones con Cuba; pero Cuba se convirtió en un país exportador de revoluciones y por esa razón nos buscamos problemas con otros países dentro del continente, al extremo de que cuando empezaron en los 90s. del pasado siglo, las Cumbres Iberoamericanas, los gobernantes latinos casi ninguno era amigo, ni por cortesía, ni por hipocresía, de las autoridades cubanas, ellos llegaban a las reuniones y se interrelacionaban entre sí, pero no mucho o nada con FCR, este hecho de aislamiento se agudizó y hubo fotos de presidentes en las que Fidel estaba en solitario, en la foto, a un lado de la misma, hasta que el extinto presidente de Venezuela llegó a estas reuniones y entonces ya encontró alguien con quien cruzar palabras.

FCR parecía un apestado en esas reuniones, no era digerible, no gustaba, él olfateó este hecho y entonces empezó a mandar a algunas de estas reuniones al sr. Carlos Lage Dávila como representante de Cuba, que tenía una expresión más suave en su rostro y era algo más digerible, no era aquella vetusta figura, nada amigable de facciones muy fuertes, más bien agresivas; quizás y si esa era la apariencia que él quería transmitir y en alguna medida lo lograba.

Sus discusiones en las Iberoamericanas se fueron haciendo frecuentes, así como sus mofas a otros presidentes del área lo que no era bien visto por los demás gobernantes; de manera que nuestro excéntrico representante tuvo que irse enquistando en su isla porque se presencia fuera de la misma en estos eventos era soportable pero no digerible y una muestra de ello lo constituye que los asesinos atrapados en el intento de asesinato al CJ=FCR en la Cumbre del 2000 en Panamá, fueron puestos en libertad una vez que la presidenta, bajo la cual se dio el delito dejó el poder, ella puso en libertad a los delincuentes, ¡que les parece!

Al decir en sus discursos, el CJ vaticinaba que el desarrollo era posible, que eran amplias las vías de alcanzar el desarrollo socialista, él se enorgullecía por ejemplo, de que en el sector de la construcción había una de las productividades más grandes del mundo porque los trabajadores estaban trabajando entre 14 y 16 horas, esto sobre todo en los llamados contingentes que fue una "brillante **hidea**" esclavista del cerebro de la Rev. en que los trabajadores dejaban sus casas y vivían en los llamados albergues trabajando largas jornadas a veces el doble de lo reglamentado, sin que se recibiera un pago acorde a tal esfuerzo.

Es cierto que lo devengado era mejor que lo recibido por los que no eran de esta fuerza, pero el salario no les retribuía, ni representaba lo que estos trabajadores habían trabajado; no obstante, el Jefe era del criterio que como se trabajaban todas esas horas había una productividad **muy alta**, y lo más bonito de todo es que nadie le rebatía, al menos no en público, y dudo mucho que en privado alguien lo hiciera; ese es un concepto errado de lo que es la productividad.

Él no consideraba el tiempo empleado en la producción de una obra, ni nada del costo de los materiales en la construcción, para FCR, la productividad estaba dada por el número de horas en la que los obreros de los contingentes se desempeñaban en una labor, un concepto deformado, ese concepto lleva intrínseco parte de lo que se criticaba en el capitalismo en cuanto a la apropiación de la plusvalía, además del tiempo empleado en la terminación de la obra; estos contingentes hacían un trabajo en parte esclavo, por la parte del trabajo que no le pagaban y por otro lado por la cantidad de horas y jornadas que cada cierto tiempo, durante la semana tenían que laborar de gratis, voluntarias.

¡Cuba es el país del mundo en que tal vez más se trabaja gratis, voluntario, sin recibir nada por quien lo realiza, y no se ve el avance!; una verdadera pena, trabaja, trabaja, trabaja y trabaja y el progreso del país ¿dónde está?, ¿y el beneficio personal dónde está? Fíjese que el progreso de la isla es a la inversa, no va pa'lante, ¡no qué bah!, todo lo contrario, pa'tras y pa'tras y más pa'tras.

Ahora mírense las palabras del dictador ante el escape de Alcatraz de miles de cubanos, en dos momentos diferentes:

Primer momento: salida de los grupos de la burguesía que abandonaban el país; en una intervención de marzo del 1963, él dice la célebre expresión referida al permanente sacrificio que la Rev. tiene para los cubanos. Aquí ante estas palabras de "despedida" en que se les decía adiós a los grupos de la burguesía y no burguesía que se marchaban en aquella época; una sola pregunta es suficiente: ¿**sacrificio**, para qué?

Un estudiante se sacrifica para obtener una buena nota, por algo; un médico se sacrifica por aprender un procedimiento quirúrgico nuevo, por algo; un arquitecto se sacrifica en estudiar horas para buscar un diseño que mejore el entorno de la nueva ciudad al tiempo que la hace distinta, por algo; un obrero de una fábrica inventa, crea una pieza que pone a funcionar la maquinaria que llevaba años rota y que incrementa la producción y las condiciones de trabajo, por algo; un maestro-profesor se sacrifica estudiando una vía, un método de cómo llevar los contenidos en forma más efectiva a los estudiantes, por algo; ¿para que se van a sacrificar los cubanos en la sociedad fidelista?, ¿qué mejoras van a obtener?, ¿por amor al arte, y ya?

¡Ahahahah van a elevar la conciencia revolucionaria!, ¡ahahahah el pueblo va a tener una alta conciencia política que le servirá para ampliar su cultura política! ¡ahahahah no van a recibir mejora alguna para sus familias, van a seguir con más hambruna, con más necesidades, con más situaciones inexplicablemente insolubles que antes! ¡Ahahahah vaya pa'el carago FCR y su fidelismo o castrismo, como mejor deseen!

El segundo momento: salida de la 'escoria', los llamados marielitos; hablando sobre ellos en abr. de 1980 FCR dio muestras más que suficiente de que él se sabía ser el dueño del país cuando les expresa a los que se van "no los queremos, no nos hacen falta".

En estas palabras se dice claramente las personas que se pueden quedar en el país, lo está diciendo el jefe político de la nación, y que aquellos que no tienen que ver nada con la Rev. que se vayan, no los queremos aquí, yo soy el dueño de la isla y establezco quien está en ella y quien sobra; si alguien necesita un empujoncito más para entender lo que dijo "el caballo", debe estudiar con detenimiento estas palabras de "despedida a la escoria".

Todo es una mentira cruel, un engaño descomunal, una esclavitud que no incentiva a nadie, una falta de transparencia asombrosa; el castrismo(f) sigue apostando tristemente al desarrollo basado en la propiedad social sobre los medios de producción haciendo ojos ciegos y mente vacía a lo que han vivido durante más de 57 años en que se ha dilapidado la riqueza recibida y expropiada del capitalismo.

FCR, no tiene nada que ver con la propiedad privada, para él esa propiedad era un fantasma que nunca le ha gustado porque no lo ubicaba a él como director-dictador de la sinfónica, no lo ubicaba en el centro del vórtice. Todo lo que hizo siempre fue pensando en cómo sobresalir por encima de todos y de todo; lo que obstruyera ese propósito se sacaba del juego.

NA: como demócrata reclamo que no es obligado coincidir con esas ideas. El concepto del avance económico del país no pasa por los beneficios que proporcionan la relación en la que las materias primas originan una producción de bienes materiales, estos se comercializan en la población o en la forma de comercio que se establezca y el resultado de esas ventas son reinvertidos en otros servicios o en los mismos para que el proceso productivo no se detenga; este proceso nunca le gustó al sr. FCR porque bajo su concepción esto es consumismo, lo que significa una sociedad consumista y no comunista.

Para el CJ=FCR las producciones o mercancías deben hacer una larga estadía en almacenes, en vidrieras, donde las personas las vean, las contemplen, la admiren, las elogien, pero **no las compren**; para FCR las mercancías no se realizan cuando los consumidores las compran, las adquieren, sino cuando están en vidrieras o almacenes por largos años sin que estas entren en relación con los consumidores porque se pueden romper o gastar y habría que volver a producirlas.

Los precios de los carros que se venden en Cuba desde el 2014 ya se sabe que son exorbitantes, son inalcanzables y solo extranjeros que pasen una estadía en la isla, o artistas que hayan amasado una fortuna por su talento, pueden acceder a una de esas joyas con precios como los de carros enchapados en oro o diamantes del mundo árabe; los que se venden en Cuba son tan caros que en los primeros seis meses las ventas fueron irrisorias, eso es lo que le gusta al CJ, que las mercancías estén ahí, que no se vendan porque si se venden se gastan, se rompen y hay que arreglarlos o hacer más y eso a él no le gusta, ¡hay que cuidar lo que se produce!, por eso lo mejor es contemplarlos y no usarlos.

Por estos conceptos contrarios a los que se consideran lógicos en un presidente que tenga mediano interés en el destino económico de su país, el "querido tío-compañero" (así le digo yo también a él familiarmente) FCR=LHR=MLR, tuvo una diferencia hecha pública con el ex mandatario brasileño Luiz Inacio Lula da Silva, cuando este exhortaba a la población de su país a que compraran, que invirtieran en los enseres y artículos que necesitaban, que este proceder ayudaba y estimulaba el despegue económico, esto era lo que Lula proponía a los brasileños a finales de la crisis económica, en el dic. del 2008.

Al CJ=FCR no le gustó este planteamiento hecho por el "amigo" y lo criticó, como él acostumbra a hacer porque esa no era la forma más correcta de salir de la crisis; véase cómo es capaz con su "sabia experiencia" de decirle a otros cómo resolver los mismos problemas que él en su país no ha podido, ni podrá resolver nunca, por el caminito del Guaimaral que lleva.

Una forma de mostrar su altruismo y sentirse bien, orondo, útil e importante lo constituye el hecho cuando una luminaria de los deportes o de otra esfera del quehacer en la isla se le acerca, si es que puede acercársele, y habla sobre la necesidad de un carrito; esto es algo que al JR=FCR=CJ, le encanta, que uno de los talentos deportivos que podrían haberse comprado un carro de verdad, un carro con vergüenza, con lo que hipotéticamente hubiera ganado de haberse ido de la isla, fuera a mendingarle a él un Polski, una ficción de carro, al Rey Medas non Tedoy; eso es lo que a él más le gustaba en los años en que ejercía activamente el poder, ¡vengan pídanme a mí, yo soy quien da!

Es archiconocida la tendencia izquierdista del MLR=LHR=JR=FCR, pues bien, hágase la idea de estar enfrente de una línea recta, ubique en un punto de esa línea, frente al CJ=FCR=MLHR el número cero (0); con la idea de que hacia la derecha los valores numéricos positivos aumentan, después del cero seguirían el 1, 2, 3, 4, etc., (estos números pueden estar precedidos o no del signo +, es decir: +1, +2, +3, etc.) ubique cuantos ud. quiera ubicar, se percatara que en la medida que el valor del # aumenta se va alejando del cero (0), que representa el valor de no tener nada, $0, 0-casa, 0-carro, 0-amigo, 0-valor, 0-ropa, nada, nadita de nada, eso es el cero.

Si se va a la izquierda del cero (0), las cosas son bien distintas, todo lo contrario a lo que ocurre en la parte derecha, aquí mientras más se aleja del cero más pequeño es el valor numérico negativo, no es lo mismo deber $2 que deber $9, por lo tanto a la hora de ubicar esos dos valores en la recta, el menos dos (-$2), estará más cerca del cero (0) que el menos nueve (-$9) que representa una deuda mayor, este está más distante del cero (0), así se tendrá después del cero hacia la izquierda los valores numéricos de -1, -2, -3, -4, -5, -6, -7, -8, -9, -10, … etc. (estos números sí tienen que estar precedidos del signo —).

Estúdiese el ejemplo para que se tenga una idea de dónde está Cuba en estos fatídicos momentos, que ya ni alimentos le puede comprar a las compañías estadounidenses que se los están dando a un precio más que razonable; pues el flamante, el triunfante, el victorioso, el ICJ=FCR=LHR que obtenía victorias militares "con un mínimo de pérdidas", por lo que él mismo se decía mejor estratega que Napoleón Bonaparte (quien a decir verdad nació para el arte de la guerra, aunque Waterloo lo niegue), que tal vez pueda ser cierto, pero por favor ¿dónde está la modestia?

Nuestro Jefe Insigne se paró al frente de una línea como la descrita más arriba, el hecho se produjo el glorioso Primero de Enero del 59, el día considerado como del triunfo, él vio al cero, miró hacia la derecha y se asombró como los valores cuánticos aumentaban, vio y saludó a +1, +5, +120, +570, y así saludó a otros valores, y regresó de nuevo al **punto cero**, lugar donde hace algún tiempo él fijo su humilde casa, y enfrente de cero dijo: "esta es una Revolución de izquierda, nada de derecha" y arrancó a caminar hacia la izquierda seguido por el pueblo que él había seducido, al que él le había eliminado la posibilidad de pensar y le había reducido la inteligencia que tenía, ellos solo podían seguirlo a él, sin emitir criterios nuevos, porque el único autorizado para darlos era él mismo en persona, todos los demás la única opción que tenían era seguirlo y en completo silencio.

Rápidamente saludó a (-1¢, que era el valor del litro de leche que solo estaba en su enfermiza y distorsionada mente). Pasado otro tiempecito saludaba otros valores numéricos (-18, meses prometidos para celebrar elecciones después del triunfo, según él había afirmado, lo que pasó fue que se le olvidó), le siguieron (-28, es el número de veces que Cuba cabía en la extensa ex-URSS de 22 402 200 km², según sus cálculos avanzados, siendo Cuba de 110 860 km² el resultado sería de 202 veces menor), (-15 000, cab. de tierras recuperadas al disecar la Ciénega Zapata como él aspiraba), (-300 000 el número de puercas que le prometió a la población para que produjeran manteca cuando los yanquis nos quitaron la dichosa cuota; las puercas se negaron a prestarse para esa vendetta y nunca se vieron), (-8 000 000, el número de las vacas lecheras y terneras de su delirium tremendus, abrazaron la causa de las puercas, no quisieron prestarse para ese juego), (-10 000 000, millones de ton de azúcar, sin comentarios), y siguió y siguió, y algunos que iban en sentido contrario les decían: "oiga regrese, se va embarcar ud. y su pueblo si siguen por esa vía; mire que ud. no acierta, no adivina una, ¡regresen!", pero él tozudo, contumaz, testarudo, imperturbable, irreverente, seguía y seguía, y seguía, y le respondía a los que les advertían: "¡ah yo sé lo que estoy haciendo hombre!".

El tiempo el implacable, el que pasó, sumó lustros, siguieron pasando los años y llegaron las décadas y otra vez nuevas voces que iban de regreso, en dirección contraria a la que llevaba Cuba, entre ellas la de un tal Mijaíl Gorbachov (eso fue por los noventas, o finales de los ochentas), le decían a él (FCR): "si ud. continua en esa dirección no va a tener como salir de allá, todos nosotros se lo aconsejamos por ud. y por su pueblo para que no sufran más de lo que ya han pasado", pero él tozudo, contumaz, testarudo, rebencú, fruncía el ceño, movía la huesuda quijada y levantaba su índice derecho como para tocar a degüello y seguía imperturbable, irreverente; les decía con voz más apagada y más cadenciosa por el peso de los años, él les respondía a todos los que regresaban: "¡ah yo sé lo que estoy haciendo; hambre!"

Baste decir que ya para esa fecha había consumido tantos pares de tenis Adidas, que eran los que él usaba en sus caminatas, que la firma se los daba regalados; ya entonces no usaba dos Rolex en su mano izquierda como antaño.

Ahora lo buscan con lo que le ha ido quedando de la numerosa población con la que empezó a moverse en el '59 hacia la izquierda, y el lugar donde lo encontraron con algunos **sobrevivientes** fue la intersección determinada por -$26 000 000 000 (deudas de aquella época por propiedades confiscadas y no pagadas, esto en cálculos hiperconservadores) y -$262 000 CUC = -$6 550 000 CPC, (que es el precio de un carro no 0-milla comprado en la isla); en esa esquina marcada con el # -$26 006 550 000 fueron encontrados, allí están varados él y los que fueron sobreviviendo de los millones de cubanos que lo siguieron pensando que por su inteligencia y por ser el ICJ, que obtenía sus victorias con un número mínimo de pérdidas, (en este caso no ha obtenido ninguna victoria y al número de bajas le ronca el merequetén, son millonarias) llegarían victoriosos al desarrollo; deja que N. Bonaparte se entere, le va a decir: *"aaaaalardoso, tú no sabes bailar el cha cha cha"* y el General Clausewitz le va a decir hasta del mal que va a morir.

Ellos, los seguidores, pensaron saldrían a flote siguiendo esa vía con él al frente del destacamento de refuerzo, para ver como hacía realidad que la isla solo cupiera en la inmensa extensión de la otrora URSS 28 veces como él había dicho y no las 202 veces que le decían los cartógrafos. Lo que quedaba de FCR decía que la Geografía y las Matemáticas estaban todas equivocadas y que la cosa era como **él decía**, así que dio órdenes precisas, sin concreto, de romper el globo terrestre y arreglar todos esos errores y ajustar las cifras a los cálculos que "yo les di" y allá se quedó varado esperando el ajuste.

Él piensa seguir pa'lante con la isla atada a su cintura, él dice que "sigo pa'lante, que pa'trás ni pa' coger impulso" y lo doloroso no es solo que él se lo crea, sino lo lastimoso que ha sido para los millones de bobos que fuimos embaucados por tales ideas retrógradas-non-revolucionarias, pensando que este encantador de serpientes nos llevaría hacia el futuro y lo que hizo fue meternos en la época de las cavernas, nos llevó a la prehistoria; si anduvimos prácticamente en taparrabos, poniéndonos las manos delante de nuestras partes pudendas, que ya no se sabe si eran o no pudientes porque "aquello", las cositas de las damas, desgastadas buscando íntimas, y la de los caballeros era un badajo flácido, rastrero; bueno, ¿para qué hablar?, mejor que me calle y que no diga algo.

Allá en esa magnitud negativa estaba FCR con lo que quedaba de la isla, toda destrozada de los trastazos que había dado en ese recorrido; y amigo lector lo que son las cosas, después del desvarete, del destrozo, de la destrucción que formó el ICJ, después de criticar al mismísimo

Bonaparte, al General Clausewitz, a Mazzantín el Torero, al Papa, a la Mama, a su amigo Lula, a Belcebú y a las Doce Mil Vírgenes, a los Estados Unidos, -que él los desunió en su insania mental-, a la Culta Europa, a los Árabes, -por no asistir al seminario impartido por él en persona de "¿Cómo Hacer las Guerras?"-, este fue impartido en el Palacio Presidencial (Palacio de la Revolución después que llegó Fidel, porque se acabó la diversión); pues después de todos esos "después", ¡ah al Presidente Obama por no saber comportarse!, y otros que no son necesario citar, parece ser que su sempiterno archienemigo va a rescatarlo allá donde están, donde el Diablo grita millones de veces y sus voces no llegan, no hay ni eco y mucho menos retorno, imagínese si no hay ni internet, y con ETECSA ni contar, porque aún está en la etapa en que cada vez que se discaba un número la grabación nos decía; "el número que usted ha marcado está equivocado, intente de nuevo".

Allá están en el llamado ojo del 'culo' del mundo; después de todo eso, parece ser que el respetable y carismático líder negro escapado de todos los tradicionalismos y sin rencores fidelistas va por lo que queda de él, pero ya FCR se quejó porque este no se portó bien en una visita que hizo a la isla, sobre la cual El Invicto dijo: *"De cierta forma yo deseaba que la conducta de Obama fuese correcta."*, luego como se puede ver por la afirmación del LHR=FCR, Obama no tuvo buena conducta en su visita a Cuba de acuerdo a las estrictas, rectas y universales reglas de conductas fidelistas; además no les pidió perdón ni a él, ni a los japoneses, ni a los argentinos, ni a los vietnamitas. Esa 'vaina' es la que le gusta a FCR, ver a los grandes inclinándose ante él, como si él fuera alguien.

Para Fidel, el negrito la hizo a la entrada y a la salida, pues hizo en la isla todo lo que le dio su gana-americana, comió en una paladar, dándole una magistral clase de modestia, de sencillez, de humildad (el Presidente Obama se ganó a la población, sin el permiso de las autoridades cubanas, y eso a FCR, no le gusta ni un tantico así) visitó a la 'gusanera', a los cómicos más connotados de la isla, se ganó el respeto, cariño y admiración del pueblo en discursazo de altos quilates pronunciado en el teatro de La Habana, fue a la pelota y le ganó en su propio patio sin que el mago de las trampas pudiera hacer de las suyas, porque de hecho Obama no lo quería al lado suyo, por faltarle clase y moderación, pues todo lo quiere resolver a los trompones, con broncas y malas palabras. Así es Fidel.

Obama obvió al mismísimo Fidel en su país de él, en Cuba, y a él lo tiró a mierda, por eso se portó MUY MAL, esa es la calificación por tal conducta, por eso no le van a dar el glorioso carné del partido al Presidente Norteño. ¡Ah, el Sr. Obama fue a La Habana, con un solo reloj, al parecer bueno, como corresponde, pero uno solo!, es conocido que los especuladores usaban dos Rolex al mismo tiempo en su brazo izquierdo y después no quieren que muchos cubanos sean especuladores, si tienen el ejemplo en el mismísimo CJ=FCR.

Él, Mr. Barack Obama, con un séquito importante de sus colaboradores fue por él y lo que quedó después del diluvio fidelista que ha durado 57 años. ¿Quién lo diría?, vivir para creer y no vivir por vivir. Dígase ud. señor lector, si esto es serio o no, son cosas de locos.

Los cubanos que somos la síntesis del sincretismo religioso y que lo mismo creen en Santa Bárbara, que en San Lázaro, que en la Caridad del Cobre o en la Virgen de Regla, ahora tenemos un motivo mucho más fuerte para creer en los milagros, y como el 17 de dic. del 2014 fue la fecha en que se hicieron públicas las conversaciones sostenidas entre Mr. Barack Obama y el sr. Raúl Castro Ruz, entonces cada 17 de dic. en vez de visitar al Rincón solamente para venerar a San Lázaro, a partir de ahora se irá primero al Latinoamericano porque allí el Presidente Obama pasó unas horas y se aspira que se construya una réplica de Mr. Obama sentado en el palco que él ocupó, para que si le va dar al señor de las moscas, que le dé. Después de visitar ese emblemático lugar entonces se irá al Rincón.

Los tiempos cambian y San Lázaro en el Rincón lleva mucho tiempo recibiendo visitas, así que ahora hay que compartir y priorizar a San Mr. Obama y si acaso después San Lázaro, que Dios nos perdone, pero no queda otro remedio que hacer las cosas como son, primero lo primero.

Moraleja, según solía decir el sabio cubano Jano Momo Men-Voy, con su cotorra en el hombro, él decía: "no te fajes con tus vecinos y menos con el más cercano porque tú no sabes CUÁNDO él va a venir por ti para sacarte las castañas del FUEGO descomunal que tú formaste y ahora no sabes CÓMO apagar y pagar", fueron las palabras de este gran sabio antes de partir de Cuba en un viaje de ida para no volver, se fue sin decir adiós.

La otra Gran Moraleja que se puede obtener en este momento, es que la Revolución, lejos de ser una propela que impulsara a la población a nuevos estadios de mejor vida material y espiritual, en todos los sentidos, no ha llegado, se ha quedado por debajo de las expectativas con las que arribó al poder en ene. del '59, lo primero que hizo fue ensangrentar el camino, algo a lo que se había "opuesto" desde el mismo inicio el JR=FCR.

No se puede obviar las cosas positivas que en algún momento de la historia hubo y que fueron producidas por la Rev., pero desgraciadamente las cosas buenas, las cosas positivas pasan y el ser humano se acostumbra a ellas y las hace cotidianas, pero lo que sí es más difícil de olvidar son las heridas, esas que se quedan de por vida; hágasele a un árbol una marca con un objeto filoso o punzante y esa herida le quedará de por vida, puede que le cicatrice pero la herida estará ahí, aunque no se vea, todo esto a contrapelo de las veces que durante su vida se le regó, se le abonó y se le dieron atenciones para que su crecimiento fuera el mejor.

La Rev. ha venido perdiendo su juego más importante, de acuerdo a los preceptos en que fue encerrada desde su nacimiento; en la vida hipotética los jugadores para los que se hizo el equipo la empezaron a abandonar desde los mismos inicios, pero en la vida real los jugadores que durante años habían permanecido fi(d)eles a los mandamientos-caprichos-desmanes del dueño del país-equipo, también se van; y la derrota en este juego a largo plazo se hará más dolorosa, más traumática en la medida en que los managers quieran alargar el juego; los pobres, ¡cuánta tristeza produce ver que la criatura ha sido malograda!

No se puede decir si es 100% cierto que el árbol que nació torcido pueda o no enderezar su tronco, pero lo que sí parece ser que la Rev. que nació torcida, aunque algunas ramas de ese árbol hayan prodigado sombra, ella, la Rev., jamás podrá ser enderezada, no hay vuelta atrás con ella; su deformación congénita la llevará más tarde o temprano a la muerte; sino vivir por ver.

Su líder se ufana de que esta es una de las revoluciones más justas del mundo, en las que no se cometió desmán alguno al triunfo de la misma porque los vencidos no fueron arrastrados por las calles, que todo fue en un orden perfecto y hay que decir una vez: ¡**mientes Comandante**!, porque lo que sobrevino al triunfo fue aterrador, el revanchismo dura hasta nuestros días, jamás el PCEM=CJ=ADR=FCR, mostró misericordia o piedad con los vencidos y este concepto pasa desde quitarle a los que se iban de la isla sus pertenencias personales hasta no dejarlos entrar a la isla cuando estos u otros regresaban a ver a sus familias contra las que tanto se ha hecho, sobre todo por FCR.

No es verdad que FCR sea martiano, porque además en su ego personal esa vocación implica ceder parte de su orgullo, de su accionar; por eso es que la Rev. no se hizo "con todos y para el bien de todos", como dijera Martí, eso no se cumple en la Rev. fidelista, que es la Rev. "de los humildes, por los humildes y para los humildes" y más bien podría decirse que a esta altura es la Rev. de los miserables, de los desarropados, de los mendigos; en eso ha parado la población, la inmensa mayoría que no tiene ni donde caerse muerta gracias a la dirección del mayor impostor.

Muchas revoluciones impostaras como sus fundadores han caído, sobre todo en la Europa, revoluciones que como la cubana cometieron grandes desmanes, sin embargo, cayeron; hoy se puede decir que quedan unas pocas en pie y otras que se mostraron más inteligentes mutaron y sus poblaciones han experimentado avances en sus estilos de vida, aquellas que se anquilosaron y se mantuvieron enquistadas en sus caparazones recibirán una tarjeta postal con la inscripción: E P D.

GLOSARIO

ACLIFIM.- Asociación Cubana de Limitados Físico–Motores, es una organización social que agrupa a todas las personas que tienen alguna discapacidad física, en el fondo tiene un fuerte componente político.

ADR.- Alta Dirección de la Revolución, es un nombre colectivo, genérico, dado para los que representan los cargos más altos dentro del aparato político-administrativo, pero en la práctica siempre funcionó para representar a una sola persona, a FCR.

ANAP.- Asociación Nacional de Agricultores Pequeños. Organización de masa que agrupa a todos los campesinos del país, como casi todas las organizaciones de masas, el pertenecer a ellas es un acto casi obligatorio. Todos ellos fueron beneficiados por la Revolución desde el triunfo mediante la promulgación de dos leyes de reforma agraria. A sus miembros se les denomina **anapistas**.

ANIR.- Asociación Nacional de Innovadores y Racionalizadores, es una organización de trabajadores que crean, innovan, o tienen iniciativas que ayudan o mejoran los servicios o la producción de bienes. A los miembros se les llama **aniristas**, y es muy difícil que el estado tenga dinero para llevar a cabo muchas de las inventivas que ellos crean, las controlan y cuidan de ellas como un cancerbero, pero no dan nada de dinero a quien tuvo el talento por la creación.

balor(es).- palabra de nueva creación, es un estreno necesario que es la antítesis de lo que se conoce como **valores personales** que fueron enseñados por nuestros padres y van pasando de una a otra generación, estos no, estos son los **balores del fidelismo,** los del culto a la personalidad, los de mentir en beneficio personal y dejar a un amigo arruinado, los de chivatear, etc. Es posible que en otras latitudes existan y que hayan crecido como la verdolaga, pero las deformaciones que se han cultivado dentro del fidelismo, se llaman: **balores fidelistas / revolucionarios.**

bamiersurada.- palabra de nueva creación que reúne los términos mierda más basura para llevar a grado superlativo cuando algo que se ha hecho concita esas dos condiciones; las sílabas de las palabras originales están mezcladas.

BNG.- abreviatura para la Base Naval de Guantánamo.

carago.- palabra de nueva creación, es otro estreno; difiere en una sola letra de su originaria y antecesora, se usa para expresar estados de ánimo, jolgorio, molestar, etc. Sustituyendo la letra *g* se tendrá la palabra original.

caramba / cará.- actúa como interjección para expresar en forma mordaz un estado de ánimo como asombro, admiración, a veces braveza.

CDR.- Comités de Defensa de la Revolución, organización de masa para controlar la vida en los barrios y denunciar a cualquiera que esté haciendo algo que no esté de acuerdo con lo que se propugna por la Rev. Para algunos ciudadanos ya no tiene muy buena reputación porque fisgonea a través de los dirigentes de cuadras y después estos van y le cuentan a la policía política; sus miembros son **cederistas.**

chchch.- sonido onomatopéyico que no se puede representar propiamente con grafemas; este se produce cuando se une la lengua al palatino y se inhala aire con el sonido que este produce con la saliva; se conoce también como "freír un huevo" y es la acción incrédula de cuando le dicen algo a uno y esa noticia no es creíble, la persona puede o suele decir: "chchch no me cojas para tus cosas, no vengas aquí con esa mentira".

chivatería.- acción deleznable para quien la lleva a cabo; es el acto de delatar a un amigo, conocido o familiar o a cualquier persona, que tal vez confió en ud. o simplemente no esperaba tal vileza; este acto durante el batistato era malo porque las fuerzas que luchaban por el poder perdían miembros con este tipo de delación; los revolucionarios ahora que están en el poder lo consideran un acto puro, digno porque es para ayudar y en favor de la Rev.; ser un **chivato**, el realiza un acto de chivatería.

CIA.- Abreviatura en inglés para la Agencia Central de Inteligencia, fuente de espionaje, de inteligencia en cualquier parte del globo terrestre a favor de los Estados Unidos de América.

cínico.- persona que actúa con falsedad, con doblez, que no es diáfana, que no es sincere, que esconde sus verdaderos sentimientos mientras muestra una cara falsa; es la persona que no siente fehacientemente el dolor que él mismo provoca o provocado por otros; sujeto que se comporta con gran desidia ante las desgracias que él provoca y las trata con absoluta ligereza; es un gran y excelente simulador; ej.: FCR en el trato dado a la pérdida de vidas en los hechos que se dieron al hundir las embarcaciones "13 de Marzo" y la "XX Aniversario" y muchas otras acciones en las que él mostró su desprecio por la vida de los demás.

CJ.- Comandante en Jefe de todas las fuerzas militares de la ínsula=FCR.

con-su-misma(o).- vocablo de origen popular formado por las palabras: con + su + misma(o), para indicar cuando una persona o cosa tiene poca variedad en lo que exhibe, en que viste, por ejemplo cuando durante mucho tiempo se usa el mismo pantalón o la misma blusa / camisa o los mismos zapatos, en este caso se suele decir que el individuo vestía con su misma ropa de siempre porque lo más probable es que no tenga otra, esta es una de las "ventajas" heredadas del fidelismo.

corajón.- palabra de nueva creación, estreno necesario; significa coraje grande pero intrínsecamente encierra el significado de los órganos sexuales femeninos / masculinos. Tener corajón significa tenerlos para hacer algo que requiere valor. Ponga el lector un chin de su imaginación para que halle ese significado oculto.

CTC.- Central de Trabajadores de Cuba. Organización de masa que agrupa a todos los sindicatos del país; se supone que cada rama de la economía se organiza en un sindicato y todos y cada uno de ellos están en la casa mayor, en la planta matriz que es la CTC, es un punto importante de sostén de la política de la Rev. Sus dirigentes como en todas las organizaciones de masa son nomenclatura del PCC. Todas ellas responden al PCC y danzan de acuerdo a la música que se genera en la organización política y su director FCR.

democastria(f) / democastrismo(f).- palabras de nueva creación para identificar la corriente filosófica que sustenta a un tipo de gobierno que puede ser monárquico, autocrático, democrático representativo, parlamentario o colegiado. La democastria o democastrismo es un tipo espacial de autocracia en que todos los poderes se concentran en una sola persona que, aunque existe la presencia de los demás órganos de poder y gobierno, estos no hacen nada porque no tienen ningún poder de decisión; la democastria es: el poder jurídico, político, parlamentario, militar, civil, en un solo ser humano llamado Fidel Alejandro Castro Ruz, pero además haciendo creer a los demás que todos los otros poderes existen. La democastria es como decir TODO EN UNO. La (f) entre paréntesis significa Fidel, para indicar que es el creador de esta forma ilusoria de democracia, que no lo es; es lo opuesto de esta, es antónimo y no sinónimo de la democracia.

egocéntrico.- persona que se cree el ombligo del mundo, que solo sus ideas y propuestas son validas sin considerar la de los demás; para este tipo de persona solo es verdad lo que emana de su inteligencia, sea esta alta o pobre; gusta que todas las miradas se centren en su presencia cuando están en un grupo, son amantes a llamar la atención por cualquier vía; alguno de ellos llegaron a usar dos relojes Rolex cuando sus conciudadanos no tenían donde comprar uno de mala muerte; adivina adivinador; ¿quién es el rey del egocentrismo en Cuba?

¡eh!konomíatuya.- palabra de nueva creación; es la ciencia creada para enfrentar el desarrollo a la inversa en la nación cubana en el período fidelista; su creador es FCR; en las otras 201 naciones del mundo se conoce como economía, pero en la Cuba fidelista, por ser única, por ser distintos, se le dio un nuevo nombre y contenido. Se mueve contraria a la economía ya conocida; son diametralmente opuestas, son antónimos, no sinónimos, es decir si la economía crece esta decrece, va hacia abajo; pero si la economía decrece entonces esta sigue decreciendo, pero en forma potencial, más rápida, o sea la nueva ciencia nunca va hacia arriba, siempre hacia abajo. Vea; ¡eh!: significa asombre, sorpresa; **ko**: lo que queda de la verdadera palabra economía y denota asombro; **no**: denota negación, es como decir pa'rriba ni pa' coger impulso; **mía**: representa posesión, pero con la negación delante quiere decir: no mía, sino de otro; **tuya**: posesivo que significa que, si no es mía, es tuya. Por eso en la Cuba fidelista se regala todo a los países que son amigos.

ENA.- Escuela Nacional de Artes, es toda una institución para la enseñanza y aprendizaje de las artes plásticas, danzarías, musicales, escénicas. Se empezó a levantar en lo que fue el Country Club, un predilecto lugar de campos de golf de la burguesía cubana, la que al verse obligada a abandonar el país abrió las puertas para que FCR y el Che, además de jugar golf en esos campos de vez en cuando pensaran en levantar la escuela de arte MÁS GRANDE de TODO el MUNDO (según FCR); se destruyó el campo de golf y su construcción se le encargó a los tres mejores arquitectos que había en la época en la isla, Ricardo Porro, Vittorio Garatti y Roberto Gottardi, que no las terminaron porque entraron en contradicción con FCR, aun en 2016 las llamadas escuelas de arte aún no estaban terminadas, gracias a FCR.

ETECSA o Etecsa.-Empresa Telefónica de Cuba, estatal.

FBI.- Abreviatura en inglés para el Buró Federal de Investigaciones de los Estados Unidos de América, es una agencia de investigación criminal.

FBZ.- Las letras que designan el nombre de Fulgencio Batista y Zaldívar.

FCR.- Las letras que designan el nombre de Fidel Castro Ruz.

fes.- formación económico-social; han sido: la comunidad primitiva, el esclavismo, el feudalismo, el capitalismo (incluyendo al imperialismo, fase superior), el socialismo (incluyendo al comunismo como fase superior) y el fidelismo o castrismo (que no sabe si va antes de la comunidad primitiva o entre esta y el esclavismo).

FEU.- Federación de Estudiantes Universitarios, esta organización estudiantil no fue fundada por la Rev., su propósito era organizar a los estudiantes de ese nivel para en los tiempos de la república mediatizada enfrentar los desmanes de la policía y las autoridades de los regímenes de cada momento; después del triunfo revolucionario fue incluida dentro del staff de organizaciones que apoyan y velan por la Rev. y en este caso controlan la gestión de los estudiantes de ese nivel.

FMC.- Federación de Mujeres Cubana, organización de masa para controlar y "ayudar" la vida de las mujeres en los barrios, en la sociedad en general; juega como su prima hermana un eslabón en la cadena de informar qué hace cada cual en la cuadra donde vive.

guatepeor.- comparación entre dos o más cosas en que una es peor que la otra; ej.: A es mala pero B es guatepeor que A. Es un tipo de comparativo de superioridad popular no registrado y que la voz popular suele usar.

hipón.- tipo de proyección sobre el tatami que se hace en la práctica del yudo.

ICAIC.- Instituto Cubano del Arte y la Industria Cinematográfica, es la institución creada por el Gobierno Revolucionario Cubano para atender lo relativo a la producción cinematográfica y para teniendo el control de la cinematografía que se produce, CENSURAR, cuanta película al régimen no le guste.

INDER.- Instituto Nacional de Deportes, Educación Física y la Recreación, es el organismo estatal que rige la actividad deportiva dentro de la nación cubana, tiene rango de ministerio, se encarga del desarrollo deportivo dentro de la isla, pero además funge como controlador de los deportistas de alto rendimiento para que estos no se les queden fuera del país cuando se va a una competición en el extranjero.

(El) Invicto / ICJ.- Invicto o Invicto Comandante en Jefe, otra de las formas de aupar el egocentrismo de FCR.

Jano Momo Men-Voy.- dos partes en este nombre; Jano Momo, fue un personaje de un espacio televiso en la Cuba de los 80s., representado excelentemente por el actor Severino Puente, quien era famoso por su trabajo en la tv; la otra parte del nombre: Men-Voy se le adjudica cuando el actor se pierde, se va de Cuba. Esta obra lo hizo más popular de lo que era, la obra desbordó su popularidad al extremo que FCR, en una audición solo para militantes del PCC hiciera alusión a este personaje que hacía el actor Severino Puente.

JR.- Jefe de la Revolución, sinónimo de CJ: Comandante en Jefe.

KGB.- Abreviatura en ruso de lo fue la agencia de inteligencia de la Unión Soviética, que ahora sirve a Rusia.

kño.- Apócope de nueva creación; difiere en dos letras de su predecesora original, pero el sonido inicial es semejante a esas dos letras, se usa para expresar estados de ánimo, jolgorio, molestar, para dar fuerza a una expresión. Actúa como una interjección.

LGBTQ.- Esta sigla representa a la comunidad donde se asientan y reconocen los derechos de las personas que son L=lesbianas, G=gay u homosexuales, B=bisexuales T=transgéneros y la Q=cuestionamiento, que el individuo está en proceso de investigación, de determinación de su identidad de género. La comunidad está totalmente en contra de la homofobia que tanto daño ha causado en diversos lugares del mundo, sobre todo aquellas sociedades netamente machistas, que no admiten lo diverso, lo diferente.

LHR.- Líder Histórico de la Revolución, uno de los tantos epítetos para nombrar con altilocuencia a Fidel Castro Ruz.

Mago de Oz.- uno de los sobre nombres dado a FCR, por su arte de prestidigitador además de desprestigiador sobre todo de los que se oponen a él.

mentiroso.- deformador de la realidad, a veces se dice que lo hacen por enfermedad, otros lo hacen por el placer que les produce que las personas los sigan, que crean en él; los políticos son una especie especial de este tipo de anomalía, ellos prometen cosas que saben no podrán cumplir, pero se sienten satisfechos porque han embaucado a millones de personas que los siguen pensando que ellos resolverán los problemas de que hablan; Cuba ha dado grandes deformadores, grandes alucinadores, desde aquellos que tramaron que una palomita se le posara en el hombro, hasta decir que el país produciría tanta leche con 8 000 000 millones de vacas y terneras que con esa leche se podría llenar, hipotéticamente, la oquedad de la Bahía de La Habana, hasta pasar por un litro de leche que costaba menos de 1¢ de dólar y que nunca fue visto en lugar alguno, hasta llegar al mínimo de un vasito, un sencillo y triste vasito de leche por persona, meta también que ha sucumbido y ha devenido en inalcanzable; esos son los políticos que tiene la isla, ellos la quieren tanto que no quieren dejar el poder para no dejarla sola sufriendo la ausencia de sus falacias; son ilusionistas, distorsionadores de lo circundante, prometedores de objetivos y metas inalcanzables solo para ganarse el favor de la gente que los sigue; tienen unas mentes para crear falacias que son dignas de cualquier premio de basura que se instaure; ej.: el LHR=FCR.

microbrigada.- estilo, agrupación para construir usado en Cuba después del triunfo de la Rev. cuando el sector constructor se debilitó y los albañiles, plomeros, electricistas y otras profesiones desaparecieron de la vida laboral del país; fue necesario formar personal para este sector y entonces la Rev. apeló a los sectores donde había personas que necesitaban casas y sin ser constructores los movilizó a esa profesión y así se formaron los microbrigadistas.

MLR.- Máximo Líder de la Revolución Cubana.

Mossad.- cuerpo de inteligencia de Israel; se dice que son altamente efectivos.

N.A..- Nota del Autor.

.oder / .ódete.- apocope de una palabra algo fuerte, búsquese una consonante para encabezarla y se tendrá la palabra que quiere decir que algo se malogró, se estropeó, se destrozó, se arruinó, se fastidió.

Oficoda.- Oficina de Control de Distribución de Alimentos, son las oficinas del registro de consumidores donde de les da de alta o causan bajas las personas en libreta de racionamiento de los víveres; estas altas o bajas en la libreta de cada núcleo familiar tiene lugar cuando fallece un miembro o hay un nacimiento o cuando alguien se muda a la casa donde ya existía la libreta de racionamiento.

OIT.- Organización Internacional del Trabajo, una de las distintas ramas u organismos de las NNUU que se encarga de los asuntos labores, su sede está en la Ciudad de Ginebra, en Suiza; en esta ciudad hay varias sedes de organismos de las ONU, es conocida como la ciudad de la paz y la cultura.

ONU.- Organización de las Naciones Unidas, agrupa a todas las naciones del planeta, su principal sede está en New York City, otras partes importantes del organismo como la UNESCO está en Paris, Francia; la Comisión de DDHH está en Ginebra, Suiza.

Opina.- Publicación en forma de tabloide con anuncios clasificados que se editaba a finales de los 70s. y la primera mitad de los 80s. Se hizo muy popular porque en ella se publicaban los clasificados, por ejemplo, el que quería cambiar una vaca por una chiva porque necesitaba leche de chiva, o la que quería cambiar a un esposo borracho por uno que fuera vanguardia nacional, cosas como esas. Se hizo tan popular que la llevó a la muerte porque en el país se editaban 15 periódicos provinciales y 3 nacionales y esta revista era la cuarta publicación de carácter nacional, pero llegó un momento que las personas preferían la revista al periódico que representaba al órgano del PCC, y eso es muy peligroso por el aspecto ideológico, además a la publicación le hicieron una canción que la lanzó mucho más al estrellato, y en aquella época el cubano vivía pendiente de cuando el OPINA iba a estar en la calle, al extremo que se agotaba antes de salir a la venta y todo esto afectó la permanencia de la publicación que para colmo el tema era interpretado por un cantante extra talla, fuera de serie; para mal de males "surge" de la ya para ya una crisis tremenda de papel y de las 19 publicaciones, la más afectada fue el OPINA, y hubo que cerrarla y firmarle su certificado de muerte. Los otros 15 periódicos provinciales y los 3 nacionales siguieron como si nada porque ya había papel; para ellas nunca hubo crisis de papel, pero el OPINA había llegado muy lejos, había que pararla, tan pronto se cerró el OPINA, se equilibró la existencia de papel para todas las demás publicaciones de carácter ideológico. El OPINA fue nuestra primera y única internet, era la vía para resolver un grupo de problemas sin que el aspecto ideológico estuviera rondándote, merodeándote; por eso la quitaron, no fue por la falta de papel ni na'. Fue un tremendo golpe el que se nos dio el gobierno-estado y el co. FCR con el asesinato del OPINA por la espalda, lo mismo que le pasó al socialismo europeo, que, según Fidel, lo asesinaron por la espalda, eso le hizo el Estado cubano a nuestra revista. EPD.

ORI.- Organizaciones Integradas Revolucionarias, organización política creada en julio1961, se desintegraron en marzo 26 de 1962; agrupó al M-26-7 (Movimiento 26 de Julio) de Fidel Castro, al PSP (Partido Socialista Popular, comunista) dirigido por Blas Roca Calderío y al DR-13-M (Directorio Revolucionario 13 de Marzo) liderado por Faure Chomón Mediavilla; todas las organizaciones que habían participado en el derrocamiento de la tiranía de FBZ y de esta unión surgió como líder FCR. Tenía su temita musical y todo, su bis era: "la ORI, la ORI, la ORI es la candela; no le digan ORI, díganle candela". En aquella época nadie sabía por qué eso de candela y ya después los años se encargaron de abrirnos los ojos, el problema era que FCR, estaba en ella y ese gallo era y es la candela, se quedó él solito jefe de todas esas organizaciones.

PCC.- Partido Comunista de Cuba, vanguardia organizada de la nación cubana, es la fuerza dirigente superior de la sociedad y del Estado, que organiza y orienta los esfuerzos comunes hacía los altos fines de la construcción del socialismo y el avance hacía la sociedad comunista. Única organización política permitida en el país, es llamado el alma de la Revolución, por encima de esta organización no hay nada.

PCEM.- Presidente de los Consejos de Estados y Ministros, representa la más alta autoridad en la vida civil-política de la nación, según FCR, él no es presidente de la República, sino ese cargo designado por esa sigla que es más que presidente.

picadillo de soya.- tipo de comida muy rica y nutritiva difícil de definir y más difícil de ingerir; solo la necesidad del período permanente (también conocido como especial) de escasez en Cuba puede justificar la existencia de tal alimento; el lector que busque un detective y averigüe. Lo asumo como una falta de respeto al ser humano. Fue uno de los inventos creados para enfrentar el período especial, algunos por poco morimos en el intento de ingerir aquella antimateria.

prinsipios fidelistas / revolucionarios.- conjunto de normas, de basamentos en los que se erige o su construye un pensamiento, una conducta, una doctrina; en este caso de la Rev. Cubana esos principios, normas, basamentos han sido torcidos desde su inicio por múltiples razones, por eso en vez de escribírsele como debiera ser escrito, se expresa su deformación, deformando su ortografía.

rebencú.- voz popular para identificar a una persona rebelde, caprichosa, tozudo, contumaz, testarudo, Fidel, terco, intransigente, porfiado, perturbado, intratable, más turbado, recalcitrante, 2 veces fidel, obsesionado, ofuscado.

rebullón.- especie de ave maléfica nombrada en la novela del escritor y político venezolano Rómulo Gallegos Freire; estas aves como parte de la mística de una mujer voluntariosa, posesiva e igualmente bella que cuando quería conseguir algo especialmente hombres mataba un animal y le daba de beber sangre a estas aves que se llamaban rebullón(es). La novela Doña Bárbara, su mandadero y subordinado para este tipo de trabajo sucio de dar a beber sangre a los rebullones era Juan Primito.

RMS.-(Royal Mail Ship / Steam-ship / Steamer).- barco trasatlántico de vapor, encargado del transporte de pasajeros y también de correspondencia de importancia, de valor; algunos de ellos lo fueron el Titanic, Lusitania, Mauretania, Laconia, Prince Arthur, Queen Mary, Aquitania, Campania,

Lucania, Olympic y otros semejantes de la época de los trasatlánticos que reinaron durante el pasado siglo XX.

ronca el merequetén / zumba el merequetén.- expresión de asombro, equivalente a decir ¡qué barbaridad! o ¡qué fenómeno!

Rosafé Signet.-toro de la raza Holstein, productor de semen comprado por FCR en Canadá en 1961, cuyo precio verdadero fue de $ 1 000 000 de dólares; su adquisición era con el propósito de mejorar las razas ganaderas cubana. Se dice que en una monta ficticia del toro se podía extraer semen para producir más de 20 mil pastillas inseminadoras.

ruñidera.- voz popular oída en el oriente cubano; puede tener un amplio espectro de significados tales como acariciar, apurruñar; en Cuba se hizo muy popular en una orquesta de música popular en la expresión: "rúñeme mamá, ya se formó la ruñidera; apurrúñame por Dios"; en diccionarios aparece el verbo **ruñir.**

SS.- (Steam-ship).- abreviatura usada para identificar barco de vapor y no otro significado; otro barco de este mismo tipo y gemelo del hundido lo fue el SS *Letitia.*

temba.- voz despectiva para designar a una persona adulta mayor de 60 años, una persona que normalmente se le puede denominar por *viejo.*

toma uno.- tipo de pan que se hace para los 11 millones de menesterosos de la isla. La expresión tiene su origen en el Séptimo Arte por las diferentes tomas que se hacen en un film, pero en este caso solo quedó en toma-1, no quisieron continuar haciendo tomas. A veces venía con moho y el dependiente decía que estaba acabadito de sacar del horno, pero al tocarlo estaba fríoooooo, como la pata de un muerto dentro de las gavetas de la morgue; súmele que también se ofertaba ácido, una variante que no gustaba mucho y por la que algunas veces hubo fuertes discusiones entre dependiente y clientes. Se pudo haber hecho un film pero… se consideró que podían censurarlo.

tronado.- término empleado para denotar cuando un dirigente de la Revolución ha sido removido de sus funciones en el Partido, Gobierno o de cualquier otro cargo asignado presumiblemente por mal o pobre desempeño en sus funciones. Ejemplos: Luis O. Domínguez, Otto Rivero, Roberto Robaina, Felipe Pérez, Carlos Lage, Hassan Pérez Casabona, Carlos Aldana, Marcos Lage Coello, Carlos Valenciaga, Fernando Ramírez de Estenoz, Jorge Luis Sierra Cruz, Marcos Portal León, Yadira García Vera, etc., etc., etc. muchas veces; hacen falta como 5 o 6 páginas para considerar a la mayoría.

UJC.- Unión de Jóvenes Comunista, es la segunda organización política del país y su principal función es atender y preparar a los jóvenes para que estos entren a las gloriosas filas del PCC.

UES.- La Unión de Estudiantes Secundarios fue la organización estudiantil creada por la Rev. que en sus primeros años, agrupaba a los estudiantes de la enseñanza media. A su desintegración se le dio paso a la organización conocida como FEEM, que significa Federación de Estudiantes de la Enseñanza Media.

UMAP.- Esta sigla representa a las tristemente célebres Unidades Militares de "Ayuda" a la Producción; eran campos de concentración diferentes en alguna medida a los que crearon los nazis, a estas se traían y encerraban a las personas que eran homosexuales, o religiosos, o andaban con el pelo al estilo de la época de The Beatles, o no tenían ninguna inclinación por las tareas de la Revolución. Fueron un tremendo bochorno y una gran violación de la diversidad. Hay un lamentable discurso de FCR en que se refiere a los que les gustaba la música y andaban con una guitarrita debajo del brazo, que es doloroso que un jefe de estado, en aquel momento Primer Ministro se expresara en forma tan machista y poco política por no encajar otros calificativos. Y de "Ayuda" nada, eran trabajos forzosos y fortísimos para hacer hombres a los que tenían que llevarlo a cabo. Algunas personas perdieron sus vidas en estos campos de concentración para hacer revolucionarios. ¡Dios nos coja confesados! Este engendro no duró muchos años, suficiente tiempo para marcar la vida de miles de jóvenes cubanos; se extendieron desde 1965 hasta 1968.

UNEAC.- Unión de Escritores y Artistas de Cuba es una organización social con fines culturales que agrupa a escritores y artistas que deseen estar en ella; tiene un fuerte componente político y no todos los mejores artistas y escritores están en ella.

UPC.- Unión de Pioneros de Cuba; tiene dos sesiones los que están entre los grados 1$^{ero.}$ y 4$^{to.}$ y los que se agrupan entre 5$^{to.}$ y 9$^{no.}$ grados. Es una organización a la cual las organizaciones políticas, la juventud y el partido comunistas brindan especial atención; su lema: "Pioneros por el comunismo, seremos como el Che."

UPEC.- Unión de Periodistas de Cuba, agrupa a los periodistas revolucionarios que voluntariamente quieren agruparse en ella; es una de las armas políticas más importantes de la Revolución, tiene una fortísima base política.

Zeus.-Dios supremo de la mitología griega; su autoridad estaba por encima de la de todas las mujeres y hombres de Grecia. Era considerado el padre de todos los griegos.

zumba el merequetén / ronca el merequetén.- expresión de asombro, equivalente a decir ¡qué barbaridad! o ¡qué fenómeno!

REFERENCIAS

-Conjunto de artículos inéditos escritos por el autor entre 1998 y 2008.

-Discursos y Reflexiones de Fidel Castro Ruz.

FICHA TÉCNICA DEL AUTOR:

Jacobich Mileto Alexandropoulos Zaitsev, nacido el 26 de julio de 1953, en Pinar del Río, Cuba. Ha sido Maestro primario y Profesor de los niveles primario, medio, medio superior y de adultos impartiendo Matemáticas, Biología y Español por cerca de 46 años. Ha realizado estudios en idioma inglés alcanzando el grado de Diploma. Ha realizado estudios independientes sobre Economía Política del Capitalismo y del Socialismo. Tiene categoría de Master en Educación (M_{Ed}). Tiene un libro de Matemáticas para la High School escrito en Jamaica sin que se haya publicado.

Back cover:

El libro comenzó a escribir en abril del 2016 después de la visita de Obama a Cuba y se terminó en lo fundamental en jul. del mismo año. A la muerte de FCR en nov. el libro no se había publicado pero se dejó en su forma original sin hacer cambios por el fallecimiento de quien es objeto principal en el libro.

Es un libro necesario para entender a dónde la clase en el poder ha conducido al país en casi seis décadas de desgobierno; es el punto de vista del autor considerando lo positivo y lo negativo por lo que ha atravesado la nación; es un libro para abrir los ojos, para pensar sobre la vida que aún llevan millones de cubanos dentro de la isla, es un libro para polemizar, para ver por qué si es sistema es tan bueno aún así se siguen yendo los habitantes del país; es para enfrentar la triste verdad de que no se puede seguir con el curso que la plutocracia le ha dado al río, hay que desviarlo.

La propuesta es completamente seria, tiene un elevadísimo grado de sátira, de burla sobre los que han querido matar la inteligencia que todavía queda en el pueblo.

Printed in the United States
By Bookmasters